[redacted]

Photoshop® CS5 et Extended

LE GUIDE COMPLET

Micro Application

[redacted]

88 ter, Avenue du Général Leclerc
92100 Boulogne-Billancourt

1ère Édition - Octobre 2011

Auteur Jérôme Lesage

ISBN : 978-2-822-400367

ISSN : 1950-0289

Avant-propos

Destinée aussi bien aux débutants qu'aux utilisateurs initiés, la collection *Guide Complet* repose sur une méthode essentiellement pratique. Les explications, données dans un langage clair et précis, s'appuient sur de courts exemples. En fin de chaque chapitre, découvrez, en fonction du sujet, des exercices, une check-list ou une série de FAQ pour répondre à vos questions.

Vous trouverez dans cette collection les principaux thèmes de l'univers informatique : matériel, bureautique, programmation, nouvelles technologies...

Conventions typographiques

Afin de faciliter la compréhension des techniques décrites, nous avons adopté les conventions typographiques suivantes :

- **gras** : menu, commande, boîte de dialogue, bouton, onglet.
- *italique* : zone de texte, liste déroulante, case à cocher, bouton radio.
- `Police bâton` : Instruction, listing, adresse internet, texte à saisir.
- ✂ : indique un retour à la ligne volontaire dû aux contraintes de la mise en page.

REMARQUE

Il s'agit d'informations supplémentaires relatives au sujet traité.

ATTENTION

Met l'accent sur un point important, souvent d'ordre technique qu'il ne faut négliger à aucun prix.

ASTUCE

Propose conseils et trucs pratiques.

DEFINITION

Donne en quelques lignes la définition d'un terme technique ou d'une abréviation.

Chapitre 1 Découvrir l'interface de Photoshop **11**

1.1. Introduction à Photoshop ... 13
1.2. Les versions de Photoshop ... 14
1.3. Nouveautés de l'interface ... 15
1.4. Fenêtres d'outils ... 15
Palettes principales ... 16
Palettes et outils secondaires ... 29
1.5. Personnaliser l'interface ... 32
1.6. Mémoriser la position des fenêtres ... 35
1.7. Régler les préférences de Photoshop CS5 ... 37
Page de préférences Général ... 37
Page de préférences Interface ... 41
Page de préférences Gestion des fichiers ... 42
Page de préférences Performances ... 43
Page de préférences Curseurs ... 46
Page de préférences Transparence et couleurs non imprimables ... 48
Page de préférences Unités et règles ... 50
Page de préférences Repères, grille, tranches et comptage ... 51
Page de préférences Modules externes ... 54
Page de préférences Texte ... 55
1.8. Utiliser l'iPad avec Photoshop ... 56
Mettre à jour Photoshop ... 57
Installer les applications sur iPad ... 57
Connecter les applications avec Photoshop ... 58
Adobe Nav ... 60
Adobe Color Lava ... 63
Adobe Eazel ... 65
1.9. Visualiser une image sur un mobile ... 69

Chapitre 2 Qu'est ce qu'une image numérique **71**

2.1. Types d'images (bitmap/vectorielles) ... 73
Image bitmap ... 73
Image vectorielle ... 74
2.2. Pixel, échantillonnage et résolution (dpi) ... 75
2.3. Gérer les modes de couleur (RVB/CMJN) ... 77
Mode RVB ... 78
Mode CMJN ... 79
Autres modes ... 81
2.4. Faire un choix parmi les différents formats d'image ... 85
Formats bitmap non destructeurs ... 85
Formats bitmap destructeurs ... 88
Formats vectoriels ... 90
Spécificités du format PSD (calques, transparence) ... 92

Chapitre 3 Ouvrir une image **93**

3.1. Mini Bridge ... 95
3.2. Boîte de dialogue Nouveau ... 95
Nom ... 95

Paramètre prédéfini 96
3.3. Boîte de dialogue Ouvrir 106
Menu déroulant Regarder dans 106
Boutons de fonction de l'Explorateur Windows 106
Bouton Favoris 107
Colonne de raccourcis 107
Zone de texte Nom du fichier 107
Liste déroulante Tous les formats 108
3.4. Commande Ouvrir sous 108
3.5. Créer un nouveau dessin 108
Concevoir une image destinée à l'affichage et à l'impression standard 108
Créer une image destinée à l'impression haute définition 111
3.6. Ouvrir une image qui existe déjà 113
À l'aide de l'Explorateur Windows 113
Avec Adobe Bridge 115
3.7. Utiliser un scanner avec Photoshop 117
3.8. Faire une capture d'écran 117
3.9. Récupérer des images sur Internet 118
3.10. Chercher des images dans des banques Internet 119

Chapitre 4 Sauvegarder des images 121

4.1. Boîte de dialogue Enregistrer sous 123
Boîte de dialogue Enregistrer 123
4.2. Enregistrer au format PSD 125
Premier enregistrement d'un projet ou enregistrement sous un autre nom 125
Enregistrement rapide 126
Enregistrer sous un autre nom 127
4.3. Exporter sous un autre format d'image 127
Exporter au format JPEG 127
Exporter au format BMP 128
Exporter au format TIFF 129
Exporter aux autres formats 129
4.4. Compresser une image/Enregistrer pour le Web 129
Compression JPEG 130

Chapitre 5 Gérer les couleurs 133

5.1. Utiliser les couleurs de premier plan et d'arrière-plan 135
Options des couleurs 135
Changer la couleur de premier plan ou d'arrière-plan 135
Description du Sélecteur de couleurs 137
5.2. Gérer et utiliser les palettes 142
Définir une couleur avec la palette Couleur 142
Définir une couleur avec la palette Nuancier 143
5.3. Corriger les couleurs d'une photo numérique 143
Fonctions des différents réglages 144
5.4. Mode de fusion des couleurs 145
Groupe 1 147

Groupe 2 ... 149
Groupe 3 ... 151
Groupe 4 ... 153
Groupe 5 ... 155
Groupe 6 ... 156
5.5. Réglage des couleurs ... 156
Étalonner un moniteur ... 157
Définir les paramètres de couleur lors du premier lancement de Photoshop ... 157
5.6. Corriger une image ... 158
Corriger la teinte d'une image ... 159
Corriger la luminosité d'une image ... 160
Régler la luminosité et le contraste ... 162

Chapitre 6 Dessiner 163

6.1. Zoomer en avant et en arrière ... 165
Outil Zoom ... 165
Outil Main ... 169
Zoom et déplacement au clavier ... 170
6.2. Outils de dessin ... 170
Outil Pinceau ... 171
Outil Crayon ... 175
Outil Gomme ... 178
Palette Formes ... 180
6.3. Outils de retouche et de déformation ... 181
Outil Correcteur de tons directs ... 182
Outils Tampon de duplication et Correcteur ... 184
Outil Pièce ... 189
Outil Œil rouge ... 192
Outil Tampon de motif ... 192
Outils de correction ponctuelle ... 194
6.4. Outils de mesure ... 197
Pipette ... 198
Échantillonnage de couleur ... 199
Règle ... 201
6.5. Outils de remplissage ... 203
Pot de peinture ... 204
Dégradé de couleur ... 207
6.6. Fonctions de remplissage et de contour ... 213
6.7. Créer des formes de pinceau ... 214
Palette Formes ... 216

Chapitre 7 Sélectionner 227

7.1. Outils standard de sélection ... 229
Palettes d'options des outils standard de sélection ... 229
Outil Rectangle de sélection ... 232
Outil Lasso ... 235
Outil Sélection rapide ... 240
Outil Baguette magique ... 241

Fonction Améliorer le contour 243
7.2. Combinaison de sélections 244
7.3. Sélection par plage de couleurs 248
7.4. Mode Masque pour faire des sélections 250
Outils du mode Masque 250
Utiliser le mode Masque pour faire des sélections 252
7.5. Fonctions possibles pour une sélection 253
Désélectionner 253
Sélectionner toute l'image 254
Intervertir une sélection 254
Déplacer une zone de sélection 254
Déplacer une sélection 255
Copier-coller une sélection 256

Chapitre 8 Appliquer les filtres **257**
8.1. Filtres Photoshop 259
Rappel du dernier filtre utilisé 260
Filtres indépendants 260
Filtres par thèmes 267
8.2. Paramétrer les filtres les plus utilisés 269
Filtre Flou gaussien 269
Filtre Flou radial 271
Filtre Halo 272
Filtres Nuages et Nuages par différence 273

Chapitre 9 Utiliser les calques **275**
9.1. Palette Calques 277
Liste déroulante Mode de fusion 277
Opacité 278
Fond 278
Verrou 279
Fonctions courantes de la palette Calques 280
Menus contextuels 282
9.2. Créer des calques 283
À l'aide des menus 283
À l'aide des raccourcis clavier 284
Depuis la fenêtre de gestion des calques 284
Par copier-coller 286
Modifier les paramètres d'un calque 287
9.3. Organiser les calques 290
Supprimer un calque 290
Dupliquer un calque 292
Lier des calques 293
Changer l'ordre des calques 294
Créer des groupes de calques 296
9.4. Fusionner des calques 299
Fusionner plusieurs calques en un seul 299
Fusionner tous les calques 301
9.5. Styles de calque 302

9.6. Masque de fusion 304
Créer un masque de fusion 305
Créer un masque de fusion à partir d'une sélection 307
Supprimer un masque de fusion 308
9.7. Masque d'écrêtage 309
Créer un masque d'écrêtage 309
Supprimer un masque d'écrêtage 310
9.8. Calques de réglage 310
9.9. Composition de calques 312
Créer plusieurs compositions pour une interface DVD 313
9.10. Objets dynamiques 315
9.11. Réaliser des montages photo 316
Intégrer un personnage dans une photo (calque) 316

Chapitre 10 Gérer du texte **327**
10.1. Palettes de gestion du texte 329
Palette d'options de l'outil Texte 329
Palette Caractère 333
Palette Paragraphe 334
10.2. Insérer un texte 335
Insérer un texte simple 335
Insérer un texte simple vertical 336
Insérer un paragraphe 337
Insérer un masque de texte 339
10.3. Modifier les paramètres d'un texte 340
Modifier un pavé de texte 341
Modifier une partie du texte 341
10.4. Mettre en page un paragraphe 342
10.5. Ajouter des effets avec les styles de calque 344
10.6. Trouver une police de caractères adaptée 346
10.7. Créer un faire-part 347
Créer un nouveau document optimisé pour l'impression 348
Mettre en page un faire-part classique 348
Insérer un titre de façon originale 349
Insérer des photos de façon originale 351

Chapitre 11 Dessiner des tracés **355**
11.1. Formes vectorielles 357
Créer des formes vectorielles 357
Créer des formes prédéfinies 361
11.2. Tracés vectoriels 361
Dessiner des tracés vectoriels 362
Transformer un tracé en sélection 364
Transformer un tracé en forme bitmap 365
Transformer les contours d'une forme bitmap en tracé 367
11.3. Insérer des ornements 368
11.4. Insérer un logo DVD vidéo 370

Chapitre 12 Autres outils 373

12.1. Nouveaux outils 3D ... 375
12.2. Couches de couleur ... 376
12.3. Historique d'annulation ... 377
12.4. Script d'automatisation ... 379
12.5. Repères et grille ... 383
Repères ... 383
Grille ... 385

Chapitre 13 Retoucher des photos 387

13.1. Recadrer une image ... 389
Avec l'outil Recadrer ... 389
Avec l'outil Rectangle de sélection ... 390
13.2. Rotation d'une image ... 390
Rotation simple par multiple de 90° ... 391
Rotation paramétrée ... 391
Légère rotation d'une image bancale ... 392
13.3. Détourer et isoler un objet ... 395
13.4. Déformer un objet d'un calque ... 398
13.5. Déformer la tête d'une personne (effets comiques) ... 399
13.6. Vieillir une image ... 401
13.7. Fonction de remplissage évoluée avec prise en compte du contenu ... 404
13.8. Fonction Déformation de la marionnette (Puppet Wrapper) ... 405
13.9. Retoucher le visage d'une personne ... 407
Corriger les yeux rouges ... 408
Supprimer des imperfections du visage ... 410
Améliorer l'aspect du visage ... 413
Remplacer un fond par un autre ... 416
Simuler la profondeur de champ ... 417
Mise à l'échelle adaptée au contenu ... 418

Chapitre 14 Imprimer 419

14.1. Fonction Imprimer ... 421
Changer la résolution d'une image (dpi) ... 422
14.2. Fonction Imprimer avec aperçu ... 425
14.3. Préparer des fichiers pour un imprimeur ... 426

Chapitre 15 Index 429

DÉCOUVRIR L'INTERFACE DE PHOTOSHOP

Introduction à Photoshop 13
Les versions de Photoshop 14
Nouveautés de l'interface 15
Fenêtres d'outils 15
Personnaliser l'interface 32
Mémoriser la position des fenêtres 35
Régler les préférences de Photoshop CS5 37
Utiliser l'iPad avec Photoshop 56
Visualiser une image sur un mobile 69

Bienvenue dans le monde merveilleux de Photoshop !

Les débutants dans l'aventure de la retouche d'images, autant que ceux qui ont déjà exploré le logiciel, trouveront dans ce manuel un bon guide. Il leur dévoilera les étapes indispensables à la création de photomontages complexes, ainsi que les diverses astuces et techniques leur permettant de retoucher leurs photos.

Adobe Photoshop CS5 est considéré par le milieu professionnel de l'infographie comme le logiciel référence de traitement d'images numériques gérées en mode Pixel. Ce logiciel permet bien sûr la création d'images bitmap, mais il est utilisé principalement pour le photomontage et la retouche d'images bitmap.

Photoshop est devenu avec le temps un outil indispensable aux différentes chaînes de création numérique (imprimerie, vidéo, DVD, 3D, effets spéciaux...). C'est tout simplement un incontournable.

1.1. Introduction à Photoshop

Figure 1.1 : Démarrage d'Adobe Photoshop CS5

Photoshop CS5 offre tous les outils possibles et imaginables pour le traitement de l'image. C'est une véritable usine à gaz. De ce fait, il peut paraître complexe d'accès. Heureusement, l'ergonomie de l'interface de Photoshop CS5 est un modèle du genre, bénéficiant d'une expérience de plusieurs années en tant que logiciel standard de retouche professionnelle. À chaque nouvelle version, Photoshop s'améliore en tenant compte des besoins et commentaires des professionnels. Comme le bon vin, il se bonifie avec le temps.

Figure 1.2 : Interface par défaut de Photoshop CS5

L'interface de Photoshop CS5 est donc très complexe de prime abord, surtout à cause du grand nombre de palettes d'options disponibles. Une fois que vous y serez habitué, vous comprendrez vite l'intérêt de cette profusion de palettes. Vous pourrez facilement masquer, fermer, déplacer et ranger celles que vous utilisez rarement au profit de celles dont vous vous servez souvent. Certaines de ces palettes sont tout de même indispensables, comme la palette *Outils* ou *Calques*. Dans ce chapitre, vous allez découvrir l'interface de Photoshop CS5 afin de l'optimiser selon vos habitudes.

1.2. Les versions de Photoshop

Adobe Photoshop CS5 existe en deux versions :

- Photoshop CS5, c'est-à-dire la version standard ;
- Photoshop CS5 Extended, qui est une version améliorée de Photoshop CS5 contenant notamment de nouveaux outils de retouche de contenus 3D et animés et d'analyse d'images.

  Cette dernière version se retrouve intégrée dans les suites logicielles Creative Suite 5.5 excepté la version Design Standard qui est livrée avec Photoshop CS5 Standard.

  Vous pouvez consulter la page suivante pour voir quelle version de Photoshop est disponible : **http://www.adobe.com/fr/products/creativesuite/buying-guide.html**

1.3. Nouveautés de l'interface

L'interface de Photoshop change une nouvelle fois. L'ergonomie des palettes a encore été améliorée. La personnalisation de l'interface atteint un niveau de modularité très poussé. Il est possible d'imbriquer et de désolidariser toutes les palettes.

L'optimisation de l'interface s'est aussi faite au niveau de l'espace de travail. L'objectif est de donner le plus d'espace possible à l'affichage des images.

Pour trouver les nouveautés de Photoshop CS5, vous avez deux possibilités :

- par le menu **Fenêtre/Espace de travail/Nouveautés de CS5**, qui met en évidence les nouveautés dans les menus et affiche les nouvelles palettes ;

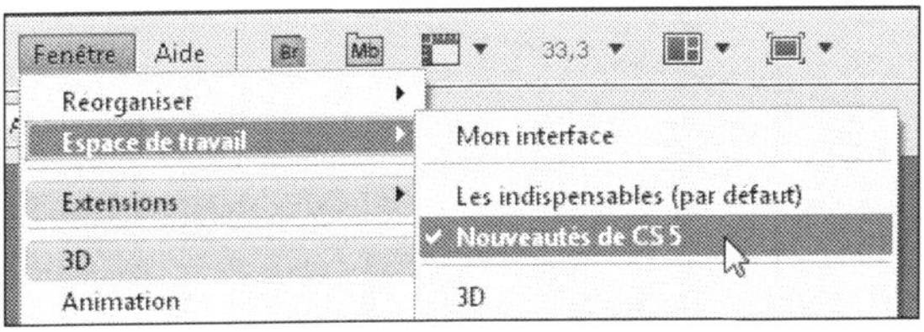

Figure 1.3 : Nouveautés depuis le menu Fenêtre

- par le nouveau panneau d'accès rapide aux espaces de travail situé en haut à droite de l'interface.

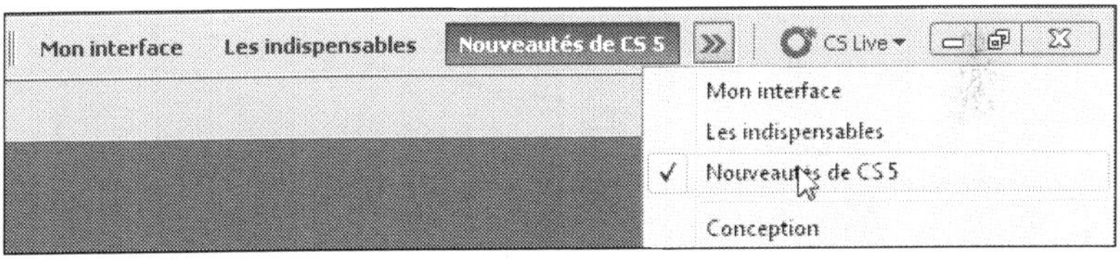

Figure 1.4 : Panneau d'accès rapide aux espaces de travail

1.4. Fenêtres d'outils

Les principaux outils de Photoshop CS5 sont accessibles dans une vingtaine de palettes (vingt-cinq exactement si l'on ne compte pas le module Bridge). Chaque palette regroupe des fonctions sur un même thème. Plusieurs palettes peuvent être regroupées en une seule, à l'image des dossiers et sous-dossiers de votre disque dur. Les "sous-palettes" sont accessibles sous forme d'onglets.

Palettes principales

Par défaut, Photoshop CS5 affiche six palettes :

Palette Outils

La palette *Outils* regroupe tous les outils de dessin et de retouche.

C'est la palette principale de Photoshop CS5. Elle donne accès aux outils de création.

La plupart de ces outils cachent des variantes accessibles lorsque vous cliquez 1 seconde sur leur icône. Ces outils sont reconnaissables par un petit triangle noir situé en bas à droite de l'icône les représentant.

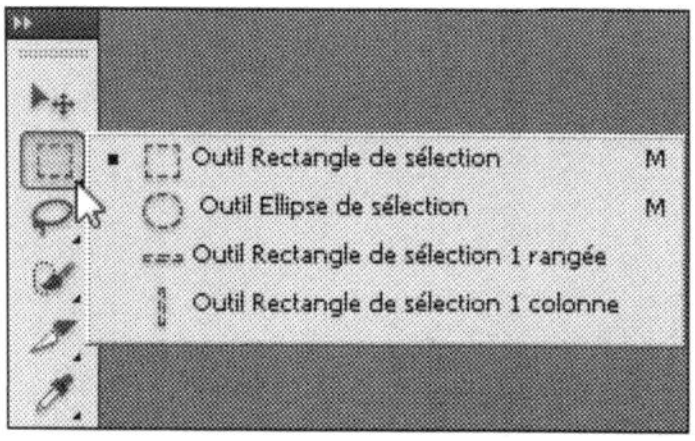

Figure 1.5 : Petit triangle noir = outils supplémentaires

La palette *Outils* est divisée en huit groupes d'outils :

Outils de sélection

Avec les outils de sélection, vous définirez des zones de sélection que vous utiliserez pour délimiter votre surface de travail ou faire des actions localisées comme un copier-coller.

Tableau 1.1 : Les outils de sélection

État normal	État développé	Raccourci	Nom
		M	**Rectangle de sélection**
		M	**Ellipse de sélection**
		M	**Rectangle de sélection sur une colonne**
		M	**Rectangle de sélection sur une rangée**
		V	**Déplacement**
		L	**Lasso (à main levée)**
		L	**Lasso polygonal**

Tableau 1.1 : Les outils de sélection			
État normal	**État développé**	**Raccourci**	**Nom**
		L	**Lasso magnétique**
		W	**Sélection rapide** (nouveauté CS4/CS5)
		W	**Baguette magique**
		C	**Recadrage**
		Q	**Mode Standard**
		Q	**Mode Masque**

Outils de dessin

Avec les outils de dessin, vous avez à votre disposition tout ce qui est nécessaire pour dessiner.

Tableau 1.2 : Les outils de dessin			
État normal	**État développé**	**Raccourci**	**Nom**
		B	**Pinceau** (amélioré dans CS5)
		B	**Crayon** (pinceau sans lissage)
		B	**Remplacement de couleur**
		B	**Pinceau mélangeur** (nouveauté CS5)
		Y	**Forme d'historique**
		Y	**Forme d'historique artistique**
		G	**Dégradé**
		G	**Pot de peinture**

Outils de retouche

Avec les outils de retouche, vous effectuerez les retouches les plus courantes sur vos images numériques.

Tableau 1.3 : Les outils de retouche			
État normal	**État développé**	**Raccourci**	**Nom**
		J	**Correcteur localisé** (amélioré dans CS5)
		J	**Correcteur**
		J	**Pièce**
		J	**Œil rouge**
		S	**Tampon de duplication**
		S	**Tampon de motif**
		E	**Gomme**
		E	**Gomme d'arrière-plan**
		E	**Gomme magique**
		R	**Goutte d'eau** (flou)
		R	**Netteté**
		R	**Doigt**
		O	**Densité –**
		O	**Densité +**
		O	**Éponge**

Outils de dessin vectoriel

Les outils de dessin vectoriel permettent de créer des formes dont la finesse est constante, même lors d'un redimensionnement. Ces formes sont modifiables de façon vectorielle, mais peuvent aussi être pixellisées.

Tableau 1.4 : Les outils de dessin vectoriel			
État normal	**État développé**	**Raccourci**	**Nom**
		A	**Sélection de tracé**
		A	**Sélection directe**

Tableau 1.4 : **Les outils de dessin vectoriel**

État normal	État développé	Raccourci	Nom
		P	**Plume**
		P	**Plume libre**
		P	**Ajout de point d'ancrage**
		P	**Suppression de point d'ancrage**
		P	**Conversion de point d'ancrage**
		T	**Texte horizontal**
		T	**Texte vertical**
		T	**Masque de texte horizontal**
		T	**Masque de texte vertical**
		U	**Rectangle**
		U	**Rectangle arrondi**
		U	**Ellipse**
		U	**Polygone**
		U	**Trait**
		U	**Forme personnalisée**

REMARQUE

Texte = vecteur

Le texte est considéré comme un outil vectoriel. À ce titre, il peut changer de taille sans perdre en finesse et en qualité.

Outils d'annotation, de mesure et de navigation

Ces outils sont des accessoires assez spécifiques. Ceux que vous utiliserez de façon courante sont la **Main**, le **Zoom**, ainsi que la **Pipette**.

Tableau 1.5 : Les outils d'annotation, de mesure et de navigation

État normal	État développé	Raccourci	Nom
		I	**Pipette**
		I	**Échantillonnage de couleur**
		I	**Mesure**
		I	**Annotation**
		I	**Comptage** (nouveauté CS4)
		H	**Main**
		R	**Rotation de la zone de travail**
		Z	**Zoom**

Outils web

Deux outils dédiés au Web sont disponibles dans la palette *Outils* de Photoshop CS. Ce sont des outils de gestion des tranches permettant le partage d'une image en plusieurs morceaux mis en page sous forme de tableau HTML.

Tableau 1.6 : Les outils web

État normal	État développé	Raccourci	Nom
		K	**Tranche**
		K	**Sélection de tranche**

Outils de couleur

Si vous double-cliquez sur l'une des deux couleurs de premier ou d'arrière-plan, vous affichez la boîte de dialogue **Sélecteur de couleurs** (voir fig. 1.6).

Vous pouvez alors choisir la couleur de façon plus précise qu'avec la palette *Couleur*.

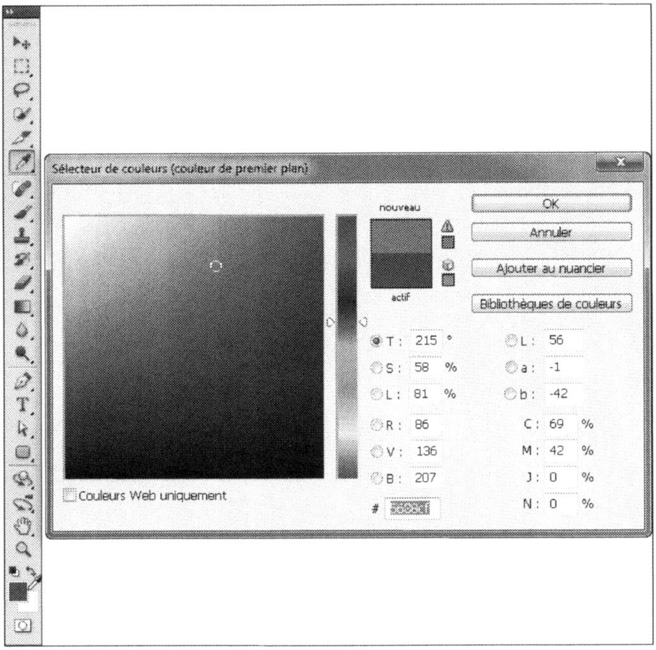

Figure 1.6 : Sélecteur de couleurs

Outils 3D

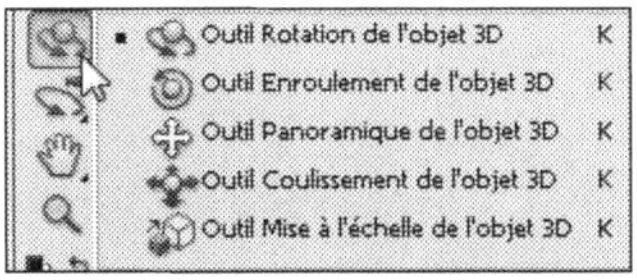

Figure 1.7 : Outils 3D

Les outils 3D permettent de manipuler les objets 3D que l'on peut importer dans Photoshop au format 3DS. Ils permettent notamment de cadrer l'objet 3D selon la perspective désirée.

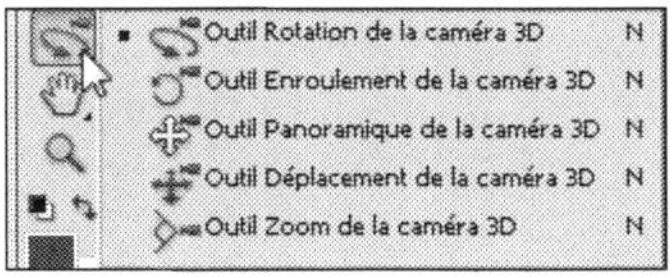

Figure 1.8 : Outils vue 3D

C'est une fonction avancée de Photoshop très spécifique que nous ne traiterons pas dans cet ouvrage.

Palette Options

La palette *Options* affiche les options disponibles pour l'outil en cours de sélection de la palette *Outils*.

Figure 1.9 : Palette Options

Elle se situe en dessous de la barre de menus de Photoshop CS5.

Ayez le réflexe de la consulter avant d'utiliser l'outil que vous avez sélectionné dans la palette *Outils*.

Palette regroupant les palettes Navigateur, Infos et Histogramme

Pour passer d'une "sous-palette" à l'autre, cliquez sur l'onglet correspondant.

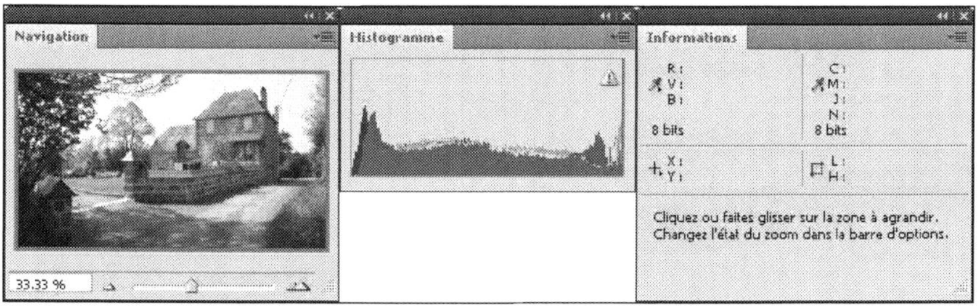

Figure 1.10 : Palettes Navigateur, Infos et Histogramme

Palette Navigateur

La palette *Navigateur* vous permet de naviguer dans l'image si celle-ci est plus grande que la surface de travail, notamment dans le cas d'une image sur laquelle vous avez zoomé. D'ailleurs, elle permet de zoomer en avant et en arrière de trois manières différentes.

Palette Infos

La palette *Infos* affiche des informations sur le pixel survolé par le curseur. Vous y trouverez les paramètres de couleur (RVB et CMJN) et les coordonnées de ce pixel, ainsi que la taille, largeur et hauteur de la sélection en cours s'il y en a une, et le poids en kilo-octets du document en cours de traitement.

Palette Histogramme

La palette *Histogramme* affiche l'histogramme représenté par un graphique des tons et couleurs de l'image.

Palette regroupant les palettes Couleur, Nuancier et Styles

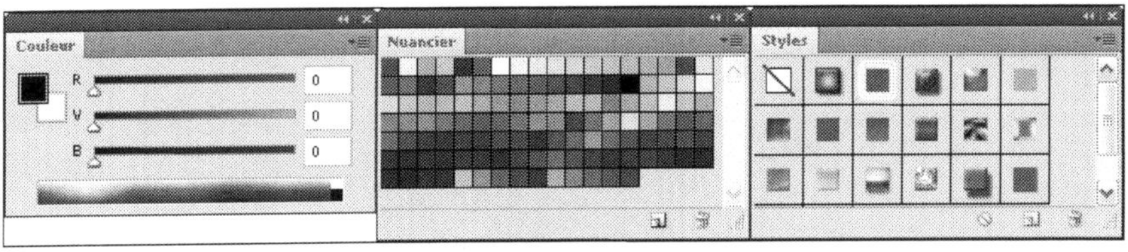

Figure 1.11 : Palettes Couleur, Nuancier et Styles

Palette Couleur

La palette *Couleur* permet la gestion des couleurs ; vous pouvez choisir une couleur dans la petite palette de couleurs de la barre inférieure ou en réglant le mélange des couleurs primaires à l'aide des jauges correspondantes.

Palette Nuancier

La palette *Nuancier* donne accès à un choix de couleurs prédéfinies affichées selon le nuancier proposé dans la liste déroulante d'options de la palette. Vous pouvez notamment afficher des palettes Pantone.

DEFINITION

Pantone

Les teintes Pantone sont des couleurs normalisées et référencées dans un échantillonnage appelé "nuancier" ou "pantonier". Elles sont principalement utilisées en imprimerie car le spectre CMJN ne permet pas d'obtenir toutes les teintes.

Palette Styles

La palette *Styles* permet de changer l'aspect des formes dessinées dans les calques en les remplissant à l'aide de styles de calque prédéfinis. Ces styles de calque remplacent les formes par des couleurs ou textures, en ajoutant éventuellement des effets d'ombrage. Ils sont particulièrement intéressants pour la création rapide de boutons d'interface logiciels, DVD ou web. Ils sont de plus grandement modifiables à l'aide de la boîte de dialogue **Style de calque**, qui donne accès à une vaste quantité de paramètres.

Vous avez accès à d'autres bibliothèques de styles dans la liste déroulante d'options de la palette.

Palette regroupant les palettes Calques, Couches et Tracés

C'est la palette qui regroupe les fonctions des calques, des couches de couleur et des tracés vectoriels.

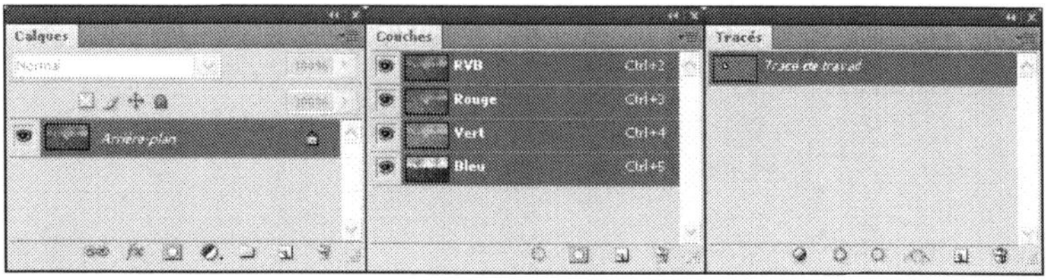

Figure 1.12 : Palettes Calques, Couches et Tracés

Palette Calques

La palette *Calques* est l'une des palettes les plus importantes de Photoshop CS5. Vous y gérez les calques de votre composition, leur ordre, les styles qui y sont appliqués.

Palette Couches

La palette *Couches* permet de gérer les différentes couches de couleur de l'image en cours de traitement, selon le mode de couleur utilisé pour la composition.

Palette Tracés

La palette *Tracés* permet de gérer les différents tracés correspondant aux formes vectorielles créées dans la composition. Vous pouvez les modifier, les transformer en sélection, etc. Vous pouvez même vectoriser certaines formes bitmap.

Palette permettant un accès rapide aux palettes secondaires

Cette palette permet un accès rapide à huit palettes secondaires. Elle donne la possibilité d'afficher rapidement toutes ces palettes en cliquant sur la double flèche située en haut à droite (ce qui a pour inconvénient d'occuper une place conséquente sur votre espace de travail), ou d'afficher rapidement l'une des huit palettes représentées par une icône cliquable.

Palette Historique

La palette *Historique* affiche l'historique des fonctions appliquées depuis l'ouverture ou la création de l'image. Elle permet en outre de gérer les annulations de façon plus poussée que la fonction **Edition/Annuler** et son fameux Ctrl+Z.

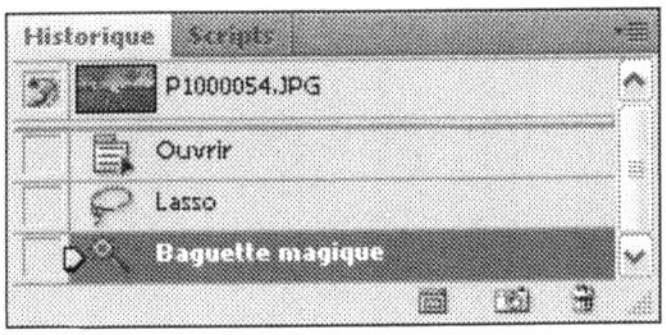

Figure 1.13 : Palette Historique

Palette Scripts

La palette *Scripts* permet de gérer les macros spécifiques de Photoshop. Vous pouvez enregistrer une succession de fonctions que vous réutiliserez automatiquement en appliquant le script créé à d'autres objets.

Figure 1.14 : Palette Scripts

C'est un outil très pratique en production car il peut faire gagner beaucoup de temps au niveau des successions de tâches répétitives, fastidieuses à faire manuellement.

Les deux palettes précédentes sont, par défaut, regroupées en deux onglets.

Palette Outils prédéfinis

La palette *Outils prédéfinis* permet d'accéder rapidement aux outils prédéfinis.

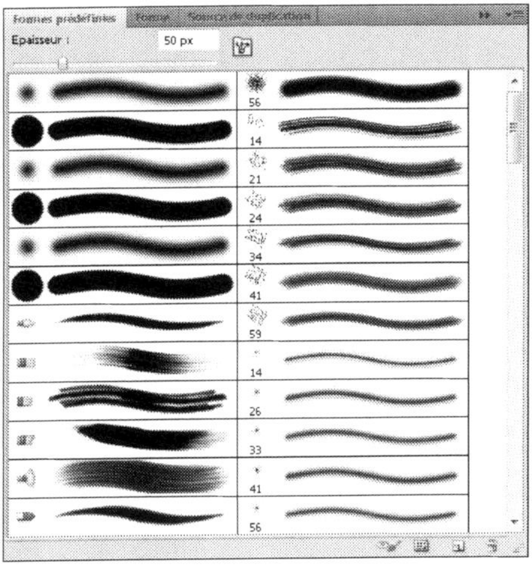

Figure 1.15 : Palette Outils prédéfinis

Palette Formes

La palette *Formes* permet de déterminer la forme des pinceaux.

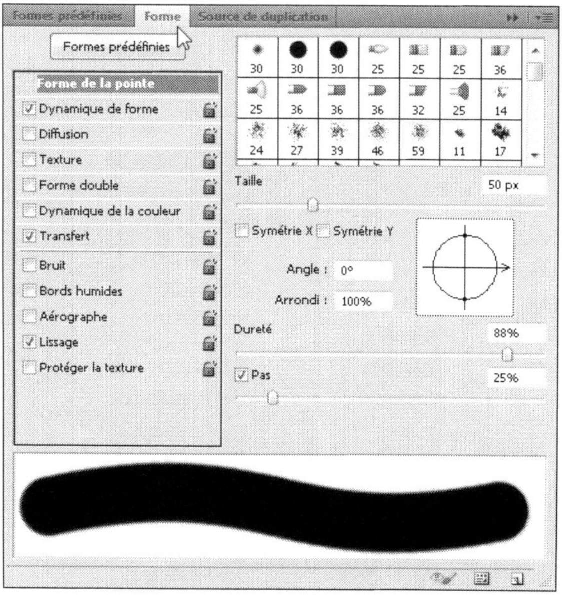

Figure 1.16 : Palette Formes

Vous avez accès tout d'abord aux formes prédéfinies, qui sont aussi accessibles depuis la palette *Options* de l'outil **Pinceau**.

Pour la personnalisation de la forme de la pointe du pinceau, vous avez accès à plusieurs groupes de paramètres activables ou non. Ces groupes de paramètres permettent de définir le mode d'utilisation de cette pointe.

Vous définissez en premier lieu la forme de la pointe, puis vous activez les groupes de paramètres que vous comptez utiliser (et désactivez ceux que vous ne comptez pas employer).

La quantité de paramètres est époustouflante et donne la possibilité de créer des formes évoluées.

Palette Source de duplication

La palette *Source de duplication* permet de définir jusqu'à cinq sources d'échantillonnage différentes pour les outils **Tampon de duplication** et **Correcteur**. C'est une des nouveautés de Photoshop CS5.

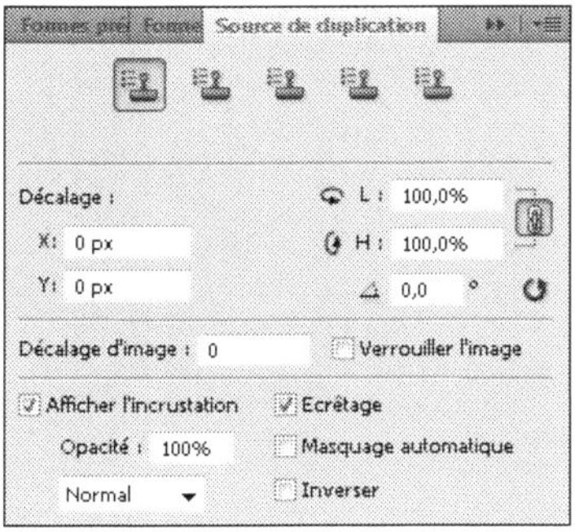

Figure 1.17 : Palette Source de duplication

Les deux palettes précédentes sont, par défaut, regroupées en deux onglets.

Palette Caractère

La palette *Caractère* permet de paramétrer l'aspect du texte.

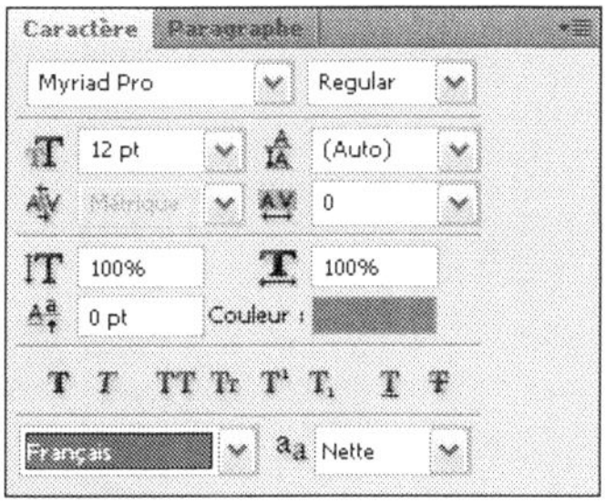

Figure 1.18 : Palette Caractère

Palette Paragraphe

La palette *Paragraphe* permet de mettre en page le texte.

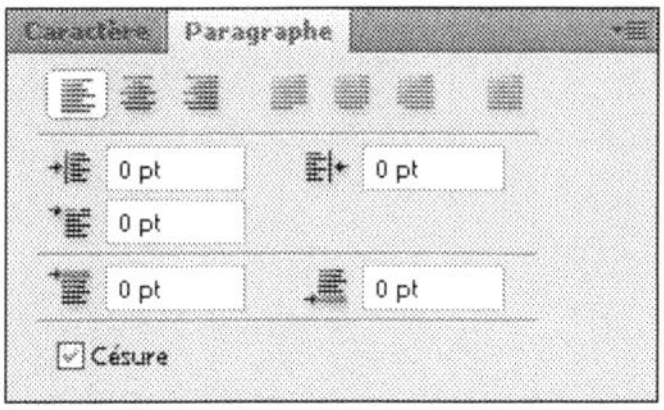

Figure 1.19 : Palette Paragraphe

Les deux palettes précédentes sont, par défaut, regroupées en deux onglets.

Palette Compositions de calques

La palette *Compositions de calques* permet de gérer des instantanés d'un état de la palette *Calques*.

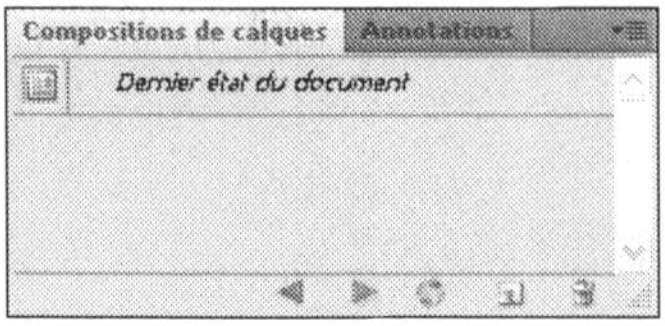

Figure 1.20 : Palette Compositions de calques

Palette Animation

La palette *Animation* fait partie des nouveautés de Photoshop CS2. Elle vient d'ImageReady CS2, qui était le module autrefois joint à Photoshop permettant de créer des animations à partir des fichiers PSD de Photoshop CS2. Elle permet de visualiser les animations générées par ImageReady sur le fichier en cours de traitement dans Photoshop CS5.

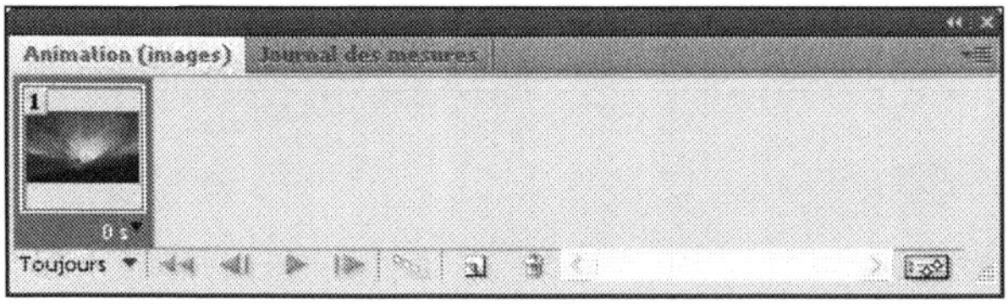

Figure 1.21 : Palette Animation

Palette Journal des mesures

La palette *Journal des mesures* fait partie des nouveautés de Photoshop CS3. Elle permet de gérer les mesures précédemment effectuées avec l'outil **Règle** (qui se cache derrière l'outil **Pipette**).

Figure 1.22 : Palette Journal des mesures

Options complémentaires des palettes

Pour chacune de ces palettes, excepté la palette *Outils* et l'Explorateur de fichiers, vous avez un bouton d'accès aux options complémentaires, situé en haut à droite de la palette (triangle noir suivi de trois lignes horizontales parallèles).

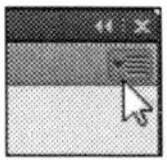

Figure 1.23 : Accès aux options complémentaires

> **Affichage des palettes**
> Si vous ne trouvez pas une palette ou si une ou plusieurs palettes ne s'affichent pas, vous pouvez toujours les faire apparaître en les cochant dans la liste des palettes, accessible par le menu **Fenêtre**.

Palettes et outils secondaires

Les palettes et outils secondaires sont accessibles par l'intermédiaire des onglets situés à droite de la palette des options. D'une manière générale, vous retrouverez celle-ci en haut à droite de l'interface de Photoshop CS5.

Figure 1.24 : Palettes secondaires

Palette Bridge

Adobe Bridge est accessible par un bouton en forme de dossier et de loupe ; cette palette permet d'ouvrir les fichiers après leur prévisualisation dans l'Explorateur de fichiers intégré.

Adobe Bridge est en fait une version améliorée de l'Explorateur de fichiers de Photoshop CS1. Il n'est pas à proprement parler une palette de Photoshop CS5 car il peut être employé de façon totalement indépendante de Photoshop. Il peut alors être utilisé à la manière des logiciels de visualisation d'images comme XnView et ACDSee.

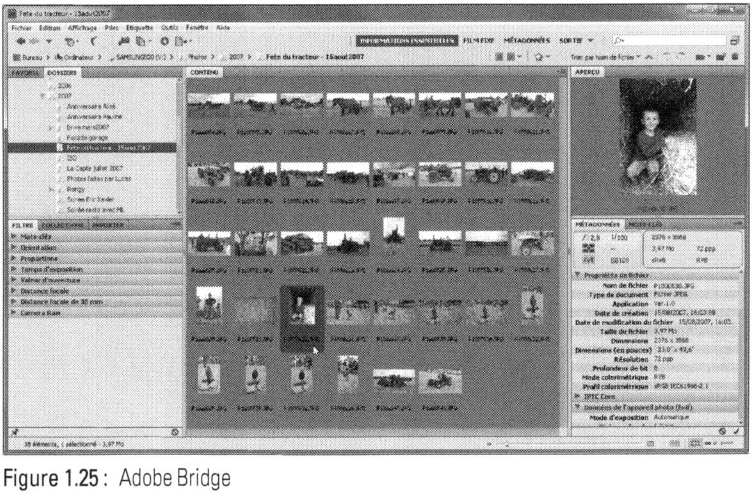

Figure 1.25 : Adobe Bridge

Adobe Bridge est le centre de contrôle d'Adobe Creative Suite, qui est la suite logicielle Adobe composée de Photoshop, Illustrator (dessin vectoriel), InDesign (mise en page PAO) et GoLive (création web). Il permet d'organiser, de parcourir et de rechercher les éléments dont vous avez besoin pour créer un contenu à imprimer ou à publier sur le Web. Adobe Bridge permet d'accéder facilement à des fichiers natifs de type PSD, AI, INDD et Adobe PDF, ainsi qu'à des fichiers d'autres applications (Adobe ou autres marques). Il permet également de faire glisser les éléments dont vous avez besoin dans vos compositions, d'en afficher un aperçu et même d'y ajouter des métadonnées.

DEFINITION

Métadonnées

Les métadonnées regroupent des informations concernant un fichier. Par défaut, les informations principales que l'on a sur un fichier se résument à son nom, son extension, sa date de création et sa taille. Selon l'extension des fichiers, il est possible d'extraire d'autres informations, comme les dimensions et la résolution pour les images bitmap. Il est possible aussi pour certains formats de fichier d'ajouter des informations complémentaires, comme des commentaires, un copyright, etc. Par exemple, pour les photos numériques, ce sont des métadonnées EXIF.

Outils secondaires

Les outils secondaires sont en fait des raccourcis vers de nouveaux outils positionnés de manière très accessible.

On trouvera notamment les outils suivants :

- **Afficher les extras**, permettant d'afficher ou non les règles, repères et/ou grilles ;

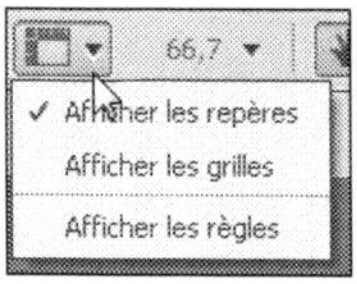

Figure 1.26 : Afficher les extras

- un accès rapide à l'outil **Rotation**, permettant de faire tourner la fenêtre de travail ;
- l'outil **Réorganiser les documents**, permettant de réorganiser l'affichage de plusieurs fenêtres d'images dans la zone de travail de Photoshop ;

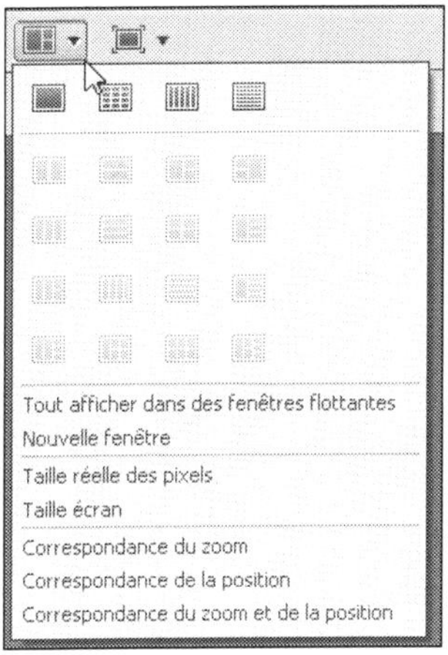

Figure 1.27 : Outil Réorganiser les documents

- des raccourcis vers les modes d'affichage ;

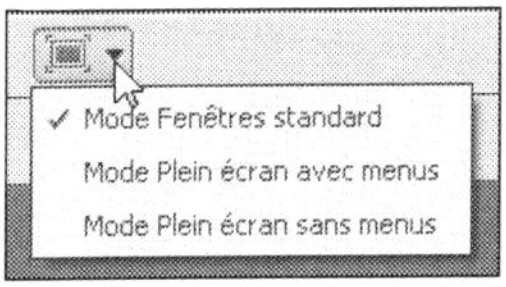

Figure 1.28 : Raccourcis Mode d'affichage

- des raccourcis vers les espaces de travail.

Figure 1.29 : Raccourcis Espaces de travail

REMARQUE

ImageReady

ImageReady était un logiciel accompagnant Photoshop CS2, mais qui n'est plus fourni depuis Photoshop CS3. Il permettait de créer de petites séquences animées à partir de fichiers conçus avec Photoshop. La gestion des calques était un des atouts principaux de ce "module" d'animation qui a en partie été intégré. Il est tout de même fort limité par rapport à After

REMARQUE

Effects. On l'utilisait plutôt pour générer des GIF et PNG animés. Il a été remplacé par Fireworks, son homologue de Macromedia récemment racheté par Adobe.

1.5. Personnaliser l'interface

Le nombre de palettes disponibles dans Photoshop CS5 est tel qu'il n'est pas possible de travailler correctement sur une image si elles sont toutes affichées. Les professionnels de la retouche d'images utilisent Photoshop sur un système double écran qui leur permet de pallier le manque de place : un écran affiche la zone de travail, et l'autre affiche les palettes. Pour personnaliser l'interface, il est possible de :

- déplacer les palettes par glisser-déposer au niveau de leur en-tête ;

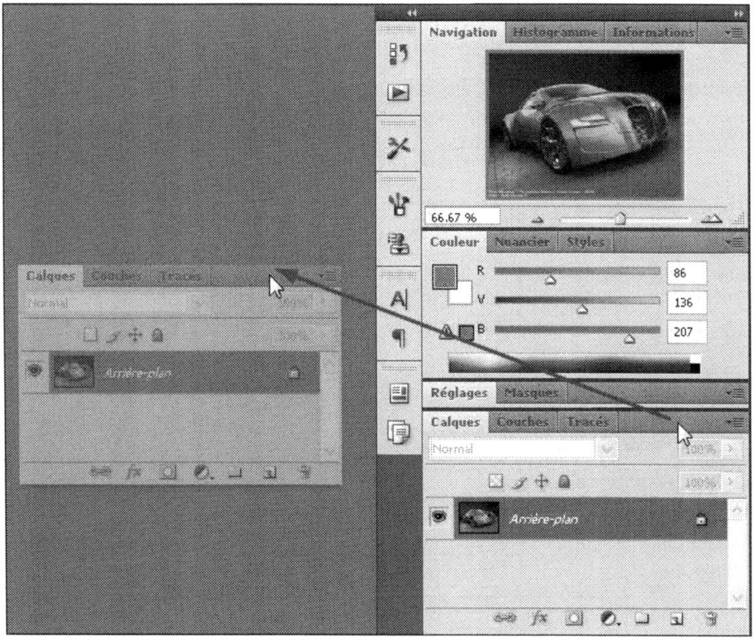

Figure 1.30 : Déplacement d'une palette

- dégrouper les palettes par glisser-déposer au niveau de leur onglet ;

Figure 1.31 : Dégroupement d'une palette

- grouper les palettes par glisser-déposer au niveau de leur onglet ;

Figure 1.32 : Changement de groupe d'une palette

- réduire/agrandir une palette, à l'aide du bouton **Minimiser /Maximiser** situé en haut à droite de chaque palette ;

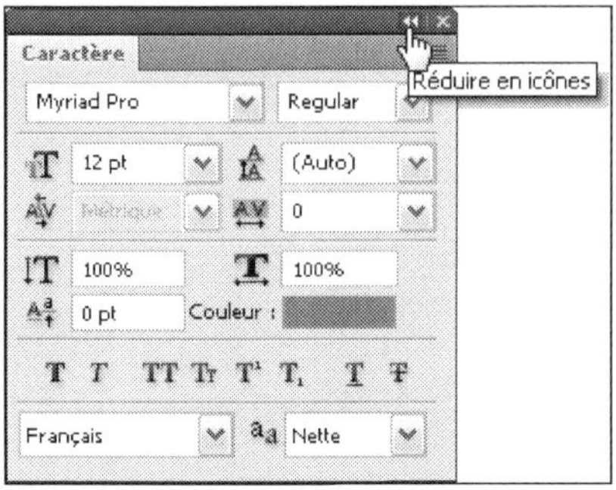

Figure 1.33 : Réduction d'une palette

- fermer des palettes, à l'aide du bouton **Fermer** situé en haut à droite de chaque palette ;
- réduire des palettes, en cliquant sur la zone de titre libre ;

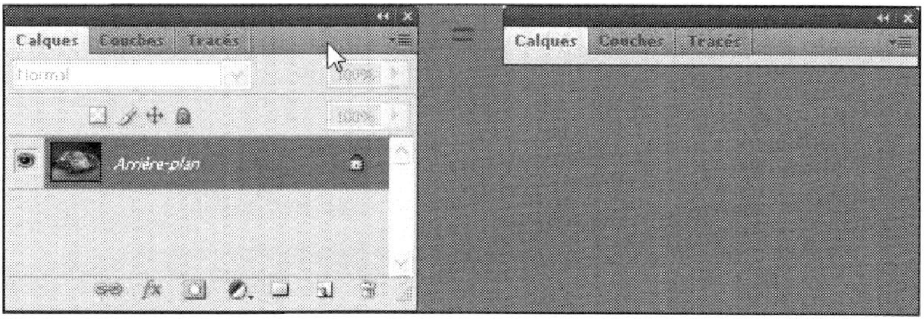

Figure 1.34 : Réduction d'une palette

- afficher/masquer des palettes, à l'aide du menu **Fenêtre** ;
- agrandir ou diminuer la taille de certaines palettes par glisser-déposer au niveau de leur bordure ;

Figure 1.35 : Agrandissement d'une palette

- accéder au menu contextuel proposant des options de la palette.

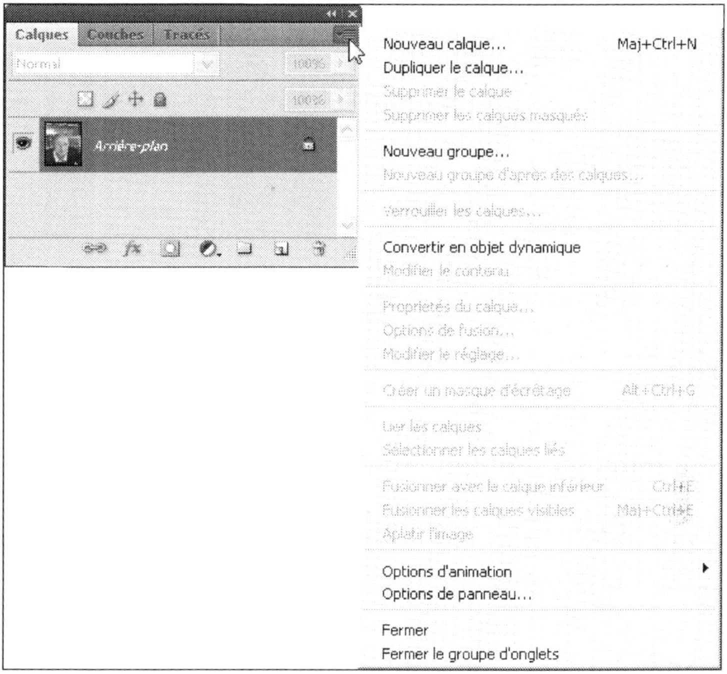

Figure 1.36 : Accès au menu contextuel d'une palette

1.6. Mémoriser la position des fenêtres

1 Dans le menu **Fenêtre**, cochez le nom des palettes que vous voulez afficher dans votre interface.

2 Déroulez les palettes rangées dans les tiroirs ancrés.

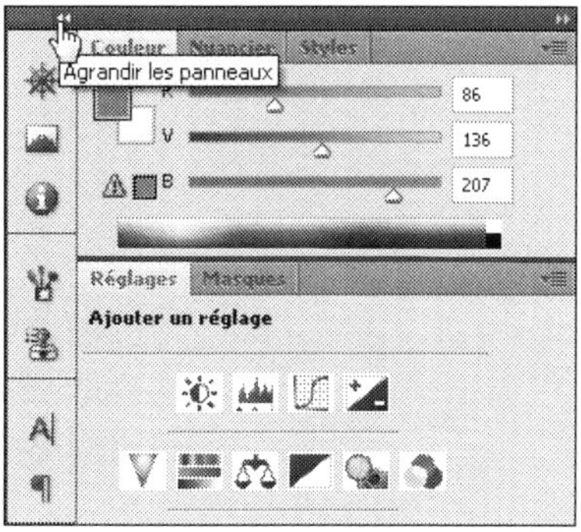

Figure 1.37 : Déroulez les tiroirs ancrés

3 Scindez éventuellement les palettes ancrées et/ou regroupées en onglets, par exemple les palettes *Caractère* et *Paragraphe*.

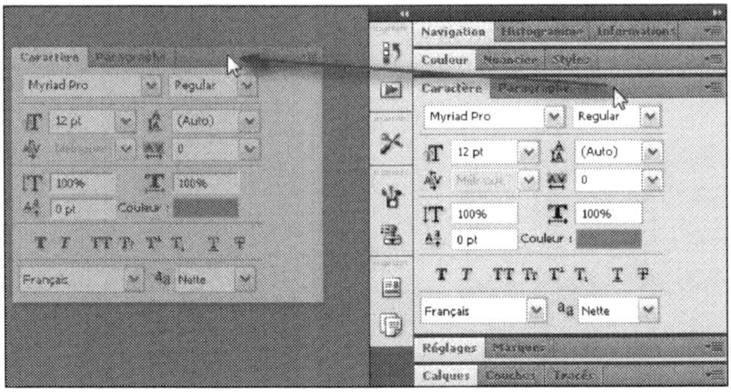

Figure 1.38 : Désancrez les palettes Caractère et Paragraphe

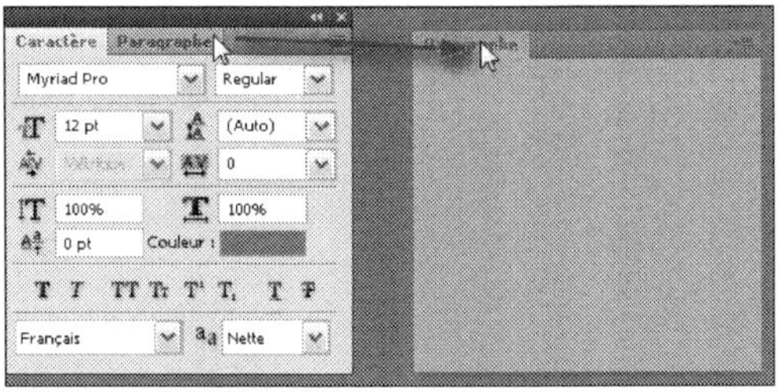

Figure 1.39 : Dégroupez la palette Paragraphe

4 Disposez les palettes comme bon vous semble. Le positionnement est aidé par un léger magnétisme quand vous approchez une palette d'une autre.

5 Allongez éventuellement les palettes déroulantes, comme les palettes *Calques* et *Historique*.

Figure 1.40 : Redimensionnez la palette Calques

6 Dans le menu **Fenêtre/Espace de travail**, cliquez sur **Nouvel espace de travail**.

7 Dans la boîte de dialogue **Nouvel espace de travail**, saisissez un nom explicite, puis cliquez sur le bouton **Enregistrer**.

8 Pour retrouver la même interface avec une position des palettes identique, allez dans le menu **Fenêtre/Espace de travail** et cliquez sur le nom de l'interface que vous avez enregistrée.

ASTUCE

Réinitialiser la position des fenêtres

Par défaut, Photoshop mémorise juste avant sa fermeture la position des fenêtres. Si vous chamboulez toute son interface, vous risquez d'être perdu. Pour réinitialiser la position des fenêtres et revenir à l'interface originale de Photoshop, allez dans le menu **Fenêtre/Espace de travail** et cliquez sur la commande **Les indispensables**.

1.7. Régler les préférences de Photoshop CS5

Vous accédez à la boîte de dialogue des préférences de Photoshop CS5 depuis le menu **Edition/Préférences**. Vous arrivez alors aux différentes pages de préférences de Photoshop CS5. Depuis chacune de ces pages, vous pouvez aller aux autres pages à l'aide des boutons **Précédent** et **Suivant** situés sur la droite de chaque page de la boîte de dialogue, ou encore en utilisant la liste déroulante correspondant au nom de la page. Vous pouvez donc ouvrir uniquement la commande **Général** (Ctrl+K).

Page de préférences Général

La page de préférences **Général** donne accès aux paramètres généraux de Photoshop CS5.

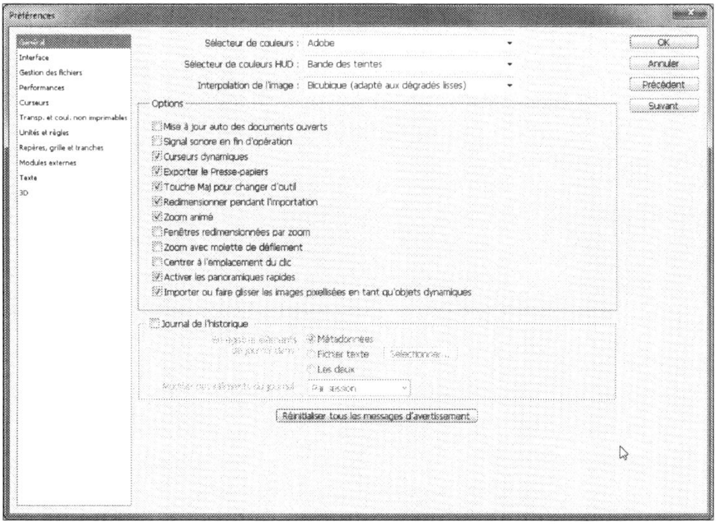

Figure 1.41 : Panneau Général

Sélecteur couleur

Adobe par défaut.

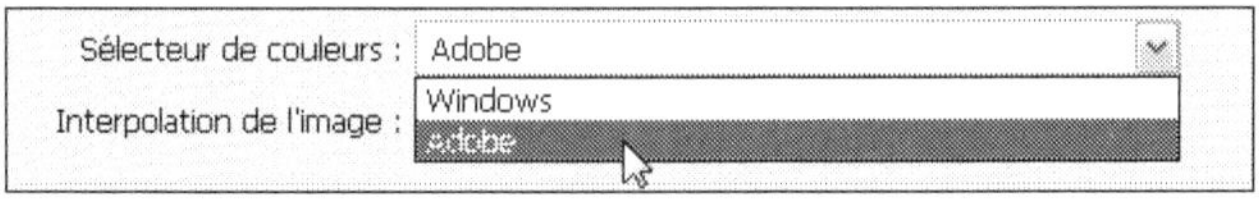

Figure 1.42 : Liste déroulante Sélecteur de couleurs

Vous avez le choix entre *Adobe* et *Windows.* Sur un Macintosh, vous avez le choix entre *Apple* et *Adobe*.

Cette liste déroulante permet de choisir entre le Sélecteur de couleurs d'Adobe et celui de Microsoft (plus précisément celui de Windows).

Interpolation de l'image

Bicubique par défaut.

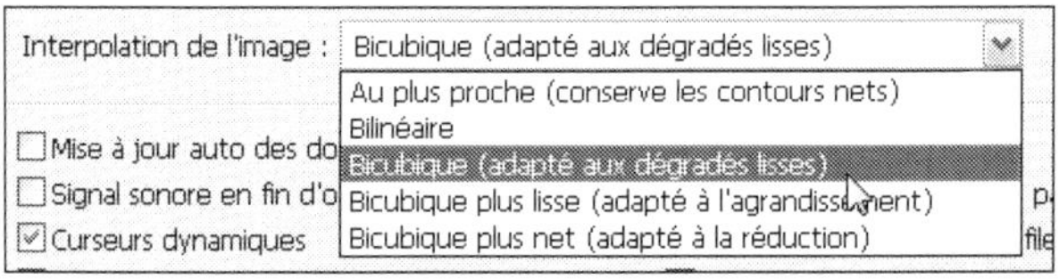

Figure 1.43 : Liste déroulante Interpolation de l'image

Vous avez le choix entre *Au plus proche, Bilinéaire, Bicubique, Bicubique plus lisse* et *Bicubique plus net.*

Cette liste déroulante vous permet de choisir l'algorithme à utiliser lorsque vous changez la taille d'une image ou que vous effectuez la transformation d'une sélection ou de tout un calque.

Le paramètre par défaut (*Bicubique*) convient dans la plupart des cas.

Pour en savoir plus, consultez le tableau suivant :

Tableau 1.7 : Les différents types d'interpolations de l'image

Interpolation	Résultat
Au plus proche	C'est la méthode nécessitant le moins de ressources de l'ordinateur. Elle est donc plus rapide, mais le résultat est crénelé et sans anti-aliasing. Cette technique peut être utilisée pour le redimensionnement afin de fournir des images avec peu de couleurs (dégradé), comme les GIF.
Bilinéaire	C'est une méthode de qualité moyenne qui analyse les valeurs des pixels avoisinants afin d'en déterminer une moyenne chromatique.

Tableau 1.7 : Les différents types d'interpolations de l'image	
Interpolation	**Résultat**
Bicubique	Cette méthode est plus lente mais plus précise que les deux précédentes. C'est d'ailleurs la méthode utilisée par défaut dans Photoshop. Elle se fonde sur l'examen par des calculs complexes des valeurs des pixels avoisinants afin de générer des transitions de tonalités plus douces qu'avec les méthodes *Au plus proche* ou *Bilinéaire*.
Bicubique plus lisse	Cette méthode est une version optimisée de la méthode *Bicubique* standard. Elle se révèle plus efficace pour agrandir les images car elle génère des résultats plus doux que les autres procédés.
Bicubique plus net	Cette méthode est aussi une version optimisée de la méthode *Bicubique* standard. Elle se révèle, quant à elle, plus efficace pour réduire la taille d'une image. Le résultat est un renforcement de la netteté. Cette méthode permet notamment de préserver les détails d'une image rééchantillonnée.

Groupe d'options Options

Vous y trouverez des options généralistes de Photoshop CS5.

Tableau 1.8 : Les options générales

Défaut	Option	Action
0	*Mise à jour automatique des documents ouverts*	Permet de mettre à jour immédiatement les documents en cours d'ouverture dans Photoshop CS5 lorsque ceux-ci sont modifiés (et enregistrés) par un autre logiciel.
0	*Signal sonore en fin d'opération*	Permet d'activer ou non un signal sonore lorsque Photoshop CS5 termine une action qui l'a monopolisé assez longuement. Cette fonction est pratique lors de l'application de filtres ou de scripts nécessitant beaucoup de temps de calcul de la part de l'ordinateur. Vous êtes alors prévenu de façon sonore que Photoshop CS5 est disponible pour d'autres actions.
X	*Curseurs dynamiques*	Permet d'activer ou non l'affichage des curseurs dynamiques. Il est déconseillé de désactiver cette fonction, à moins que votre ordinateur soit très lent.
X	*Exporter le Presse-papiers*	Permet d'utiliser les éléments copiés dans Photoshop dans d'autres applications via la fonction **Coller**.
X	*Touche Maj pour changer d'outil*	Permet d'activer ou non la touche Maj du clavier pour changer d'outil de façon temporaire lorsque vous en utilisez un autre. Selon l'outil employé, vous avez alors accès à sa variante.
X	*Redimensionner pendant un collage/l'importation*	Permet d'activer ou non le redimensionnement automatique de l'image pendant un copier-importer en fonction de son contenu.

Défaut	Option	Action
X	*Zoom animé*	Permet d'activer ou non un effet d'animation rapide lors de l'utilisation de la fonction **Zoom**.
0	*Fenêtres redimensionnées par zoom*	Permet de redimensionner automatiquement la fenêtre d'une image à la taille d'affichage de cette dernière lors de l'utilisation de la fonction **Zoom**. Vous pouvez aussi activer cette fonction depuis la palette d'options de l'outil **Zoom**.
0	*Zoom avec molette de défilement*	Permet d'effectuer des zooms sur l'image à l'aide de la molette. Si vous n'avez pas pris l'habitude d'utiliser les raccourcis clavier pour zoomer, vous pouvez activer cette fonction.
0	*Centrer à l'emplacement du clic*	Permet de centrer l'image selon la position de votre curseur lorsque vous zoomez en avant et en arrière.
X	*Activer les panoramiques rapides*	Permet d'activer ou non la fonction de panoramique automatique lorsque vous utilisez l'outil **Main** afin de prolonger le mouvement dans la direction décrite par la souris.

Tableau 1.8 : Les options générales

Groupe d'options Journal de l'historique

Désactivé par défaut.

Figure 1.44 : Groupe d'options Journal de l'historique

Ce groupe d'options permet, s'il est activé, d'éditer un journal de l'historique d'un fichier PSD, qui peut être enregistré soit dans les métadonnées du fichier, soit dans un fichier texte à définir, soit dans les deux.

Cet enregistrement peut être effectué de trois manières différentes : *Par session*, *De manière concise* ou *De manière détaillée*.

Bouton Réinitialiser tous les messages d'avertissement

Le bouton **Réinitialiser tous les messages d'avertissement** permet de réactiver tous les messages d'avertissement que vous avez préalablement désactivés en cochant la case *Ne plus afficher*, qui vous est toujours proposée dans les boîtes de dialogue d'avertissement.

Page de préférences Interface

C'est une page qui est apparue dans Photoshop CS5. Elle permet de gérer quelques options ayant un rapport avec l'interface de Photoshop CS5.

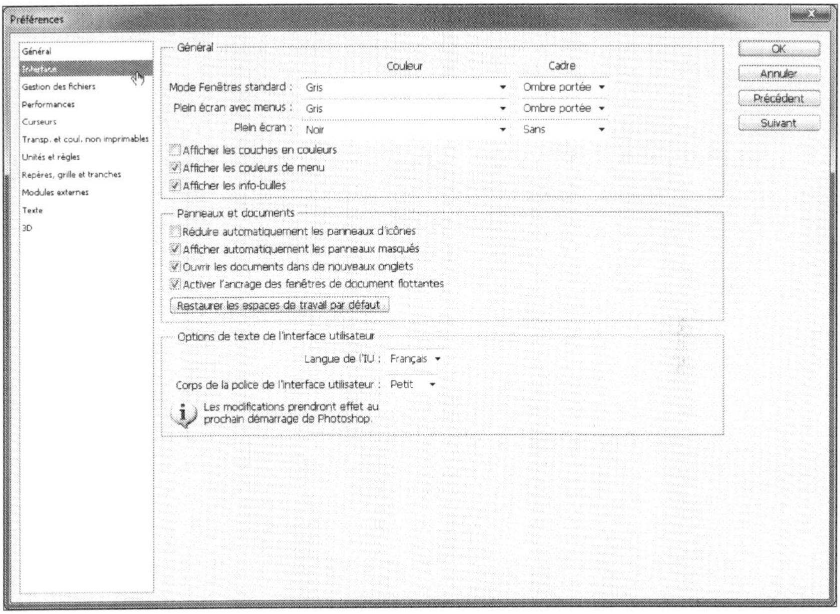

Figure 1.45 : Panneau Interface

La fonction *Afficher les couches en couleurs* permet, par exemple, d'afficher dans la palette *Couches* les différentes couches en couleurs plutôt qu'en nuances de noir au blanc.

Figure 1.46 : Couches en couleurs

Corps de la police de l'interface utilisateur

Petit par défaut.

Vous avez le choix entre *Petit*, *Moyen* et *Grand*.

Permet de définir le corps (autrement dit la taille) de la police de caractères utilisée pour les menus et palettes de l'interface.

Page de préférences Gestion des fichiers

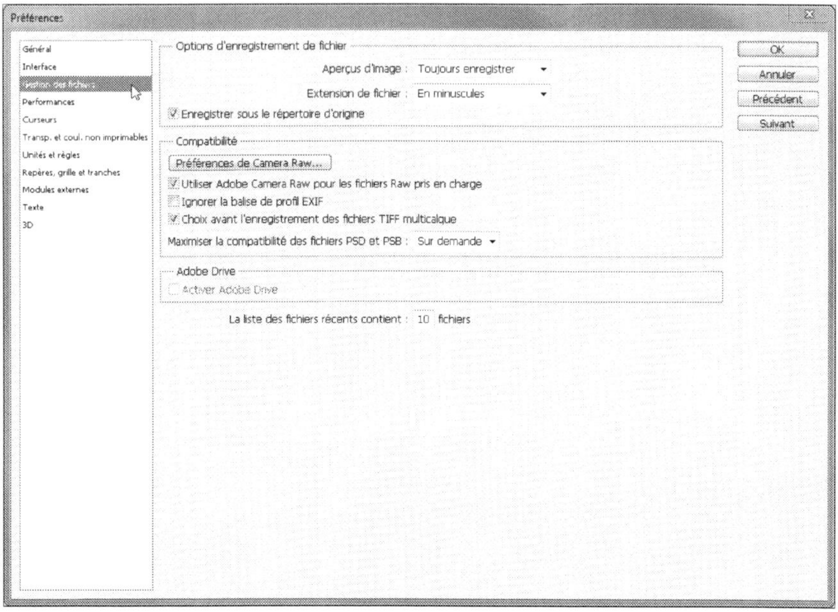

Figure 1.47 : Panneau Gestion des fichiers

Cette page de préférences donne accès à trois zones d'options : *Options d'enregistrement de fichier*, *Compatibilité* et *Version Cue*.

De plus, vous pouvez aussi y définir le nombre de fichiers récents du menu **Fichier** depuis la zone de texte *La liste des fichiers récents contient XX fichiers*.

Options d'enregistrement

Toujours enregistrer et *En minuscule* par défaut.

Cette zone d'options permet de définir le mode d'enregistrement de l'Aperçu d'image et la casse de l'extension du fichier lors de son enregistrement.

Compatibilité

Utiliser Adobe Camera Raw permet de définir si vous voulez utiliser le module Camera Raw sur les fichiers JPEG en plus des fichiers RAW. Par défaut, seuls les fichiers RAW sont gérés par ce module.

Ignorer la balise de profil EXIF permet de ne pas enregistrer les profils EXIF compatibles avec les appareils photo numériques.

Choix avant l'enregistrement des fichiers TIFF multicalque permet d'afficher les options autorisant la sauvegarde des calques lors de l'enregistrement au format *.tiff*. Cette possibilité est nouvelle pour le format *.tiff*. De ce fait, les fichiers générés risquent d'être incompatibles avec des applications moins récentes.

Maximiser la compatibilité des fichiers PSD et PSB est, par défaut, en mode *Sur demande*. De ce fait, Photoshop vous demande à chaque premier enregistrement d'une composition au format *.psd* ou *.psb* s'il doit enregistrer le fichier en l'optimisant ou non afin que le document puisse s'ouvrir dans les versions antérieures du logiciel. Il est conseillé de toujours accepter de maximiser la compatibilité.

Version Cue

Activée par défaut.

Quand cette option est activée, elle autorise la gestion de fichiers de groupe de travail dans Photoshop CS5. C'est donc un paramètre destiné aux professionnels.

Page de préférences Performances

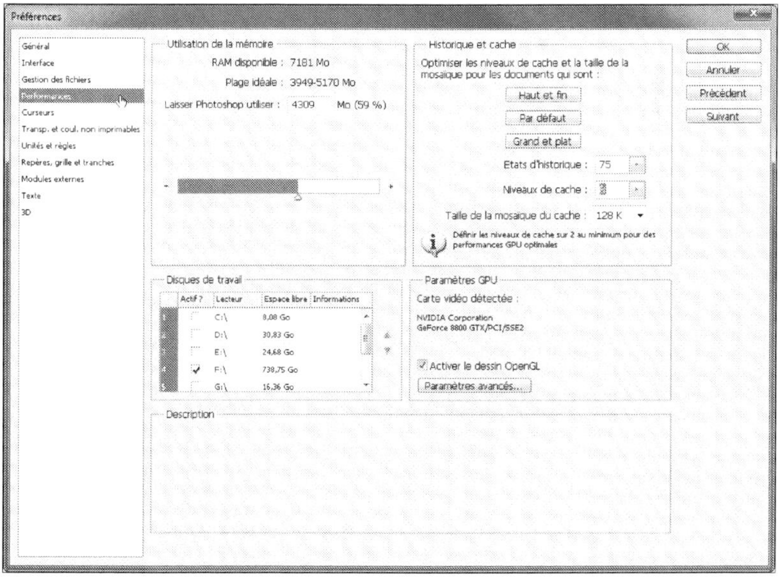

Figure 1.48 : Panneau Performances

Ce panneau donne accès aux paramètres de gestion de la mémoire vive par Photoshop CS5. Ces paramètres par défaut correspondent à une utilisation standard de Photoshop CS5. Les paramètres de ce panneau sont intéressants dans le cadre d'une utilisation poussée de Photoshop CS (par exemple, sur des images très lourdes). De ce fait, si vous utilisez une station de travail puissante et surtout dotée d'une grande quantité de mémoire vive (2 Go, voire plus), vous pouvez augmenter le nombre de niveaux de mémoire cache, ainsi que le pourcentage maximal de mémoire utilisée par Photoshop CS5.

Utilisation de la mémoire

55 % par défaut (réglages possibles de *4 %* à *100 %*).

Cette zone d'options vous indique tout d'abord la quantité de mémoire vive disponible dans votre système. Elle vous donne ensuite accès au réglage de la mémoire maximale utilisée par Photoshop.

Ce paramètre se définit en pourcentage, traduit ensuite en quantité de mémoire en mégaoctets (Mo) que Photoshop utilisera. Si vous n'employez que Photoshop CS5, sans utiliser une autre application en même temps, vous pouvez augmenter ce paramètre en évitant toutefois d'atteindre des extrêmes, afin de laisser de la marge au système d'exploitation.

REMARQUE

Mémoire vive et mémoire cache

Pensez à optimiser la quantité de mémoire cache de votre système d'exploitation en fonction de la quantité de mémoire vive de votre station de travail.

Disques de travail

Disque 1 : Démarrage par défaut.

Les paramètres de cette zone d'options sont intéressants pour une utilisation poussée de Photoshop CS. Pour une utilisation normale de Photoshop CS5, vous n'avez pas besoin de les changer.

Au premier démarrage de Photoshop CS5, une fenêtre d'alerte annonce parfois que vous devez changer de disque de travail par défaut afin de pouvoir travailler avec des performances optimales. C'est dans la zone d'options *Disque de travail* que vous pouvez optimiser ce réglage.

Vous pouvez y définir jusqu'à quatre disques de travail. Ces disques de travail sont complémentaires à la mémoire vive et à la mémoire cache du système. De ce fait, si l'un des quatre disques de travail est le même que celui utilisé par la mémoire cache, cela peut ralentir l'ordinateur car le disque est sollicité par deux applications en même temps (le système d'exploitation et Photoshop CS5). Bien entendu, si vous n'avez qu'un seul disque dur dans votre système et si ce disque n'est pas divisé en plusieurs partitions (disques durs virtuels), vous n'avez aucun choix possible.

DEFINITION

Partition

Sous-ensemble d'un disque dur découpé virtuellement en unités logiques. Un disque dur de 300 Go peut être ainsi découpé en trois partitions de 100 Go. Windows considère alors qu'il a affaire à trois disques durs.

Dans la théorie, vous gagnez en performances en évitant de définir le disque de démarrage dans l'une des listes déroulantes de disques de travail. Il est conseillé d'utiliser une partition ou un disque dur physique dédié à la gestion des fichiers d'échange, fichiers temporaires et autres fichiers cache.

Mais si vous avez une station de travail avec un seul disque dur divisé en plusieurs partitions, vous ne gagnez presque rien en performances, si ce n'est que cela entraîne moins de fragmentation du disque de démarrage.

DEFINITION

Fragmentation et défragmentation

La fragmentation est un phénomène de fractionnement des données d'un même fichier se produisant sur un disque dur. Celui-ci inscrit en effet les informations dès qu'il trouve un espace libre, même de petite taille, enregistrant le reste des données sur les autres secteurs libres rencontrés. Ce phénomène peut ralentir grandement les accès aux fichiers du disque dur. Il est donc nécessaire d'utiliser régulièrement le défragmenteur de disque de Windows, ou tout autre logiciel de défragmentation tel que Norton Speed Disk, O&O Defrag ou Diskeeper, afin de remédier aux ralentissements provoqués par la fragmentation.

Par contre, si vous utilisez un autre disque dur physique comme disque de travail, vous pouvez gagner en performances dans la gestion d'images très lourdes.

États d'historique

20 par défaut.

Permet de définir le nombre maximal d'états mis en mémoire dans l'historique.

Si vous utilisez souvent la palette *Historique* et que vous ayez une quantité confortable de mémoire vive, vous pouvez augmenter cette valeur.

Niveau de cache

6 niveaux par défaut. Nombre de niveaux minimal : *1*. Nombre de niveaux maximal : *8*.

Cette fonction permet de définir le nombre de niveaux de mémoire cache des données de l'image. Avec des images lourdes, plus le nombre de niveaux est élevé, plus le rafraîchissement de l'écran et la gestion de l'historique sont rapides. Bien sûr, plus ce nombre est important, plus Photoshop CS5 est gourmand en mémoire vive.

Paramètres GPU

C'est une nouveauté de Photoshop CS5. La fonction *Activer le dessin OpenGL* permet de bénéficier des capacités d'accélération d'affichage de la plupart des cartes graphiques 3D. Si vous possédez une carte graphique Nvidia ou ATI, n'hésitez pas à activer cette fonction, vous verrez immédiatement la différence lors des manipulations de l'image (outils **Main, Zoom**...).

Page de préférences Curseurs

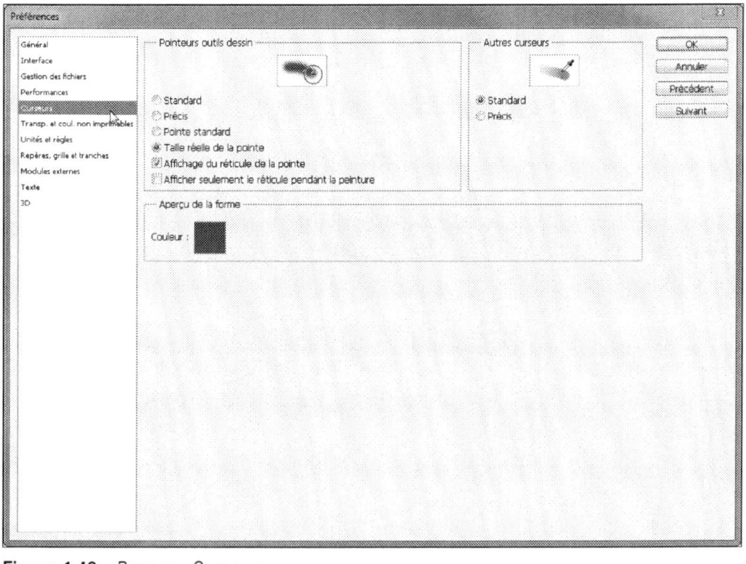

Figure 1.49 : Panneau Curseurs

Dans cette page de paramètres, vous pouvez notamment définir l'affichage des pointeurs. Le changement de ces paramètres permet un affichage plus rapide pour les ordinateurs peu puissants.

Pointeurs outils dessin

Pointe standard par défaut.

Ce paramètre permet de changer l'aspect du pointeur de votre curseur lorsque vous utilisez un outil de dessin. Vous avez le choix entre quatre propositions.

Tableau 1.9 : Description des pointeurs outils dessin

Mode	Aperçu	Description
Standard	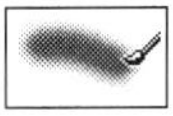	Le pointeur est représenté par une icône correspondant à l'outil utilisé.
Précis	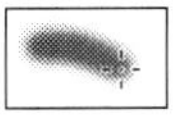	Le pointeur est représenté par une petite croix très précise mais fort petite.
Pointe standard	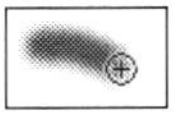	Le pointeur est représenté par la forme à 50 % de sa taille de l'outil défini dans la palette *Formes*.
Taille réelle de la pointe	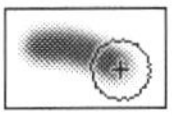	Le pointeur est représenté par la forme à 100 % de sa taille de l'outil défini dans la palette *Formes*.

Pour les deux derniers modes, vous pouvez cocher ou non la case *Affichage du réticule de la pointe*, qui permet d'afficher une petite croix au milieu de la forme de la pointe afin d'offrir plus de précision lors de l'utilisation d'un outil de dessin.

Pointeurs autres outils

Standard par défaut.

Ce paramètre permet de changer l'aspect du pointeur de votre curseur lorsque vous utilisez un outil de dessin particulier comme la **Pipette**.

Vous pouvez soit lui donner un aspect *Standard*, le pointeur étant représenté par une icône correspondant à l'outil utilisé, soit lui donner une forme particulière, le pointeur étant représenté par une petite croix très précise.

Page de préférences Transparence et couleurs non imprimables

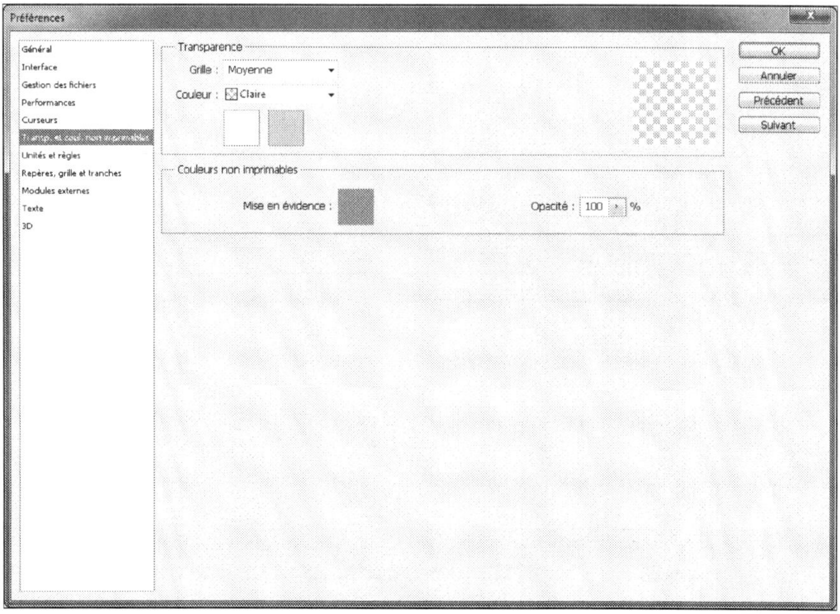

Figure 1.50 : Panneau Transparence et couleurs non imprimables

Cette page de préférences permet de gérer l'affichage de la transparence et des couleurs non imprimables.

Transparence

Moyenne et *Claire* par défaut.

Il est techniquement impossible d'afficher la transparence à l'écran. De ce fait, les créateurs de Photoshop ont défini une règle concernant la représentation de la transparence à l'écran dans une composition. La transparence est représentée par un damier gris et blanc.

REMARQUE

Transparence dans une composition

Le damier représentant la transparence n'est visible que si vous n'avez pas de calque d'arrière-plan (dont le nom est affiché en italique). En effet, ce calque d'arrière-plan ne peut pas être transparent, il doit obligatoirement être plein. Pour avoir un fichier gérant la transparence, il faut tout d'abord supprimer ce calque d'arrière-plan.

Dans cette zone d'options, vous pouvez modifier l'aspect de la transparence en changeant la taille des damiers de la grille. Vous pouvez aussi changer les couleurs du damier selon des couleurs prédéfinies ou encore personnalisées. Dans ce cas, cliquez sur la couleur afin d'afficher le Sélecteur de couleurs.

La case d'option *Alpha vidéo (avec matériel approprié)* est destinée aux professionnels utilisant un dispositif de prévisualisation vidéo.

Couleurs non imprimables

Une image destinée à l'affichage écran est gérée en mode de couleur RVB (trois couleurs), alors qu'une image destinée à l'impression est imprimée en mode CMJN (trois couleurs plus le noir).

RENVOI

Lisez à ce sujet le chapitre *Introduction à Photoshop et à l'image numérique*.

De ce fait, il y a une interpolation entre ce qui est affiché à l'écran et ce qui est imprimé. Cela induit des couleurs non imprimables dites "hors gamme". Photoshop s'efforce de les remplacer par les couleurs imprimables les plus proches. Mais vous pouvez éventuellement avoir besoin de les distinguer.

En mode RVB, vous pouvez déterminer si une couleur est non imprimable en procédant comme suit :

- Dans la palette *Informations*, un point d'exclamation s'affiche en regard des valeurs CMJN dès que vous placez le pointeur sur une couleur non imprimable.
- Un triangle d'avertissement apparaît et l'équivalent CMJN le plus proche est affiché dans le Sélecteur de couleurs et dans la palette *Couleur* dès que vous sélectionnez une couleur non imprimable. Pour sélectionner l'équivalent CMJN, cliquez sur le triangle ou le témoin de couleur.
- Vous pouvez utiliser la commande **Couleurs non imprimables** du menu **Affichage** pour rechercher les couleurs non imprimables.

Page de préférences Unités et règles

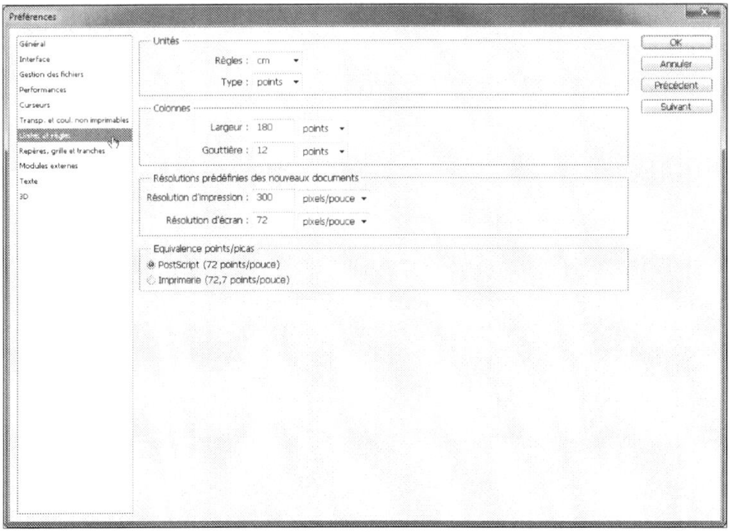

Figure 1.51 : Panneau Unités et règles

Cette page de préférences donne accès aux options d'unités, de colonnes, de résolution et d'équivalence points/picas.

Unités

L'option *Règles* permet de définir l'unité de mesure de la règle. Si vous travaillez sur une image destinée à l'impression, choisissez *cm* ou *mm*. Si vous travaillez sur une image destinée à l'affichage écran, choisissez *Pixels*.

L'option *Texte* permet de changer l'unité de mesure des polices de caractères. Par défaut, elle est en mode Points. Il est déconseillé de changer cette unité. En effet, l'unité en points est utilisée comme norme, que ce soit pour l'affichage écran ou l'impression.

REMARQUE

Affichage de la règle

Pour afficher la règle, allez dans le menu **Affichage** et sélectionnez la commande **Règle** (Ctrl+R).

Colonnes

Les colonnes vous aident à placer des images ou des éléments avec précision. Les commandes **Nouveau** (menu **Fichier**), **Taille de l'image** et **Taille de la zone de travail** (menu **Edition**) permettent de spécifier la largeur de l'image en termes de colonnes. L'utilisation des colonnes est pratique si vous envisagez d'importer une image dans une application de mise en page telle qu'Adobe InDesign et si vous voulez que cette image tienne dans un nombre défini de colonnes.

Par défaut, les valeurs de *Largeur* et de *Gouttière* sont de *180* et *12* points.

Résolutions prédéfinies des nouveaux documents

300 pixels/pouce et *72 pixels/pouce* par défaut.

Ces options permettent de changer respectivement les résolutions d'impression et d'écran. Ces valeurs sont les valeurs officielles. Il est inutile de les modifier.

Équivalence points/picas

PostScript (72 points/pouce) par défaut.

Vous pouvez choisir entre les deux équivalences points/picas. Ce paramètre est destiné aux professionnels du prépresse.

Page de préférences Repères, grille, tranches et comptage

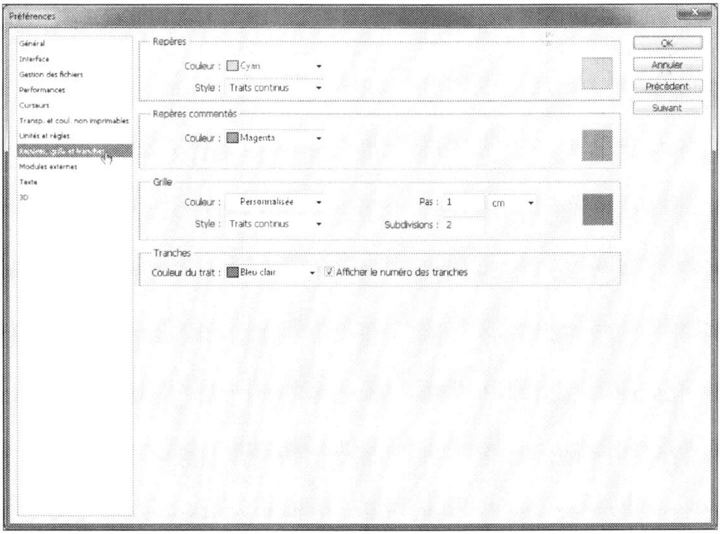

Figure 1.52 : Panneau Repères, grille et tranches

Cette page de préférences donne accès à cinq zones d'options : *Repères, Repères commentés, Grille, Tranches* et *Comptage*. Dans cette page, vous pouvez principalement redéfinir les couleurs des repères, grilles et tranches.

REMARQUE

Couleurs

Pour chacune de ces couleurs, vous avez à votre disposition des couleurs standard dans la liste déroulante correspondante. Vous avez aussi la possibilité de définir une couleur dite "personnalisée". En la choisissant, vous avez accès au Sélecteur de couleurs afin d'opter pour la couleur qui vous paraît la plus adaptée.

Repères

Cyan et *Traits continus* par défaut.

Les repères vous aident à positionner vos objets sur la surface de travail d'une image.

Vous pouvez définir dans cette zone d'options la couleur et le style d'affichage des repères. Cela se fait tout simplement à l'aide des listes déroulantes *Couleur* et *Style*.

Repères commentés

Magenta par défaut.

Vous pouvez définir dans cette zone d'options la couleur des repères commentés.

Les repères commentés sont une des nouveautés de Photoshop CS5. Ils permettent d'ajouter un commentaire à un repère. Cette fonction est utile en production car elle permet de laisser des instructions à un autre infographiste ou encore d'indiquer certaines particularités d'un repère si vous êtes amené à modifier le fichier PSD quelques mois plus tard.

Grilles

Dans cette zone d'options, vous pouvez modifier la *Couleur* et le *Style* de la grille, mais aussi son *Pas* et le nombre de *Subdivisions* de ce pas.

Cette zone d'options est souvent modifiée si vous utilisez beaucoup les grilles pour vous aider à aligner les éléments de votre composition. En effet, le pas et le nombre de subdivisions sont dans la plupart des cas différents selon les fichiers PSD que vous éditez.

Le Pas correspond à l'écart entre les lignes principales du quadrillage affiché en gras.

Les Subdivisions correspondent au quadrillage secondaire, c'est-à-dire au nombre de lignes et de colonnes entre les lignes et les colonnes du pas.

REMARQUE

Choix de l'unité du pas

Si vous travaillez sur une image dédiée à l'affichage écran, choisissez les *Pixels* pour le réglage du *Pas*. Par contre, si l'image est dédiée à l'impression, travaillez en *mm* ou *cm*.

Exemple

Si vous travaillez sur une image en 800 × 600 pour la création d'une interface web, vous pouvez mettre *50* pixels pour le *Pas* et *5* pour la *Subdivision*. Vous obtenez le résultat suivant à l'affichage :

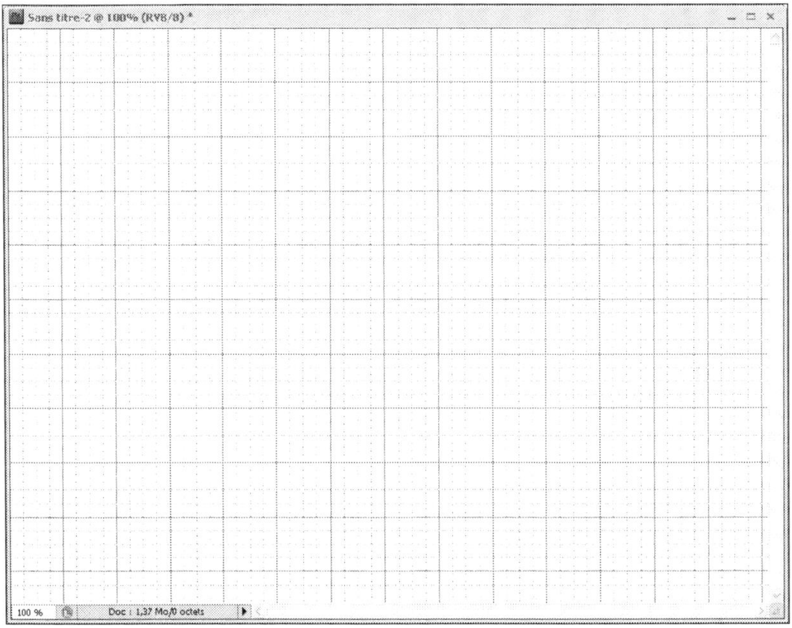

Figure 1.53 : Affichage de la grille

REMARQUE

Affichage et magnétisme de la grille

Pour afficher ou masquer la grille, allez dans le menu **Affichage/Afficher/Grille** (Ctrl+"). Pour régler le mode de magnétisme de la grille, allez dans le menu **Affichage/Magnétisme** et cochez les objets à magnétiser.

Tranches

Les tranches sont dédiées au webdesign. Elles permettent de scinder une image en plusieurs parties selon un quadrillage de tranches, afin de recomposer cette image dans un tableau HTML.

Dans cette zone d'options, vous pouvez, comme pour les repères et la grille, changer la *Couleur de trait* des tranches. De plus, vous pouvez activer ou non la fonction **Afficher les numéros de tranches**.

REMARQUE

Affichage des tranches

Par défaut, dans Photoshop CS5, les tranches ne sont pas affichées. Le mode d'affichage des tranches s'active automatiquement lorsque vous en créez une avec l'outil **Tranche** (K). Pour masquer les tranches, passez par le menu **Affichage/Afficher/Tranches**.

Comptage

C'est une nouveauté de Photoshop CS5. Vous pouvez ici définir la couleur d'affichage des informations de comptage.

Page de préférences Modules externes

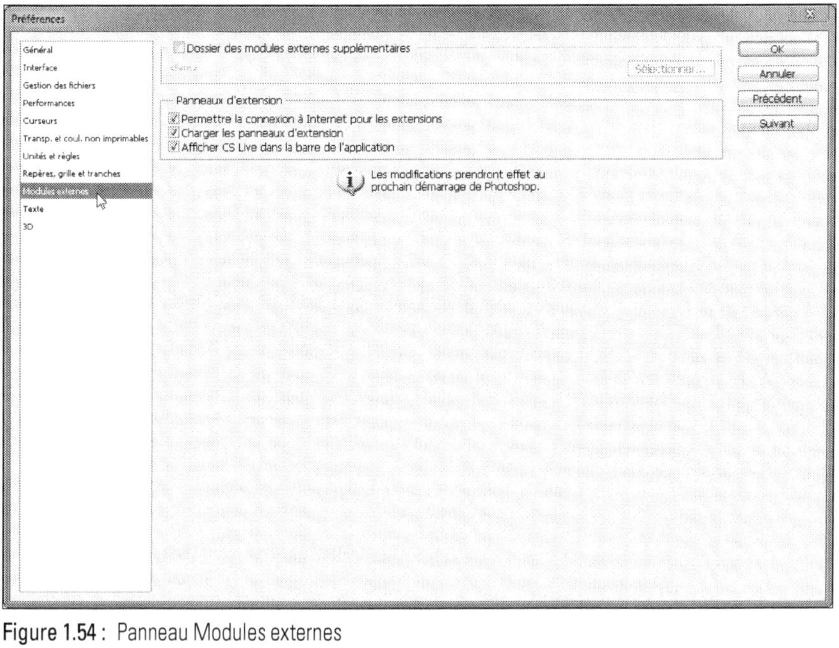

Figure 1.54 : Panneau Modules externes

Ce panneau donne accès à un groupe de paramètres (il comptait deux groupes sous CS2) : *Modules externes* pour la gestion des plug-ins.

Modules externes

Dans cette zone d'options, vous pouvez définir un dossier supplémentaire s'ajoutant au dossier utilisé par défaut par Photoshop CS5 pour le stockage des modules externes (plug-ins). Ce dossier par défaut est le sous-dossier *Modules externes* du dossier d'installation de Photoshop CS5. Ainsi, si vous cochez la case *Dossier des modules externes supplémentaires*, vous pouvez définir à l'aide du bouton **Sélectionner** ce dossier complémentaire.

À cette fonction s'ajoute la zone de texte *Numéro de série Photoshop existant*. Cette fonction permet d'utiliser des modules dédiés à d'autres versions de Photoshop. En effet, certains modules cherchent le numéro de série de Photoshop dans ses paramètres de registre. Or, Photoshop CS5 utilise un autre format de numéro de série. De ce fait, ces modules ne veulent pas de cette fonction, croyant avoir affaire à une version sans licence de Photoshop.

Page de préférences Texte

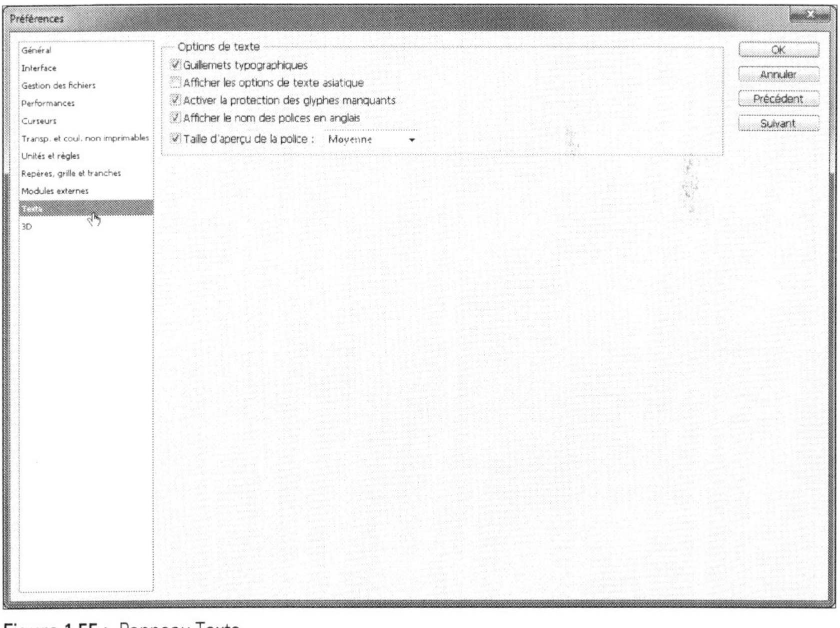

Figure 1.55 : Panneau Texte

Ce panneau donne accès à quatre options de texte.

Guillemets typographiques

Activée par défaut.

Comme dans Microsoft Word, cette fonction remplace les guillemets standard du clavier (AltGr+3) par les guillemets typographiques, qui ont deux formes d'affichage : ouvert (“) et fermé (”).

Afficher les options de texte asiatique

Non activée par défaut.

Si vous travaillez sur des textes asiatiques, en activant cette option, vous avez accès à des paramètres spécifiques dans les palettes *Caractère* et *Paragraphe*.

Afficher les noms de police en anglais

Activée par défaut.

La plupart des polices de caractères ont été créées selon les modèles anglo-américains. De plus, les éditeurs ne cherchent pas à traduire systématiquement les modules de polices de caractères de leurs logiciels d'infographie. Les noms anglais des polices sont de ce fait souvent plus connus en France que leurs noms français.

Taille d'aperçu de la police

Moyenne par défaut.

Vous avez le choix entre *Petit*, *Moyen* et *Grand* pour la taille de prévisualisation des polices dans les listes déroulantes des palettes de paramétrage des textes. Cette fonction est pratique si vous travaillez sur un petit écran à très haute résolution, comme l'écran de portable 17" de Dell, qui affiche une résolution de 1 920 × 1 200 (sachant que cette résolution est habituellement dédiée aux écrans 23"-24").

1.8. Utiliser l'iPad avec Photoshop

Adobe a développé trois applications iPad conçues pour être utilisées de concert avec Photoshop. Ces trois outils sont :

- Adobe Nav, qui est une boîte à outils tactiles,
- Adobe Color Lava, qui est une palette évoluée de création de nuanciers de couleurs,
- Adobe Eazel, qui est un petit logiciel de peinture sur la tablette à utiliser avec les doigts .

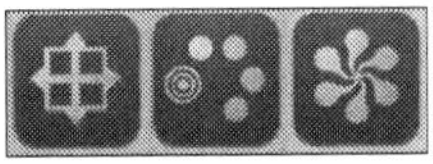

Figure 1.56 : Les trois applications

Mettre à jour Photoshop

Les applications iPad pour Photoshop sont uniquement compatibles avec Photoshop CS5.1 (version 12.1) et plus. Vous devez donc impérativement faire une mise à jour de ce dernier si vous possédez la version CS5 (version 12.0). Notez que si vous utilisez une des suites graphiques Adobe Creative 5.5, vous êtes déjà en version Photoshop CS5.1.

Pour mettre à jour votre version de Photoshop, il y a deux solutions :

- Dans le menu **Aide**, lancez la fonction **Mises à jour**.
- Ou bien visitez le site Internet d'Adobe afin de voir si une mise à jour est disponible ou non en téléchargement : http://www.adobe.com/fr/downloads/updates/

Installer les applications sur iPad

L'installation des applications iPad pour Photoshop se fait via l'App Store comme pour toutes les applications iPad. Ces applications sont payantes et coûtent moins de 5 €.

1 Sur votre iPad, démarrez l'App Store et, dans la zone de recherche située en haut à droite, entrez `adobe` puis lancez la recherche.

2 Tapez sur **Tout afficher** > à droite du libellé du groupe **Apps pour iPad** afin d'afficher uniquement les applications spécifiques aux iPad.

Figure 1.57 : Applications iPad pour Photoshop

Une liste d'applications liées à Photoshop s'affiche alors. Celles qui commencent par *Adobe®* correspondent à des applications éditées par Adobe. Vous y trouverez les trois applications Nav, Eazel et Color Lava à installer.

Connecter les applications avec Photoshop

Votre ordinateur doit être connecté à un modem-routeur sur lequel l'iPad vient se connecter en Wifi. Dans cet exemple, l'ordinateur est connecté en réseau filaire Ethernet d'une Freebox sur laquelle l'iPad est connecté en Wifi.

1 Dans le menu **Edition** de Photoshop, cliquez sur **Connexions à distance...**

2 Dans la boîte de dialogue **Connexions à distance**, attribuez un *Mot de passe* d'au moins six caractères.

3 Cochez la case *Activez les connexions à distance.*

4 Notez sur un papier le *Nom de l'hôte* et son *Adresse IPv4,* dans cet exemple `KBX3D-PC` et `192.168.0.2` puis cliquez sur **OK**.

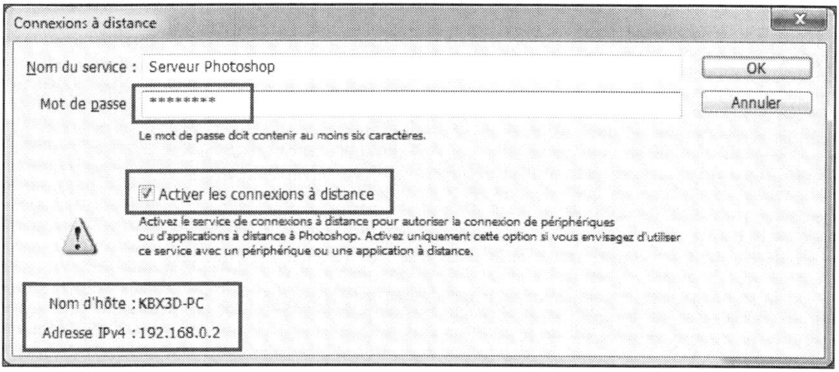

Figure 1.58 : Paramétrage de Photoshop

5 Laissez Photoshop ouvert et allumez votre iPad puis démarrez l'une des applications Adobe.
Le mode de connexion est le même pour les trois applications.

6 Tapez sur l'icône **PS** située en bas à droite de l'interface.

7 Attendez un instant que l'application découvre le serveur actif. Si vous voyez le *nom de l'hôte* dans la liste *Connexions*, passez à l'étape 11. Sinon passez à l'étape suivante.

Figure 1.59 : Liste de Connexions

8 Tapez sur le bouton **Nouveau**.

9 Entrez le *Nom de l'hôte* ou son *Adresse IP* que vous avez noté sur un papier lors de l'étape 4.

10 Entrez le *Mot de passe* que vous avez défini lors de l'étape 2 puis tapez sur le bouton **Connecter** puis passez à l'étape 13.

Figure 1.60 : Connexion

11 Tapez sur le *Nom de l'hôte* qui apparaît sur la liste *Connexions*.

12 Entrez le *Mot de passe* que vous avez défini lors de l'étape 2 puis tapez sur le bouton **Connecter**.

13 L'icône PS située en bas à droite de l'interface passera en bleu (avec en plus l'affichage du libellé "Connecté" pendant quelques secondes) pour confirmer la connexion entre l'iPad et Photoshop.

REMARQUE

Adresse IP

Une adresse IP est composée de 4 nombres 0 à 254. Pour toutes les "box" Internet des grands prestataires français, ces derniers commencent tous par 192.168. L'avant dernier est soit 0 ou 1 et le dernier est un nombre compris entre 0 et 255. Si bien que l'adresse IP ressemble au 2 cas suivants : 192.168.0.xxx et 192.168.1.xxx.

Adobe Nav

Adobe Nav est certainement l'outil le plus intéressant en production dans la liste des trois outils disponibles sur iPad. Il permet de transformer votre iPad en clavier spécial Photoshop. Vous pouvez remplacer la boîte à outils de Photoshop et la personnaliser à souhait en affichant uniquement les outils que vous utilisez le plus souvent. Cela permet en outre d'afficher vos images en plein écran sur votre moniteur, l'iPad faisant office d'interface.

Adobe Nav est en fait composé de deux panneaux :

- Le panneau de la boîte à outils personnalisées,
- Le panneau de gestion des images en cours d'utilisation dans Photoshop.

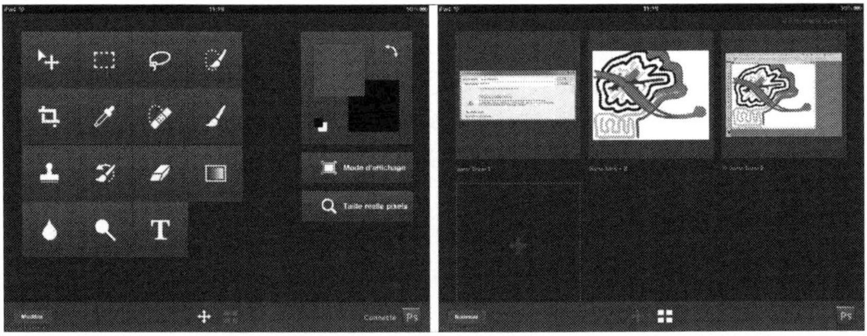

Figure 1.61 : Panneaux d'Adobe Nav

L'utilisation de la boîte à outils est très simple :

1 Tapez sur l'un des outils du panneau de la boîte à outils afin d'activer ce dernier dans Photoshop.

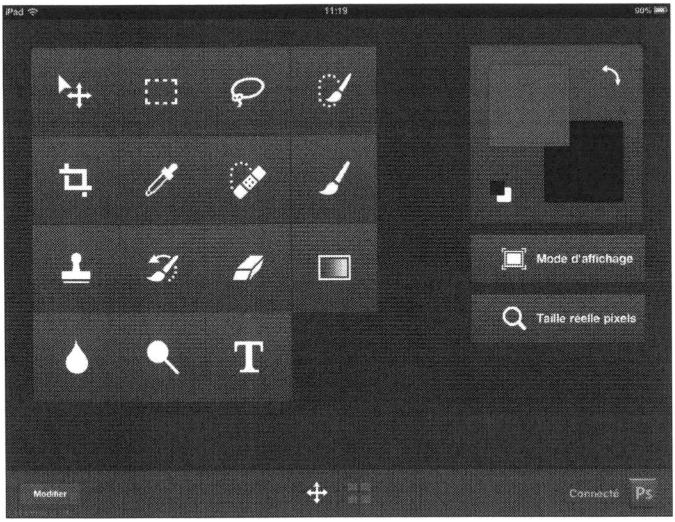

Figure 1.62 : Boîte à outils

2 Tapez sur **Mode d'affichage** afin de passer l'image en cours d'édition en mode plein écran. Tapez à nouveau pour repasser en mode normal.

3 Tapez sur **Modifier** pour passer en mode d'édition.

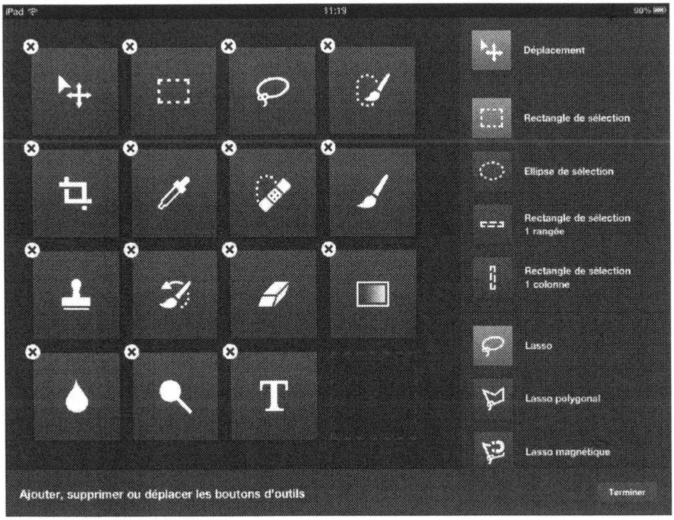

Figure 1.63 : Edition de la boîte à outils

4 Supprimez les outils inutilisés en tapant sur la croix située en haut à gauche de ces derniers.

5 Glissez les outils que vous comptez utiliser depuis la colonne de gauche vers les emplacements libres.

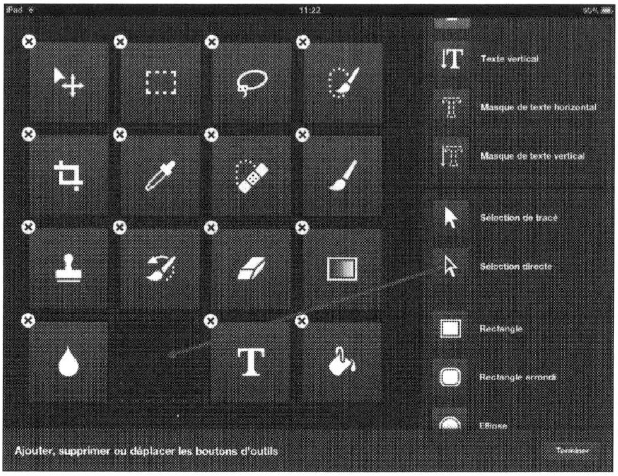

Figure 1.64 : Déplacer les outils

6 Tapez sur le bouton **Terminer** afin de valider la nouvelle boîte à outils personnalisée.

Le panneau de gestion des fichiers permet de gérer les fichiers en cours d'ouverture dans Photoshop. Vous pouvez aussi créer des fichiers vierges dans Photoshop en tapant sur le bouton **Nouveau.** Ces derniers seront à la résolution 1024 x 768.

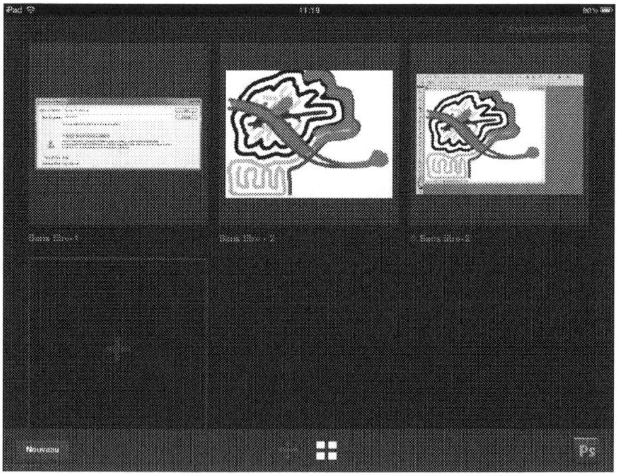

Figure 1.65 : Panneau de gestion des fichiers

Adobe Color Lava

Adobe Color Lava permet de créer des palettes de nuanciers de couleurs pour Photoshop. Pour cela, il met à disposition une palette au sens non numérique du terme sur laquelle vous pouvez effectuer des mélanges de couleurs afin de générer un set de cinq couleurs qui ont été ponctionnées dans cette palette.

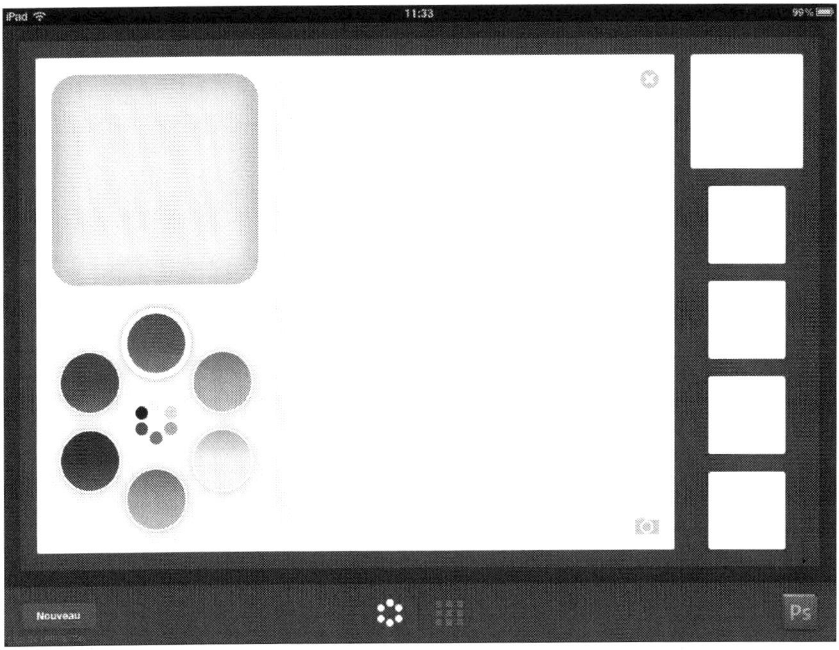

Figure 1.66 : Interface de Color Lava

L'interface principale est composée de 4 parties :

- un pot d'eau en haut à gauche,
- un carrousel de 6 couleurs (les 3 primaires et 3 secondaires) en bas à droite.Ce dernier peut passer en mode dégradé de noir au blanc.
- la zone de dessin de mélange des couleurs,
- la colonne de set de cinq couleurs sur la droite.

La création d'un set de couleurs se fait selon les étapes suivantes :

1 Utilisez les outils de dessin situés en bas à gauche pour faire vos mélanges de couleurs.

2 Humectez votre doigt à l'aide du petit pot d'eau situé en haut à gauche afin de mélanger les couleurs.

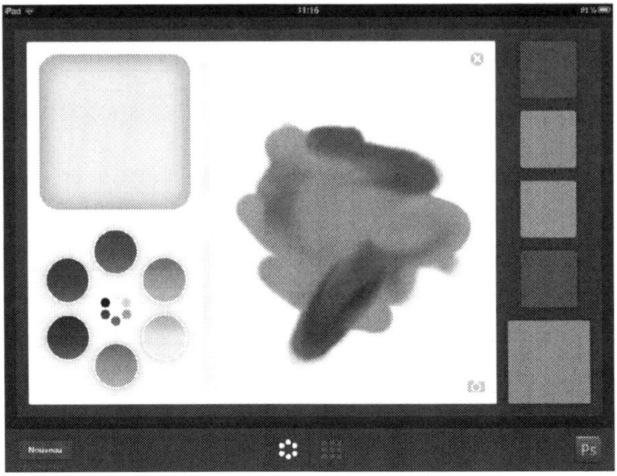

Figure 1.67 : Mélange de couleurs

3 Dans la zone de mélange, tapez une fois sur la première couleur à ajouter au set de la colonne de droite. Le plus gros carré correspond à l'emplacement en cours d'édition.

4 Sélectionnez un autre emplacement puis tapez sur une autre couleur de la zone de mélange afin de lui attribuer la couleur correspondante.

5 Faites de même avec les trois autres emplacements. Lorsque vous tapez sur l'une des couleurs du set de couleurs, cette dernière s'applique en couleur principale de Photoshop

6 Tapez sur le carré (composé d'un damier de neuf petits carrés) situé en bas au milieu afin d'afficher la page des palettes.

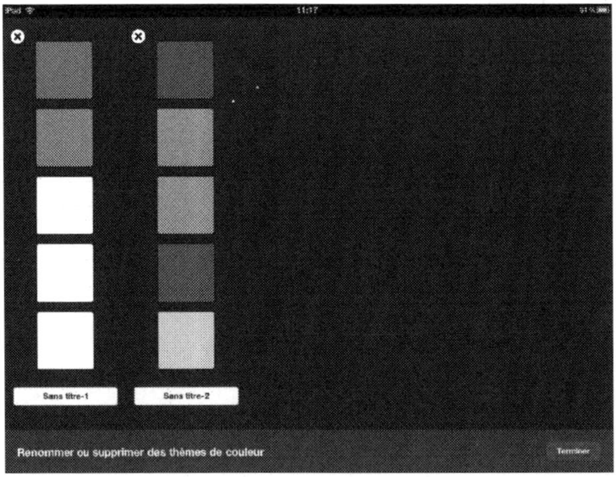

Figure 1.68 : Gestion des sets de couleurs

7 Tapez sur le bouton **Modifier** situé en bas à gauche.

8 Renommez le set de couleur en cliquant sur son libellé. Notez que vous pouvez supprimer un set en cliquant sur la croix située en haut à gauche de ce dernier.

9 Tapez sur le bouton **Terminer** pour valider.

10 Lorsque vous tapez sur l'une des couleurs d'un des sets de couleurs, cette dernière s'applique en couleur principale de Photoshop.

En tapant sur le bouton **Nouveau** de la page principale vous réinitialisez la zone de mélange des couleurs. Vous pouvez récupérer le mélange en activant le set de couleurs correspondant dans la seconde page.

Vous pouvez utiliser une image existant afin de générer votre set de couleurs. Pour cela, tapez sur le bouton **Appareil photo** afin de prendre un cliché ou charger une image.

Figure 1.69 : Importation d'une image

Adobe Eazel

Adobe Eazel transforme votre iPad en tablette graphique à l'image des tablettes Wacom (avec stylet). Malheureusement, sa vocation n'est pas de remplacer une tablette puisqu'elle ne permet pas de dessiner de manière précise. Elle permet juste de peindre grossièrement au doigt à la manière d'aquarelle plus ou moins liquide.

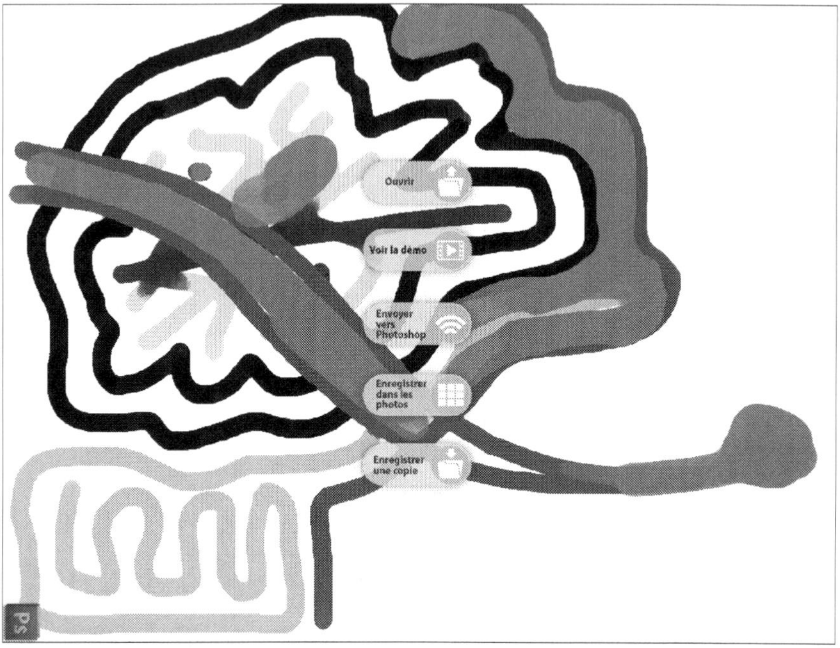

Figure 1.70 : Adobe Eazel

Cette application est pour l'instant limitée à la création de dessin. Elle ne permet pas encore de retoucher des images provenant d'une autre application, Photoshop inclus.

L'interface de cette application est plutôt novatrice puisqu'elle utilise la notion multitouch de la tablette. Pour dessiner, il suffit d'effectuer un tracé avec un doigt sur la surface de la tablette.

Pour accéder aux réglages, il faut utiliser les cinq doigts de la main simultanément. Dans ce cas, il y a deux techniques. La première étant déroutante pour les novices en tactile et la seconde plus conservatrice.

1 Première méthode : vous appuyez simultanément les cinq doigts de la main et vous voyez apparaître un menu contextuel pour chacun des doigts. Pour choisir le menu souhaité, il suffit de garder le doigt correspondant appuyé et d'enlever les autres. Vous pouvez alors glisser votre doigt, en prenant soin de le garder toujours en contact avec la surface tactile, afin de naviguer dans ce menu et d'activer une action en levant le doigt lorsque vous avez l'action voulue.

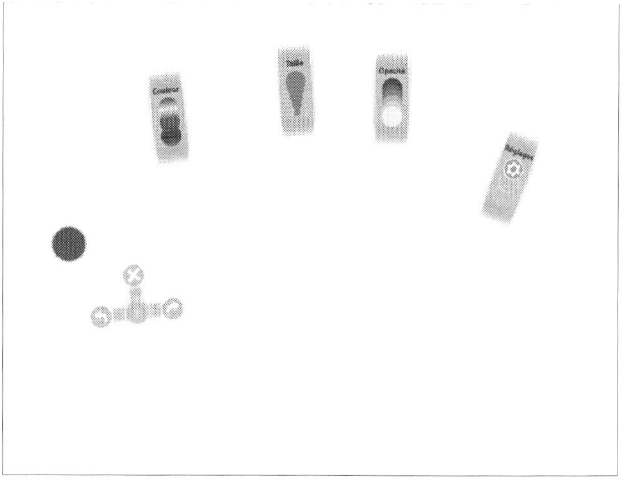

Figure 1.71 : Interface multitouch

2 Deuxième méthode : vous tapez succinctement sur la surface tactile avec les cinq doigts de la main. Le menu contextuel apparait et vous pouvez alors taper sur la fonction désirée.

Figure 1.72 : Interface monotouch

REMARQUE

Main droite / main gauche

Que vous utilisiez la main droite ou celle de gauche, les options disponibles correspondront toujours aux mêmes doigts.

Tableau 1.10 : Fonctions associées aux cinq doigts de la main

Doigt	Fonction
Pouce	Accès aux fonctions **Annulation**, **Répétition** et **Effacer la zone de travail**.
Index (qui montre)	Accès au choix de la couleur. Vous pouvez choisir entre cinq couleurs prédéfinies ou une autre couleur dans un cercle chromatique.
Majeur (le plus long)	Accès au réglage de l'épaisseur du tracé. En montant le doigt, vous augmentez son diamètre. Vers le bas, vous le diminuez.
Annulaire	Accès au réglage de l'humidité du tracé et par extension son opacité. En montant le doigt, vous obtenez un tracé plus sec (opaque). En le descendant, vous obtenez un tracé plus liquide (translucide).
Auriculaire (petit doigt)	Accès au menu principal **Réglages**. Vous pouvez alors quitter le doigt de la tablette puis choisir une des fonctions affichées : **Ouvrir**, **Voir la démo**, **Envoyer vers Photoshop**, **Enregistrer dans les photos**, **Enregistrer une copie**.

REMARQUE

Zoom et déplacement dans l'image

Vous pouvez zoomer dans l'image à l'aide de la célèbre fonction **Pinch zoom** qui permet en pinçant avec deux doigts de dézoomer et de zoomer en écartant simultanément deux doigts. Pour se déplacer, il suffit de déplacer simultanément deux doigts.

Pour afficher l'image sur Photoshop, allez dans **Réglages** (auriculaire) / **Envoyer vers Photoshop**. Notez que les zones non remplies seront transparentes.

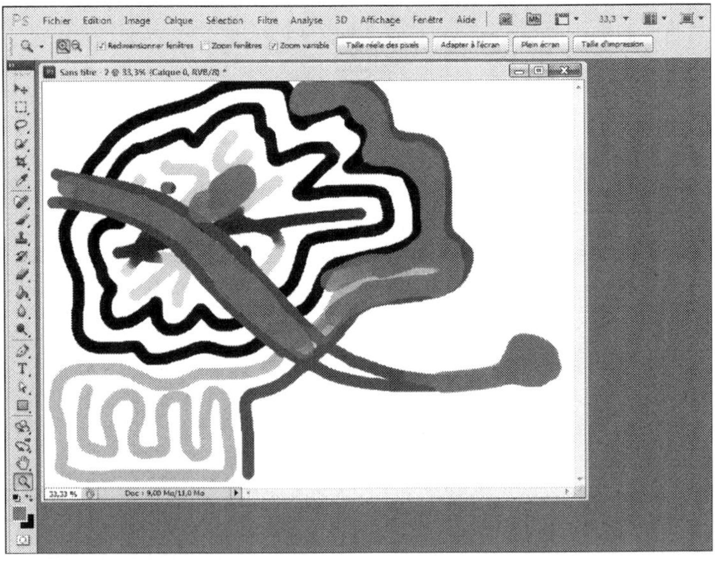

Figure 1.73 : Image envoyée vers Photoshop

1.9. Visualiser une image sur un mobile

Depuis Photoshop, vous pouvez visualiser et exporter une image en la rendant compatible avec l'écran d'un téléphone mobile ou d'une tablette tactile. Pour cela, il faut passer par le module Device Central. Vous pouvez notamment voir ce que donne votre image sur un iPad2. Pour cela suivez les étapes suivantes :

1 Allez dans le menu **Fichier** et cliquez sur **Enregistrer pour le Web et les périphériques** puis cliquez sur le bouton **Device Central...** situé en bas à gauche de la fenêtre qui apparaît.

2 Cliquez en haut à droite sur **PARCOURIR** afin d'afficher la *Bibliothèque de périphériques*.

3 Glissez la vignette qui correspond à l'iPad2 vers la fenêtre *PÉRIPHÉRIQUES DE TEST* (en haut à gauche). Glissez éventuellement les autres mobiles qui vous intéressent.

4 Cliquez en haut à droite sur **EMULER IMAGE** et dans la fenêtre *PÉRIPHÉRIQUES DE TEST*, cliquez deux fois sur le profil **Apple iPad 2**.

Figure 1.74 : Image prévisualisée sur un écran d'iPad2

5 Dans la colonne de droite, réglez l'affichage de l'image par rapport à l'écran de l'iPad2.

QU'EST CE QU'UNE IMAGE NUMÉRIQUE

Types d'images (bitmap/vectorielles) 73
Pixel, échantillonnage et résolution (dpi) 75
Gérer les modes de couleur (RVB/CMJN) 77
Faire un choix parmi les différents formats d'image 85

Une image numérique est une image traitée par ordinateur. Pour afficher une image, l'ordinateur décode un fichier contenant les informations qui décrivent cette image numérisée. La numérisation est un procédé de codage de l'information. Elle est fondée sur l'analyse intégrale d'un support d'information (en l'occurrence une image ou un dessin) qui est fictivement découpé en éléments de surface. Cette analyse consiste, pour une image bitmap, à mesurer point par point la couleur du document. Nous allons examiner dans ce chapitre tous les aspects de l'image numérique.

REMARQUE

Versions de Photoshop

Photoshop CS5 correspond en fait à la version 12 de Photoshop. La version CS tout court ou version CS1 correspond quant à elle à la version 8, tandis que les versions CS2, CS3 et CS4 correspondent respectivement aux versions 9, 10 et 11. Les versions antérieures sont numérotées de manière plus conventionnelle.

2.1. Types d'images (bitmap/vectorielles)

Il y a deux familles d'images 2D : les images bitmap et les images vectorielles. Photoshop CS5 permet d'éditer les premières. Il utilise en outre certaines fonctions du dessin vectoriel, afin d'élargir les possibilités des outils de sélection par exemple.

Image bitmap

Une image bitmap est une image gérée par l'ordinateur comme une matrice de pixels d'une dimension donnée. Chaque pixel possède des coordonnées X, Y et une information de couleur. Plus la matrice contient de pixels, plus l'image est fine et précise.

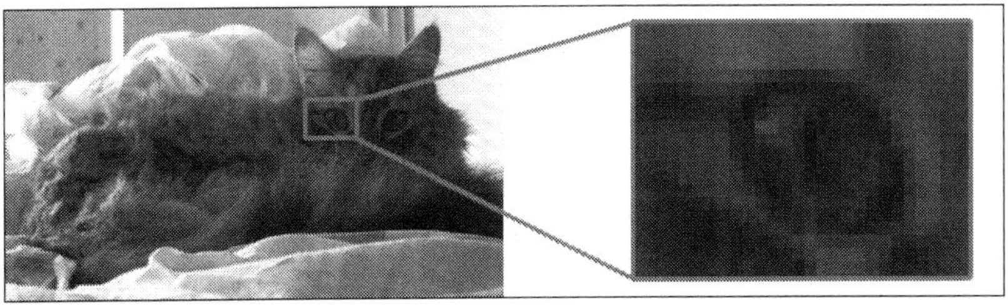

Figure 2.1 : Image bitmap

Un changement d'échelle, une déformation et autres transformations affectent grandement ce type d'image. Afin d'obtenir une image de qualité, il faut faire en sorte d'avoir la résolution optimale selon l'usage que l'on veut en faire. Ainsi la résolution d'un moniteur est de 72 dpi. Par comparaison, les imprimantes à jet d'encre et laser courantes ont des résolutions allant de 300 dpi à 600 dpi, et parfois même jusqu'à 2 400 dpi. L'impression d'un quotidien sur des presses rotatives se fait généralement autour de 1 000 dpi, tandis que l'impression d'un magazine couleur sur une presse offset tourne autour de 3 000 dpi. Les imprimeurs, eux, travaillent en 300 dpi.

DEFINITION

Le dpi

Le dpi ("dot per inch" ou "points par pouce", ou ppp pour "pixels par pouce") est l'unité de mesure de la résolution d'une image pour l'impression. Elle est définie en quantité de points par pouce carré.

Image vectorielle

Une image au format vectoriel est constituée d'entités ponctuelles, linéaires et zonales. Ces entités sont formées de courbes et de tangentes définies au moyen d'équations mathématiques. Ces équations mathématiques font en sorte qu'une illustration vectorielle puisse être redimensionnée sans pour autant subir une altération, comme c'est le cas en mode Bitmap. En effet, une telle illustration n'est pas tributaire de la taille de l'image, de la résolution ni du périphérique de sortie. Seuls les dégradés de couleur et les couleurs contenues dans l'illustration peuvent être sensibles à la résolution du périphérique.

Figure 2.2 : Gros plan sur une image vectorielle

2.2. Pixel, échantillonnage et résolution (dpi)

Pixel

Une image numérisée, encore appelée "image bitmap", se compose d'une matrice de pixels, c'est-à-dire de petits carrés noirs ou blancs, ou en différents tons de gris ou de couleur juxtaposés.

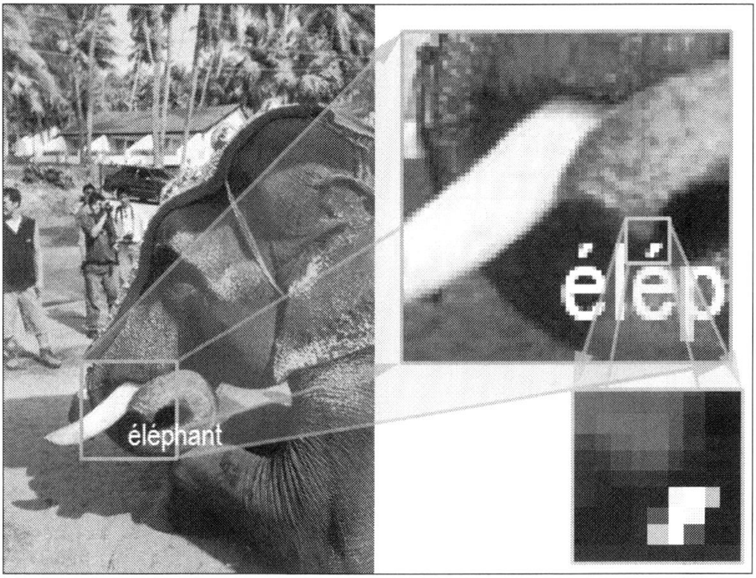

Figure 2.3 : Gros plan sur les pixels

DEFINITION

Pixel

Le pixel (abréviation de "picture element") est la plus petite entité d'une image. Généralement sous forme de carré, il constitue la base de l'information graphique.

Échantillonnage du signal

L'échantillonnage détermine la qualité du signal couleur de l'image ; il se mesure en nombre de bits. De la régularité du pas d'échantillonnage dépend la finesse du codage en numérique.

Échantillonnage

Processus de conversion (encodage) d'une image en format numérique. L'encodage peut être ajusté selon le nombre de couleurs présentes ou désirées dans le document. Ainsi, un encodage sur 8 bits par canal RGB donne une image codée sur 24 bits en millions de couleurs. Il va de soi que l'échantillonnage influence grandement la taille en octets de l'image.

On peut définir le nombre de bits par pixel ainsi :

Tableau 2.1 : Nombre de pixels

Type d'image	Échantillonnage	Nombre de bits	Niveau	Nombre de couleurs
Dessin au trait	1 bit/pixel	1	Noir et blanc	2
Image en niveaux de gris	8 bits/pixel	8	256 niveaux de gris	256
Image en RVB	8 bits/couleur primaire	24	256 × 256 × 256 couleurs	16,7 millions
Image RVB + transparence (utilisée en vidéo)	8 bits/couleur primaire + 8 bits pour la transparence	32	256 × 256 × 256 couleurs	16,7 millions
Image CMJN	8 bits/couleur primaire	32	256 × 256 × 256 × 256 couleurs	4,3 milliards

- Une image codée sur 1 bit est l'équivalent du film au trait. L'image n'a aucun niveau de gris. Le pixel prend la valeur 0 ou 1, noir ou blanc.
- Une image codée sur 8 bits correspond à une image monochrome, c'est-à-dire une image ayant au moins 256 niveaux de gris possibles, le pixel prenant les valeurs comprises entre 0 et 256.
- Une image codée sur 8 bits par couleur primaire RVB correspond à une image en millions de nuances de couleur différentes. Chaque pixel est représenté par ses composantes : rouge, verte et bleue. Chacune est stockée sur 1 octet, et peut donc prendre des valeurs de 0 à 255 niveaux. Chaque pixel nécessite donc 3 octets ; c'est pourquoi ce mode est appelé aussi 24 bits par pixel. Il y a dans ce mode 16,7 millions de couleurs possibles.

Résolution

La résolution indique le niveau de qualité de l'image. Plus la résolution est élevée, meilleure est la qualité de l'image.

Dans le monde Macintosh, la résolution d'une image s'exprime en dpi. Ainsi une image offrant une résolution de 300 dpi contient plus d'informations et est d'une meilleure qualité qu'une image présentée en résolution d'écran, soit 72 dpi.

Du côté des PC, la résolution d'une image s'exprime par sa taille en pixels en largeur et hauteur. Ainsi une image 1 600 × 1 024 pixels est plus détaillée et de meilleure qualité qu'une image ayant une taille de 640 × 480 pixels.

La résolution des appareils photo numériques est quant à elle exprimée en mégapixels. La quantité de mégapixels affichés correspond mathématiquement au produit de la largeur par la hauteur en pixels de l'image. La résolution affichée d'un appareil photo numérique est souvent arrondie.

La plupart des appareils photo numériques prennent des photos au format 4/3. De ce fait, il est facile d'estimer la largeur et la hauteur de l'image capturée à l'aide d'une règle de trois. Par exemple, un appareil photo numérique affichant une résolution d'environ 2 mégapixels génère une image en 1 600 × 1 200.

REMARQUE

Pixel ou dpi

D'une manière générale, les résolutions exprimées en dpi correspondent à des images destinées à l'impression (300 dpi pour le prépresse), alors que les résolutions exprimées en pixels (ou mégapixels) sont destinées à l'affichage écran (ordinateur, télévision, cinéma...).

2.3. Gérer les modes de couleur (RVB/CMJN)

Pour les images bitmap, il y a deux principaux modes de gestion des couleurs : le RVB et le CMJN. Chacun de ces modes a un terrain de prédilection. Le RVB est adapté à l'affichage sur toute forme d'écran, tandis que le CMJN est, lui, adapté aux impressions. Il existe d'autres modes de gestion des couleurs, comme le mode Niveaux de gris ou le mode Couleurs indexées, mais ils sont beaucoup moins utilisés car ils sont cantonnés à des réalisations bien spécifiques.

Mode RVB

Le mode RVB est considéré comme le mode de couleur tout-terrain de l'ordinateur. Son principal atout est de fonctionner dans le mode de couleur natif des écrans. Il est donc utilisé pour la création d'images destinées à un affichage écran, comme les sites web et les vidéos. Il sert aussi pour l'édition des images provenant de sources numériques, comme les scanners et les appareils photo numériques.

Les couleurs RVB correspondent en fait aux couleurs primaires de la lumière, qui sont le rouge, le vert et le bleu. Le spectre de couleurs disponible correspond à un mode de mélange dit "additif" de ces 3 couleurs.

Pour passer en mode d'édition des couleurs RVB ou vérifier que vous êtes bien dans ce mode, allez dans le menu **Image/Mode** et cliquez sur la commande **Couleurs RVB**.

En mode Couleurs RVB, vous avez accès à toutes les fonctions de Photoshop CS5.

REMARQUE

Mode 8 bits et mode 16 bits

Vous devez être en mode 8 bits/couche (soit 256 niveaux par couleur), le mode 16 bits/couche étant destiné aux systèmes Cineon de Kodak pour produire des images sur pellicule sans perte de qualité.

Le mode Couleurs RVB travaille donc les couleurs selon un mélange additif de rouge, de vert et de bleu. Le blanc correspond à un dosage 100 % de rouge, 100 % de vert et 100 % de bleu. Le noir correspond à un mélange de 0 % de chacune de ces 3 couleurs.

Chacune des glissières RVB est constituée respectivement d'une bande rouge, verte et bleue. Ces bandes sont nuancées du noir à la pleine intensité de la couleur. Lorsque vous déplacez une glissière, elle se mélange aux valeurs des deux autres et le résultat s'affiche dans l'indicateur de couleur sous les glissières.

Par exemple, si vous déplacez la glissière rouge à droite sur toute la longueur (valeur 255) et que vous laissiez les deux autres glissières à gauche (0), l'indicateur de couleur actif devient rouge. Si vous déplacez ensuite la glissière de la couleur verte à gauche sur toute la longueur, l'indicateur de couleur devient jaune. Si vous placez toutes ces glissières sur 0, vous obtenez du noir ; si les trois glissières sont à la valeur 255, vous obtenez du blanc, et si toutes les trois sont à une valeur quelconque égale, vous obtenez des nuances de gris.

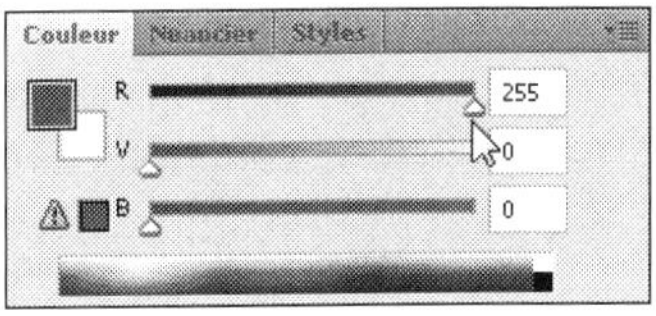

Figure 2.4 : Couleur rouge en mode RVB

REMARQUE

Impressions de photos numériques

Les images provenant d'appareils photo numériques sont enregistrées en mode RVB. En effet, le format JPEG (*.jpg*), qui permet un rapport qualité d'image/compression inégalé, ne gère pas le mode CMJN. De ce fait, lors de l'impression, Photoshop CS5 s'occupe automatiquement de la conversion CMJN avant d'imprimer.

Mode CMJN

Le mode de couleur CMJN est le mode le plus adapté aux documents devant être imprimés. Il est destiné à être utilisé sur un fond blanc. Lorsque vous donnez un document à un imprimeur, il est impératif que celui-ci soit en mode CMJN même si vous avez travaillé en mode RVB. Il faut alors faire une conversion à l'aide du menu **Image/Mode**.

Pour passer en mode d'édition des couleurs CMJN ou vérifier que vous êtes bien dans ce mode, allez dans le menu **Image/Mode** et cliquez sur la commande **Couleurs CMJN**.

Le mode Couleurs CMJN travaille les couleurs selon un mélange de cyan, magenta, jaune et noir. Le mélange des couleurs correspond exactement à celui que l'on obtiendrait en mêlant les couleurs primaires à la gouache. Comme on le faisait en maternelle, pour obtenir du vert, on mélange du jaune et du cyan.

Le système CMJN (CMYK en anglais) a été conçu pour l'imprimerie. Il s'appuie sur le principe de la synthèse "soustractive", c'est-à-dire un système où le mélange de couleurs amène une résultante plus sombre (moins de lumière, donc "soustraction" de lumière). Ce principe est aussi celui de la peinture classique. Par exemple, le mélange de bleu sombre et de jaune donne du noir. Notez qu'à l'inverse, dans un système à synthèse additive, comme le RVB, l'ajout de lumière bleu sombre et de lumière jaune donne du blanc.

Le système d'origine n'a que trois composantes (cyan, magenta et jaune) qui, théoriquement, suffisent pour reproduire toutes les couleurs. Théoriquement seulement, car obtenir un gris neutre ou un noir pur est mission impossible : il faudrait pour cela avoir des pigments parfaits pour les trois composantes, ce qui est infaisable. De ce fait, le noir a été ajouté à ces 3 couleurs afin qu'il soit possible d'imprimer des noirs parfaits.

REMARQUE

Noir RVB et noir CMJN

Lorsque vous convertissez une image RVB avec des noirs profonds et que vous utilisez la pipette sur ce même noir en mode CMJN, vous constatez qu'il ne contient pas 100 % de toutes les couleurs CMJN. Cela résulte d'une interprétation des couleurs lors du passage d'un mode d'affichage 3 couleurs à 4 couleurs.

L'avantage d'un tel modèle est qu'il est plus en rapport avec notre façon de percevoir le mélange des couleurs : un jaune et un bleu donnent un vert, un bleu et un rose donnent du violet, etc.

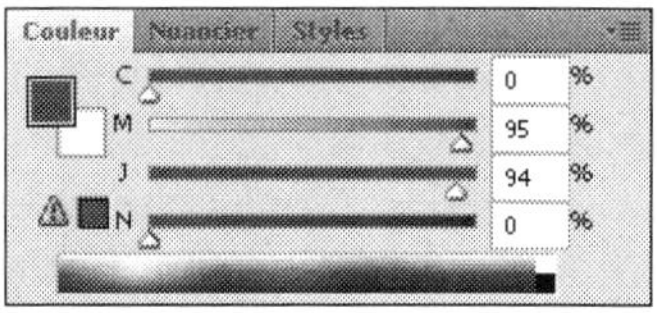

Figure 2.5 : Palette de couleurs en mode CMJN

ATTENTION

Texte en mode CMJN

Pour avoir un vrai noir profond en CMJN, notamment pour les textes, mettez uniquement la valeur de noir à 100 %, les autres valeurs CMJ restant à 0 %.

Dans ce mode, vous n'avez pas accès à toutes les fonctionnalités de Photoshop CS5. Notamment certains filtres sont alors affichés en grisé (voir fig. 2.6).

Attention, toutes les couleurs ne sont pas imprimables en quadrichromie, d'où la nécessité d'utiliser parfois des couleurs directes supplémentaires (Pantone®, par exemple).

REMARQUE

Conversion RVB vers CMJN, et vice versa

Il est toujours possible d'effectuer une conversion d'un mode vers l'autre. La conversion RVB vers CMJN, et inversement, donne un résultat peu différent de l'original. Les différences se font surtout sentir au niveau des nuances de couleur qui varient légèrement. Mais ces différences ne peuvent être gênantes que pour des professionnels.

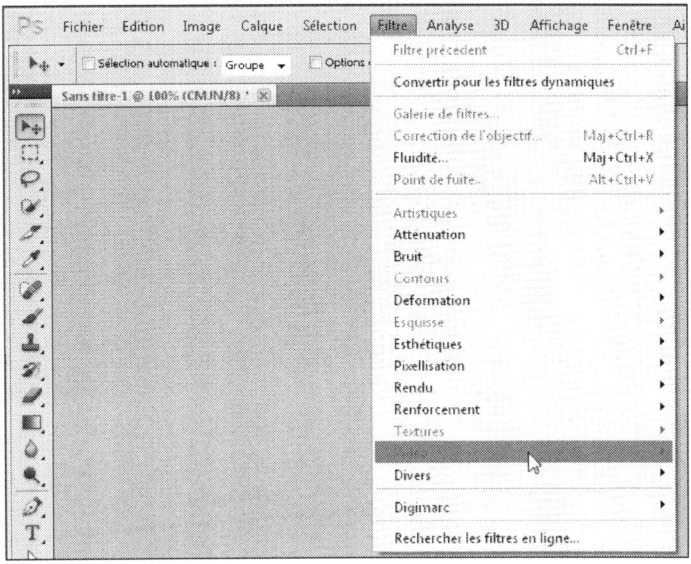

Figure 2.6 : Liste limitée des filtres en mode CMJN

Autres modes

Les autres modes sont rarement activés pour une utilisation basique de Photoshop CS5. Voici un récapitulatif des caractéristiques de deux de ces modes.

Mode Bitmap

Le mode Bitmap utilise une des deux valeurs chromatiques (noir ou blanc) pour représenter les pixels dans une image. Les images en mode Bitmap sont appelées "images 1 bit en mode Point", car leur nombre de bits par pixel pour leur stockage est de 1.

REMARQUE

Activation du mode Bitmap sur une image en couleur

Ce mode est accessible pour les images en mode Niveaux de gris. De ce fait, pour passer une image standard RVB en mode Bitmap, vous devez en premier lieu la passer en mode Niveaux de gris.

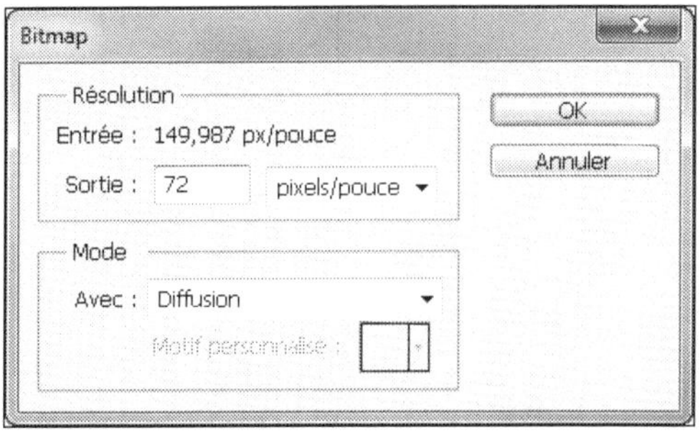

Figure 2.7 : Paramètres du mode Bitmap

Le paramétrage de ce mode permet de modifier éventuellement la résolution de sortie de l'image par rapport à sa résolution d'entrée.

Le paramètre le plus important est le choix du "mode" de transformation des couleurs. Selon le mode choisi, les aplats de couleur sont plus ou moins bien interprétés en groupes de pixels blanc et noir.

Le mode le plus courant et le plus proche de l'image originale est le mode Diffusion.

Dans ce mode, vous n'avez pas accès à toutes les fonctions de Photoshop CS5. Aucun filtre n'est d'ailleurs activable.

Mode Niveaux de gris

Le mode Niveaux de gris permet de travailler une image en nuances de noir au blanc sans qu'aucun effet ou filtre ne donne de teinte colorée à l'image.

Dans ce mode, vous avez accès à toutes les fonctions de Photoshop CS5 (notamment les filtres).

Mode Bichromie

Le mode Bichromie crée des images en niveaux de gris monochromes, bichromes (à 2 couleurs), trichromes (à 3 couleurs) ou quadrichromes (à 4 couleurs) en utilisant de une à quatre encres personnalisées.

Les images monochromes sont des images en niveaux de gris, imprimées avec une seule encre de couleur. Les bichromes, trichromes et quadrichromes sont des images en niveaux de gris, imprimées avec deux, trois ou quatre encres. Ces images utilisent des encres de différentes couleurs, plutôt que des teintes différentes de gris, pour reproduire les gris colorés.

Ce mode est de ce fait accessible uniquement pour les images utilisant le mode Niveaux de gris. Ainsi, pour passer une image standard RVB en mode Bichromie, vous devez en premier lieu la passer en mode Niveaux de gris.

Ce mode est prévu pour être utilisé sur des images à fond blanc et donc l'impression sur papier blanc.

Ce mode peut être très utile aux infographistes devant travailler sur une image limitée en niveaux et mélange de 1 à 4 couleurs. Le meilleur exemple est la création de sérigraphie de CD audio (impression sur le dos du CD), dont le coût de pressage est moindre si l'on se limite en utilisation de couleurs.

Dans ce mode, vous avez accès à la plupart des fonctions de Photoshop CS5.

Mode Couleurs indexées

Le mode Couleurs indexées correspond principalement à la gestion d'un petit nombre de couleurs. Il s'applique surtout aux images au format GIF dont le nombre de couleurs est limité à 256.

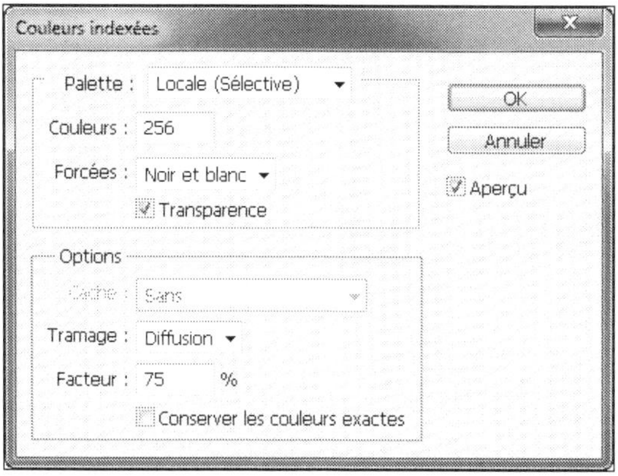

Figure 2.8 : Boîte de dialogue du mode Couleurs indexées

Dans ce mode, vous n'avez pas accès à toutes les fonctions de Photoshop CS5. Aucun filtre n'est d'ailleurs activable.

ATTENTION

Ouverture d'un fichier GIF

Si vous comptez modifier une image trouvée sur Internet et si celle-ci est au format GIF, vous êtes en mode d'édition des couleurs indexées et vous n'avez donc pas accès à toutes les possibilités de modification de Photoshop CS5 (notamment au niveau des filtres et des calques). Pour remédier à ce problème, vous devez impérativement passer en mode RVB.

Mode Lab

Le mode Couleurs Lab possède une composante de luminosité (L) comprise entre 0 et 100. Dans la boîte de dialogue **Sélecteur de couleurs** et la palette *Couleur*, la composante a (axe vert-rouge) et la composante b (axe bleu-jaune) peuvent aller de +127 à –128.

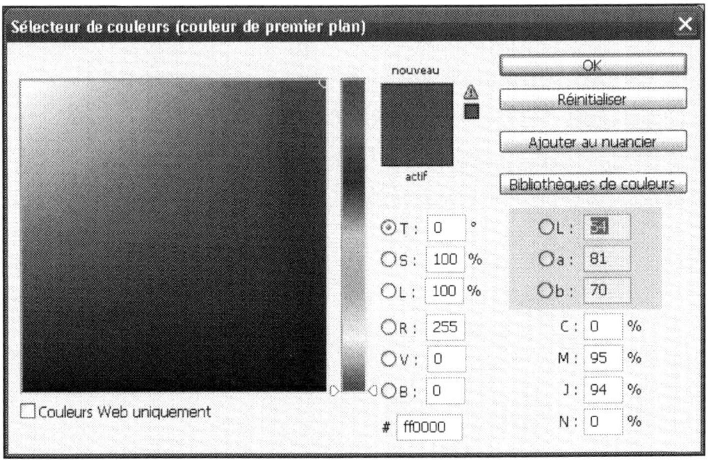

Figure 2.9 : Mode Lab dans le Sélecteur de couleurs

Vous pouvez fixer la valeur d'une des composantes L, a ou b en cochant la case d'option correspondante.

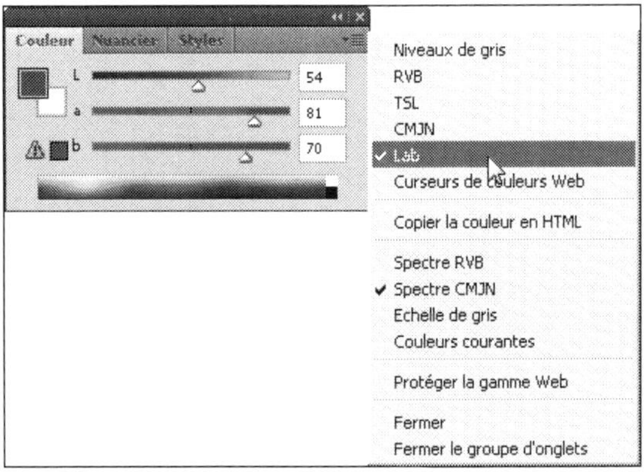

Figure 2.10 : Mode Lab dans la palette Couleur

Vous pouvez utiliser le mode Lab pour travailler sur des images Photo CD, modifier indépendamment la luminance et les valeurs chromatiques dans une image, transférer des images d'un système à l'autre et imprimer sur des imprimantes PostScript niveau 2 et niveau 3. Pour imprimer des images Lab sur d'autres périphériques PostScript, il convient de les convertir au préalable en mode CMJN.

Mode Multicouche

Ce mode utilise 256 niveaux de gris par couche. Les images multicouches sont utiles pour l'impression spécialisée.

REMARQUE

Conversion RVB vers multicouche

Il est préférable de passer en mode CMJN avant de passer en mode Multicouche si vous partez d'une image RVB. En effet, l'image RVB est, dans le cas contraire, convertie en CMJ sans le noir, et de ce fait, les couleurs sont plus ternes.

2.4. Faire un choix parmi les différents formats d'image

Il existe une multitude de formats d'enregistrement de l'image. Dans ces formats, on peut définir deux groupes : les formats destructifs et non destructifs. Avec certains formats, l'image est enregistrée fidèlement, tandis qu'elle est légèrement altérée avec d'autres, principalement pour un gain de la place. On parle dans ce cas de "compression".

DEFINITION

Compression

La compression consiste à réduire l'espace occupé par un fichier en supprimant certaines données redondantes. La compression non destructive restitue l'ensemble des informations originales lorsque les fichiers sont décompressés, alors que la compression destructive élimine définitivement certaines informations au profit d'un taux de compression plus élevé.

Formats bitmap non destructeurs

Voici une liste des principaux formats bitmap.

BMP

Le BMP est le format d'image standard des PC. À l'époque, deux systèmes d'exploitation se faisaient concurrence : Microsoft Windows et IBM OS/2. De ce fait, il y a deux variantes pour ce format, dont l'une est tombée en désuétude. On peut donc préciser, lors de l'enregistrement, l'interface Microsoft Windows ou OS/2. On choisira la version Windows. Ce format n'est compressé d'aucune manière (ni compression destructrice, ni compression non destructrice).

TIFF (Tagged Image File Format)

Le format TIFF est un format d'échange standard. Il gère la méthode de compression LZW (compression sans perte, proche du format ZIP). Ce format peut convenir à un archivage brut de scan du fichier. Il peut contenir dans son en-tête des informations sur l'origine de l'image, la date de création, le nom du photographe, etc. Ce format est en perpétuelle évolution : la dernière version reconnue par Photoshop CS5 gère les calques. Elle gère aussi plusieurs modes de compression, dont la méthode de compression sans perte LZW. Ce format est l'un des formats préférés des graphistes. Il existe plusieurs variantes du format TIFF. Elles sont toutes gérées dorénavant par les logiciels d'image, ce qui n'était pas le cas par le passé et constituait un inconvénient majeur de ce format.

PNG (Portable Network Graphics)

Le format PNG, dans sa version 24 bits, s'est vite imposé comme un des formats d'image universels du Web. C'est un format bitmap très souple. Il peut s'utiliser notamment en mode non destructeur (mode 24 bits) et stocker les informations de transparences sur 256 niveaux. Ce format a clairement le vent en poupe actuellement.

REMARQUE

PNG 24 bits et PNG 8 bits

Le PNG peut enregistrer les images en deux modes : non destructeur (24 bits) et destructeur (8 bits). Dans le second cas, il est un équivalent du format GIF.

PCD, format propriétaire de Kodak (Photo CD)

Le Photo CD est le format d'image que vous pouvez demander à votre photographe pour sortir vos pellicules photo sur CD-Rom. Il génère cinq niveaux de qualité pour une image, de la vignette à la haute définition. Ce format est fondé sur un codage original du signal en YCC : luminance, chrominance, chrominance.

PICT

Le PICT est un format utilisé pour le transfert d'images bitmap entre les applications Macintosh de dessin vectoriel et de mise en page. Le choix de l'échantillonnage est de 8, 16 ou 32 bits par pixel. Il ne détériore pas l'image.

PCX

Le format PCX est un vieux format d'image. Il a été mis au point par la société ZSoft, éditant le logiciel PaintBrush qui a équipé en standard les systèmes d'exploitation Microsoft Windows à partir des années 80. Vous trouverez d'ailleurs dans Windows la dernière version de ce logiciel, dont le nom actuel est tout simplement Paint. Ce format est maintenant périmé puisque l'entreprise n'existe plus. Le format PCX a été remplacé par le format des fichiers en mode Points de Windows.

Le format PCX a été créé à l'origine par ZSoft pour un programme de dessin (PaintBrush). Il consiste en un fichier composé de trois parties :

- Le header contient les informations relatives à l'image (taille, nombre de couleurs...).
- Le raster contient les données correspondant aux couleurs des pixels.
- La palette contient les correspondances avec les couleurs réelles.

En général, les données sont compressées avec un schéma de type RLE.

Cet encodage est non destructeur. Ce format est proche du format BMP, tout en permettant une taille de fichier moindre. La taille du fichier dépend grandement du nombre de couleurs présentes dans l'image.

DEFINITION

Codage RLE

L'algorithme RLE (Run-Length Encoding) est extrêmement simple et permet de diminuer l'entropie de données. Le principe consiste à détecter les répétitions et à les encoder différemment. En pratique, une chaîne répétée est encodée sur 2 octets : le premier annonce le nombre de répétitions ; le second indique le caractère à répéter. Par exemple, la chaîne "aaaaaaa" peut être codée "8a".

TGA (Targa)

Le format TGA a été développé par TrueVision pour ses produits Targa et Vista. Ce format permet 8, 16, 24 et 32 bits par pixel avec un mode de sauvegarde compressé utilisant un codage RLE. Il gère donc en mode 32 bits un canal 8 bits, dit "canal alpha". Ce canal alpha définit le niveau de transparence de chaque pixel.

Le format Targa est l'un des formats préférés des infographistes de la 3D.

RAW

Le RAW est un format de données brutes, fermé et sans compression destructive. Il est propre à chaque fabricant d'appareils photo numériques. Ses qualités sont indéniables, mais du fait de sa spécificité, il entraîne des difficultés naturelles d'interopérabilité. Le RAW a été utilisé par les fabricants d'appareils photo numériques principalement pour qu'ils se préservent un domaine privatif et n'autorisent des laissez-passer qu'aux confrères triés sur le volet.

Nikon, par exemple, a dans le passé employé ce format comme une véritable barrière pour les logiciels autres que les siens. Il avait en effet crypté certaines des informations dans les fichiers RAW (NEF chez Nikon) générés par ses appareils. Ce cryptage rendait du même coup délicat le traitement des images chez Adobe, et donc pour Photoshop.

Heureusement, Adobe et Nikon ont finalement décidé de collaborer afin de rendre pleinement compatibles leurs données. Leurs clients pourront à nouveau profiter des produits respectifs sans souffrir de cette guerre des formats. Le NEF est donc pleinement compatible avec la gamme Adobe. On ne parle toutefois pas de libéralisation ou d'open source.

DEFINITION

Open source

L'open source caractérise les logiciels dont le code source est visible, modifiable et librement redistribuable sous certaines conditions, ces conditions pouvant être plus ou moins strictes. La formulation de ces conditions constitue d'ailleurs le critère principal qui différencie le logiciel open source du logiciel libre.

Si l'on peut se féliciter de ce couple recomposé, certains veulent aller plus loin. C'est notamment l'initiative Openraw.org, qui fut lancée par un groupe de photographes. Elle préconise une publication ouverte des formats utilisés par les fabricants d'appareils photo numériques.

Formats bitmap destructeurs

Vous trouverez ici les formats d'enregistrement d'image bitmap qui altèrent légèrement l'image de façon à optimiser son poids.

JPEG (Joint Photographic Expert Group)

Ce format a été conçu pour réduire le volume de stockage des images et pour diminuer les temps de transfert des gros fichiers sur les réseaux. Il peut être utilisé sur le Web ou comme format d'image pour les appareils photo numériques. Il existe différents niveaux de compression JPEG. Plus la compression est élevée, moins la qualité de l'image est bonne.

Le groupe JPEG a travaillé dans le but de fournir une méthode de compression performante, la quantité de détails à retenir pouvant être spécifiée à la compression. La norme JPEG 2000, qui se voulait remplaçante du JPEG standard, est fondée sur un algorithme de compression en petites ondes. Malheureusement, elle n'a pas eu le succès escompté.

PNG (Portable Network Graphics)

Le format PNG dans sa version 8 bits est un format matriciel destiné à remplacer progressivement le format GIF sur Internet. Ce dernier offre tous les avantages du format GIF (entrelacé, dégradation minime de l'image compressée, gestion de la transparence...), mais avec un meilleur taux de compression. Il accepte les images en couleur en 8 bits (limitation à 256 couleurs tout comme le format GIF) mais aussi en 24 bits (millions de couleurs).

On peut qualifier ce format comme étant intermédiaire entre le JPG et le GIF. Ce format s'est rapidement imposé au détriment du format GIF, notamment grâce à son mode 24 bits (millions de couleurs) et à sa gestion de la transparence sur 256 niveaux.

GIF (Graphical Interchange Format)

Le format GIF est un format propriétaire qui a ouvert la voie à l'image sur le World Wide Web. C'est un format de compression qui n'accepte que les images en couleurs indexées, qui est codé sur 8 bits, soit en 256 couleurs. Les images RGB (RVB) ou CMYK (CMJN) en milliers de couleurs doivent d'abord être converties en 256 couleurs avant d'être exportées au format GIF. Il peut utiliser une de ces couleurs pour gérer la transparence. C'est un format qui a perdu beaucoup de son marché à la suite d'une bataille juridique concernant les droits d'utilisation sur Internet. En effet, il a, dans un premier temps, été gratuit à la création et l'utilisation, mais a ensuite été rendu payant par ses créateurs. Mais ceux-ci ont vite renoncé à le faire payer. En 2004, ce format est redevenu gratuit.

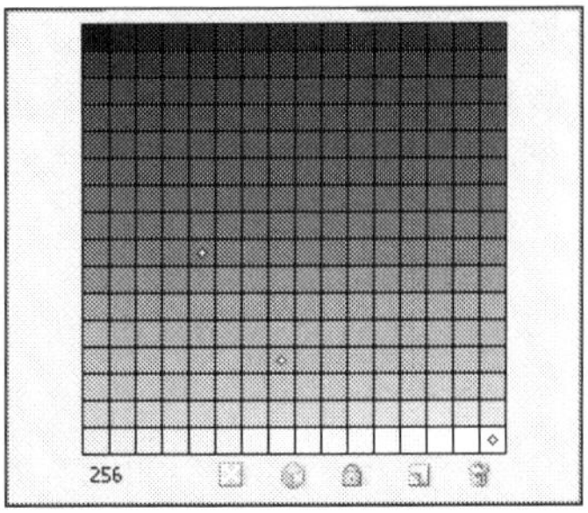

Figure 2.11 : Table de couleurs indexées d'une image

DEFINITION

Couleurs indexées

On dit qu'une image est en couleurs indexées lorsque les couleurs comprises dans l'image sont définies dans une table de couleurs. Les tables de couleurs peuvent contenir jusqu'à 256 couleurs, chaque pixel étant codé sur 8 bits.

Formats vectoriels

Voici une liste des principaux formats vectoriels.

AI

Ce format est le format propriétaire du logiciel Adobe Illustrator. À l'instar d'Adobe Photoshop CS5, Adobe Illustrator fait référence dans sa spécialité : le dessin vectoriel. En raison de sa parenté avec Illustrator, Photoshop CS5 peut importer les dessins au format AI. Il les convertit en images bitmap de la taille que vous préciserez. Il peut aussi contenir des images bitmap qui seront gérées comme des formes rectangulaires.

PDF (Portable Document Format)

Le format PDF est un format propriétaire créé par Adobe. Ce format est la suite logique du format PostScript. Il permet la visualisation et l'impression de n'importe quel document sur toutes les imprimantes, sans pour autant que son logiciel d'origine soit présent sur le Poste de travail, mais cela à condition d'avoir installé l'application Adobe Acrobat Reader, disponible gratuitement sur le site www.adobe.com. La création d'un document au format PDF se fait grâce aux logiciels Adobe Acrobat.

Ce format est très répandu sur Internet et dans le monde de l'impression. Il est idéal lorsqu'il s'agit de diffuser sur le Web un C. V., une brochure, ou tout autre document destiné à être affiché et imprimé en WYSIWYG parfait.

DEFINITION

WYSIWYG

WYSIWYG est la version abrégée de la phrase "what you see is what you get", qui signifie "ce que tu vois est ce que tu auras". Cela signifie que le logiciel utilisé imprime de façon parfaitement identique sur papier ce qu'il affiche à l'écran.

PS (PostScript)

Ce langage de description de page créé par Adobe est utilisé par les logiciels et les périphériques en PAO. Le PostScript est considéré comme un grand standard pour l'imprimerie depuis plusieurs années.

EPS (Encapsulated PostScript)

Ce format est employé dans de nombreux programmes de dessin et de mise en page. Élaboré pour le monde du prépresse, il offre de nombreuses possibilités.

Un document au format EPS vectoriel est un fichier en langage PostScript décrivant le contenu d'une image ou d'une page complète (textes, filets, images importées). Contrairement aux fichiers PostScript (*.ps*) qui ne peuvent être destinés qu'à l'impression, les fichiers EPS peuvent être visualisés et importés dans bon nombre de logiciels de dessin, de PAO et de mise en page.

L'EPS est sans doute le format le plus ouvert puisqu'il est capable de décrire à la fois des images vectorielles et bitmap, ainsi que les données de la mise en page. C'est un format lourd puisqu'il contient beaucoup d'informations.

WMF (Windows Meta File)

Le format WMF est un format graphique courant de Microsoft Windows. Il peut être matriciel ou vectoriel, et est reconnu par bon nombre de logiciels Windows ou Macintosh. Il est aussi bien reconnu dans l'environnement Windows que le format PICT l'est dans l'environnement Macintosh.

Spécificités du format PSD (calques, transparence…)

Le format PSD est le format spécifique de Photoshop CS5. Il permet de stocker toutes les modifications paramétrables appliquées à une image. De ce fait, il permet de garder en un seul fichier toutes les informations d'une image que vous êtes en train d'éditer. Le seul paramètre non mémorisé est la liste des annulations de l'historique qui revient à zéro à la réouverture du fichier.

Si vous devez retravailler un photomontage réalisé avec Photoshop CS5, il est impératif de le sauvegarder au format PSD.

Par contre, si vous voulez diffuser une image, le format PSD est moins adapté que les formats JPEG ou PDF.

Les éléments modifiables après enregistrement et réouverture sont :

- le texte (non pixellisé) ;
- les styles de calque ;
- les calques et l'ordre des calques.

Les éléments non modifiables après application sont :

- les filtres ;
- les réglages des couleurs ;
- les transformations (une fois appliquées).

OUVRIR UNE IMAGE

Mini Bridge 95
Boîte de dialogue Nouveau 95
Boîte de dialogue Ouvrir 106
Commande Ouvrir sous 108
Créer un nouveau dessin 108
Ouvrir une image qui existe déjà 113
Utiliser un scanner avec Photoshop 117
Faire une capture d'écran 117
Récupérer des images sur Internet 118
Chercher des images dans des banques Internet 119

Dans ce chapitre, vous allez apprendre à gérer et à créer des fichiers image avec Photoshop. L'ouverture d'un fichier est très simple. En revanche, lors de la création d'un fichier image sous Photoshop, quelques paramètres sont à préciser, en fonction de ce que vous désirez faire de votre image. Vous verrez donc quels paramètres d'ouverture indiquer selon les différents cas qui se présenteront.

3.1. Mini Bridge

Photoshop est fourni avec l'application Bridge qui est un outil puissant de prévisualisation d'images. C'est un logiciel totalement indépendant à Photoshop. Dans la version CS5, une version "light" de Bridge a été intégrée à Photoshop. Elle s'appelle Mini Bridge et permet un accès encore plus rapide à vos images préférées.

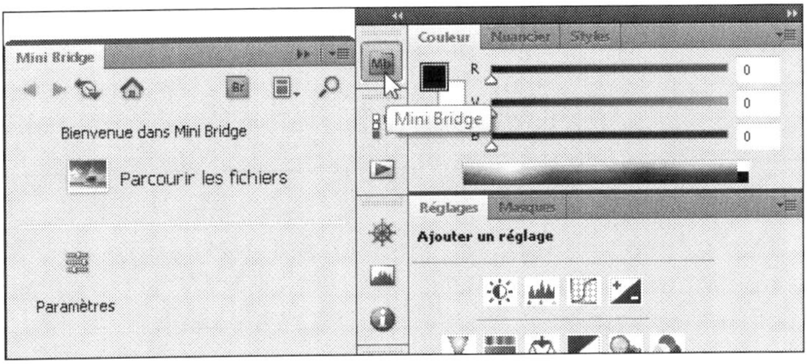

Figure 3.1 : Mini Bridge intégré

3.2. Boîte de dialogue Nouveau

Pour accéder à la boîte de dialogue **Nouveau**, allez dans le menu **Fichier** et choisissez la commande **Nouveau** (Ctrl+N).

Nom

La zone de texte *Nom* vous permet de prédéfinir le nom que vous donnerez à votre fichier lorsque vous voudrez le sauvegarder à l'aide de la commande **Fichier/Enregistrer** (Ctrl+S). Vous n'êtes pas obligé de remplir cette zone de texte. En effet, elle ne vous oblige en rien à définir un autre nom de fichier lors de l'enregistrement de la nouvelle image.

Paramètre prédéfini

La liste déroulante *Paramètre prédéfini* donne un accès rapide à des formats d'image standard.

Avant de présenter les différents formats de cette liste, définissons les paramètres proposés.

Largeur

Cette zone de texte permet de définir la largeur de l'image et son unité de mesure.

Hauteur

Cette zone de texte permet de définir la hauteur de l'image et son unité de mesure.

Résolution

Cette zone de texte permet de définir la *Résolution* de l'image et son *Unité* de mesure. Dans 99 % des cas, vous créerez une nouvelle composition ayant une *Résolution* de *72* ou *300 pixels/pouce* (soit respectivement *28,346* et *118,11 pixels/cm*).

Les 72 pixels par pouce sont utilisés pour une image dédiée à l'affichage écran (ordinateur ou télévision), tandis que les 300 pixels par pouce sont utilisés pour une image dédiée à l'impression.

REMARQUE

Résolution toujours en pixels/pouce

La résolution se définit toujours en pixels/pouce (aussi appelé "ppp" et "dpi" pour "dot per inch"), même si les largeur et hauteur de travail sont en centimètres ou en millimètres, cela dans un souci de conformité par rapport aux deux résolutions standard que sont 72 pixels/pouce pour les écrans et 300 pixels/pouce pour le prépresse.

Mode colorimétrique

Cette liste déroulante permet de définir le mode de couleur utilisé pour la gestion de l'image. Selon le mode choisi, vous avez accès à des filtres de Photoshop CS.

Tableau 3.1 : Description des différents modes colorimétriques

Mode colorimétrique	Bits par pixel	Description
Bitmap	1 bit	L'image créée ne gère que deux couleurs : le blanc et le noir.

Tableau 3.1 : Description des différents modes colorimétriques

Mode colorimétrique	Bits par pixel	Description
Niveaux de gris	8 ou 16 bits	L'image créée ne gère que les valeurs du blanc au noir (nuances de gris mais pas de couleur).
Couleurs RVB	8 ou 16 bits	Gestion des couleurs dédiées à l'affichage écran.
Couleurs CMJN	8 ou 16 bits	Gestion des couleurs dédiées à l'impression papier.
Couleurs Lab	8 ou 16 bits	Gestion des couleurs dédiées à la vidéo.

D'une manière générale, vous n'avez qu'à choisir entre deux modes colorimétriques :

- Le mode Couleurs RVB 8 bits est utilisé pour la création d'une image dédiée à l'affichage écran (ordinateur ou télévision).
- Le mode Couleurs CMJN 8 bits est utilisé pour la création d'une image dédiée à l'impression.

Le nombre de bits par pixel permet, quant à lui, de définir le nombre maximal de couleurs. Dans la plupart des cas, il faut le laisser à 8 bits. Évitez d'utiliser le mode 16 bits qui ne correspond pas aux standards actuels de gestion des couleurs.

Contenu de l'arrière-plan

Cette liste déroulante permet de définir la couleur de l'arrière-plan. Vous avez le choix entre trois propositions :

- *Blanc* : le calque d'arrière-plan est rempli de blanc.
- *Couleur d'arrière-plan* : le calque d'arrière-plan est rempli avec la couleur d'arrière-plan affichée dans la palette *Outils*.
- *Transparent* : aucune couleur d'arrière-plan. L'arrière-plan est transparent (représenté par un damier gris et blanc).

Avancé

Cette zone d'options donne accès à des paramètres rarement modifiés. C'est pour cela qu'elle peut être affichée et masquée par le bouton situé à gauche du nom de la zone.

Profil colorimétrique

Cette liste déroulante vous permet de choisir une gestion de l'affichage des couleurs selon les caractéristiques techniques de votre chaîne graphique. Vous pouvez choisir un profil adapté à votre moniteur, votre imprimante, aux logiciels Adobe, voire à un affichage Apple.

Cette fonction est dédiée aux professionnels de l'infographie, pour qui la gestion des couleurs doit être calibrée sur tous les composants de leur chaîne graphique. Par exemple, les imprimeurs doivent être en mesure de voir des couleurs identiques du scan à l'impression d'un document en passant par l'affichage écran.

Si vous ne savez pas quel mode utiliser, vous pouvez laisser le réglage par défaut *Espace de travail RVB : sRGB IEC61966-2.1*, ou encore choisir *Ne pas gérer les couleurs de ce document*.

Format des pixels

Le choix du format des pixels permet de créer des images adaptées aux standards de l'affichage vidéo. En effet, certains standards étirent ou contractent volontairement les pixels d'une séquence d'images lors de l'affichage écran. Cette fonction permet donc d'afficher l'image en tenant compte de cet étirement ou de cette contraction.

Si vous ne créez pas une image dédiée à la diffusion vidéo, vous devez utiliser un format de pixel carré. C'est le format *Carré* qui est utilisé dans la plupart des cas.

Pour créer une image destinée à un montage vidéo amateur, vous pouvez choisir un format de pixel *D1/DV Pal (1,066)* (pixels rectangulaires plus larges que hauts).

Liste et description des paramètres prédéfinis

Voici la description des principaux paramètres prédéfinis de Photoshop CS5.

Format Photoshop par défaut

Tableau 3.2 : Format Photoshop par défaut

Largeur	Hauteur	Résolution	Unité	Mode colorimétrique	Taille
454	340	72 ppp	Pixels	RVB 8 bits	452,2 Ko

C'est un format 4/3 passe-partout, qui n'est pas forcément en adéquation avec le format couramment utilisé actuellement. De ce fait, il sert rarement, si ce n'est pour une démonstration Photoshop CS5 sur un petit écran.

Lettre (Papier format US)

Tableau 3.3 : Format Lettre

Largeur	Hauteur	Résolution	Unité	Mode colorimétrique conseillé	Taille
8,5	11	300 ppp	Pouces	CMJN 8 bits	24,1 Mo

Ce format correspond au standard de papier courrier américain appelé "Letter". C'est l'équivalent en un peu plus large et un peu moins haut de notre standard papier A4. Il correspond à une taille de 21,59 × 27,94 cm.

Légal (Papier format US)

Tableau 3.4 : Format Légal

Largeur	Hauteur	Résolution	Unité	Mode colorimétrique conseillé	Taille
8,5	14	300 ppp	Pouces	CMJN 8 bits	30,6 Mo

Ce format est une variante avec plus de hauteur du format Lettre. Il correspond à une taille de 21,59 × 35,56 cm.

Tabloïd (Papier format US)

Tableau 3.5 : Format Tabloïd

Largeur	Hauteur	Résolution	Unité	Mode colorimétrique conseillé	Taille
11	17	300 ppp	Pouces	CMJN 8 bits	48,2 Mo

C'est l'équivalent en norme américaine de notre standard papier A3. Il correspond à une taille de 27,94 × 43,18 cm.

2 × 3 (Photo)

Tableau 3.6 : Format 2 × 3

Largeur	Hauteur	Résolution	Unité	Mode colorimétrique conseillé	Taille
2	3	300 ppp	Pouces	RVB 8 bits	1,54 Mo

Ce format correspond à un format d'impression photo. Il équivaut à une taille de 5,08 × 7,62 cm.

4 × 6 (Photo)

Tableau 3.7 : Format 4 × 6

Largeur	Hauteur	Résolution	Unité	Mode colorimétrique conseillé	Taille
4	6	300 ppp	Pouces	RVB 8 bits	6,18 Mo

Ce format correspond à un format d'impression photo. Il équivaut à une taille de 10,16 × 15,24 cm.

5 × 7 (Photo)

Tableau 3.8 : Format 5 × 7

Largeur	Hauteur	Résolution	Unité	Mode colorimétrique conseillé	Taille
5	7	300 ppp	Pouces	RVB 8 bits	9,01 Mo

Ce format correspond à un format d'impression photo. Il équivaut à une taille de 12,7 × 17,78 cm.

8 × 10 (Photo)

Tableau 3.9 : Format 8 × 10

Largeur	Hauteur	Résolution	Unité	Mode colorimétrique conseillé	Taille
8	10	300 ppp	Pouces	RVB 8 bits	20,6 Mo

Ce format correspond à un format d'impression photo. Il équivaut à une taille de 20,32 × 25,4 cm.

640 × 480 (Web)

Tableau 3.10 : Format 640 × 480

Largeur	Hauteur	Résolution	Unité	Mode colorimétrique	Taille
640	480	72 ppp	Pixels	RVB 8 bits	900 Ko

Ce format correspond à la résolution standard des écrans 14" CRT.

800 × 600 (Web)

Tableau 3.11 : Format 800 × 600

Largeur	Hauteur	Résolution	Unité	Mode colorimétrique	Taille
800	600	72 ppp	Pixels	RVB 8 bits	1,37 Mo

Ce format correspond à la résolution standard des écrans 15" CRT.

1 024 × 768 (Web)

Tableau 3.12 : Format 1 024 × 768

Largeur	Hauteur	Résolution	Unité	Mode colorimétrique	Taille
1 024	768	72 ppp	Pixels	RVB 8 bits	2,25 Mo

Ce format correspond à la résolution standard des écrans 17" CRT.

A4 (Papier format international)

Tableau 3.13 : Format A4

Largeur	Hauteur	Résolution	Unité	Mode colorimétrique conseillé	Taille
210	297	300 ppp	mm	CMJN 8 bits	24,9 Mo

Ce format équivaut au standard de papier courrier en France. Il correspond à un niveau de subdivision du format source A0, dont la surface est de 1 m^2. Le mode de subdivision est fondé sur le principe du pliage en deux du format précédent. Les dimensions du format A1 correspondent aux dimensions d'une feuille A0 pliée en deux. Les dimensions du format A2 correspondent aux dimensions d'une feuille A1 pliée en deux. Et ainsi de suite.

C'est le format d'impression le plus utilisé.

A3 (Papier format international)

Tableau 3.14 : Format A3

Largeur	Hauteur	Résolution	Unité	Mode colorimétrique conseillé	Taille
297	420	300 ppp	mm	CMJN 8 bits	49,8 Mo

La surface du A3 correspond à deux pages A4 en mode Portrait qui ont été superposées.

B5 (Papier format international)

Tableau 3.15 : Format B5

Largeur	Hauteur	Résolution	Unité	Mode colorimétrique conseillé	Taille
176	250	300 ppp	mm	CMJN 8 bits	17,6 Mo

Format papier découlant du format B0, de la même manière que le A4 découle du A0. Le B0 est le format maximal accepté par les traceurs semi-professionnels (grosses imprimantes). Il fait une taille de 1 000 × 1 414 mm.

B4 (Papier format international)

Tableau 3.16 : Format B4

Largeur	Hauteur	Résolution	Unité	Mode colorimétrique conseillé	Taille
250	353	300 ppp	mm	CMJN 8 bits	35,2 Mo

La surface du format B4 correspond à deux pages B5 en mode Portrait qui ont été superposées.

B3 (Papier format international)

Tableau 3.17 : Format B3

Largeur	Hauteur	Résolution	Unité	Mode colorimétrique conseillé	Taille
353	500	300 ppp	mm	CMJN 8 bits	70,4 Mo

La surface du format B3 correspond à deux pages B4 en mode Portrait qui ont été superposées.

NTSC DV 720 × 480 (avec repères) [Film et vidéo]

Tableau 3.18 : Format NTSC DV 720 × 480 (avec repères)

Largeur	Hauteur	Résolution	Unité	Mode colorimétrique	Taille
720	480	72 ppp	Pixels	RVB 8 bits	1 012,5 Ko

Ce format correspond au format vidéo TV le plus répandu aux États-Unis et au Japon, le NTSC étant la norme de diffusion des vidéos de ces pays. Les lettres DV (Digital Video) précisent que ce format est dédié à la vidéo numérique. C'est donc le format à choisir si vous voulez créer des titres pour une vidéo provenant d'un caméscope numérique américain ou japonais.

Ses pixels sont rectangulaires en étant plus hauts que larges avec un ratio de 0,9.

NTSC DV grand écran, 720 × 480 (avec repères) [Film et vidéo]

Tableau 3.19 : Format NTSC DV grand écran, 720 × 480 (avec repères)

Largeur	Hauteur	Résolution	Unité	Mode colorimétrique	Taille
720	480	72 ppp	Pixels	RVB 8 bits	1 012,5 Ko

D'un premier abord, identique au format précédent. Il diffère au niveau du format des pixels qui, cette fois, est plus large que haut avec un ratio de 1,2. De ce fait, l'image finale diffusée sur une télévision est proche du format 16/9.

NTSC D1 720 × 486 (avec repères) [Film et vidéo]

Tableau 3.20 : Format NTSC D1 720 × 486 (avec repères)

Largeur	Hauteur	Résolution	Unité	Mode colorimétrique	Taille
720	486	72 ppp	Pixels	RVB 8 bits	1 Mo

D1 (ou Standard Definition, aussi appelé SD) est le format de diffusion standard TV aux États-Unis et au Japon.

NTSC D1 pixels carrés, 720 × 540 (avec repères) [Film et vidéo]

Tableau 3.21 : Format D1 pixels carrés, 720 × 540 (avec repères)

Largeur	Hauteur	Résolution	Unité	Mode colorimétrique	Taille
720	540	72 ppp	Pixels	RVB 8 bits	1,11 Mo

Ce format correspond au précédent mais avec des pixels rectangulaires. L'image n'est pas déformée lors de sa diffusion TV.

PAL D1/DV, 720 × 576 (avec repères)

Tableau 3.22 : Format PAL D1/DV, 720 × 576 (avec repères)

Largeur	Hauteur	Résolution	Unité	Mode colorimétrique	Taille
720	576	72 ppp	Pixels	RVB 8 bits	1,19 Mo

Ce format est le standard actuel en vidéo numérique en Europe (PAL). Il est en 4/3, correspondant au format de nos télévisions actuelles. Pour créer un titre ou une image destiné à être utilisé dans un montage vidéo numérique DV, choisissez ce format.

Ses pixels sont rectangulaires en étant plus larges que hauts avec un ratio de 1,0666.

PAL D1/DV grand écran, 720 × 576 (avec repères) [Film et vidéo]

Tableau 3.23 : Format PAL D1/DV grand écran, 720 × 576 (avec repères)

Largeur	Hauteur	Résolution	Unité	Mode colorimétrique	Taille
720	576	72 ppp	Pixels	RVB 8 bits	1,19 Mo

Ce format correspond à la version 16/9 du format précédent.

Ses pixels sont rectangulaires en étant plus larges que hauts avec un ratio de 1,422.

PAL D1/DV pixels carrés, 768 × 576 (avec repères) [Film et vidéo]

Tableau 3.24 : Format PAL D1/DV pixels carrés, 768 × 576 (avec repères)

Largeur	Hauteur	Résolution	Unité	Mode colorimétrique	Taille
768	576	72 ppp	Pixels	RVB 8 bits	1,27 Mo

Ce format est le format broadcast non déformé (pixels carrés).

HDV, 1 280 × 720 (avec repères)

Tableau 3.25 : Format HDV, 1 280 × 720 (avec repères)

Largeur	Hauteur	Résolution	Unité	Mode colorimétrique	Taille
1 280	720	72 ppp	Pixels	RVB 8 bits	2,64 Mo

Ce format correspond au format intermédiaire de la nouvelle norme HDTV (télévision haute définition). Il a la particularité de ne pas être entrelacé lors de sa diffusion.

HDV, 1 440 × 1 080 anamorphic (avec repères) [Film et vidéo]

Tableau 3.26 : Format HDV, 1 440 × 1 080 anamorphic (avec repères)

Largeur	Hauteur	Résolution	Unité	Mode colorimétrique	Taille
1 440	1 080	72 ppp	Pixels	RVB 8 bits	4,45 Mo

Ce format est une variante allégée du standard HD 1 920 × 1 080. Même si sa résolution correspond à du 4/3, c'est bien un format 16/9e : ses pixels ne sont pas carrés, ils sont plus larges. C'est un format spécifique aux caméscopes Sony HD.

HDV, 1 920 × 1 080 (avec repères) [Film et vidéo]

Tableau 3.27 : Format HDV, 1 920 × 1 080 (avec repères)

Largeur	Hauteur	Résolution	Unité	Mode colorimétrique	Taille
1 920	1 080	72 ppp	Pixels	RVB 8 bits	5,93 Mo

C'est le format HDTV qui marque une révolution dans la diffusion télévisuelle. Ce format s'annonce comme LE format incontournable de la décennie à venir. Toutes les télévisions estampillées HD se doivent d'afficher cette résolution. Exit les écrans 4/3, le futur est au 16/9 ! Les résolutions de moniteurs informatiques vont vite s'aligner sur cette valeur, du moins sur sa largeur. D'ailleurs les écrans 23"-24" LCD possèdent une résolution de 1 920 × 1 200 (WUXGA 16/10).

C'est la fin du PAL et du SECAM et la fin des pixels rectangulaires.

D4 [Film et vidéo]

Tableau 3.28 : Format D4

Largeur	Hauteur	Résolution	Unité	Mode colorimétrique	Taille
1 440	1 024	72 ppp	Pixels	RVB 8 bits	4,22 Mo

Ce format correspond au format de diffusion Digital Television en 8/3.

Cineon Half [Film et vidéo]

Tableau 3.29 : Format Cineon Half

Largeur	Hauteur	Résolution	Unité	Mode colorimétrique	Taille
1 828	1 332	72 ppp	Pixels	RVB 16 bits	13,9 Mo

C'est un format cinéma professionnel correspondant au quart de la qualité de sa version Cineon Full.

Film (2K) [Film et vidéo]

Tableau 3.30 : Format Film (2K)

Largeur	Hauteur	Résolution	Unité	Mode colorimétrique	Taille
2 048	1 536	72 ppp	Pixels	RVB 8 bits	9 Mo

C'est le format le plus utilisé dans le cinéma.

D16 [Film et vidéo]

Tableau 3.31 : Format D16

Largeur	Hauteur	Résolution	Unité	Mode colorimétrique	Taille
2 880	2 048	72 ppp	Pixels	RVB 8 bits	16,9 Mo

Ce format correspond au format de diffusion Digital Television en 8/3. C'est la plus grande résolution TV.

Cineon Full [Film et vidéo]

Tableau 3.32 : Format Cineon Full

Largeur	Hauteur	Résolution	Unité	Mode colorimétrique	Taille
3 656	2 664	72 ppp	Pixels	RVB 16 bits	55,7 Mo

C'est le format vidéo le plus complet. Dédié au cinéma.

3.3. Boîte de dialogue Ouvrir

La boîte de dialogue **Ouvrir** est semblable à la plupart des boîtes de dialogue d'ouverture de fichiers de logiciels Windows XP. En effet, elle utilise le module Explorateur Windows du système d'exploitation. Elle ne vous déroutera donc pas. Comme pour tout logiciel, vous y accédez par le menu **Fichier/Ouvrir**.

REMARQUE

Menu contextuel

Vous avez accès à un menu contextuel identique à celui de l'Explorateur Windows si vous cliquez du bouton droit sur un fichier ou un dossier de la liste.

Menu déroulant Regarder dans

Le menu déroulant *Regarder dans* permet d'accéder rapidement aux différentes unités logiques de l'ordinateur, tout comme le menu déroulant *Adresse* du Poste de travail de Windows XP.

Boutons de fonction de l'Explorateur Windows

Le bouton **Ouvrir le dernier dossier visité** permet de revenir au dossier précédemment affiché.

Le bouton **Dossier parent** permet de revenir au dossier parent du dossier en cours d'ouverture.

Le bouton **Créer un nouveau dossier** permet de créer et de nommer un nouveau dossier.

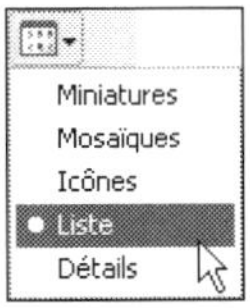

Le bouton déroulant *Affichage* permet de définir le mode d'affichage de la liste des fichiers. Vous avez le choix entre cinq modes d'affichage :

- *Miniatures* : affiche une vignette de prévisualisation des fichiers image reconnus en standard par Windows XP (BMP, JPG, GIF, PCX, DNG, TIF) et l'icône de format des autres fichiers.
- *Mosaïques* : affiche les icônes des fichiers sous forme de liste en plusieurs colonnes, avec pour chaque fichier son icône, son nom, sa résolution et son format.
- *Icônes* : affiche les fichiers sous forme de matrice d'icônes.

- *Liste* (mode par défaut) : affiche les fichiers sous forme de liste de noms de fichier précédés par une petite icône.
- *Détails* : affiche les fichiers sous forme de liste verticale avec plusieurs colonnes comprenant les informations de taille, type, date de modification, etc. de chaque fichier.

Bouton Favoris

Ce bouton déroulant *Favoris* permet de :

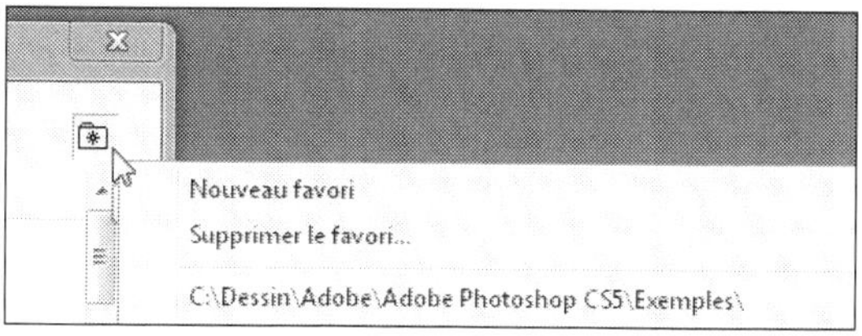

Figure 3.2 : Le bouton déroulant Favoris

- créer et ajouter un raccourci vers un dossier à la liste des favoris ;
- supprimer des favoris ;
- accéder aux favoris créés précédemment.

Colonne de raccourcis

Cette colonne affiche les icônes des principaux dossiers de Windows XP sous forme de boutons. Un clic sur l'un de ces boutons affiche directement leur contenu dans la fenêtre située juste à droite de la colonne.

Ces boutons donnent accès directement aux dossiers *Mes documents récents, Bureau, Mes documents, Poste de travail* et *Favoris réseau*.

Zone de texte Nom du fichier

La zone de texte *Nom du fichier* affiche le nom du fichier sélectionné. Vous pouvez aussi saisir le nom du fichier si vous savez qu'il est dans le dossier en cours, voire entrer le nom du fichier précédé de son emplacement dans l'arborescence du disque dur.

Cette zone de texte fait aussi office de liste déroulante si vous cliquez sur le bouton situé juste à sa droite. Dans ce cas, vous verrez la liste des derniers fichiers que vous avez ouverts.

Liste déroulante Tous les formats

La liste déroulante *Tous les formats* permet de choisir le type de fichier à afficher dans la fenêtre de listing de fichiers.

3.4. Commande Ouvrir sous

La commande **Ouvrir sous** du menu **Fichier** permet de spécifier le format d'ouverture d'un fichier. Vous pouvez ainsi ouvrir un fichier qui ne possède pas d'extension ou dont l'extension est différente de celle correspondant à son format d'enregistrement (par exemple un fichier de backup).

Pour l'utiliser, suivez ces étapes :

1 Choisissez **Fichier/Ouvrir sous**.

2 Sélectionnez le fichier à ouvrir.

3 Choisissez ensuite un format dans le menu déroulant *Ouvrir sous*.

4 Puis cliquez sur le bouton **Ouvrir**.

Si le format choisi dans le menu déroulant *Ouvrir sous* ne correspond pas au format du fichier, vous aurez alors un message d'erreur.

Cette boîte de dialogue ressemble beaucoup à la boîte de dialogue **Ouvrir**. Vous y trouverez les mêmes fonctionnalités. D'ailleurs, vous avez aussi une alternative au niveau de son mode d'utilisation. En effet, vous avez accès à la boîte de dialogue **Adobe** si vous préférez l'utiliser à la place de la version **SE**.

3.5. Créer un nouveau dessin

Avant de créer votre image, vous devez déjà savoir ce que vous comptez en faire : soit vous réalisez une image destinée à l'affichage écran, et éventuellement à l'impression, soit vous créez une image très haute définition destinée à l'impression et plus particulièrement à l'impression professionnelle. La plupart du temps, vous serez dans le premier cas.

Concevoir une image destinée à l'affichage et à l'impression standard

1 Dans le menu **Fichier**, choisissez la commande **Nouveau**. La boîte de dialogue **Nouveau** s'ouvre alors.

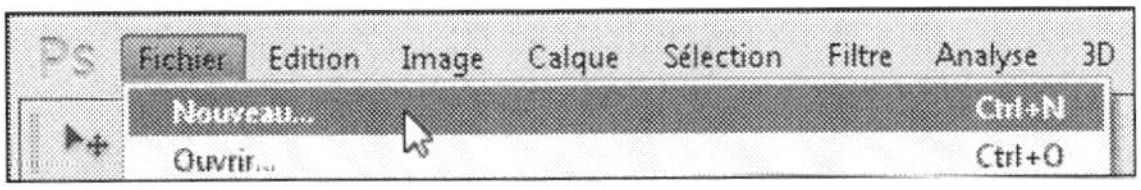

Figure 3.3 : Choisissez la commande Nouveau

2 Dans la zone de texte *Nom*, précisez le nom que vous voulez donner à votre projet Photoshop CS5.

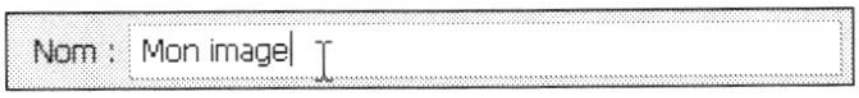

Figure 3.4 : Donnez un nom au projet

3 Choisissez, dans la liste déroulante *Paramètre prédéfini*, un des paramètres correspondant au tableau suivant :

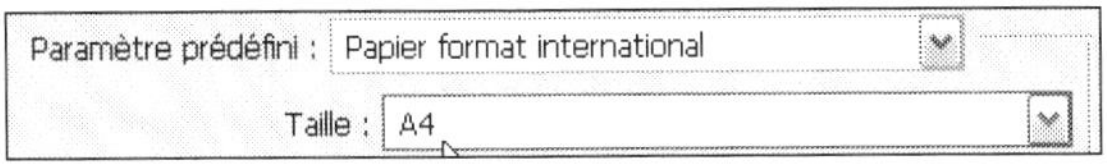

Figure 3.5 : Choisissez l'affichage et la définition

Tableau 3.33 : Paramètres prédéfinis destinés à l'affichage et à l'impression

Format	Largeur/hauteur	Résolution	Poids de l'image
Écran 14" CRT	640 × 480 pixels	72 pixels/pouce	0,900 Mo
Écran 14" CRT – 15" CRT	800 × 600 pixels	72 pixels/pouce	1,370 Mo
Écran 15" LCD – 17" CRT	1 024 × 768 pixels	72 pixels/pouce	2,250 Mo
Pour affichage TV	PAL D1/DV pixels carrés 768 × 576 pixels (avec repères)	72 pixels/pouce	1,270 Mo
Pour affichage DVD	PAL D1/DV grand écran 720 × 576 pixels (avec repères)	72 pixels/pouce	1,190 Mo
Pour affichage HDTV	HDV, 1 920 × 1 080 (avec repères)	72 pixels/pouce	5,930 Mo

REMARQUE

Avec repères : zone admissible (marges de sécurité de la vidéo)

Lorsque vous montez votre film, notamment lors du titrage, laissez une marge de sécurité (en anglais, "safe frame"). Cette marge évite que les éléments importants soient coupés par le cadre de la télévision. En effet, les télévisions ont une fâcheuse tendance à ne pas afficher totalement les 720 × 576 pixels diffusés par les lecteurs DVD. Pourquoi ? Parce que l'écran est contenu dans un boîtier "design" qui donne l'impression d'un écran bien rectangulaire (et par là même, plus plat). Cette marge est d'environ 20 % de la taille de l'écran.

Notez que, dans tous ces exemples, nous travaillons toujours en résolution de 72 pixels/pouce. La création d'une image destinée à l'affichage se fait toujours en unité de pixels et jamais en centimètres ou en millimètres.

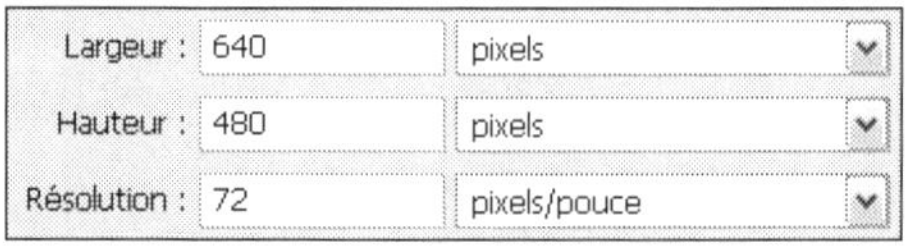

Figure 3.6 : L'unité est le pixels/pouce

DEFINITION

PAL (Phase Alternate Line, séquentiel couleur avec mémoire)

Standard vidéo utilisé principalement en Europe, permettant la restitution de l'image sur 625 lignes avec un taux de balayage de 50 Hz. C'est le système vidéo européen pour la diffusion d'images sur les télévisions. Très proche du système SECAM français, son format correspond à 768 × 576 pixels (et 720 × 576 pour le mode DV), en 25 images par seconde.

4 Vous pouvez définir des paramètres personnalisés pour les largeur et hauteur.

Vous êtes libre de choisir n'importe quelle taille, ou inspirez-vous du tableau suivant :

Tableau 3.34 : Autres résolutions souvent utilisées

Format	Largeur/hauteur	Résolution
Écran 17" LCD – 19"	1 280 × 1 024	72 pixels/pouce
Écran 20" – 22" et Photo numérique 2 mégapixels	1 600 × 1 200	72 pixels/pouce
Photo numérique 3 mégapixels	2 048 × 1 536	72 pixels/pouce
Photo numérique 4 mégapixels	2 240 × 1 680	72 pixels/pouce
Photo numérique 5 mégapixels	2 560 × 1 920	72 pixels/pouce
HDTV (HDV)	1 920 × 1 080	72 pixels/pouce
Bannière publicitaire Internet	468 × 60	72 pixels/pouce
Site web 800 × 600 plein écran dans Internet Explorer	760 × 420	72 pixels/pouce
Site web 1 024 × 768 plein écran dans Internet Explorer	955 × 600	72 pixels/pouce

5 Précisez *Couleurs RVB 8 bits* dans la liste déroulante *Mode colorimétrique*, si ce n'est pas déjà fait.

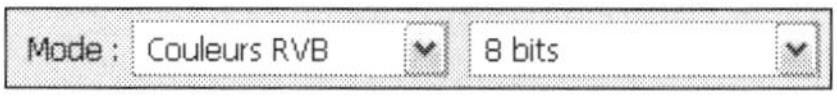

Figure 3.7 : Choisissez Couleurs RVB...

6 Choisissez la couleur d'arrière-plan de l'image à créer dans la liste déroulante *Contenu de l'arrière-plan*. La plupart du temps, un arrière-plan blanc suffit. Il sera possible de changer sa couleur ultérieurement à l'aide de l'outil **Pot de peinture**. Vous pouvez choisir un arrière-plan transparent, qui a l'avantage de ne pas créer de calque d'arrière-plan.

Figure 3.8 : ... et un arrière-plan blanc

7 Laissez les fonctions avancées telles quelles, puis cliquez sur le bouton OK pour créer la nouvelle image.

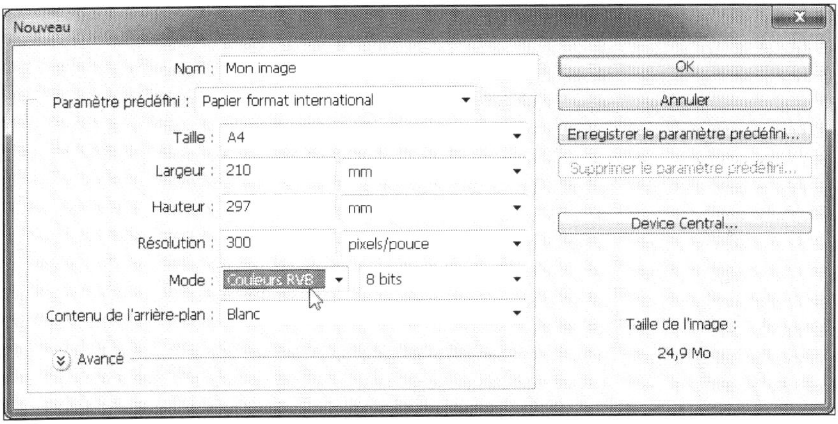

Figure 3.9 : Validez par OK

Créer une image destinée à l'impression haute définition

1 Allez dans le menu **Fichier** et lancez la commande **Nouveau**. La boîte de dialogue **Nouveau** s'ouvre alors.

2 Dans la zone de texte *Nom*, précisez le nom que vous voulez donner à votre projet Photoshop CS5.

3 Choisissez en bas de la liste déroulante *Paramètre prédéfini* le type de support *Papier format international*, puis choisissez sa *Taille* selon un des paramètres correspondant au tableau suivant :

Tableau 3.35 : Paramètres prédéfinis destinés à l'affichage et à l'impression

Format	Largeur/hauteur	Résolution	Poids de l'image
A6	105 × 148 mm	300 pixels/pouce	6,5 Mo RVB/8,27 Mo CMJN
A5	148 × 210 mm	300 pixels/pouce	12,5 Mo RVB/16,5 Mo CMJN
A4	210 × 297 mm	300 pixels/pouce	24,9 Mo RVB/33,2 Mo CMJN
A3	297 × 420 mm	300 pixels/pouce	49,8 Mo RVB/64,4 Mo CMJN
B5	176 × 250 mm	300 pixels/pouce	17,6 Mo RVB/24,4 Mo CMJN

Tableau 3.35 : Paramètres prédéfinis destinés à l'affichage et à l'impression			
Format	**Largeur/hauteur**	**Résolution**	**Poids de l'image**
B4	250 × 353 mm	300 pixels/pouce	35,2 Mo RVB/47,0 Mo CMJN
B3	353 × 500 mm	300 pixels/pouce	70,4 Mo RVB/93,9 Mo CMJN

Notez que, dans ces cas, nous travaillons toujours en résolution de 300 pixels/pouce. La création d'une image destinée à l'impression se fait toujours en unité de mesure habituelle, soit en millimètres, soit en centimètres.

4 Précisez *Couleurs RVB 8 bits* dans la liste déroulante *Mode colorimétrique* si vous voulez créer une image pour l'impression haute qualité en ayant toutes les options possibles avec les filtres de Photoshop CS5.

5 Précisez *Couleurs CMJN 8 bits* si vous voulez créer un document destiné à un imprimeur en utilisant les couleurs optimales dès le début, au lieu de faire une conversion RVB vers CMJN une fois le dessin terminé.

6 Choisissez la couleur d'arrière-plan de l'image à créer dans la liste déroulante *Contenu de l'arrière-plan*. La plupart du temps, un arrière-plan blanc suffit. Il sera possible de changer sa couleur ultérieurement à l'aide de l'outil **Pot de peinture**.

7 Laissez les fonctions avancées telles quelles, puis cliquez sur le bouton OK pour créer la nouvelle image.

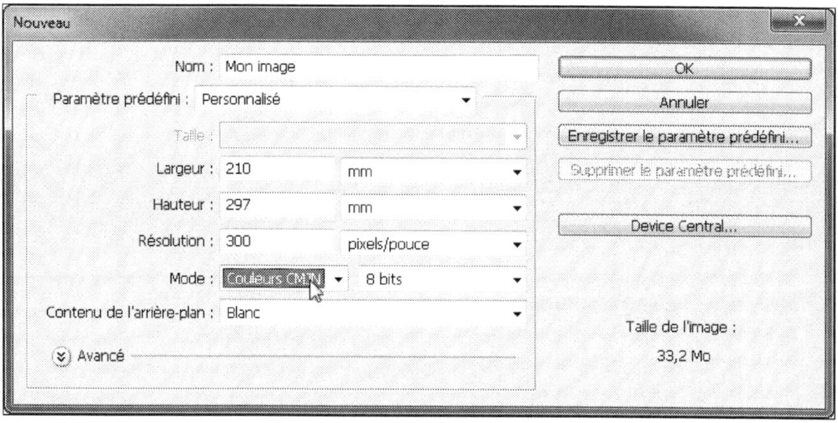

Figure 3.10 : Validez par OK

3.6. Ouvrir une image qui existe déjà

En tant que logiciel référence de retouche d'images, Photoshop vous permet d'ouvrir n'importe quel fichier image pour que vous puissiez le modifier à votre guise. Il existe plusieurs manières d'ouvrir des fichiers avec Photoshop CS5, que nous allons passer en revue.

À l'aide de l'Explorateur Windows

Pour l'ouverture d'un fichier, Photoshop CS5 utilise l'Explorateur Windows afin que vous puissiez naviguer dans les dossiers de votre disque dur.

Par le menu Fichier

Voici la méthode classique pour ouvrir un fichier avec Photoshop CS5 :

1 Allez dans le menu **Fichier** et choisissez la commande **Ouvrir** (Ctrl+O) pour afficher la boîte de dialogue **Ouvrir**.

2 Trouvez le dossier où est stockée l'image à ouvrir à l'aide des fonctions de navigation de l'Explorateur Windows. Aidez-vous des raccourcis situés dans la colonne de gauche pour accéder par exemple au dossier *Mes documents* qui contient le dossier *Mes images*. C'est le dossier par défaut de Windows pour stocker les images.

3 Une fois que vous avez trouvé le fichier à ouvrir, sélectionnez-le puis cliquez sur le bouton **Ouvrir**.

Par glisser-déposer

Les premières moutures de Photoshop ont été développées pour Macintosh. De ce fait, ce logiciel affectionne tout particulièrement la technique du glisser-déposer.

1 Laissez Photoshop en arrière-plan et ouvrez l'Explorateur Windows à l'aide du menu **Démarrer** de Windows XP.

2 Trouvez le fichier à ouvrir dans l'arborescence de votre ordinateur et sélectionnez-le.

3 Cliquez sur le fichier, et tout en maintenant le bouton de la souris enfoncé, déplacez le curseur vers l'icône *Photoshop CS5* de la barre des tâches.

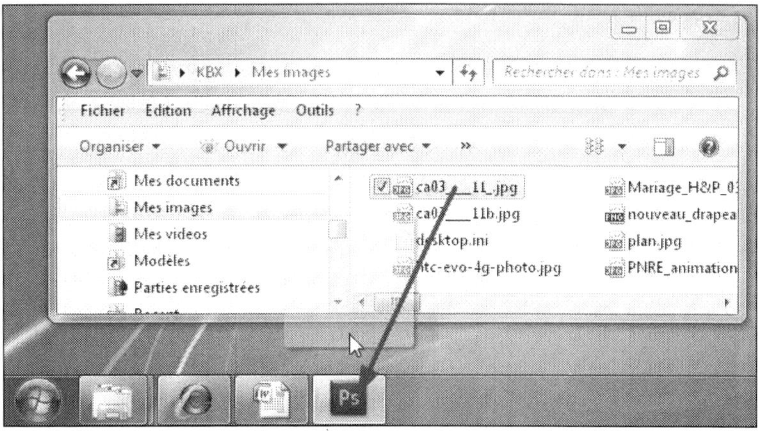

Figure 3.11 : Faites glisser le fichier vers l'icône de Photoshop CS5

4 Le bouton de la souris étant toujours enfoncé, attendez pendant quelques secondes au niveau de l'icône *Photoshop CS5* de la barre des tâches, le temps que Photoshop passe au premier plan.

5 Une fois qu'il est au premier plan, survolez l'espace de travail de Photoshop, puis relâchez le bouton de la souris. De cette manière, le fichier que vous venez de glisser-déposer s'ouvre.

Une autre méthode consiste à faire un glisser-déposer alors que la fenêtre de l'Explorateur Windows est ouverte au-dessus de la fenêtre de Photoshop.

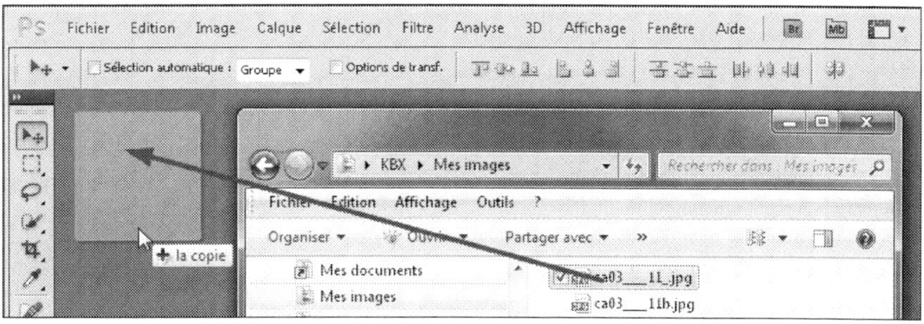

Figure 3.12 : Faites un glisser-déposer depuis l'Explorateur

REMARQUE

Fonction Ouvrir sous

La fonction **Ouvrir sous** permet d'ouvrir un fichier image de n'importe quel format sous un autre format. Le format utilisé est, dans la plupart des cas, le format propriétaire de Photoshop, à savoir le PSD.

Avec Adobe Bridge

Adobe Bridge est un explorateur de fichiers image. Il est bien sûr plus évolué que celui de Windows. Il ajoute la possibilité de prévisualiser tous les types d'images que Photoshop sait ouvrir. Il permet donc de voir le contenu des fichiers image sous forme de vignettes de prévisualisation.

Ouvrir un fichier avec l'Explorateur de fichiers

1 Allez dans le menu **Fichier** et lancez la commande **Parcourir dans Bridge** afin d'ouvrir le logiciel Adobe Bridge.

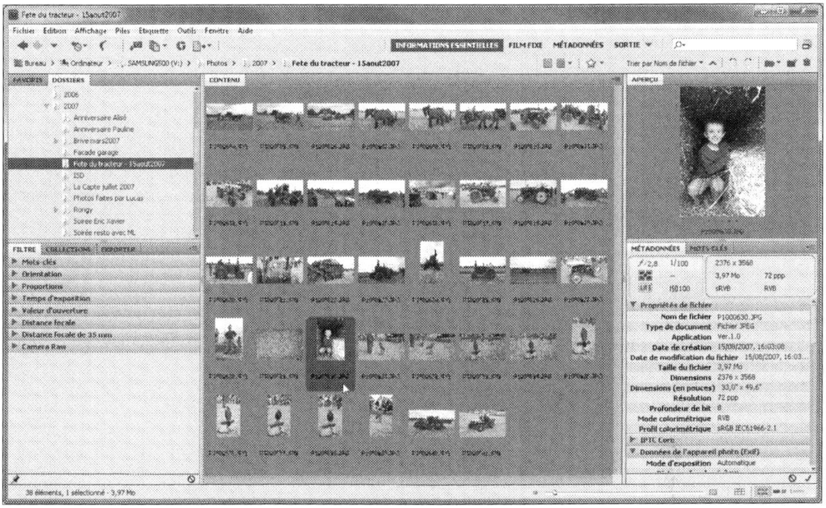

Figure 3.13 : Adobe Bridge

Cette boîte de dialogue est composée de quatre fenêtres :

- La fenêtre contenant les onglets **Favoris** et **Dossiers**, qui permettent de naviguer dans les dossiers et disques de l'ordinateur.
- La fenêtre contenant l'onglet **Aperçu**, qui permet de mieux visualiser l'image sélectionnée.
- La fenêtre comprenant les onglets **Métadonnées** et **Mots-clés**, qui permettent de présenter les informations contenues dans le fichier en cours de sélection.
- La fenêtre de visualisation du contenu du dossier sélectionné sous l'onglet **Dossiers**. Elle n'affiche que les fichiers que Photoshop sait ouvrir, ainsi que les fichiers ZIP dont l'Explorateur de fichiers sait prévisualiser le contenu.

2 Sous l'onglet **Dossiers**, trouvez et sélectionnez le dossier contenant l'image que vous désirez ouvrir. Pour explorer les disques durs de votre PC, allez dans le dossier *Bureau* et cliquez sur le Poste de travail.

Figure 3.14 : Onglet Dossiers

3 Sélectionnez une à une les images que vous voulez prévisualiser sous l'onglet **Aperçu**.

4 Une fois que vous avez trouvé l'image qui vous convient, double-cliquez dessus afin de l'ouvrir dans Photoshop, ou allez dans le menu **Fichier** et lancez la commande **Ouvrir**.

Autres fonctionnalités d'Adobe Bridge

Adobe Bridge peut vous aider à traiter et à trier rapidement un grand nombre de photos numériques grâce à quelques options pratiques :

-  création de dossiers ;
- 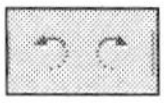 rotation des images sans avoir à les ouvrir avec les boutons **Rotation antihoraire** et **Rotation horaire** ;
-  suppression des fichiers sélectionnés ;
- affichage en mode réduit ;

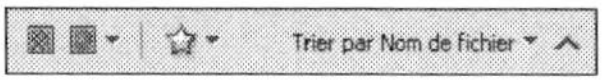

Figure 3.15 : Affichage en mode réduit

- divers filtres permettant de trier les fichiers.

REMARQUE

Adobe Bridge sans Photoshop

Adobe Bridge peut être utilisé de façon totalement autonome sans Photoshop. Il peut alors être employé comme un Explorateur de fichiers image au même titre que ACDSee ou XnView.

3.7. Utiliser un scanner avec Photoshop

1 Vérifiez que votre scanner est bien allumé et branché au PC.

> REMARQUE
>
> **TWAIN et WIA**
>
> L'utilisation des scanners se fait via une norme de communication entre le PC et le scanner, appelée TWAIN. Tout scanner connecté à un PC et dont les pilotes ont été correctement installés s'utilise via les pilotes TWAIN ou WIA. Photoshop détecte automatiquement si votre système possède des pilotes TWAIN ou WIA. Le cas échéant, il pourra donc piloter votre scanner en faisant appel à ces pilotes. Ainsi, l'image scannée sera directement ouverte dans Photoshop.

2 Allez dans le menu **Fichier/Importation**. Si votre scanner est bien installé, Photoshop liste le pilote TWAIN ou WIA correspondant.

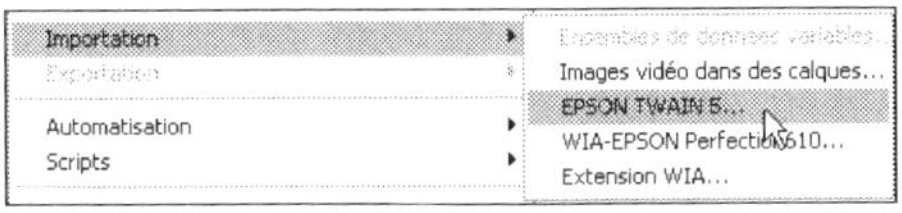

Figure 3.16 : Sélectionnez le pilote de votre scanner

3 Cliquez dessus pour lancer les pilotes de capture du scanner.

4 Utilisez l'interface des pilotes pour faire la capture. Selon la marque de votre scanner, les pilotes seront différents, mais auront des fonctionnalités identiques.

5 Une fois le scan effectué, vous obtenez le résultat sous forme d'image éditable sous Photoshop CS5.

Cette image n'est toujours pas sauvegardée. Vous devez donc l'enregistrer avec Photoshop CS5 avant toute modification pour éviter d'avoir à recommencer le scan si vous faites une mauvaise manipulation.

6 Allez dans le menu **Fichier** et lancez la commande **Enregistrer sous.**

Sauvegardez l'image soit au format JPEG si vous voulez qu'elle ne prenne pas trop de place et qu'elle puisse être visualisable facilement sur d'autres ordinateurs, soit au format PSD si vous comptez l'éditer avec Photoshop avant de la diffuser.

3.8. Faire une capture d'écran

Windows est capable de réaliser une image de ce qui est affiché sur votre écran. Cette capture d'écran est ensuite stockée automatiquement dans le Presse-papiers de votre ordinateur, ce qui vous permettra de l'ouvrir dans Photoshop et de la modifier à votre guise.

1 Réduisez Photoshop dans la barre des tâches.

Figure 3.17 :

2 Affichez ce que vous voulez capturer, puis appuyez sur la touche [Impr écran] du clavier. Elle est située à droite de la touche [F12]. De cette manière, vous mettez en mémoire l'image de l'écran telle qu'elle est affichée.

> ASTUCE
>
> **Capture d'écran de la fenêtre en cours**
>
> Il est possible de faire une capture d'écran uniquement de la fenêtre active plutôt que de tout l'écran. Pour cela, utilisez la combinaison de touches [Alt]+[Impr écran].

3 Restaurez Photoshop en cliquant sur son icône dans la barre des tâches.

4 Allez dans le menu **Fichier** et lancez la commande **Nouveau** afin de créer une nouvelle image.

5 Dans la liste déroulante *Paramètre prédéfini*, choisissez *Presse-papiers* si ce n'est pas déjà fait.

Figure 3.18 : Choisissez Presse-papiers

6 Cliquez sur le bouton OK pour créer une image vierge de la taille de votre capture.

7 Allez dans le menu **Edition** et choisissez la commande **Coller** ([Ctrl]+[V]).

Photoshop crée alors un calque contenant l'image capturée, qui tient entièrement dans l'image vierge que vous venez de concevoir. Vous pouvez maintenant modifier à volonté votre capture d'écran.

> REMARQUE
>
> **Capture d'écran évoluée**
>
> Quelques logiciels permettent de faire des captures d'écran plus évoluées, notamment des captures d'écran de film et/ou de jeu vidéo.

3.9. Récupérer des images sur Internet

Vous trouverez sur Internet beaucoup d'images servant d'interface graphique pour les sites web. Ce sont simplement des images PNG, GIF ou JPG collées les unes aux autres. Il est très facile de les récupérer.

1 Affichez la page Internet contenant l'image que vous désirez récupérer.

2 Cliquez du bouton droit, et dans le menu contextuel qui s'ouvre, choisissez la commande **Enregistrer l'image sous**.

3 Dans la boîte de dialogue **Enregistrer l'image**, précisez le dossier dans lequel vous voulez sauvegarder l'image, et éventuellement, changez le nom de celle-ci.

4 Cliquez sur le bouton **Enregistrer** pour sauvegarder l'image.

Vous pouvez maintenant ouvrir et éditer l'image avec Photoshop.

3.10. Chercher des images dans des banques Internet

Internet est une base de données inépuisable pour toutes sortes de fichiers, dont les images. Les pages web sont d'ailleurs composées d'images. Voici comment trouver sur Internet des images en fonction de mots-clés :

1 Connectez-vous à Internet.

2 Démarrez votre navigateur Internet, par exemple Internet Explorer.

3 Ouvrez la page web du moteur de recherche Google (*www.google.fr*).

4 Cliquez sur le lien *Images* afin d'accéder au moteur de recherche d'images.

5 Les images trouvées sur Internet sont souvent de mauvaise qualité car elles sont trop petites. Vous allez donc affiner vos recherches pour essayer de trouver des images de qualité correcte. Pour cela, cliquez sur le lien *Images – Recherche avancée*.

Figure 3.19 : Faites une recherche avancée

6 Vous allez faire une recherche sur des photos d'ours. Dans la zone de texte *Page contenant : tous les mots*, saisissez `Ours`.

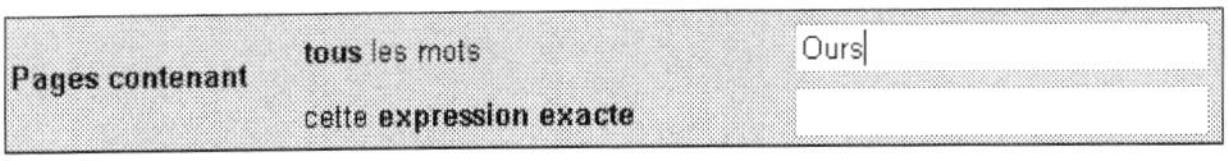

Figure 3.20 : Saisissez les mots-clés

7 Dans la liste déroulante *Taille* : *Afficher les images*, choisissez *Grandes*.

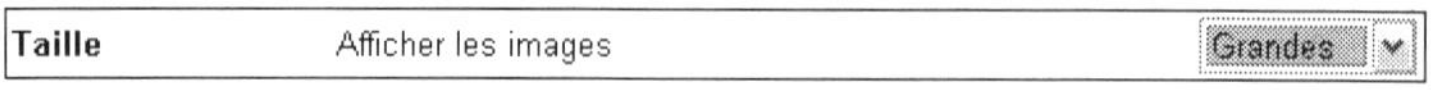

Figure 3.21 : Sélectionnez la taille des images

8 

Cliquez sur le bouton **Recherche Google** afin de lancer la recherche.

Une liste de vignettes s'affiche, représentant des images qui ont un rapport proche ou lointain avec le mot-clé "ours". Il y a souvent plusieurs pages de résultats. Vous pouvez naviguer dans ces pages à l'aide des liens situés en bas de la page Internet.

9 Cliquez sur l'image qui vous intéresse afin d'accéder à sa page de téléchargement.

La page est divisée en deux : en haut l'image que vous voulez télécharger et en bas la page Internet d'origine de l'image.

10 Afin d'afficher l'image dans sa résolution maximale, cliquez sur la vignette de la fenêtre du haut, ou encore sur le lien *Image non réduite*.

Vous voyez enfin l'image que vous voulez télécharger.

11 Allez dans le menu d'Internet Explorer et lancez la commande **Fichier/Enregistrer sous.**

12 Dans la boîte de dialogue **Enregistrer l'image**, précisez le dossier dans lequel vous voulez enregistrer l'image et changez éventuellement son nom, mais en laissant son type tel quel (JPEG, PNG ou GIF).

13 Cliquez sur le bouton **Enregistrer**.

Vous pouvez alors ouvrir et éditer cette image avec Photoshop.

REMARQUE

Images invalides

Certaines de ces images ne sont pas accessibles. En effet, beaucoup d'images sont renouvelées régulièrement sur les sites Internet. Vous ne pouvez donc pas les télécharger.

Vous trouverez parfois des images n'ayant aucun rapport avec votre mot-clé. Cela fait partie des aléas d'Internet.

SAUVEGARDER DES IMAGES

Boîte de dialogue Enregistrer sous 123
Enregistrer au format PSD 125
Exporter sous un autre format d'image 127
Compresser une image/Enregistrer pour le Web 129

Il est important de sauvegarder votre travail de façon régulière, même lorsque vous intervenez sur une image. En effet, sous Windows, un bogue ou un plantage peuvent vous forcer à redémarrer l'ordinateur. Dans ce cas, si vous avez passé plus d'une heure à travailler sur une image sans la sauvegarder au moins tous les quarts d'heure, c'est tout ce temps de travail qui est perdu. Même si Photoshop est réputé comme étant très stable, il n'est pas à l'abri de bogues qui peuvent vous faire perdre votre photomontage en cours de réalisation.

Une fois que les images sont prêtes, il s'agit de les diffuser. Pour cela, il est préférable d'enregistrer le fichier sous un format plus universel que celui de Photoshop. Vous allez, dans ce chapitre, effectuer la sauvegarde des images sur lesquelles vous avez travaillé avec Photoshop.

4.1. Boîte de dialogue Enregistrer sous

Pour accéder à la boîte de dialogue **Enregistrer sous**, allez dans le menu **Fichier** et choisissez la commande **Enregistrer sous** (Ctrl+Maj+S).

Boîte de dialogue Enregistrer

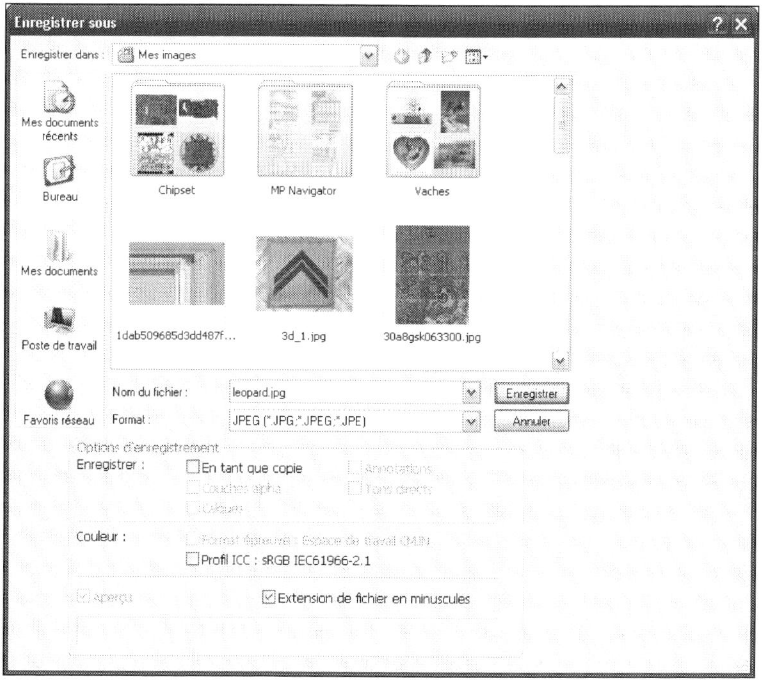

Figure 4.1 : Boîte de dialogue Enregistrer

Menu déroulant Enregistrer dans

Le menu déroulant *Enregistrer dans* permet d'accéder rapidement aux principaux dossiers et aux différentes unités logiques de l'ordinateur, tout comme le propose le menu déroulant *Adresse* du Poste de travail de Windows XP.

Boutons de fonction de l'Explorateur Windows

 Le bouton **Ouvrir le dernier dossier visité** permet de revenir au dossier précédemment affiché.

 Le bouton **Dossier parent** permet de revenir au dossier parent du dossier en cours d'ouverture.

 Le bouton **Créer un nouveau dossier** permet de créer et de nommer un nouveau dossier.

Le bouton déroulant *Affichage* permet de définir le mode d'affichage de la liste des fichiers. Vous avez le choix entre cinq modes d'affichage :

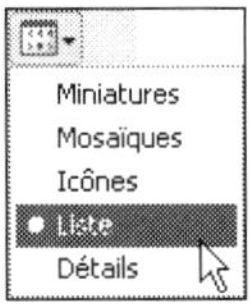

Figure 4.2 : Bouton déroulant Affichage

- *Miniatures* : affiche une vignette de prévisualisation des fichiers image reconnus en standard par Windows XP (BMP, JPG, GIF, PCX, DNG, TIF) et l'icône de format des autres fichiers.
- *Mosaïques* : affiche les icônes des fichiers sous forme de liste en plusieurs colonnes, avec pour chaque fichier son icône, son nom, sa résolution et son format.
- *Icônes* : affiche les fichiers sous forme de matrice d'icônes.
- *Liste* (mode par défaut) : affiche les fichiers sous forme de liste de noms de fichier précédés par une petite icône.
- *Détails* : affiche les fichiers sous forme de liste verticale avec plusieurs colonnes contenant les informations de taille, type, date de modification, etc. de chaque fichier.

Colonne de raccourcis

Cette colonne affiche les icônes des principaux dossiers de Windows XP sous forme de boutons. Un clic sur l'un de ces boutons affiche directement son contenu dans la fenêtre située juste à droite de la colonne.

Ces boutons donnent accès directement aux dossiers *Mes documents récents*, *Bureau*, *Mes documents*, *Poste de travail* et *Favoris réseau*.

Zone de texte Nom du fichier

La zone de texte *Nom du fichier* affiche le nom du fichier sélectionné. Vous pouvez aussi saisir le nom du fichier si vous savez qu'il est dans le dossier en cours, voire entrer le nom du fichier précédé de son emplacement dans l'arborescence du disque dur.

Cette zone de texte fait aussi office de liste déroulante si vous cliquez sur le bouton situé juste à sa droite. Dans ce cas, vous verrez la liste des derniers fichiers que vous avez ouverts.

Liste déroulante Tous les formats

La liste déroulante *Tous les formats* permet de choisir le type de fichier à afficher dans la fenêtre de listing de fichiers.

Zone d'options Options d'enregistrement

Cette zone d'options regroupe les paramètres disponibles selon le format d'enregistrement choisi.

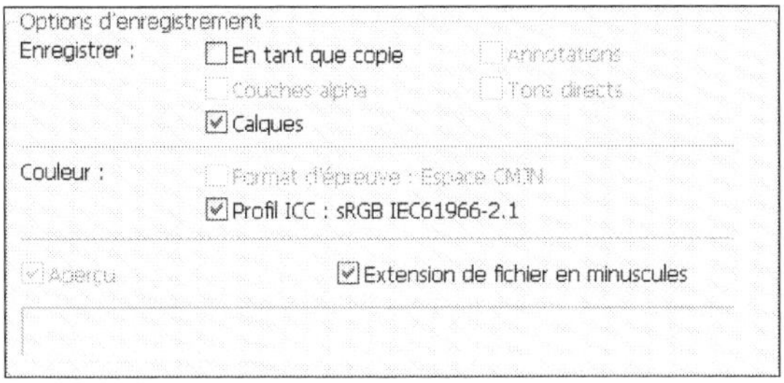

Figure 4.3 : Zone d'options Options d'enregistrement

4.2. Enregistrer au format PSD

Le format PSD est le format propriétaire de Photoshop ; il permet de sauvegarder tous les paramètres modifiables des calques et des effets. Lors de votre premier enregistrement, un nom de fichier vous est demandé, exactement comme si vous exécutiez la commande **Enregistrer sous**.

Premier enregistrement d'un projet ou enregistrement sous un autre nom

1 Après avoir ouvert l'image de votre choix, allez dans le menu **Fichier** et lancez la commande **Enregistrer sous**.

2 Dans la liste déroulante *Format*, choisissez *Photoshop (*.PSD; *.PDD)*.

Figure 4.4 : Choisissez le format PSD

3 Quand vous utilisez des calques, vérifiez que la case *Calques* du groupe d'options *Options d'enregistrement* est bien cochée. Vous n'avez pas besoin de gérer les paramètres de la zone d'options *Couleur*.

4 Naviguez dans la fenêtre des dossiers afin d'ouvrir celui dans lequel vous voulez enregistrer l'image. Utilisez la liste déroulante *Enregistrer dans* pour débuter votre navigation dans les dossiers.

Figure 4.5 : Sélectionnez le dossier d'enregistrement

5 Pour ranger vos fichiers PSD, vous pouvez par exemple créer le sous-dossier *Projet PSD* dans le dossier *Mes images*, lui-même situé dans le dossier *Mes documents*. Pour créer un dossier, cliquez sur le bouton **Créer un nouveau dossier**, que vous trouverez dans la boîte d'outils située à droite de la liste déroulante *Enregistrer dans*.

6 Nommez votre fichier dans la zone de texte *Nom du fichier*. Vous n'êtes pas obligé d'ajouter l'extension *.psd*, Photoshop le fait automatiquement.

7 Cliquez sur le bouton **Enregistrer** pour créer le fichier de sauvegarde du projet en cours.

Enregistrement rapide

Enregistrement rapide simple

Pour faire un enregistrement rapide du fichier en cours d'édition, allez dans le menu **Fichier** et choisissez la commande **Enregistrer**.

Enregistrement rapide au clavier

Pour faire un enregistrement rapide du fichier en cours d'édition, utilisez la combinaison de touches Ctrl+S.

REMARQUE

Enregistrement rapide d'un nouveau fichier

Si vous faites un enregistrement rapide d'un nouveau fichier, vous accédez automatiquement à la boîte de dialogue **Enregistrer sous**. De ce fait, cela n'est

> pas un enregistrement rapide, mais un enregistrement simple dont le raccourci clavier est Ctrl+Maj+S.

Enregistrer sous un autre nom

Il est possible d'enregistrer une copie du fichier en cours de modification sous un autre nom et/ou sous un autre format.

1 Allez dans le menu **Fichier** et lancez la commande **Enregistrer sous**.

2 Dans la boîte de dialogue **Enregistrer sous**, précisez un nouveau nom et éventuellement un autre dossier d'enregistrement.

3 Cliquez sur le bouton **Enregistrer**.

Vous pouvez alors travailler sur ce nouveau fichier.

4.3. Exporter sous un autre format d'image

Le format PSD n'est pas le plus adapté à la diffusion d'images vers d'autres ordinateurs. En effet, ce n'est pas le format d'image numérique le plus universel. Par contre, d'autres formats permettent une diffusion plus facile des images.

> **Enregistrer sous et Exporter**
>
> Le menu **Fichier** de Photoshop contient une fonction **Exporter**. Elle ne s'applique qu'aux tracés vectoriels et au format ZoomView. Ces fonctions servent rarement dans une utilisation normale de Photoshop.

Exporter au format JPEG

1 Dans la boîte de dialogue **Enregistrer sous**, après avoir nommé votre fichier, choisissez *JPEG* dans la liste déroulante *Format*.

Figure 4.6 : Choisissez le format JPEG

2 Cliquez sur le bouton **Enregistrer** afin d'accéder à la boîte de dialogue **Options JPEG**.

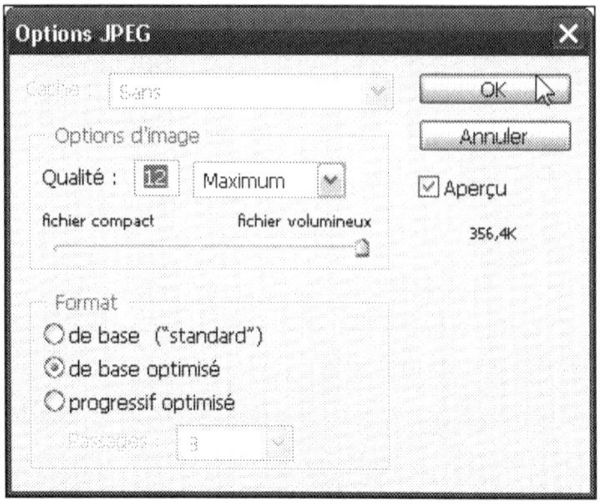

Figure 4.7 : Réglez les options

3 Définissez, dans la zone *Options d'image*, la qualité d'image désirée en fonction du poids du fichier.

4 Cochez la case d'option *De base optimisé* dans la zone d'options *Format*.

5 Cliquez sur le bouton OK pour enregistrer le fichier au format JPEG.

Exporter au format BMP

1 Dans la boîte de dialogue **Enregistrer sous**, une fois que vous avez nommé votre fichier, choisissez *BMP* dans la liste déroulante *Format*.

Figure 4.8 : Choisissez le format BMP

2 Cliquez sur le bouton **Enregistrer** afin d'accéder à la boîte de dialogue **Options BMP**.

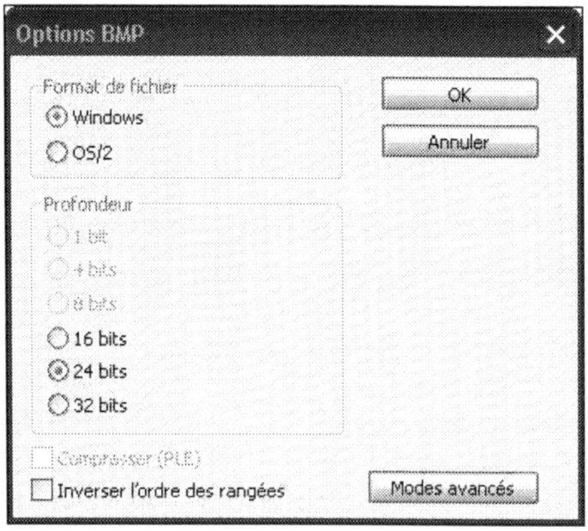

Figure 4.9 : Réglez les options

3 Laissez les paramètres des zones d'options *Format* et *Résolution* tels quels (respectivement, *Windows* et *24 bits/pixel*).

4 Cliquez sur le bouton OK pour enregistrer le fichier au format BMP.

Exporter au format TIFF

Le format TIFF possède plusieurs variantes. Vous allez ici paramétrer le fichier exporté de façon qu'il soit le plus compatible possible tout en étant compacté.

1 Dans la boîte de dialogue **Enregistrer sous**, une fois que vous avez nommé votre fichier, choisissez *TIFF* dans la liste déroulante *Format*.

Figure 4.10 : Choisissez le format TIFF

2 Cliquez sur le bouton **Enregistrer** afin d'accéder à la boîte de dialogue **Options TIFF**.

3 Pour la *Compression de l'image*, choisissez *LZW*.

4 Pour le *Format*, laissez l'option *IBM PC* cochée.

5 Pour la *Compression du calque*, cochez la case *Supprimer les calques et enregistrer une copie*.

6 Cliquez sur le bouton OK pour enregistrer le fichier au format TIFF.

Exporter aux autres formats

Tous les formats d'exportation de la boîte de dialogue **Enregistrer sous** disposent d'une boîte de dialogue spécifique, proposant les options possibles. La plupart du temps, les paramètres par défaut suffisent amplement.

4.4. Compresser une image/Enregistrer pour le Web

Le format JPEG utilise un algorithme de compression destructif afin d'alléger le poids de l'image. Lorsque vous enregistrez une image au format JPEG avec Photoshop, il vous propose quelques paramètres de compression sans pour autant que vous sachiez dans quelles proportions l'image sera altérée. Heureusement, Photoshop propose un module d'exportation pour le Web permettant de visualiser l'image telle qu'elle sera une fois compressée.

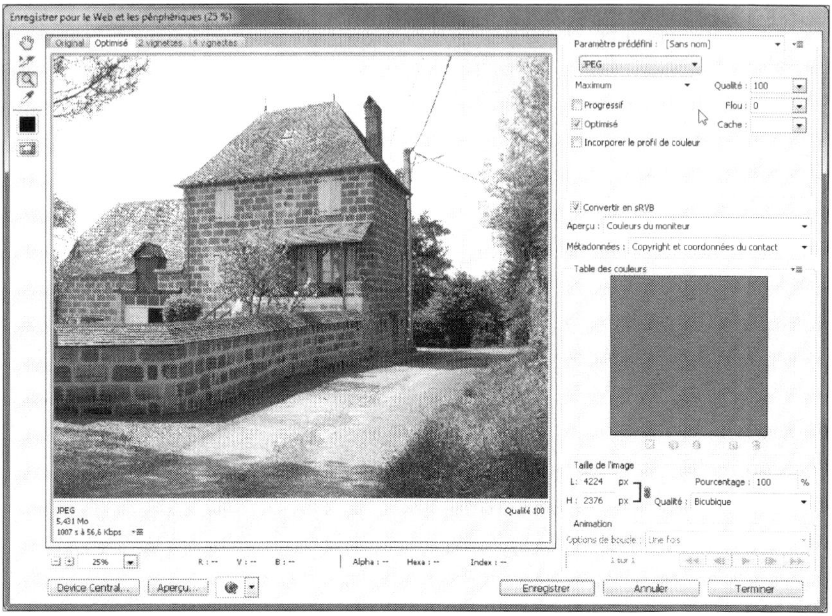

Figure 4.11 : Enregistrer pour le Web

Compression JPEG

1 Allez dans le menu **Fichier/Enregistrer pour le Web** afin d'ouvrir le module d'exportation pour le Web de Photoshop.

2 Dans la liste déroulante *Paramètre prédéfini* située sur la colonne de droite de la boîte de dialogue **Enregistrer pour le Web – Piloté par ImageReady**, choisissez *JPEG Supérieur* afin d'appliquer une compression JPEG de qualité supérieure.

Figure 4.12 : Sélectionnez JPEG Supérieur

3 Observez, en dessous de cette liste déroulante, les paramètres de compression propres au format JPEG.

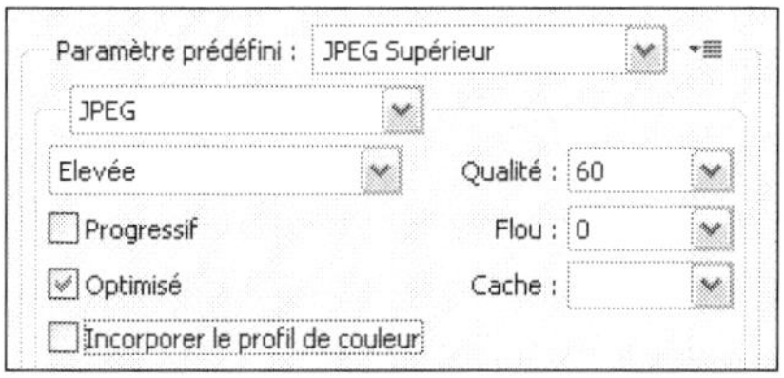

Figure 4.13 : Paramètres de compression

4 En haut à gauche de la boîte de dialogue, cliquez sur l'onglet **2 vignettes** afin de visualiser à l'écran l'image originale et ce qu'elle deviendra une fois compressée.

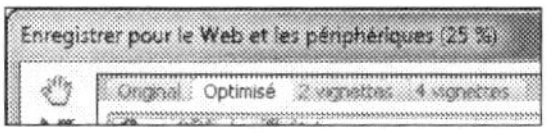

Figure 4.14 : Cliquez sur l'onglet 2 vignettes

La fenêtre de gauche représente l'image originale, et celle de droite l'image compressée. En bas de chaque fenêtre est indiquée la taille du fichier. Notez que le JPEG est particulièrement efficace dans cet exemple et qu'il permet de passer ici de 245 Ko à 7,331 Ko !

5 Pour voir la détérioration résultant de la compression JPEG, utilisez l'outil **Zoom**, accessible par la palette d'outils. Sélectionnez-le et dessinez sur la fenêtre de droite (fenêtre de l'image compressée) un rectangle encadrant une petite zone de l'image.

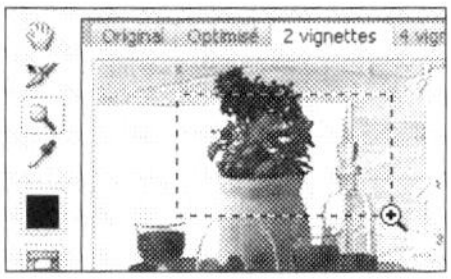

Figure 4.15 : Zoomez sur une partie de l'image

6 Vous pouvez vous servir de l'outil **Main** pour vous déplacer dans l'image. Utilisez de préférence les outils sur la fenêtre de droite de l'image compressée afin de la garder sélectionnée et d'avoir les paramètres de compression toujours affichés sur la droite.

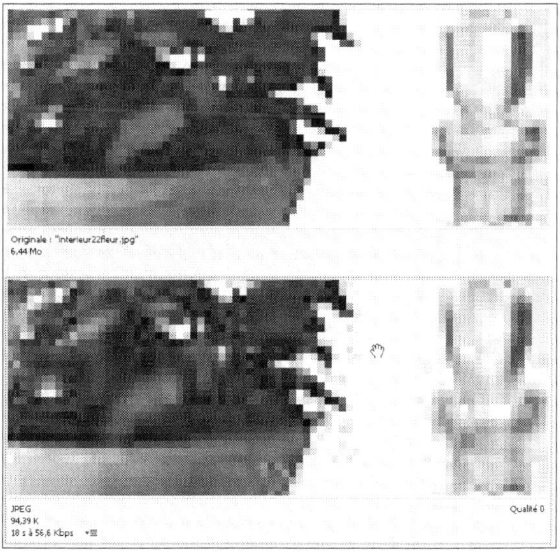

Figure 4.16 : Déplacez-vous dans l'image compressée

7 Jouez avec le niveau de qualité pour voir la détérioration de l'image et aussi déterminer le niveau de compression qui vous convient.

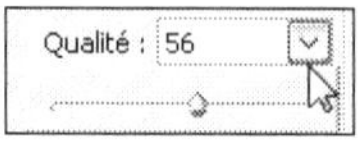

Figure 4.17 : Déterminez le niveau de compression

Le meilleur rapport qualité d'image/compression est obtenu pour un réglage de *Qualité* situé entre 60 et 80. Cochez la case *Optimisé* pour améliorer légèrement la compression.

8 Cliquez sur le bouton **Enregistrer** pour enregistrer la copie optimisée.

9 Précisez le dossier dans lequel vous voulez enregistrer l'image et donnez un nom au fichier.

10 Vérifiez que le *Type* d'image est bien *Images (*.jpg)*.

Figure 4.18 : Vérifiez le type d'image

11 Cliquez sur le bouton **Enregistrer** pour terminer l'enregistrement.

GÉRER LES COULEURS

Utiliser les couleurs de premier plan et d'arrière-plan 135
Gérer et utiliser les palettes 142
Corriger les couleurs d'une photo numérique 143
Mode de fusion des couleurs 145
Réglage des couleurs 156
Corriger une image 158

Que Photoshop soit LE logiciel de référence pour le photomontage est en partie dû au fait qu'il possède un grand nombre d'outils permettant de corriger, de modifier, de transformer les couleurs. Il met à disposition tellement d'outils qu'il existe souvent plusieurs manières de faire une correction de couleur. Il n'a pour ainsi dire aucune limite dans la gestion des couleurs pour une image standard. Vous allez voir dans ce chapitre comment Photoshop peut gérer les couleurs, que ce soit pour dessiner, modifier les couleurs d'une image ou en supprimer.

5.1. Utiliser les couleurs de premier plan et d'arrière-plan

Lorsque vous peignez ou crayonnez avec les outils de dessin de Photoshop, vous définissez la couleur du trait à l'aide de la couleur de premier plan.

Options des couleurs

1  Par défaut, la couleur de premier plan est noire et celle de l'arrière-plan est blanche. Pour revenir rapidement à ce mode par défaut, cliquez sur la petite icône située juste en dessous, à gauche des couleurs de premier plan et d'arrière-plan.

2  Pour intervertir les couleurs de premier et d'arrière-plan, cliquez sur l'icône située en haut à droite des couleurs de premier plan et d'arrière-plan.

Changer la couleur de premier plan ou d'arrière-plan

1 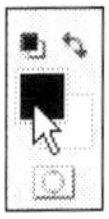 Pour changer la couleur utilisée en premier plan ou en arrière-plan, cliquez sur celle-ci.

2 Dans la boîte de dialogue **Sélecteur de couleurs**, choisissez dans la colonne du spectre de couleurs disponibles la dominante de couleur à utiliser.

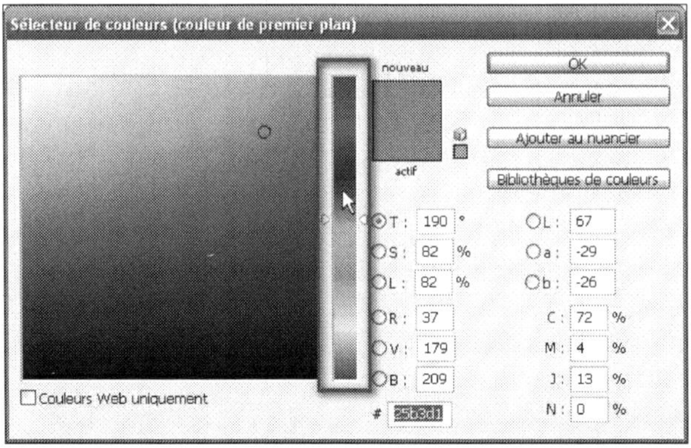

Figure 5.1 : Boîte de dialogue Sélecteur de couleurs

3 Dans le carré de couleur, sélectionnez la nuance de luminosité précise de la couleur que vous venez de choisir.

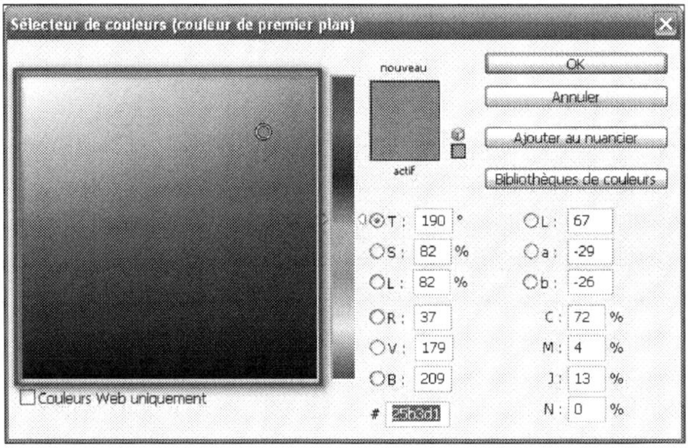

Figure 5.2 : Choisissez la couleur

Vous voyez les informations chiffrées de la couleur sélectionnée selon cinq normes : TSL, Lab, RVB, CMJN et # (hexadécimal pour les couleurs web).

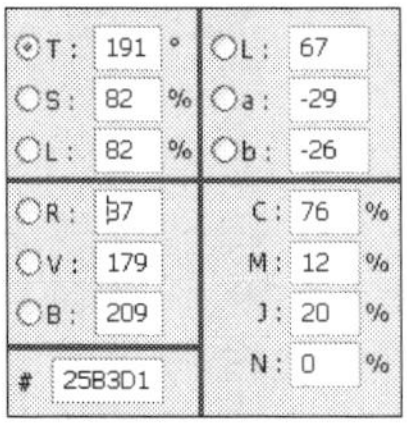

Figure 5.3 : Détails des composantes des couleurs

4 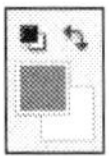 Cliquez sur OK pour valider le changement de couleur.

Description du Sélecteur de couleurs

Comme vous avez pu le remarquer, la boîte de dialogue **Sélecteur de couleurs** ne propose pas beaucoup d'options. Par contre, le Sélecteur de couleurs possède quelques petites options qui apparaissent ou non selon la couleur sélectionnée, et il donne accès à une bibliothèque de couleurs. Vous allez voir cela plus en détail ci-après.

Case Couleurs Web uniquement

La case *Couleurs Web uniquement* permet de visualiser le spectre des 256 couleurs validées pour l'affichage web. Ce spectre est pour ainsi dire devenu obsolète, étant donné que tout ordinateur récent affiche des millions de couleurs. Mais il a encore son intérêt pour les petits systèmes d'affichage, comme les GSM, possédant peu de couleurs. En effet, le format GIF utilisant les couleurs web est souvent employé comme le format standard de fichier image des GSM.

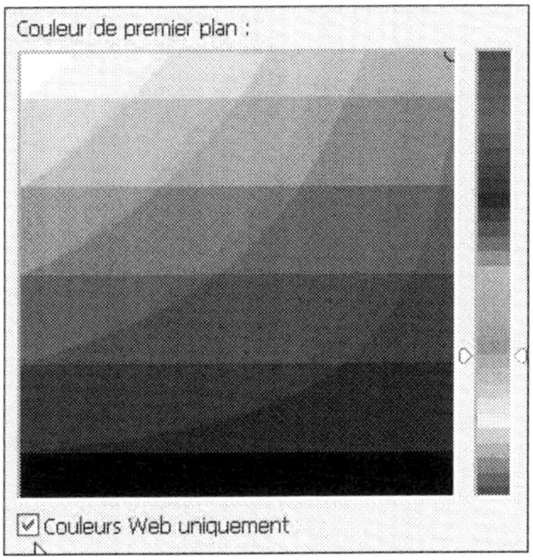

Figure 5.4 : Couleur Web

Les couleurs web sécurisées regroupent les 216 couleurs utilisées par les navigateurs, quelle que soit la plate-forme employée. Les navigateurs convertissent toutes les couleurs d'une image lors de leur affichage sur un écran 8 bits. Les 216 couleurs constituent un sous-ensemble des palettes de couleurs 8 bits du système Mac OS. Travailler exclusivement avec ces couleurs garantit que l'illustration destinée à être publiée sur le Web s'affichera correctement sur un système configuré pour un affichage en 256 couleurs.

Couleurs non Web sécurisées

Lorsque vous sélectionnez une couleur qui n'est pas considérée comme sécurisée pour le Web par Photoshop, la petite icône suivante apparaît avec, en dessous, un carré de couleur :

Cette icône est en fait un bouton permettant de changer la couleur en faveur de la plus proche qui est sécurisée pour le Web. Le petit carré de couleur affiche d'ailleurs cette couleur.

Couleurs non imprimables

Lorsque vous sélectionnez une couleur qui est considérée comme non imprimable par Photoshop, la petite icône suivante apparaît avec, en dessous, un carré de couleur :

Cette icône est en fait un bouton permettant de changer la couleur en faveur de la plus proche qui est considérée comme imprimable par Photoshop. Le petit carré de couleur affiche d'ailleurs cette couleur.

Caractéristiques de couleur

Les caractéristiques de la couleur sélectionnée s'affichent selon quatre modes qui sont :

- TSL ;
- Lab ;
- RVB (et # pour hexadécimal) ;
- CMJN.

Pour les trois premiers modes, vous pouvez figer un de leurs trois paramètres en cochant la case d'option correspondante, afin de choisir une autre couleur ayant une caractéristique identique mais les deux autres caractéristiques différentes.

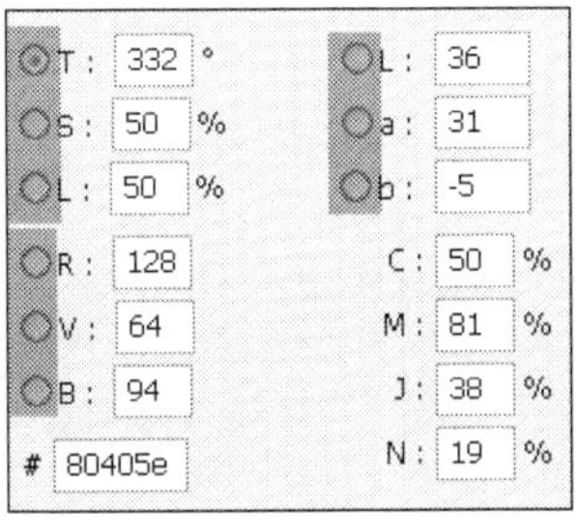

Figure 5.5 : Modes de couleur

Couleurs TSL

Le mode TSL pour "teinte, saturation, luminosité" (en anglais, on dit HSB ou encore HLS pour "Hue, Lightness, Saturation") est le mode de gestion des couleurs le mieux adapté à la perception humaine des couleurs. La teinte correspond au nom de la couleur, la saturation à son intensité ou profondeur, et la luminosité au pourcentage de blanc ajouté à la couleur.

- La teinte (T) est définie en degrés et varie donc de 0 à 359. Elle correspond à la barre verticale du Sélecteur de couleurs.
- La saturation (S) s'exprime en pourcentage et correspond à l'axe des x de la matrice du Sélecteur de couleurs.
- La luminosité (L) s'exprime en pourcentage et correspond à l'axe des y de la matrice du Sélecteur de couleurs.

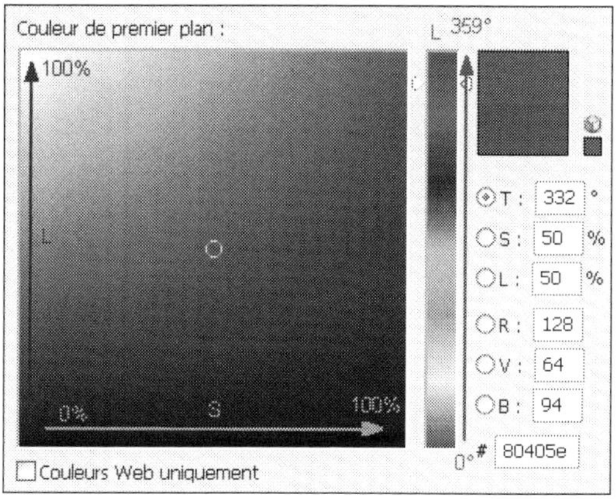

Figure 5.6 : Couleurs TSL

Ce modèle se veut plus intuitif que les modèles RVB et CMJN.

Couleurs Lab

Le modèle de couleur Lab se veut absolu, indépendant du matériel et utilisable comme référence.

- L = luminance qui va de 0 (noir) à 100 % (blanc).
- a = gamme de l'axe rouge (120) – vert (–120).
- b = gamme de l'axe jaune (120) – bleu (–120).

Le mode Lab (indépendant du mode CMJN ou RVB) est adopté par Photoshop comme mode intermédiaire lors des conversions d'un mode colorimétrique à un autre.

Le mode Couleurs Lab permet d'extraire la couche de luminosité monochrome de l'image et d'effectuer quelques réglages (niveaux, contraste, courbes…) sans passer par les calques de réglage, avant conversion.

Couleurs RVB

Chaque pixel d'un moniteur couleur est constitué de trois phosphores : rouge, vert et bleu, dont on peut régler l'intensité d'émission. La couleur du pixel est fonction de l'intensité des phosphores : c'est le système additif RVB. Il existe 256 niveaux différents d'intensité pour chaque phosphore : cela conduit à un codage sur 24 bits et autorise 16 777 216 couleurs différentes.

Les couleurs RVB vont donc de 0 à 255, qui correspondent à 8 bits.

L'encodage RVB en hexadécimal est aussi affiché dans la zone de texte *#*. Chaque numéro de couleur est annoncé en code hexadécimal de 00 (pour le nombre 0), à FF (pour le nombre 255). Le tableau suivant résume ce codage.

Tableau 5.1 : Couleurs et leur codage RVB et hexadécimal

Couleur	RVB	Hexadécimal
Rouge	255-0-0	FF0000
Vert	0-255-0	00FF00
Bleu	0-0-255	0000FF
Blanc	255-255-255	FFFFFF
Noir	0-0-0	000000

Couleurs CMJN

Pour l'impression, on utilise en général le système soustractif CMJ. Des encres – la première est jaune, elle transmet le vert et le rouge, et absorbe le bleu, la deuxième est magenta, elle absorbe le vert, et la troisième est bleu-vert (cyan), elle absorbe le rouge – sont superposées sur un support blanc qui réfléchit les longueurs d'ondes non absorbées par les encres. La superposition des trois encres au maximum de saturation doit donner du noir. Comme dans la pratique on obtient un gris sombre, on ajoute toujours une encre noire pure pour obtenir le système CMJN.

Chaque couleur est affichée en pourcentage. Le noir d'imprimerie parfait se définit ainsi : 0 % cyan, 0 % magenta, 0 % jaune et 100 % noir.

Ajouter au nuancier

Le bouton **Ajouter au nuancier** permet de nommer la couleur et de l'ajouter à la palette *Nuancier* afin de rendre cette couleur plus facilement accessible.

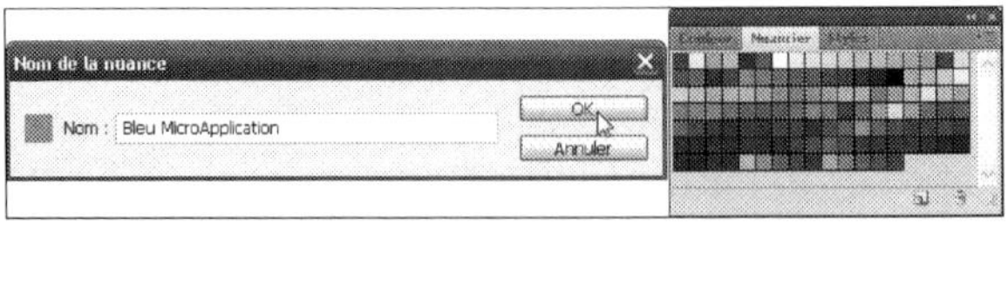

Figure 5.7 : Ajoutez au nuancier

Bibliothèques de couleurs

Le bouton **Bibliothèques de couleurs** permet d'accéder à la boîte de dialogue correspondante. Cette boîte de dialogue donne la possibilité de choisir des couleurs normalisées parmi plusieurs nuanciers officiels, comme les Pantone, HKS, TRUMATCH, etc.

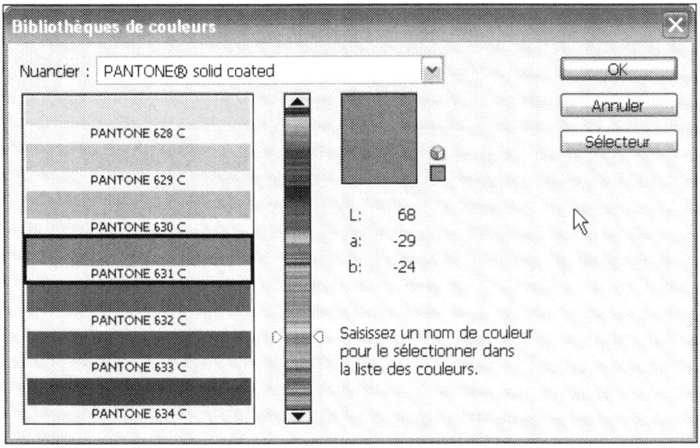

Figure 5.8 : Boîte de dialogue Bibliothèques de couleurs

DEFINITION

Nuancier

Un nuancier est un catalogue de teintes et de couleurs. Souvent d'une forme originale (bande se déroulant en cercle), c'est une sorte de palette minutieusement normalisée, permettant de désigner les couleurs de façon précise selon un code bien défini (au lieu de dire : blanc, blanc cassé, jaune pâle...). Certains nuanciers sont très connus : Pantone, TRUMATCH. Ils servent de références parfaitement identiques pour les couleurs entre l'infographiste et l'imprimeur.

Les teintes Pantone, HKS, TRUMATCH sont des couleurs normalisées et référencées dans un échantillonnage appelé "nuancier" ou "pantonier". Elles sont principalement utilisées en imprimerie car le spectre CMJN ne permet pas d'obtenir toutes les teintes. Aussi, il convient souvent d'adjoindre à l'impression une cinquième, voire une sixième teinte (ou plus) dite "solide".

REMARQUE

Couleurs non imprimables

Parfois, des couleurs du nuancier sont annoncées comme non imprimables par Photoshop. C'est normal puisque Photoshop se fonde pour cela sur

> une impression en CMJN, qui n'est pas à 100 % compatible avec toutes les couleurs des nuanciers.

Pour revenir au Sélecteur de couleurs, cliquez sur le bouton **Sélecteur**.

Les couleurs des nuanciers peuvent aussi être affichées dans la palette *Nuancier*. Pour y accéder, choisissez la marque de nuancier dans la liste proposée par le menu contextuel de la palette.

5.2. Gérer et utiliser les palettes

Vous pouvez aussi choisir les couleurs de premier et d'arrière-plan à l'aide des palettes *Couleur* et *Nuancier*.

Définir une couleur avec la palette Couleur

1 Affichez la palette *Couleur* en la cochant dans le menu **Fenêtre**.

> REMARQUE
>
> **Norme de couleur**
>
> Par défaut, la norme de couleur utilisée par la palette est le RVB. C'est cette norme que vous emploierez dans la plupart des cas. Si vous travaillez sur votre projet en CMJN natif, cliquez sur le menu contextuel de la palette *Couleur* et sélectionnez **CMJN**. Vous pourrez alors choisir votre couleur selon un mélange des quatre couleurs cyan, magenta, jaune et noir, plutôt que rouge, vert et bleu.

2  Dans la palette *Couleur*, cliquez sur la couleur à modifier : *Premier plan* ou *Arrière-plan*.

3 Prélevez en gros une couleur proche de celle que vous désirez dans la palette de couleurs.

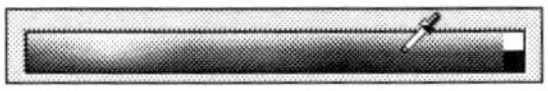

Figure 5.9 : Choix rapide de la couleur

4 Affinez la teinte de la couleur en déplaçant les jauges de rouge (*R*), vert (*V*) et bleu (*B*).

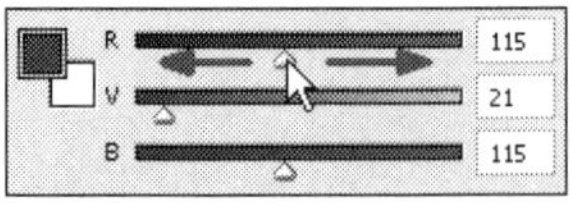

Figure 5.10 : Réglez la couleur

La couleur change dans la palette *Outils*.

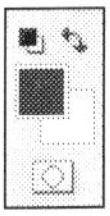
Figure 5.11 : Nouvelle couleur

Définir une couleur avec la palette Nuancier

1 Affichez la palette *Nuancier* en la cochant dans le menu **Fenêtre**.

> REMARQUE
>
> **Intérêt de la palette Nuancier**
>
> La palette *Nuancier* sert principalement aux professionnels qui désirent utiliser dans leur projet des couleurs 100 % compatibles avec certaines normes de couleur, de façon à éviter que lesdites couleurs soient interprétées différemment lors de leur affichage ou de leur impression.

2 Éventuellement, dans le menu contextuel de la palette *Nuancier*, sélectionnez le nuancier de couleurs que vous voulez afficher dans la palette *Nuancier*. Cliquez sur OK dans la boîte de dialogue qui apparaît pour valider votre choix.

3 Cliquez sur la couleur de votre choix pour l'appliquer à la couleur de premier plan (votre curseur a la forme d'une pipette).

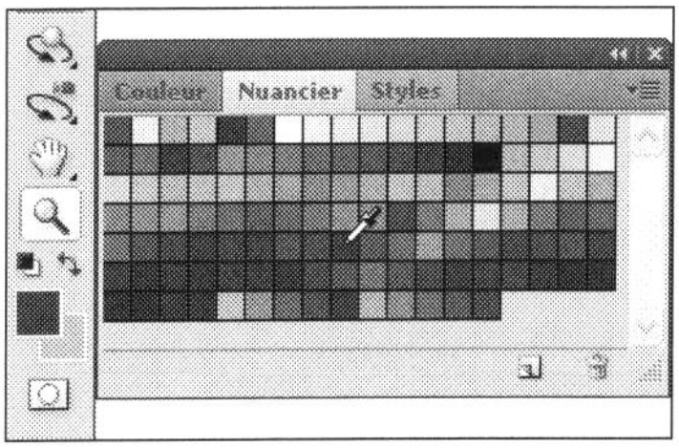

Figure 5.12 : Choisissez la couleur

5.3. Corriger les couleurs d'une photo numérique

Examinons les fonctions des outils de réglage de couleur d'une image numérique. Ils sont accessibles par le menu **Image/Réglages**.

Fonctions des différents réglages

Tableau 5.2 : Premier groupe de réglages

Réglage	Changement de couleur effectué
Luminosité/Contraste	Permet de régler manuellement le niveau de luminosité et de contraste. Contrairement aux commandes **Courbes** et **Niveaux**, qui appliquent des réglages proportionnels aux pixels d'une image en fonction de la définition des points noir ou blanc ou du gamma (réglage non linéaire), la commande **Luminosité/Contraste** applique le même réglage à tous les pixels de l'image (réglage linéaire). Il est déconseillé d'utiliser cette commande pour les sorties haut de gamme, car elle entraîne parfois une perte de détails dans l'image.
Niveaux	Règle la balance des couleurs en définissant la répartition des pixels pour les couches de couleur individuelles.
Courbes	Fournit jusqu'à quatorze points de contrôle pour le réglage des tons clairs, des tons moyens et des tons foncés des couches individuelles.
Exposition	C'est une des nouveautés de Photoshop. La boîte de dialogue **Exposition** est conçue en priorité pour le réglage des tons des images HDR, mais elle peut aussi être utilisée avec les images 8 bits et 16 bits.

Tableau 5.3 : Deuxième groupe de réglages

Réglage	Changement de couleur effectué
Vibrance...	Permet de modifier la saturation de toutes les couleurs faiblement saturées. C'est une nouveauté CS4.
Teinte/Saturation	Règle la teinte, la saturation et la luminosité de l'ensemble de l'image ou des composantes de couleur isolées.
Balance des couleurs	Change le mélange des couleurs dans une image.
Noir et blanc	Passe l'image en mode Noir et blanc (dégradé de gris). C'est une version améliorée et grandement paramétrable de la fonction **Désaturation**.
Filtre photo	Procède à des réglages chromatiques en simulant les effets d'une prise de vue avec un filtre Kodak Wratten placé devant l'objectif de l'appareil photo.
Mélangeur de couches	Modifie une couche de couleur et procède à des réglages de couleur difficilement réalisables avec les autres outils de réglage.

Tableau 5.4 : Troisième groupe de réglages

Réglage	Changement de couleur effectué
Négatif	Inverse les couleurs comme les négatifs d'une pellicule photo.
Isohélie	Permet de spécifier le nombre de niveaux de tons (ou valeurs de luminosité) pour chaque couche d'une image, puis met les pixels en correspondance avec le niveau le plus proche.

Tableau 5.4 : Troisième groupe de réglages

Réglage	Changement de couleur effectué
Seuil	Convertit les images en couleur ou en niveaux de gris en images noir et blanc fortement contrastées.
Courbes de transfert de dégradé	Permet de transformer les couleurs du calque sélectionné en fonction d'un dégradé à choisir ou à définir.
Correction sélective	Règle la proportion de couleurs primaires dans les composantes de couleur individuelles.

Tableau 5.5 : Quatrième groupe de réglages

Réglage	Changement de couleur effectué
Tons foncés/Tons clairs	La définition des tons clairs et des tons foncés permet en général de redistribuer correctement les pixels de tons moyens.
Variantes	La boîte de dialogue **Variantes** permet de définir des variantes de couleur d'une image de façon visuelle. Des vignettes de prévisualisation du résultat permettent de choisir le changement de teinte à vue. Cette commande est particulièrement utile pour les images à prédominance de tons moyens, qui ne requièrent pas de réglages de couleur précis.

Tableau 5.6 : Cinquième groupe de réglages

Réglage	Changement de couleur effectué
Désaturation	Enlève automatiquement toutes les couleurs afin de donner une image en niveaux de gris.
Correspondance de la couleur	Fait correspondre les couleurs d'une image à celles d'une autre image, d'un calque à celles d'un autre calque, et d'une sélection dans une image à celles d'une autre sélection dans la même image ou dans une autre image.
Remplacement de couleur	Remplace les couleurs spécifiées dans une image par d'autres valeurs chromatiques.
Égaliser	Permet de redistribuer les valeurs de luminosité des pixels d'une image afin qu'ils représentent plus régulièrement la plage entière des niveaux de luminosité. Utilisez, par exemple, la commande **Égaliser** lorsqu'une image numérisée affichée est plus sombre que celle d'origine et que vous voulez équilibrer les valeurs afin de générer une image plus claire. L'utilisation conjointe de la commande **Égaliser** et de la palette *Histogramme* permet de comparer la luminosité avant et après égalisation.

5.4. Mode de fusion des couleurs

La palette *Calques* et plusieurs outils possèdent le paramètre *Mode*, qui se présente sous la forme d'une liste déroulante. En fait, on retrouve cette liste déroulante un peu partout où l'on doit gérer un mélange de couleurs avec le calque cible, les calques inférieurs ou encore l'arrière-plan.

Figure 5.13 : Listes déroulantes Mode

Le mode de fusion défini dans la palette d'options détermine l'incidence d'un outil de dessin ou de retouche sur les pixels de l'image. Lorsque vous examinez les effets d'un mode de fusion, il faut penser en termes de couleur :

- La couleur de base est la couleur d'origine de l'image.
- La couleur de fusion est la couleur appliquée à l'aide de l'outil de peinture ou de retouche.
- La couleur finale est la couleur résultant de la fusion.

Pour chacun des modes, vous allez employer une mire, qui sera utilisée en calque supérieur sur lequel vous appliquerez chaque mode.

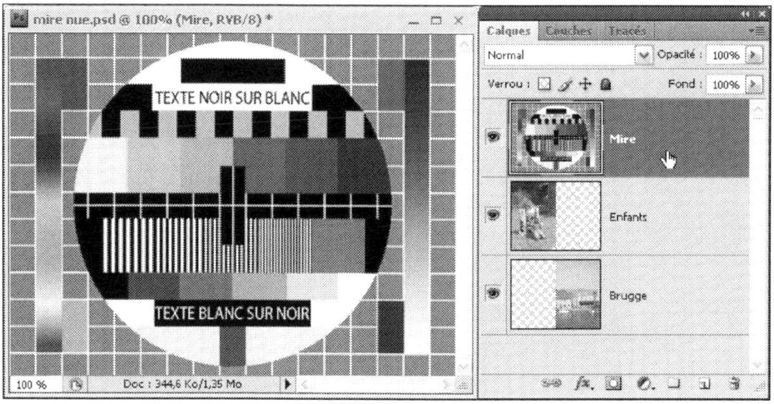

Figure 5.14 : Mire pour un test des différents modes

Cette mire sera appliquée sur une image composée de deux photos numériques.

Les modes sont classés en six groupes :

Groupe 1

Ce groupe rassemble les modes qui ne gèrent pas le mélange des couleurs de l'outil avec les couleurs du calque en cours ou celles du calque en cours avec les calques inférieurs.

Normal

Le mode de fusion Normal est le mode par défaut de tout outil ou calque. Il n'y a pas de fusion des couleurs. La mire est donc normale et vous ne distinguez pas les calques inférieurs.

REMARQUE

Mode Normal et mode Seuil

Le mode Normal est appelé Seuil lorsque vous travaillez sur une image en mode Bitmap ou Couleurs indexées.

Fondu

Le mode de fusion Fondu permet de faire apparaître le calque selon un masque composé d'amas de pixels. Il se gère principalement en même temps que l'opacité. Si vous avez une opacité à 100 %, vous ne verrez pas de résultats intéressants.

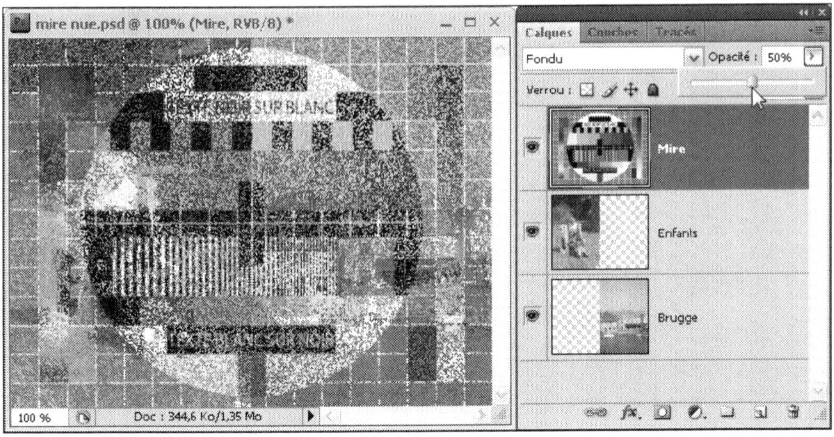

Figure 5.15 : Mode Fondu avec 50 % d'opacité

Ce mode n'est pas très intéressant pour une utilisation avec les calques employant toute la surface de l'image, mais plutôt avec des dessins au pinceau. Il permet de pixelliser les contours des formes dont la pointe est douce.

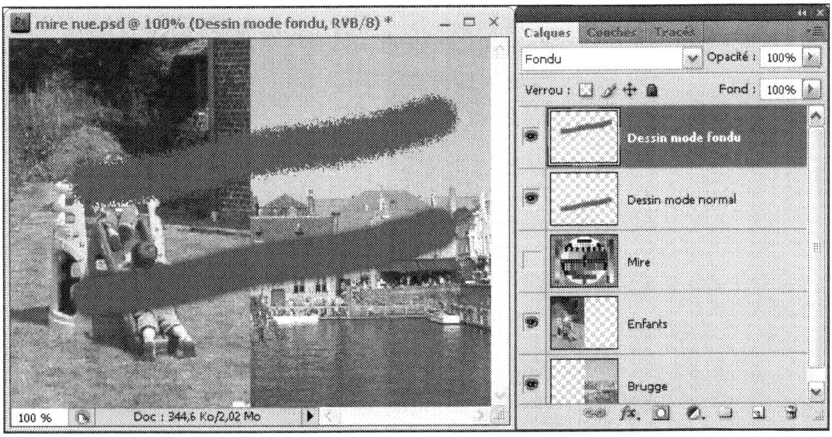

Figure 5.16 : Coup de pinceau en mode Fondu

Arrière

Le mode de fusion *Arrière* s'applique aux outils de dessin. Il ne modifie que les zones transparentes d'un calque. Il permet de donner l'impression de peindre en arrière-plan et dans le même calque qui a déjà été peint, ou plutôt de ne pas colorier les pixels déjà peints avec le même outil.

Transparent

Le mode de fusion Transparent s'applique lui aussi aux outils de dessin. Il permet de peindre en considérant la transparence comme une couleur à part entière. De cette manière, lorsque vous dessinez sur les pixels d'un calque, vous peignez au-dessus avec la couleur transparente. Le résultat est donc plus un effacement, un gommage qu'un coloriage.

> REMARQUE
>
> **Transparence verrouillée**
>
> Les modes de fusion Arrière et Transparent ne fonctionnent pas sur les calques dont la transparence est verrouillée.

Groupe 2

D'une manière générale, dans ces modes, tout ce qui est clair devient transparent, et tout ce qui est sombre le reste. Le mode Produit est le plus utilisé si vous voulez par exemple intégrer dans un photomontage un objet foncé dont l'arrière-plan est blanc.

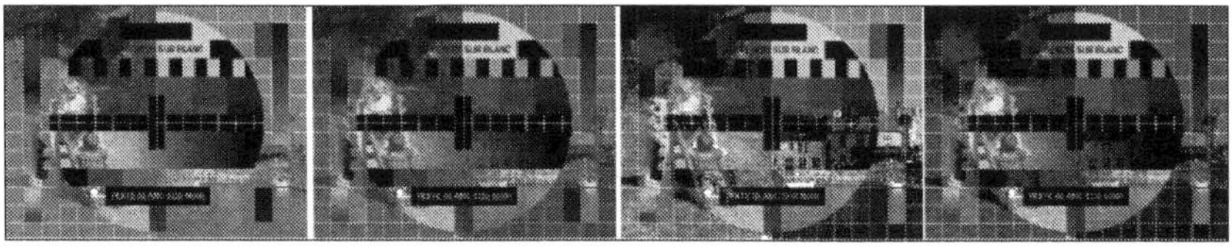

Figure 5.17 : Modes de fusion du groupe 2

Obscurcir

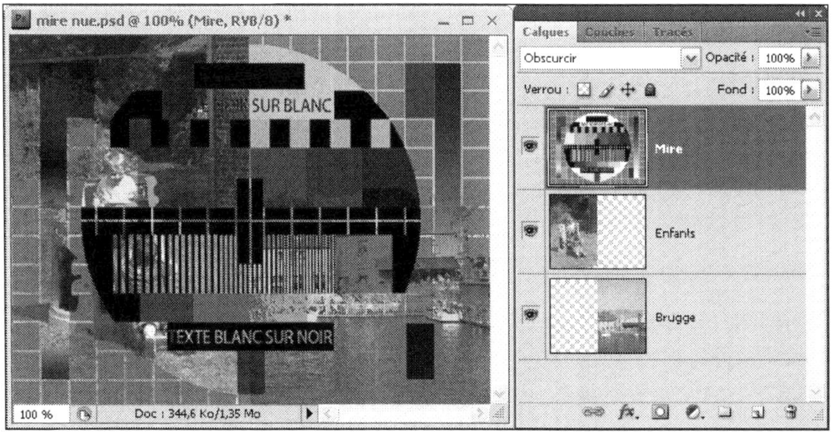

Figure 5.18 : Mode de fusion Obscurcir

Le mode de fusion Obscurcir analyse les informations chromatiques de chaque pixel et sélectionne la couleur la plus foncée comme couleur finale. Les pixels plus clairs que la couleur de fusion sont remplacés, et les pixels plus foncés ne changent pas.

Produit

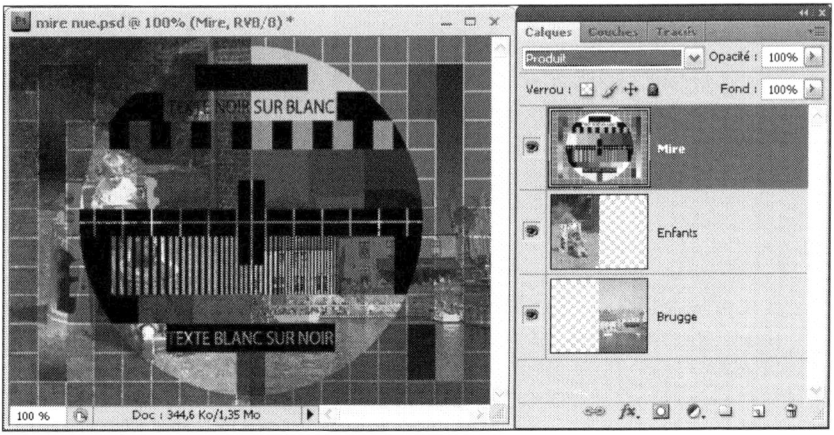

Figure 5.19 : Mode de fusion Produit

Le mode de fusion Produit analyse les informations chromatiques de chaque pixel et multiplie la couleur de base par la couleur de fusion. Le produit d'une couleur avec du noir rend du noir. La couleur obtenue est donc toujours plus foncée. Le produit d'une couleur avec le blanc ne change pas cette couleur. Lorsque vous peignez avec une couleur autre que le noir ou le blanc, des traits superposés dessinés à l'aide d'un outil de dessin produisent des couleurs progressivement plus foncées.

Densité couleur +

Le mode de fusion Densité couleur + analyse les informations chromatiques de chaque pixel et obscurcit la couleur de base pour refléter la couleur de fusion par augmentation du contraste. La fusion avec du blanc ne produit aucun effet.

Densité linéaire +

Le mode de fusion Densité linéaire + analyse les informations chromatiques de chaque pixel et obscurcit la couleur de base pour refléter la couleur de fusion par réduction de la luminosité. La fusion avec du blanc ne produit aucun effet.

Couleur plus foncée

Le mode de fusion Couleur plus foncée est une nouveauté de Photoshop. C'est une variante du mode Obscurcir, à la différence qu'il ne génère pas une troisième couleur mais choisit les valeurs de couche les plus faibles entre la couleur de base et la couleur de fusion afin de créer la couleur finale.

Groupe 3

D'une manière générale, dans ces modes, tout ce qui est foncé devient transparent, et tout ce qui est clair le reste. Le mode Superposition est le plus utilisé si vous voulez par exemple intégrer dans un photomontage un objet clair dont l'arrière-plan est noir.

Figure 5.20 : Modes de fusion du groupe 3

Éclaircir

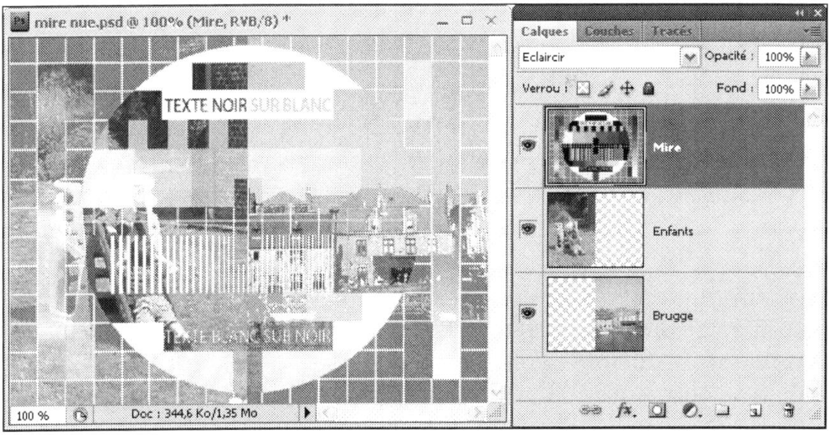

Figure 5.21 : Mode de fusion Éclaircir

Le mode de fusion Éclaircir analyse les informations chromatiques de chaque pixel et sélectionne la couleur de base ou de fusion (la plus claire) comme couleur finale. Les pixels plus foncés que la couleur de fusion sont remplacés, et les pixels plus clairs demeurent intacts.

Superposition

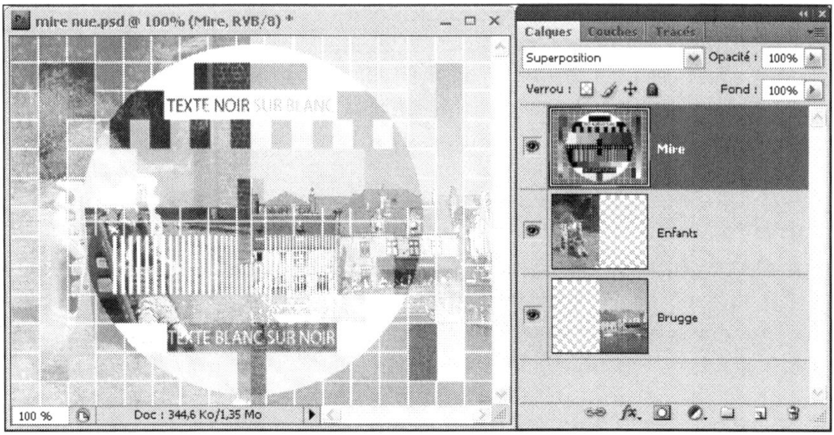

Figure 5.22 : Mode de fusion Superposition

Le mode de fusion Superposition analyse les informations chromatiques de chaque pixel et multiplie l'inverse des couleurs de fusion et de base. La couleur obtenue est toujours plus claire. Une superposition avec le noir n'a aucune incidence sur la couleur. Une superposition avec le blanc produit du blanc. Cet effet équivaut à projeter plusieurs diapositives photo les unes sur les autres.

Densité couleur –

Le mode de fusion Densité couleur – analyse les informations chromatiques de chaque pixel et éclaircit la couleur de base pour refléter la couleur de fusion par réduction du contraste. La fusion avec du noir ne produit aucun effet.

Densité linéaire –

Le mode de fusion Densité linéaire – analyse les informations chromatiques de chaque pixel et éclaircit la couleur de base pour refléter la couleur de fusion par augmentation de la luminosité. La fusion avec du noir ne produit aucun effet.

Couleur plus claire

Le mode de fusion Couleur plus claire est une nouveauté de Photoshop. C'est une variante du mode Éclaircir. La différence est qu'il ne génère pas une troisième couleur, mais choisit les valeurs de couche les plus élevées entre la couleur de base et la couleur de fusion afin de créer la couleur finale.

Groupe 4

Ce groupe rassemble les modes de fusion qui permettent de garder les tons extrêmes et de faire disparaître les tons moyens. Ce sont en quelque sorte des fusions à mi-chemin entre les deux groupes de fusion précédents.

Le mode de fusion Incrustation est le plus utilisé dans ce groupe et peut, dans certains cas, remplacer avantageusement le mode de fusion Superposition.

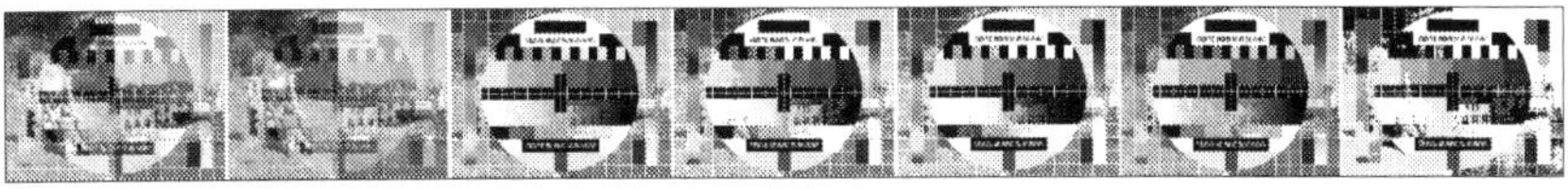

Figure 5.23 : Modes de fusion du groupe 4

Incrustation

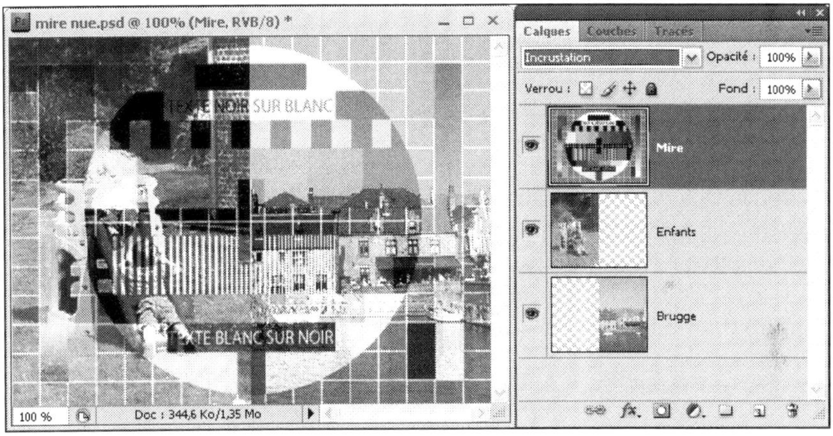

Figure 5.24 : Mode de fusion Incrustation

Le mode de fusion Incrustation multiplie ou superpose les couleurs, selon la couleur de départ. Les motifs ou les couleurs recouvrent les pixels existants, tout en préservant les tons clairs et les tons foncés de la couleur de base. La couleur de départ n'est pas remplacée, mais mélangée à la couleur de fusion pour reproduire les tons clairs ou foncés de la couleur d'origine.

Lumière tamisée

Le mode de fusion Lumière tamisée assombrit ou éclaircit les couleurs, selon la couleur de fusion. Cet effet équivaut à projeter une lumière de projecteur diffuse sur l'image.

Si la couleur de fusion (couleur de la lumière) contient moins de 50 % de gris, l'image est éclaircie comme si elle était moins dense. Si la couleur de fusion contient plus de 50 % de gris, l'image est obscurcie comme si elle était plus dense. Lorsque vous peignez avec un noir ou un blanc pur, vous obtenez une zone nettement plus foncée ou plus claire, mais vous n'obtenez ni un noir ni un blanc pur.

Lumière crue

Le mode de fusion Lumière crue multiplie ou superpose les couleurs, selon la couleur de fusion. Cet effet équivaut à projeter une lumière de projecteur crue sur une image.

Si la couleur de fusion (couleur de la lumière) contient moins de 50 % de gris, l'image est éclaircie comme si elle était superposée. Cet effet est utile pour ajouter des tons clairs à une image. Si la couleur de fusion contient plus de 50 % de gris, l'image est obscurcie comme si elle était multipliée. Cet effet permet d'ajouter des tons foncés à une image. Lorsque vous peignez avec un noir ou un blanc pur, vous obtenez un noir ou un blanc pur. Un gris à 50 % est transparent.

Lumière vive

Le mode de fusion Lumière vive augmente ou diminue la densité des couleurs par augmentation ou réduction du contraste, selon la couleur de fusion. Si la couleur de fusion (source lumineuse) contient moins de 50 % de gris, l'image est éclaircie par diminution du contraste. Si la couleur de fusion contient plus de 50 % de gris, l'image est obscurcie par augmentation du contraste.

Lumière linéaire

Le mode de fusion Lumière linéaire augmente ou diminue la densité des couleurs par augmentation ou réduction de la luminosité, selon la couleur de fusion. Si la couleur de fusion (source lumineuse) contient moins de 50 % de gris, l'image est éclaircie par augmentation de la luminosité. Si la couleur de fusion contient plus de 50 % de gris, l'image est obscurcie par diminution de la luminosité.

Lumière ponctuelle

Le mode de fusion Lumière ponctuelle remplace les couleurs selon la couleur de fusion. Si la couleur de fusion (source lumineuse) contient moins de 50 % de gris, les pixels plus sombres que la couleur de fusion sont remplacés, tandis que les pixels plus clairs restent intacts. Si la couleur de fusion contient plus de 50 % de gris, les pixels plus clairs que la couleur de fusion sont remplacés, tandis que les pixels plus sombres restent intacts. Cet effet permet d'ajouter des effets spéciaux à une image.

Mélange maximal

Le mode de fusion Mélange maximal permet de saturer les couleurs de fusion avec celles de base. Le résultat obtenu est donc une image aux couleurs et aux noirs hypersaturés, ainsi qu'aux blancs cramés. Le nombre de couleurs est de ce fait réduit.

Groupe 5

Les modes de fusion de ce groupe permettent de faire ressortir les différences entre les pixels du calque sélectionné et les pixels des calques inférieurs.

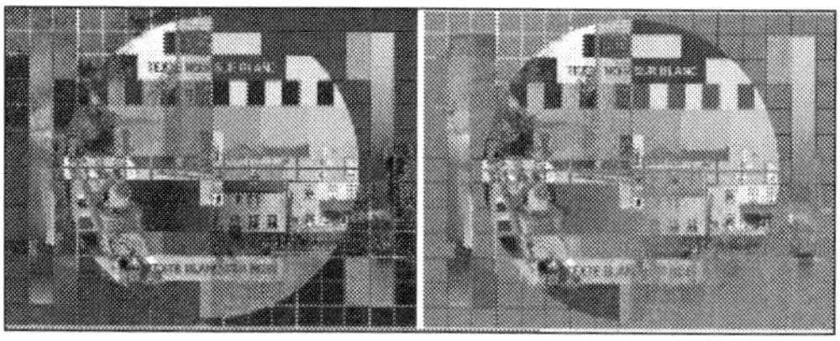

Figure 5.25 : Modes de fusion du groupe 5

Différence

Le mode de fusion Différence analyse les informations chromatiques de chaque pixel et soustrait la couleur de base de la couleur de fusion, ou inversement, en fonction de la couleur la plus lumineuse. La fusion avec du blanc inverse les valeurs de couleur de base ; la fusion avec du noir ne produit aucun effet.

Cette fusion peut être pratique pour mettre en évidence les différences entre deux images de même cadrage. Vous pouvez ainsi isoler cette différence ou encore détecter les retouches entre un original et un faux.

Exclusion

Le mode de fusion Exclusion produit un effet semblable au mode Différence avec un moindre contraste. La fusion avec du blanc inverse les valeurs de la couleur de base. La fusion avec du noir ne produit aucun effet.

Groupe 6

Les modes de fusion de ce groupe permettent de mettre en évidence les pixels de base ou de fusion selon les couleurs. Tout ce qui n'est pas en couleur sera ignoré ou passé en niveaux de gris.

Figure 5.26 : Modes de fusion du groupe 6

Teinte

Le mode de fusion Teinte crée une couleur finale ayant la luminance et la saturation de la couleur de base et la teinte de la couleur de fusion. Tous les pixels de fusion qui seront en niveaux de noir au blanc seront transparents et passeront en noir et blanc les couleurs des pixels correspondants de la base.

Saturation

Le mode de fusion Saturation crée une couleur finale ayant la luminance et la teinte de la couleur de base et la saturation de la couleur de fusion. Ce mode ne produit aucun effet sur une zone non saturée (avec une valeur de gris égale à 0).

Couleur

Le mode de fusion Couleur est très proche du mode de fusion Teinte. Il crée une couleur finale ayant la luminance de la couleur de base et la teinte et la saturation de la couleur de fusion. Ce mode préserve les niveaux de gris de l'image et est pratique si vous voulez colorer des images monochromes ou teinter des images en couleur.

Luminosité

Le mode de fusion Luminosité crée une couleur finale ayant la teinte et la saturation de la couleur de base et la luminance de la couleur de fusion. Ce mode produit l'effet inverse du mode de fusion Couleur.

5.5. Réglage des couleurs

L'aspect des couleurs d'une image peut varier d'un moniteur à l'autre. Il peut également varier considérablement lorsque l'image est imprimée sur une imprimante de bureau ou insérée dans une publication. Si vous devez obtenir des couleurs homogènes quel que soit le périphérique de sortie utilisé, la gestion des couleurs joue un rôle essentiel dans votre flux de production.

Chaque périphérique possède son propre espace colorimétrique.

Il n'est pas possible de reproduire à l'identique toutes les couleurs affichées sur un moniteur avec une imprimante de bureau. Une imprimante utilise un espace colorimétrique CMJN, tandis qu'un moniteur utilise un espace colorimétrique RVB. Leurs gammes de couleurs sont différentes. Les encres produisent certaines couleurs qu'un moniteur ne peut pas reproduire, et inversement, les moniteurs affichent des couleurs que les encres d'imprimante ne peuvent pas reproduire sur le papier.

Voici comment intégrer la gestion des couleurs dans votre flux de production.

Étalonner un moniteur

Utilisez une méthode d'étalonnage visuel, telle qu'Adobe Gamma (Windows). Pour un étalonnage encore plus précis, vous pouvez employer un instrument et un logiciel tiers.

Définir les paramètres de couleur lors du premier lancement de Photoshop

Les paramètres de couleur définis dans la boîte de dialogue **Couleurs** de Photoshop permettent de contrôler le fonctionnement du système de gestion des couleurs dans le cas d'images RVB, CMJN et en niveaux de gris.

Lors du premier lancement de Photoshop, un message d'avertissement s'affiche pour vous indiquer que les paramètres de couleur seront configurés avec les réglages par défaut (Graphiques Web par défaut) et vous proposer de personnaliser ceux-ci.

La boîte de dialogue **Couleurs** n'est pas seulement accessible lors du premier lancement de Photoshop. Vous pouvez l'ouvrir à tout moment en choisissant **Edition/Couleurs** ([Ctrl]+[Maj]+[K]).

5.6. Corriger une image

Pour corriger la teinte et la luminosité ambiante d'une image, vous avez plusieurs solutions, toutes disponibles dans le menu **Image/Réglages.** Dans ce qui suit, vous allez corriger une image saturée de jaune et corriger la luminosité d'une image.

Dans un premier temps, il est judicieux d'essayer les réglages automatiques de Photoshop. Ils peuvent faire des miracles en un seul clic. Ces réglages automatiques sont ceux qui ne sont pas suivis de ... dans le menu **Image/Réglages** (voir fig. 5.27).

Pour la correction des couleurs, utilisez **Couleur automatique.** Photoshop homogénéise les couleurs de l'image. Pour l'exposition, essayez **Contraste automatique.** Dans les deux cas, **Niveaux** en mode Auto et **Égaliser** peuvent être utiles.

Si le résultat n'est pas convaincant, essayez les réglages manuels comme **Niveaux**, **Balance des couleurs**, **Luminosité/Contraste**, etc.

Selon les cas, vous avez plus ou moins de choix dans le réglage à utiliser. Certains réglages sont plus accessibles que d'autres, préférez toujours celui qui vous paraît le plus intuitif.

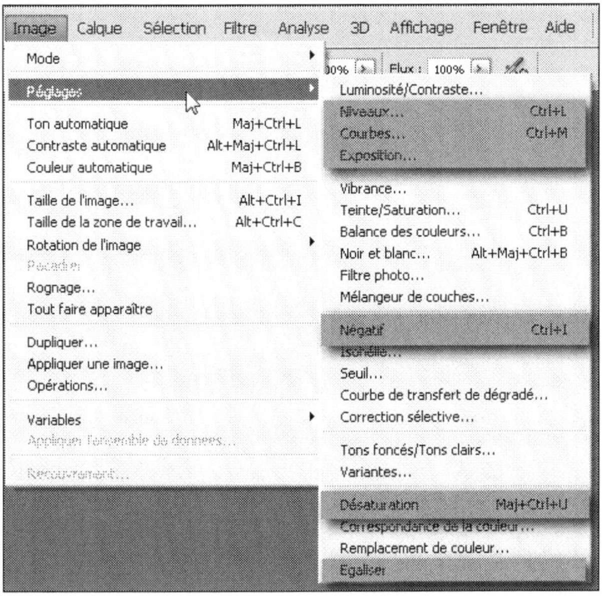

Figure 5.27 : Réglages automatiques

Corriger la teinte d'une image

Vous allez diminuer la dominante de jaune d'une photo qui risque de mal passer sur une imprimante à jet d'encre.

1 Ouvrez l'image à corriger.

Figure 5.28 : Image originale trop jaune

2 Dans le menu **Image/Réglages**, cliquez sur **Balance des couleurs**.

3 Dans la boîte de dialogue **Balance des couleurs**, déplacez le curseur de la ligne *Jaune – bleu* vers le bleu (droite).

Vous voyez en temps réel la correction s'effectuer sur l'image. Déplacez éventuellement les autres curseurs de balance des couleurs afin de tester d'autres réglages.

4 Affinez vos réglages de curseur en changeant la plage de réglage des couleurs. Pour cela, cliquez sur les cases d'option *Tons foncés* et *Tons clairs* et répétez les réglages des curseurs de couleur afin de corriger respectivement la teinte des zones foncées et des zones claires.

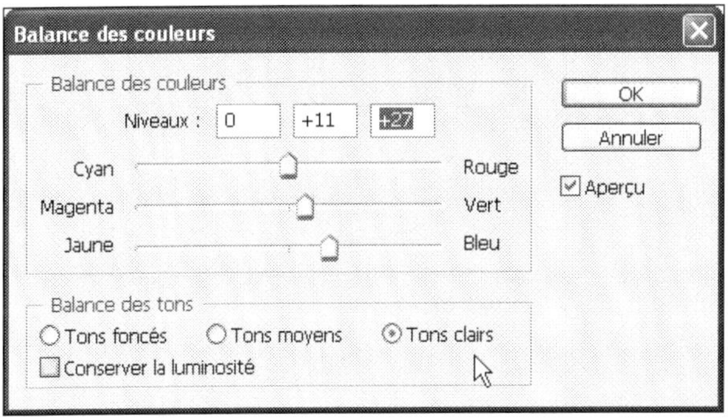

Figure 5.29 : Correction des tons clairs

Voici le résultat obtenu après quelques réglages :

Figure 5.30 : Photo corrigée

> **Votre sensibilité**
> Les réglages manuels dépendent de votre sensibilité aux couleurs et à l'exposition d'une photo. Il est inutile de passer par les réglages d'image si vous ne savez pas quoi régler ou ne savez pas ce que vous voulez corriger.

Si vous n'arrivez pas à corriger les teintes de la photo, utilisez plutôt la fonction de réglage d'image **Variantes**, toujours accessible par le menu **Image/Réglages**. Elle permet de déterminer le changement de teinte de façon plus interactive et conviviale.

Corriger la luminosité d'une image

Pour la correction de l'exposition d'une photo, vous allez voir le cas de la sous-exposition corrigée automatiquement et le cas de la surexposition corrigée manuellement.

Image légèrement sous-exposée (trop sombre)

1 Ouvrez l'image à corriger.

Figure 5.31 : Photo originale sous-exposée

2 Dans le menu **Image/Réglages**, cliquez sur **Niveaux**.

Cliquez sur le bouton **Auto**. L'image est automatiquement corrigée.

Figure 5.32 : Photo corrigée automatiquement

REMARQUE

Grain

Vous verrez certainement apparaître beaucoup de grain lors de la correction d'une image fortement sous-exposée. Cela est dû à l'appareil photo numérique. Vous pouvez toujours appliquer un filtre de flou pour atténuer le bruit.

Image surexposée (trop claire)

1 Ouvrez l'image à corriger.

Figure 5.33 : Photo originale surexposée

2 Dans le menu **Image/Réglages**, cliquez sur **Luminosité/Contraste**.

3 Dans la boîte de dialogue **Luminosité/Contraste**, diminuez légèrement la *Luminosité* et augmentez le *Contraste*.

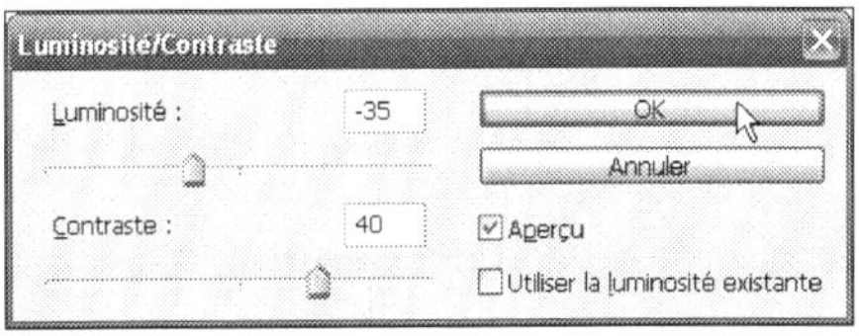

Figure 5.34 : Boîte de dialogue Luminosité/Contraste

4 Lorsque le résultat vous paraît correct, cliquez sur OK.

Figure 5.35 : Image corrigée

Régler la luminosité et le contraste

1 Dans le menu **Image/Réglages**, cliquez sur **Luminosité/Contraste**.

2 Déplacez la jauge *Luminosité* afin d'augmenter ou de diminuer la luminosité de l'image.

Vous voyez le résultat de vos réglages en direct sur l'image.

3 Déplacez la jauge *Contraste* afin d'augmenter ou de diminuer l'intensité des couleurs de l'image.

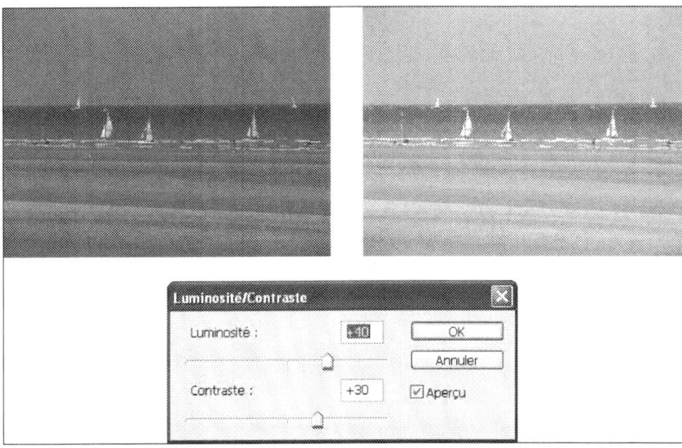

Figure 5.36 : Réglez le contraste

4 Cliquez sur OK pour valider vos modifications.

REMARQUE

Réglages localisés

Il est possible de localiser l'effet uniquement sur une sélection et sur un calque bien précis d'un photomontage. Pour cela, reportez-vous aux chapitres correspondants.

DESSINER

Zoomer en avant et en arrière 165
Outils de dessin 170
Outils de retouche et de déformation 181
Outils de mesure 197
Outils de remplissage 203
Fonctions de remplissage et de contour 213
Créer des formes de pinceau 214

La principale palette de Photoshop est bien sûr la palette *Outils*. Elle donne accès notamment à tous les outils de dessin de Photoshop. Ceux-ci sont regroupés en une huitaine d'icônes qui cachent en fait un total de vingt-deux outils. Ces fonctions permettent notamment de dessiner sur la surface de travail et de retoucher l'image. Vous allez, dans ce chapitre, utiliser ces outils après avoir appris à maîtriser la navigation dans une image à l'aide des outils **Main** et **Zoom**.

6.1. Zoomer en avant et en arrière

Les outils **Zoom** (avant et arrière) et l'outil **Main** comptent parmi les fonctions les plus utilisées de Photoshop. Il est donc primordial de bien les maîtriser afin de gagner un temps précieux en production, mais surtout en confort d'utilisation. Nous allons dans un premier temps décrire les options de ces deux outils avant d'expliquer les différentes manières de faire des zooms avant, arrière et des déplacements dans l'image.

Outil Zoom

L'outil **Zoom** vous permet de cadrer comme vous le désirez une zone de l'image. Vous pouvez ainsi travailler sur une partie agrandie de la surface de travail à l'intérieur de la fenêtre du fichier.

Palette d'options de l'outil Zoom

Figure 6.1 : Palette d'options de l'outil Zoom

Pour afficher la palette d'options de l'outil **Zoom**, activez tout d'abord l'outil **Zoom** dans la palette *Outils*.

Sélecteur d'outils prédéfinis

Le Sélecteur d'outils prédéfinis donne accès rapidement à une liste d'outils prédéfinis. Il n'est pas propre à l'outil **Zoom**. C'est en fait une fonction qui est disponible pour tous les outils de la palette *Outils*, même si l'icône qui la représente prend toujours l'apparence de l'outil en cours d'activation.

Ces outils prédéfinis ne correspondent pas seulement à l'outil actif. Il est possible en effet de lister les outils prédéfinis correspondant aux outils non activés si vous décochez la case *Outil sélectionné uniquement*.

Créer un outil prédéfini

Vous pouvez en créer vous-même à l'aide du bouton **Créer un outil prédéfini**. Pour cela, suivez ces étapes :

1 Faites les réglages que vous voulez mettre en mémoire dans les différents paramètres de la palette d'options de l'outil activé dans la palette *Outils*.

2  Cliquez sur le bouton **Créer un outil prédéfini.**

3 Nommez le nouvel outil prédéfini dans la zone de texte *Nom* de la boîte de dialogue **Nom de l'outil prédéfini**, puis cliquez sur le bouton OK.

Le nouvel outil apparaît dans la liste des outils prédéfinis.

Utiliser un outil prédéfini

L'utilisation d'un outil prédéfini est très simple :

1 Ouvrez le Sélecteur d'outils prédéfinis depuis la palette *Options* de l'outil en cours d'activation.

2 Décochez la case *Outil sélectionné uniquement* si vous voulez afficher la liste de tous les outils prédéfinis, et pas uniquement ceux de l'outil en cours d'activation. Sinon passez à l'étape suivante.

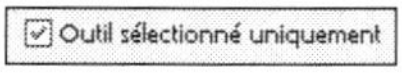

Figure 6.2 : Case Outil sélectionné uniquement

3 Sélectionnez l'outil de votre choix dans la liste des outils prédéfinis. L'outil actif de la palette *Outils* et la palette d'options changent en faveur de ceux correspondant à l'outil prédéfini si celui-ci est différent de celui précédemment en cours d'activation.

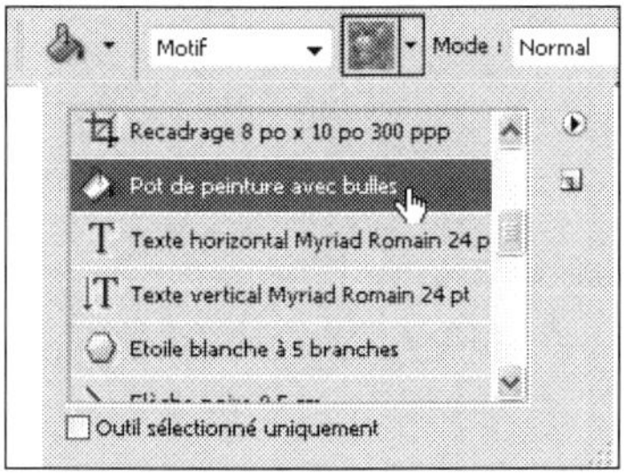

Figure 6.3 : Liste des outils prédéfinis

4 Retournez sur la surface de travail et utilisez l'outil prédéfini comme il se doit.

Effacer un outil prédéfini

1 Ouvrez le Sélecteur d'outils prédéfinis depuis la palette *Options* de l'outil en cours d'activation.

2 Sélectionnez l'outil que vous voulez supprimer dans la liste des outils prédéfinis.

3 Cliquez sur l'icône de menu contextuel du Sélecteur d'outils prédéfinis et choisissez la commande **Supprimer l'outil prédéfini**.

Remarquez que vous avez accès à d'autres commandes applicables à l'outil prédéfini en cours de sélection ou à la liste des outils prédéfinis.

Boutons Zoom avant et Zoom arrière

Les boutons **Zoom avant** et **Zoom arrière** vous permettent de choisir le mode de zoom qui sera effectué quand vous cliquerez sur votre surface de travail : soit un zoom avant, soit un zoom arrière.

Case Redimensionner fenêtres

Décochée par défaut.

Si vous cochez la case *Redimensionner fenêtres*, la fenêtre de la surface de travail sera redimensionnée automatiquement afin de correspondre à la surface de l'image. De cette manière, vous n'avez pas de zone grise affichée dans la fenêtre autour de l'image.

Case Ignorer palettes

Décochée par défaut.

La case *Ignorer palettes* n'est activable que si la case *Redimensionner fenêtres* est activée. Si vous la cochez, le redimensionnement automatique de la fenêtre ne tient pas compte des palettes en cours d'ouverture.

Case Zoom fenêtre

Décochée par défaut.

Lorsque vous cochez la case *Zoom fenêtre*, si vous faites un zoom sur une fenêtre d'un fichier, il s'applique aussi aux autres fenêtres ouvertes.

Boutons Pixels, Adapter à l'écran et Impression

Les boutons **Pixels, Adapter à l'écran** et **Impression** permettent de faire un zoom rapide selon trois optimisations d'affichage, qui sont respectivement un zoom à 100 % (pixels taille réelle), le zoom maximal possible sur votre écran, un zoom selon la résolution d'impression de l'image.

Appliquer le zoom sur une partie de l'image

1 Dans la palette *Outils*, cliquez sur l'icône *Zoom* représentée par une loupe (Z).

2 Vous voyez la palette *Options* avec le zoom avant activé (+). Si c'est le zoom arrière qui est activé (–), cliquez sur le bouton **Zoom +** pour le rendre actif.

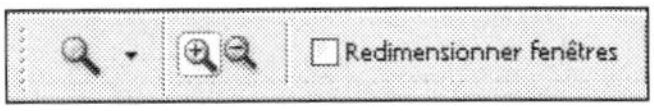

Figure 6.4 : Mode + ou – de l'outil Zoom

3 Pour agrandir une partie de l'image dans la fenêtre d'affichage du projet, dessinez à l'aide de l'outil **Zoom** un rectangle encadrant cette partie.

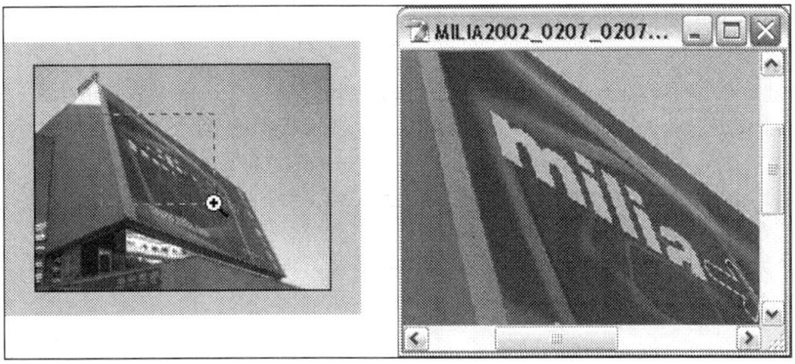

Figure 6.5 : Sélectionnez pour zoomer sur le cadre

4 Pour appliquer un zoom arrière , cliquez sur l'icône *Zoom* dans la palette *Outils*,

5 Activez le mode Zoom arrière dans la palette *Options*.

6 Cliquez dans la fenêtre du projet au niveau de la partie sur laquelle vous souhaitez faire un zoom arrière. Le centre sera le point sur lequel vous avez cliqué.

Figure 6.6 : Faites un zoom arrière par simple clic

7 Répétez cette dernière opération autant de fois que nécessaire pour zoomer plus en arrière.

Outil Main

L'outil **Main** vous permet de vous déplacer sur la surface de travail du fichier ouvert. Il n'est opérationnel que lorsque votre surface de travail est plus grande que la fenêtre qui l'encadre. Cela arrive essentiellement lorsque vous zoomez sur l'image.

Palette d'options de l'outil Main

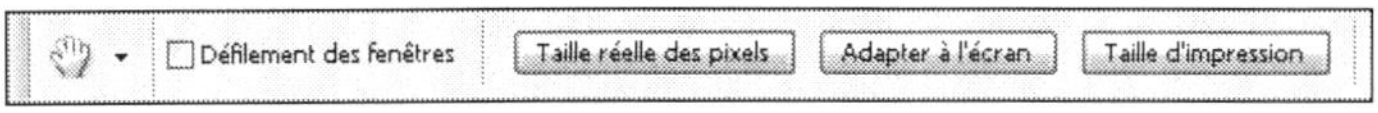

Figure 6.7 : Palette d'options de l'outil Main

Sélecteur d'outils prédéfinis

Le Sélecteur d'outils prédéfinis donne accès rapidement à une liste d'outils prédéfinis propres ou non à l'outil en cours de sélection.

RENVOI

Pour voir son utilisation, reportez-vous à la section *Outil Zoom* de ce chapitre.

Case Défilement des fenêtres

Décochée par défaut.

La case *Défilement des fenêtres* permet, si vous l'activez, d'appliquer le même défilement à toutes les fenêtres de fichier ouvertes.

Boutons Pixels, Adapter à l'écran et Impression

Les trois boutons **Pixels, Adapter à l'écran** et **Impression** ont la même utilité que ceux de la palette d'options correspondant à l'outil **Zoom**.

Déplacement dans la fenêtre de projet

Pour vous déplacer dans la fenêtre de projet une fois que celle-ci est devenue trop petite pour afficher l'image :

1 Cliquez sur l'outil **Main** de la palette *Outils*.

2 Dans la fenêtre de projet, cliquez, et tout en maintenant le bouton de la souris appuyé, déplacez le curseur dans la direction voulue pour vous déplacer dans l'image.

Figure 6.8 : Déplacement à l'aide de l'outil Main

Zoom et déplacement au clavier

Avec l'habitude, vous constaterez que manipuler ainsi ces outils est peu pratique, car vous y avez recours très souvent. Heureusement, des raccourcis clavier facilitent l'accès à ces outils. En voici un tableau récapitulatif :

Tableau 6.1 : Raccourcis clavier de zoom et de déplacement

Action	Utilisation avec la souris	Utilisation sans la souris
Zoom avant	Barre d'espace+Ctrl	Ctrl++
Zoom arrière	Barre d'espace+Alt	Ctrl+-
Main	Barre d'espace	Inapplicable

ASTUCE

Utilisation de ces raccourcis

Ces raccourcis ont l'avantage de ne pas dépendre des outils en cours d'utilisation. Il est donc possible de se servir des combinaisons Barre d'espace+Ctrl, Barre d'espace+Alt et Barre d'espace pendant un paramétrage qui, en temps normal, empêche toute utilisation des outils de la palette *Outils*.

6.2. Outils de dessin

Il y a en fait deux outils de dessin dans Photoshop : le **Pinceau** et le **Crayon**. Ils s'utilisent tous les deux exactement de la même manière.

La seule différence est que l'outil **Crayon** ne peut pas avoir de bords adoucis. Le paramètre de dureté ne s'applique donc pas à celui-ci.

ASTUCE

La palette d'outils sous forme de deux colonnes

Il est possible d'afficher la barre d'outils de Photoshop à l'ancienne (comme dans Photoshop CS2 et autres versions antérieures). Pour cela, cliquez sur la double flèche dirigée vers la droite située en haut à gauche de la palette *Outils*. Réitérez la même opération pour revenir à la palette d'outils sur une colonne.

Outil Pinceau

L'outil **Pinceau** est le principal outil de dessin "à main levée" de Photoshop. Même s'il peut paraître simple d'accès, il cache néanmoins des paramètres évolués permettant une utilisation très poussée. Cette utilisation pointue se distingue notamment au niveau de la gestion de la forme de la pointe du pinceau.

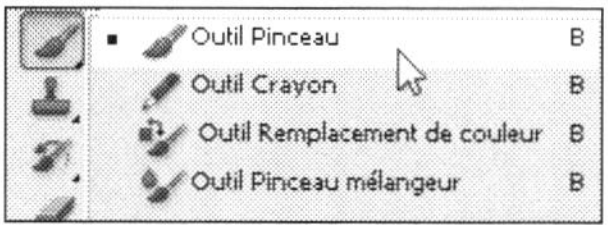

Figure 6.9 : Outil Pinceau

Palette d'options de l'outil Pinceau

Figure 6.10 : Palette d'options de l'outil Pinceau

Sélecteur d'outils prédéfinis

Le Sélecteur d'outils prédéfinis donne accès rapidement à une liste d'outils prédéfinis propres ou non à l'outil en cours de sélection.

RENVOI

Pour voir son utilisation, reportez-vous à la section *Outil Zoom* de ce chapitre.

Sélecteur de formes

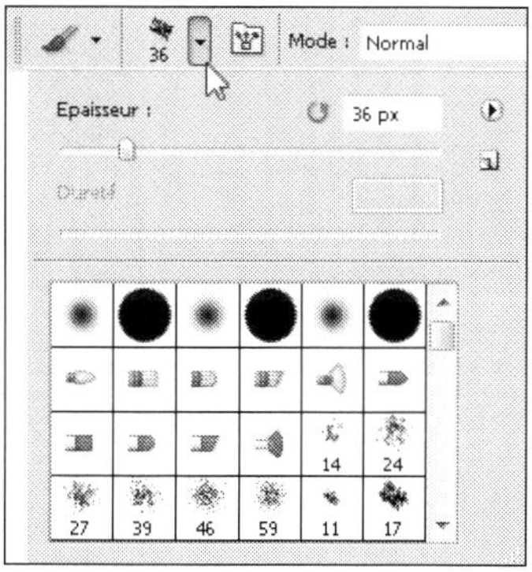

Figure 6.11 : Sélecteur de formes

Diamètre principal

La jauge *Diamètre principal* permet de définir le diamètre en pixels de la forme de la pointe du pinceau.

Dureté

La jauge *Dureté* permet de gérer la largeur du lissage du contour de la forme de la pointe du pinceau. Plus ce pourcentage est grand, plus la pointe est dure et donc plus ses contours sont nets (moins ils sont lissés).

Liste des formes

Pour découvrir des formes attrayantes (étoiles, feuilles...), n'hésitez pas à descendre beaucoup plus bas dans la longue liste déroulante des formes de pinceau.

Vous avez aussi accès à d'autres bibliothèques de formes via le menu contextuel du Sélecteur de formes. Vous trouverez par exemple les bibliothèques de formes naturelles et calligraphiques.

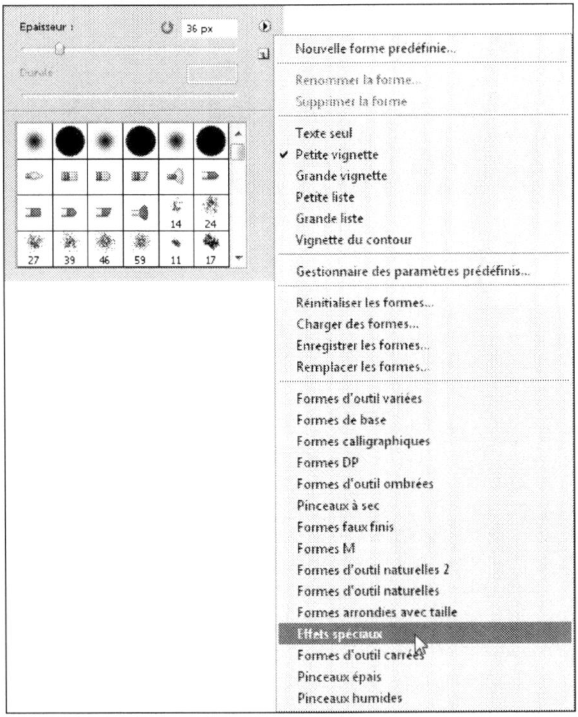

Figure 6.12 : Accès à d'autres bibliothèques de formes

Il est même possible de charger des bibliothèques de formes non fournies par Photoshop. Ces bibliothèques peuvent être trouvées sur des sites spécialisés sous le format de fichier *.abr*. Vous les débusquerez plus facilement sur Internet en faisant une recherche en anglais sur les mots-clés "Photoshop brushes". Attention, certaines bibliothèques de formes sont payantes.

Pour les utiliser dans Photoshop :

1 Dézippez-les dans le dossier *C:\Program Files\Adobe\Adobe Photoshop\Paramètres Prédéfinis\Formes* (vous pouvez éventuellement le faire dans un autre dossier).
2 Chargez-les avec la commande **Charger les formes** du menu contextuel du Sélecteur de formes.

REMARQUE

Affichage de la bibliothèque de formes par défaut

Pour revenir à la liste des formes de la bibliothèque par défaut, allez dans le menu contextuel du Sélecteur de formes et lancez la commande **Réinitialiser les formes**.

Liste déroulante Mode

La liste déroulante *Mode* vous permet de choisir le mode de mélange de ce que vous peignez avec les couleurs des calques inférieurs.

RENVOI

Reportez-vous à la section *Modes de fusion des couleurs* du chapitre *Gérer les couleurs* afin d'en savoir plus.

Opacité

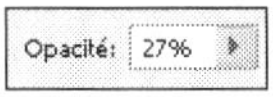

L'*Opacité* permet de déterminer la transparence du trait en pourcentage.

Flux

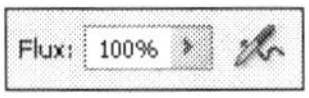

Le *Flux* permet de définir la vitesse de défilement du trait en pourcentage. Plus le pourcentage est élevé, plus le flux de peinture est grand.

Le bouton **Aérographe** permet d'activer ou non les fonctions d'aérographe du pinceau.

Ces fonctions d'aérographe sont aussi activables dans la palette *Formes*.

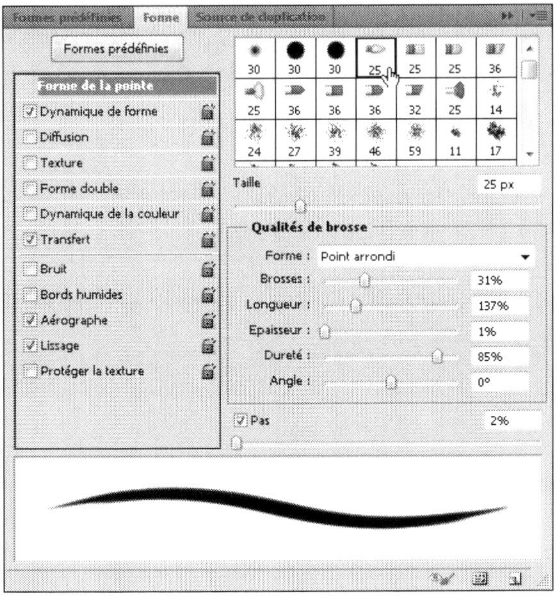

Figure 6.13 : Option Aérographe de la palette Formes

Appliquer l'outil Pinceau

1 Créez un nouveau document rempli de blanc par l'intermédiaire de la commande **Fichier/Nouveau**, sur lequel vous utiliserez l'outil **Pinceau**.

2 Dans la palette *Outils*, cliquez sur l'outil **Pinceau**.

3 Dans la palette *Options*, cliquez pour dérouler la liste *Forme*.

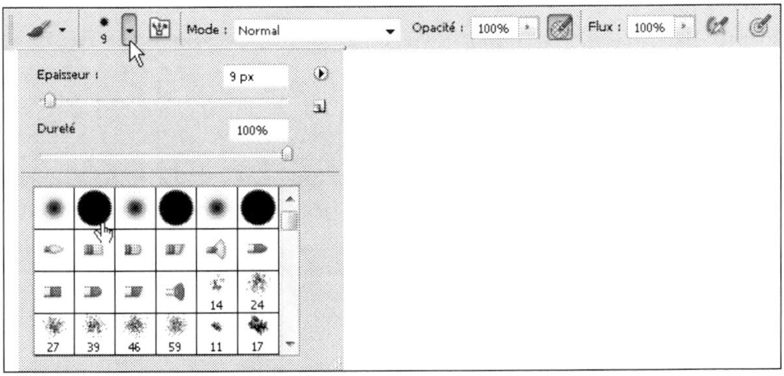

Figure 6.14 : Sélecteur de formes

4 Dans la liste *Forme*, choisissez une des formes prédéfinies comme forme de la pointe de l'outil **Pinceau**.

REMARQUE

Taille des formes

Modifiez éventuellement la taille de la forme à l'aide de la jauge de taille, notamment pour dessiner avec une forme de grande taille, qui n'est pas disponible dans les formes prédéfinies.

5 Dans la palette *Outils*, déterminez la couleur de premier plan que vous voulez utiliser pour dessiner.

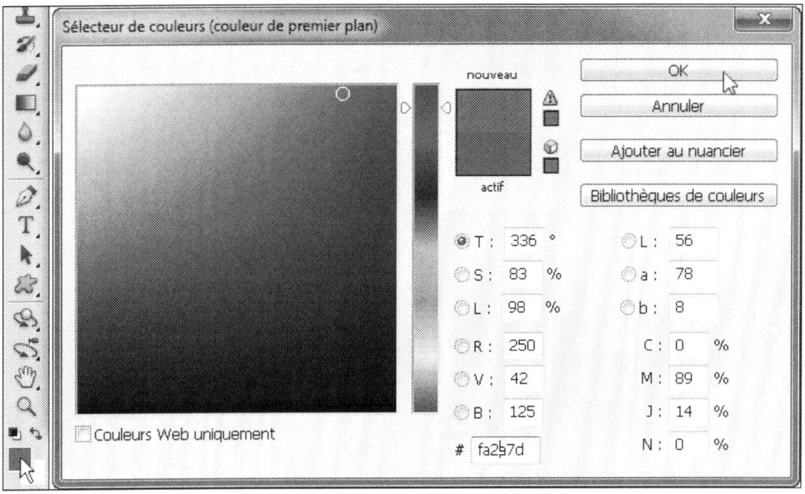

Figure 6.15 : Choisissez la couleur du pinceau

6 Vous pouvez maintenant commencer à dessiner. Pour cela, cliquez tout en déplaçant la souris. Lâchez le bouton pour arrêter de dessiner.

Figure 6.16 : Dessinez au pinceau sur la surface de travail

Outil Crayon

Ce qui différencie l'outil **Pinceau** de l'outil **Crayon**, c'est que ce dernier ne peut pas avoir de bords adoucis. Vous ne lui appliquerez donc pas de paramètre de dureté.

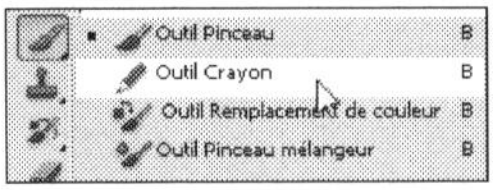

Figure 6.17 : Outil Crayon

Palette d'options de l'outil Crayon

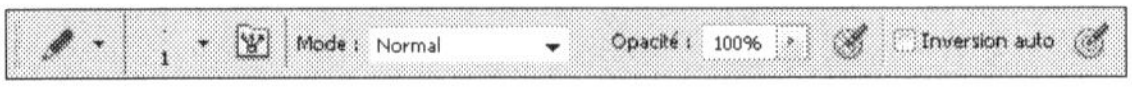

Figure 6.18 : Palette d'options de l'outil Crayon

Sélecteur d'outils prédéfinis

Le Sélecteur d'outils prédéfinis donne accès rapidement à une liste d'outils prédéfinis propres ou non à l'outil en cours de sélection.

RENVOI Pour voir son utilisation, reportez-vous à la section *Outil Zoom* de ce chapitre.

Sélecteur de formes

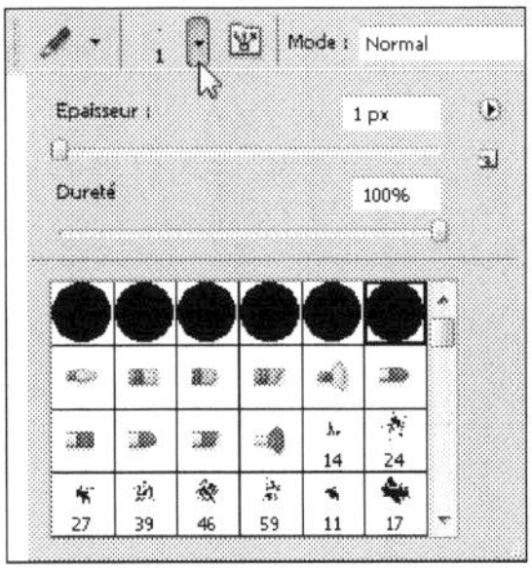

Figure 6.19 : Sélecteur de formes

Les paramètres du Sélecteur de formes de l'outil **Crayon** sont identiques à ceux de l'outil **Pinceau.** La seule différence est que la *Dureté* ne s'applique pas au crayon. En outre, les prévisualisations des formes ne sont pas lissées.

Liste déroulante Mode

La liste déroulante *Mode* vous permet de choisir le mode de mélange de ce que vous peignez avec les couleurs des calques inférieurs.

RENVOI Reportez-vous à la section *Modes de fusion des couleurs* du chapitre *Gérer les couleurs* pour en savoir plus.

Opacité

L'*Opacité* permet de déterminer la transparence du trait en pourcentage.

Case d'option Inversion auto

Décochée par défaut.

La case d'option *Inversion auto* permet d'appliquer la couleur d'arrière-plan automatiquement sur les couleurs de premier plan. Si vous cochez cette case et que vous définissiez du vert en couleur de premier plan et du rouge pour l'arrière-plan, lorsque vous crayonnez sur une zone rouge, la couleur de remplissage du crayon est bien sûr verte. Par contre, si vous crayonnez sur une zone verte, la couleur de remplissage du crayon est rouge. Un peu comme une gomme magique, mais en moins efficace.

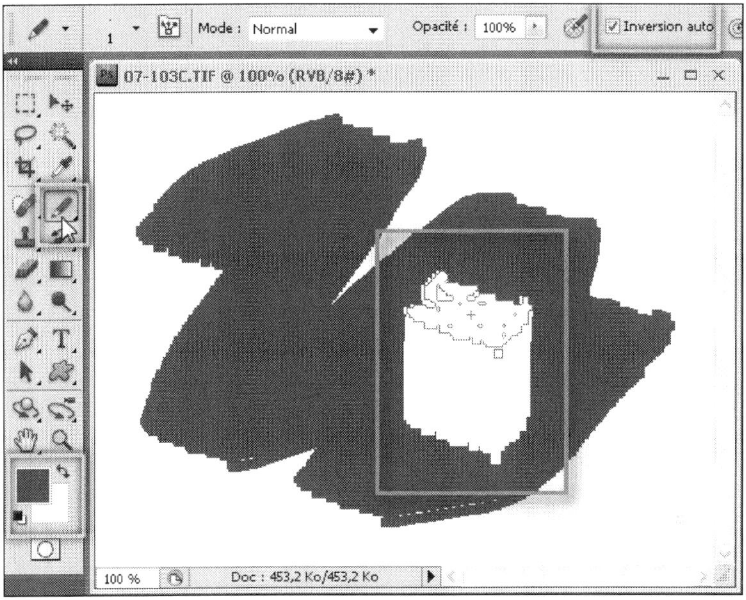

Figure 6.20 : Case d'option Inversion auto

Appliquer l'outil Crayon

1 Créez un nouveau document rempli de blanc par l'intermédiaire de la commande **Fichier/Nouveau**, sur lequel vous utiliserez l'outil **Crayon**.

2 Dans la palette *Outils*, cliquez pendant deux secondes sur l'outil **Pinceau** jusqu'à ce qu'apparaisse le menu contextuel.

3 Sélectionnez l'outil **Crayon**.

Pour utiliser les formes de crayon, reportez-vous à l'étape 3 de la section *Appliquer l'outil Pinceau.*

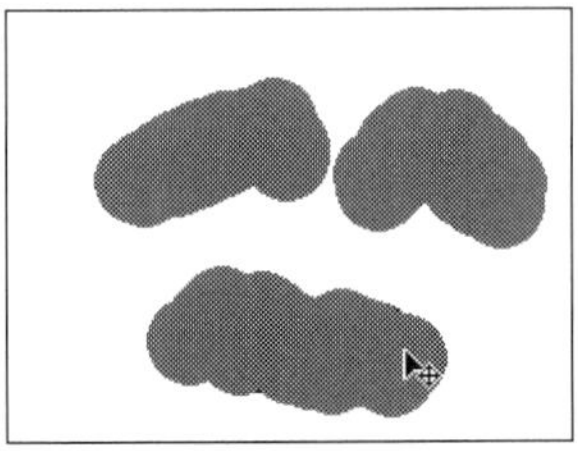

Figure 6.21 : Dessinez au crayon sur la surface de travail

Vous constatez que le contour des formes dessinées est pixellisé. L'outil **Crayon** est de ce fait plus rarement utilisé que l'outil **Pinceau**.

Outil Gomme

Cet outil permet d'effacer une partie de l'image que vous allez définir comme si vous peigniez. C'est une sorte de pinceau effaceur. Il est principalement employé sur les formes dessinées avec les outils de dessin.

Palette d'options de l'outil Gomme

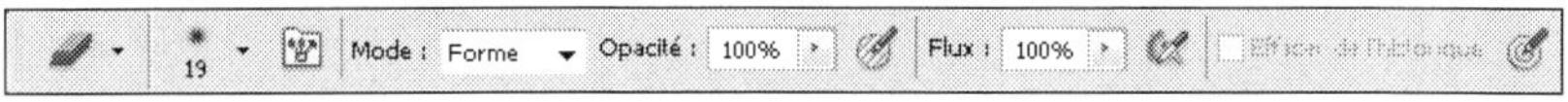

Figure 6.22 : Palette d'options de l'outil Gomme

Sélecteur d'outils prédéfinis

Le Sélecteur d'outils prédéfinis donne accès rapidement à une liste d'outils prédéfinis propres ou non à l'outil en cours de sélection.

Pour voir son utilisation, reportez-vous à la section *Outil Zoom* de ce chapitre.

Sélecteur de formes

Les paramètres du Sélecteur de formes de l'outil **Gomme** sont identiques à ceux de l'outil **Pinceau**.

Liste déroulante Mode

La liste déroulante *Mode* ne correspond pas au mode de mélange de ce que vous peignez avec les couleurs des calques inférieurs. Elle correspond en fait au type de pointe employée par la gomme.

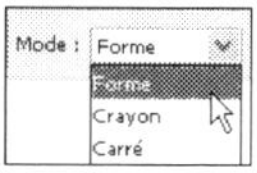

Figure 6.23 : Liste déroulante Mode

Cette pointe peut utiliser l'un de ces trois modes :

- *Forme* : pointe avec une dureté paramétrable comme pour l'outil **Pinceau**.
- *Crayon* : pointe sans lissage (contours pixellisés).
- *Carré* : pointe carrée.

Selon le mode choisi, les paramètres suivants d'opacité et de flux sont gérables ou non.

Opacité

L'*Opacité* permet de déterminer la transparence du trait en pourcentage.

Flux

Le *Flux* permet de définir la vitesse de défilement du trait en pourcentage. Plus le pourcentage est élevé, plus le flux de peinture est grand.

Le bouton **Aérographe** permet d'activer ou non les fonctions d'aérographe du pinceau.

Ces fonctions d'aérographe sont aussi activables dans la palette *Formes*.

Case Effacer l'historique

Décochée par défaut.

La case *Effacer l'historique* permet, lorsqu'elle est cochée, d'effacer de la zone gommée l'état de l'historique indiqué dans la palette *Historique*.

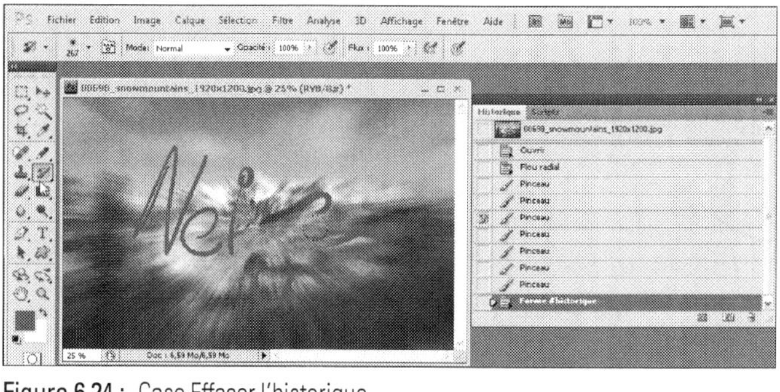

Figure 6.24 : Case Effacer l'historique

C'est une fonction très pratique si vous voulez effacer une retouche réalisée auparavant sur une zone bien définie, au lieu de revenir sur ce point à l'aide de l'historique et donc de retourner à un état précédent sur toute l'image.

Appliquer l'outil Gomme

1 Faites un dessin à l'aide du pinceau ou du crayon sur un nouveau document rempli de blanc.
2 Dans la palette *Outils*, cliquez sur l'outil **Gomme**.
3 Dans la palette *Options*, cliquez pour dérouler la liste *Forme*.
4 Dans la liste *Forme*, choisissez une des formes prédéfinies.
5 Vous pouvez maintenant commencer à dessiner sur la partie à gommer. Pour cela, cliquez tout en déplaçant la souris. Lâchez le bouton pour arrêter de gommer.

Figure 6.25 : Utilisez la gomme

ATTENTION

Gomme et arrière-plan

Assurez-vous que la couleur d'arrière-plan sélectionnée dans la palette *Outils* est la même que sur votre dessin. La gomme remplace effectivement la zone effacée par la couleur d'arrière-plan. Lorsque vous utilisez les calques, la zone effacée sur un calque l'est réellement, révélant ainsi le calque qui se trouve dessous.

Palette Formes

La palette *Formes* permet de modifier un grand nombre de paramètres de la forme de la pointe.

Le choix d'une forme pour la pointe de l'outil que vous voulez utiliser est primordial pour la plupart des outils. Le Sélecteur de formes prend donc toute son importance pour le choix d'une forme. Il permet en outre de modifier deux paramètres de la forme que sont la *Dureté* et le *Diamètre principal*. Malheureusement, même si le choix est très grand, cela peut vite ne pas être suffisant pour une utilisation très poussée.

C'est là que la palette *Formes* intervient en vous donnant plus de possibilités de personnalisation de la forme de la pointe des outils.

Avant d'accéder à la palette *Formes*, suivez ces étapes :

1 Dans la palette *Outils*, sélectionnez l'outil **Pinceau** (éventuellement masqué par l'outil **Crayon**).
2 Dans la liste déroulante *Forme* de la palette *Options*, sélectionnez la forme que vous voulez paramétrer.
3 Dans la palette *Options*, cliquez sur l'onglet **Formes** (situé dans le groupe d'onglets à droite de la palette *Options*).

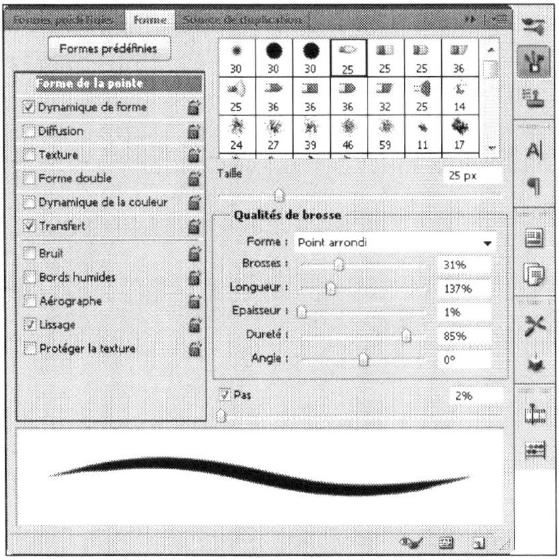

Figure 6.26 : Onglet de la palette Formes

Vous avez alors accès à de nombreux paramètres modifiant l'aspect de la forme du pinceau. La colonne de gauche regroupe les types de paramètres, et celle de droite permet de visualiser les options disponibles pour le type de paramètre sélectionné.

6.3. Outils de retouche et de déformation

Douze outils permettent de retoucher et de déformer une partie de l'image. Ils sont regroupés en quatre boutons sous lesquels se cachent les dix autres boutons. Ils sont rangés dans la deuxième partie de la palette *Outils*.

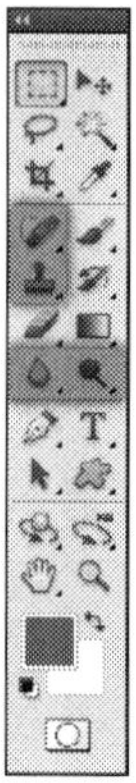

Figure 6.27 : Outils de retouche et de déformation (surlignés en gris)

Outil Correcteur de tons directs

Cet outil permet de corriger rapidement de petites imperfections sur une image. Il est donc utilisé de façon très localisée, contrairement à l'outil **Correcteur**. Il fonctionne de la même manière que le pinceau : appliquez-le simplement sur une petite imperfection. L'outil s'efforce alors de l'effacer automatiquement !

Palette d'options de l'outil Correcteur de tons directs

Figure 6.28 : Palette d'options de l'outil Correcteur de tons directs

Sélecteur d'outils prédéfinis

Le Sélecteur d'outils prédéfinis donne accès rapidement à une liste d'outils prédéfinis propres ou non à l'outil en cours de sélection.

RENVOI

Pour voir son utilisation, reportez-vous à la section *Outil Zoom* de ce chapitre.

Sélecteur de formes

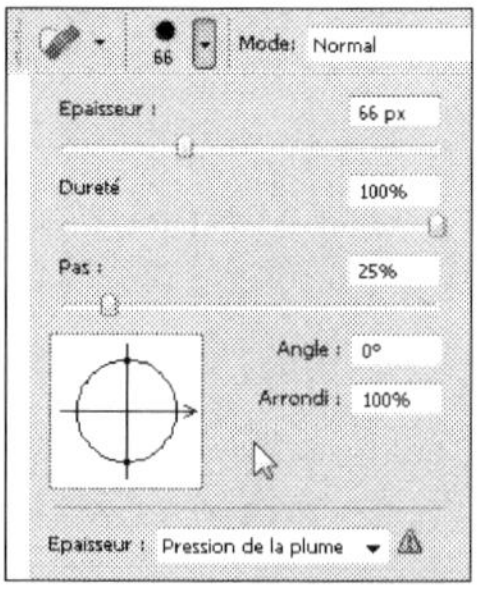

Figure 6.29 : Sélecteur de formes

Les paramètres du Sélecteur de formes de l'outil **Correcteur de tons directs** sont légèrement différents de ceux de l'outil **Pinceau**. En effet, la forme de la pointe de l'outil **Correcteur de tons directs** ne peut pas être gérée dans la palette *Formes*. Cela en limite la personnalisation. Les seuls paramètres modifiables sont le *Diamètre*, la *Dureté*, le *Pas* et l'*Épaisseur*. Ces deux derniers paramètres sont propres aux outils de correction.

Pas

La jauge *Pas* permet de définir l'espacement des empreintes de la forme sur le tracé que vous peignez. Pour modifier le pas, entrez un nombre ou utilisez le curseur pour définir une valeur correspondant à un pourcentage du diamètre de la pointe.

Épaisseur

Vous pouvez définir l'épaisseur du trait selon trois modes :

- *Désactivé* : aucune gestion de la pression d'une la tablette graphique.
- *Pression de la plume* : gestion de l'épaisseur du trait selon la pression que vous exercez sur la plume du stylet de la tablette graphique.
- *Molette de stylet* : gestion de l'épaisseur du trait à l'aide de la molette du stylet.

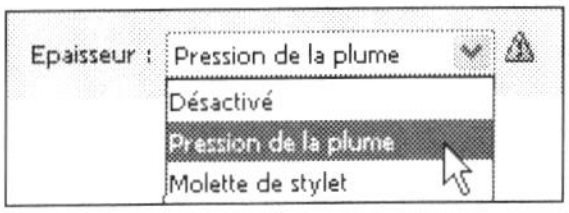

Figure 6.30 : Épaisseur du trait

Liste déroulante Mode

La liste déroulante *Mode* vous permet de choisir le mode de mélange de ce que vous corrigez avec les couleurs des calques inférieurs. Pour l'outil **Correcteur de tons directs**, cette liste est limitée à huit modes. Choisissez **Remplacer** pour conserver le bruit, le grain du film et la texture sur les bords du trait de la forme.

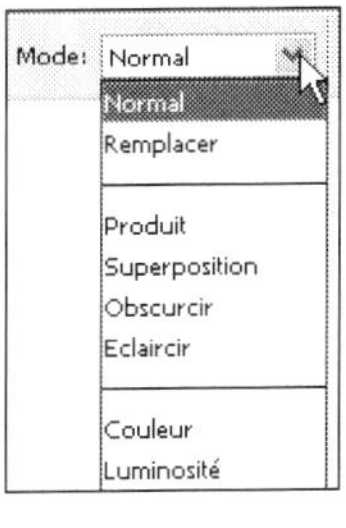

Figure 6.31 : Liste déroulante Mode

Type

Pour définir le type d'échantillonnage de la source, vous avez les choix suivants :

- *Similarité des couleurs* utilise les pixels entourant le bord de la sélection pour trouver une zone à employer comme source pour la zone sélectionnée.
- *Créer une texture* utilise tous les pixels de la sélection pour créer une texture permettant de corriger la zone. Si la texture ne fournit pas de bons résultats, essayez de faire glisser la sélection sur la partie à corriger une seconde fois.

D'une manière générale, l'option par défaut est satisfaisante. Si elle ne convient pas, annulez la correction et réessayez avec l'autre option.

Case Échantillonner les calques

Décochée par défaut.

La case *Échantillonner les calques* permet de prélever les données de tous les calques visibles. Par défaut, cette option est désélectionnée, ce qui fait que l'outil **Correcteur de tons directs** prélève uniquement les données du calque actif.

Appliquer l'outil Correcteur de tons directs

1 Dans la palette *Outils*, cliquez sur **Correcteur de tons directs.**

2 Sur l'image à retoucher, peignez la zone à corriger.

L'imperfection se fond avec son environnement.

Outils Tampon de duplication et Correcteur

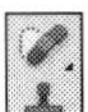

Les outils **Tampon de duplication** et **Correcteur** sont très proches. Ils s'utilisent exactement de la même manière, à quelques petits détails près. Le correcteur est, en fait, une version améliorée du tampon. En effet, il détecte automatiquement les contours d'un objet et s'efforce de l'intégrer dans la zone sur laquelle il s'applique.

Palette d'options de l'outil Tampon de duplication

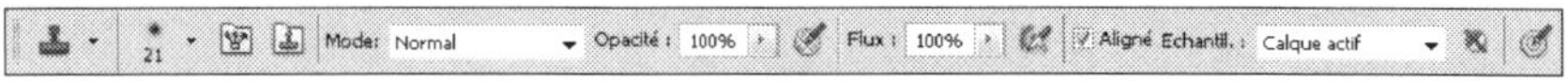

Figure 6.32 : Palette d'options de l'outil Tampon de duplication

Sélecteur d'outils prédéfinis

Le Sélecteur d'outils prédéfinis donne accès rapidement à une liste d'outils prédéfinis propres ou non à l'outil en cours de sélection.

RENVOI

Pour voir son utilisation, reportez-vous à la section *Outil Zoom* de ce chapitre.

Liste déroulante Mode

La liste déroulante *Mode* vous permet de choisir le mode de mélange de ce que vous corrigez avec les couleurs des calques inférieurs.

RENVOI

Reportez-vous à la section *Modes de fusion des couleurs* du chapitre *Gérer les couleurs* pour en savoir plus.

Opacité

L'*Opacité* permet de déterminer la transparence du trait en pourcentage.

Flux

Le *Flux* permet de définir la vitesse de défilement du trait en pourcentage. Plus le pourcentage est élevé, plus le flux de peinture est grand.

Le bouton **Aérographe** permet d'activer ou non les fonctions d'aérographe du pinceau.

Ces fonctions d'aérographe sont aussi activables dans la palette *Formes*.

Case Aligné

Cochée par défaut.

La case *Aligné* vous permet d'appliquer les pixels de façon continue, sans perdre le point d'échantillonnage courant, même si vous relâchez le bouton de la souris. Si vous désélectionnez cette case, vous appliquez les pixels prélevés à partir du point d'échantillonnage initial après chaque interruption et à chaque reprise.

Case Échantillonner les calques

Décochée par défaut.

La case *Échantillonner les calques* permet de prélever les données de tous les calques visibles. Par défaut, cette option est désélectionnée, ce qui fait que l'outil **Tampon de duplication** prélève uniquement les données du calque actif.

Palette d'options de l'outil Correcteur

Figure 6.33 : Palette d'options de l'outil Correcteur

Sélecteur d'outils prédéfinis

Le Sélecteur d'outils prédéfinis donne accès rapidement à une liste d'outils prédéfinis propres ou non à l'outil en cours de sélection.

Pour voir son utilisation, reportez-vous à la section *Outil Zoom* de ce chapitre.

Sélecteur de formes

Les paramètres du Sélecteur de formes de l'outil **Correcteur de tons directs** sont légèrement différents de ceux de l'outil **Pinceau**. Par contre, ils sont identiques à ceux de l'outil **Correcteur de tons directs.**

Pour plus de détails, reportez-vous à la section *Outil Correcteur de tons directs* de ce chapitre.

Liste déroulante Mode

La liste déroulante *Mode* vous permet de choisir le mode de mélange de ce que vous corrigez avec les couleurs des calques inférieurs. Pour l'outil **Correcteur**, cette liste est limitée à huit modes.

Reportez-vous à la section *Modes de fusion des couleurs* du chapitre *Gérer les couleurs* pour en savoir plus.

Option Source

Échantillon par défaut.

L'option *Source* vous donne le choix entre deux modes d'utilisation de l'outil **Correcteur** : *Échantillon* et *Motif*.

Échantillon

Le mode Échantillon utilise comme correcteur un échantillon que vous devez préciser en cliquant sur l'image tout en appuyant sur la touche [Alt] du clavier. Cet échantillon remplace la zone peinte pour la corriger.

Motif

Le mode Motif utilise comme correcteur un motif que vous devez choisir dans le Sélecteur de motifs situé juste à droite de la case d'option *Motif*.

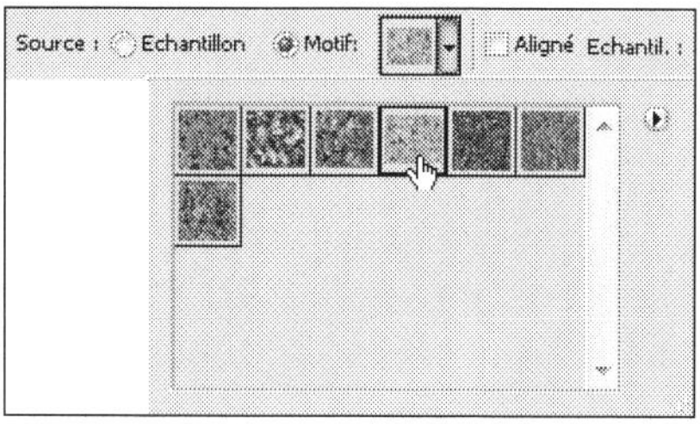

Figure 6.34 : Choix d'un motif

Vous avez, comme toujours, accès au menu contextuel qui permet, entre autres, d'atteindre d'autres bibliothèques de motifs. Ces bibliothèques sont stockées dans des fichiers *.pat*.

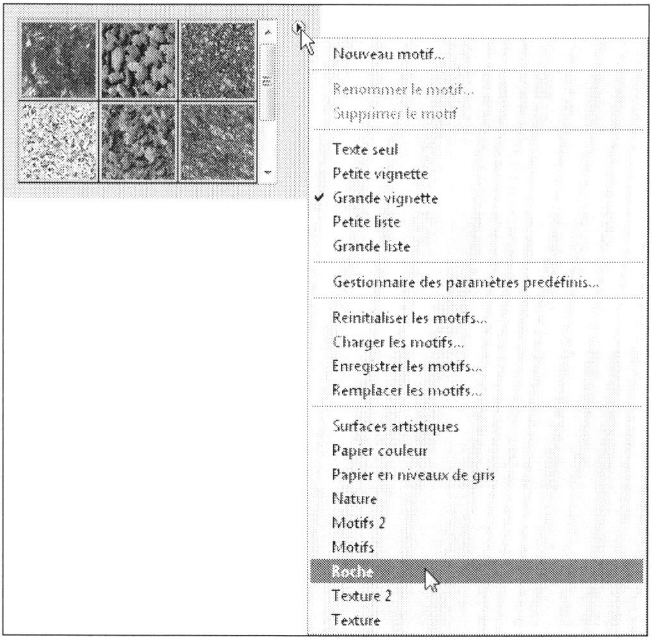

Figure 6.35 : Choix d'une bibliothèque de motifs

Comme pour les formes ("brushes"), vous en trouverez d'autres en faisant une recherche sur Internet (mot-clé "patern" en anglais).

Case Aligné

Décochée par défaut.

La case *Aligné* vous permet d'appliquer les pixels de façon continue, sans perdre le point d'échantillonnage courant, même si vous relâchez le bouton de la souris. Si vous désélectionnez cette case, vous appliquez les pixels prélevés à partir du point d'échantillonnage initial après chaque interruption et à chaque reprise.

Case Échantillonner les calques

Décochée par défaut.

La case *Échantillonner les calques* permet de prélever les données de tous les calques visibles. Par défaut, cette option est désélectionnée, ce qui fait que l'outil **Tampon de duplication** prélève uniquement les données du calque actif.

Appliquer les outils Tampon de duplication et Correcteur

1 Ouvrez une image sur laquelle vous allez appliquer l'outil **Tampon de duplication** ou **Correcteur.** L'image devant être modifiée (dans notre exemple, un oiseau dans le ciel), pensez à en faire une copie de sauvegarde avant de travailler dessus.

2  Dans la palette *Outils*, cliquez sur l'outil **Tampon de duplication** ou l'outil **Correcteur.**

3 Dans la fenêtre de travail, repérez l'objet à dupliquer. Dans la palette *Options*, choisissez une forme d'une taille suffisante par rapport à l'objet.

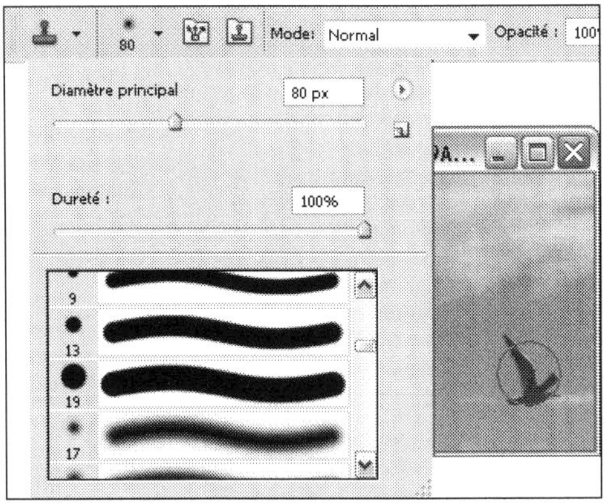

Figure 6.36 : Réglez la forme de l'outil

4 Appuyez sur Alt et cliquez sur cet objet, puis lâchez la touche Alt.

Figure 6.37 : Sélectionnez à l'aide de la touche Alt la forme à utiliser pour la dupliquer

5 Maintenant, placez votre curseur à l'endroit où vous voulez dupliquer l'objet et cliquez comme pour peindre.

Figure 6.38 : Appliquez les outils Tampon de duplication et Correcteur

> ASTUCE
>
> **Duplication entre deux calques différents**
>
> Il est possible d'appliquer la duplication entre deux calques différents. Les étapes 1 à 4 se font sur le calque source, et la dernière étape (5) sur un autre calque (vide par exemple).

Outil Pièce

L'outil **Pièce** permet de rapiécer une image en remplaçant une zone par une autre ou éventuellement par un motif.

Palette d'options de l'outil Pièce

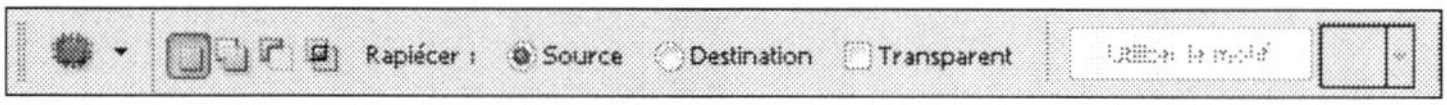

Figure 6.39 : Palette d'options de l'outil Pièce

Sélecteur d'outils prédéfinis

Le Sélecteur d'outils prédéfinis donne accès rapidement à une liste d'outils prédéfinis propres ou non à l'outil en cours de sélection.

RENVOI Pour voir son utilisation, reportez-vous à la section *Outil Zoom* de ce chapitre.

Boutons d'opération de sélection

Vous retrouvez ici les quatre boutons d'opération de l'outil de sélection. Pour rappel, ces boutons activent respectivement :

- une nouvelle sélection ;
- un ajout à la sélection en cours ;
- une soustraction de la sélection en cours ;
- une intersection avec la sélection en cours.

RENVOI Reportez-vous au chapitre *Sélectionner* pour créer une sélection évoluée.

Case d'option Rapiécer

Source par défaut.

La case d'option *Rapiécer* permet de choisir selon deux modes de rapiècement :

- *Source* : vous rapiécez la source de la pièce à partir de la destination. Dans ce cas, c'est la zone de sélection qui est remplacée par la destination que vous préciserez.
- *Cible* : vous rapiécez la destination de la pièce à partir de la source. Dans ce cas, c'est la zone de sélection qui remplace la destination que vous préciserez.

Case Transparent

Décochée par défaut.

La case *Transparent* permet d'activer la transparence au niveau du rapiècement.

Bouton Utiliser le motif

Le bouton **Utiliser le motif** vous permet de remplir la sélection en cours avec le motif que vous aurez déterminé à l'aide du Sélecteur de motifs situé à droite de ce bouton.

Appliquer l'outil Pièce

1 Ouvrez une image sur laquelle vous voulez appliquer l'outil **Pièce** (dans notre exemple, la photo d'un phare).

2 Dans la palette *Outils*, cliquez pendant deux secondes sur l'outil **Correcteur**, puis choisissez l'outil **Pièce**.

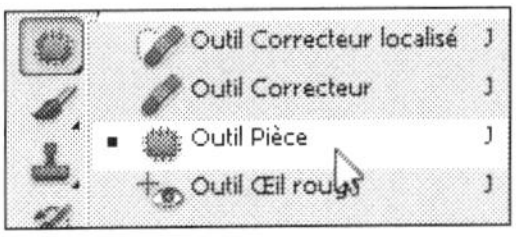

Figure 6.40 : Activez l'outil Pièce

3 Dessinez la sélection fermée de la zone dans laquelle vous voulez dupliquer une autre zone.

Figure 6.41 : Sélectionnez la zone dans laquelle vous allez insérer une forme

4 Cliquez sur cette sélection et, tout en maintenant le bouton de la souris appuyé, déplacez votre curseur vers la zone à dupliquer.

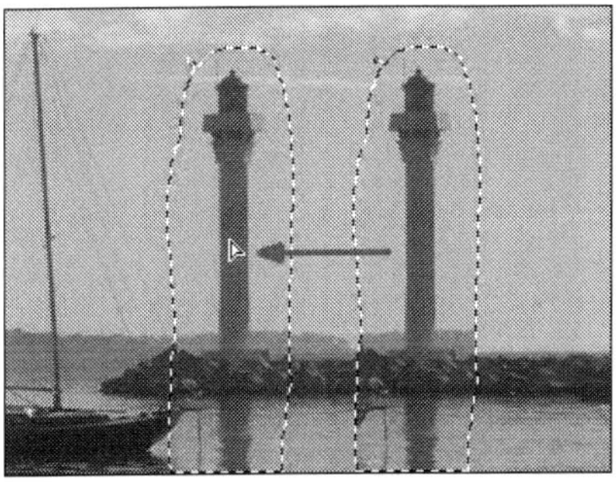

Figure 6.42 : Déplacez la zone afin de définir la forme à insérer

La zone sélectionnée se remplit avec celle qui est survolée par le curseur.

ASTUCE

Mode Pièce inversée

Le mode Pièce inversée est peut-être plus logique pour certains. Dans ce cas, sélectionnez d'abord la partie à dupliquer, puis déplacez-la vers un autre point. Pour passer dans ce mode, cochez la case d'option *Cible* dans la palette *Options* quand l'outil **Pièce** est actif.

Outil Œil rouge

Cet outil est idéal pour effacer les yeux rouges sur une photo. Il remplace l'outil **Remplacement de couleur**. Il était présent dans Photoshop CS première version.

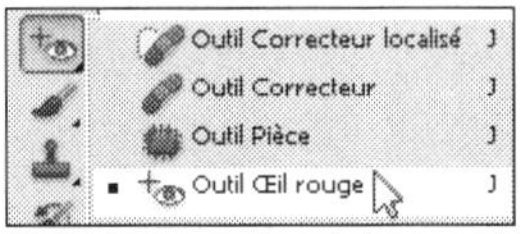

Figure 6.43 : Activez l'outil Œil rouge

RENVOI Vous trouverez des explications sur cet outil dans le chapitre *Retoucher des photos*, à la section *Retoucher le visage d'une personne – Corriger les yeux rouges.*

Outil Tampon de motif

L'outil **Tampon de motif** permet de remplacer une zone de l'image par un motif. Son utilité est moindre que celle des autres outils de retouche. Mais il peut devenir intéressant si vous l'utilisez avec des motifs de votre création à la place des motifs prédéfinis.

Palette d'options de l'outil Tampon de motif

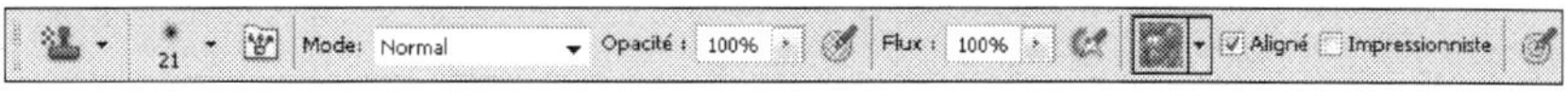

Figure 6.44 : Palette d'options de l'outil Tampon de motif

Sélecteur d'outils prédéfinis

Le Sélecteur d'outils prédéfinis donne accès rapidement à une liste d'outils prédéfinis propres ou non à l'outil en cours de sélection.

RENVOI Pour voir son utilisation, reportez-vous à la section *Outil Zoom* de ce chapitre.

Sélecteur de formes

Les paramètres du Sélecteur de formes de l'outil **Correcteur de tons directs** sont légèrement différents de ceux de l'outil **Pinceau**. Par contre, ils sont identiques à ceux de l'outil **Correcteur**.

Liste déroulante Mode

La liste déroulante *Mode* vous permet de choisir le mode de mélange de ce que vous corrigez avec les couleurs des calques inférieurs.

RENVOI

Reportez-vous à la section *Modes de fusion des couleurs* du chapitre *Gérer les couleurs* pour en savoir plus.

Opacité

L'*Opacité* permet de déterminer la transparence du trait en pourcentage.

Flux

Le *Flux* permet de définir la vitesse de défilement du trait en pourcentage. Plus le pourcentage est élevé, plus le flux de peinture est grand.

Bouton Aérographe

Le bouton **Aérographe** permet d'activer ou non les fonctions d'aérographe du pinceau.

Ces fonctions d'aérographe sont aussi activables dans la palette *Formes*.

Sélecteur de motifs

Le Sélecteur de motifs permet de choisir un motif à utiliser comme remplissage de la zone peinte.

Case Aligné

Cochée par défaut.

La case *Aligné* vous permet d'appliquer les pixels de façon continue, sans perdre le point d'échantillonnage courant, même si vous relâchez le bouton de la souris. Si vous désélectionnez cette case, vous appliquez les pixels prélevés à partir du point d'échantillonnage initial après chaque interruption et à chaque reprise.

Case Impressionniste

Décochée par défaut.

La case *Impressionniste* permet d'avoir un effet de rendu impressionniste lors de l'utilisation du tampon de motif. Le motif est en fait représenté sous forme de touches de couleur. L'effet obtenu se rapproche d'un effet de flou aléatoire au niveau du motif.

Appliquer l'outil Tampon de motif

1 Ouvrez une image sur laquelle vous voulez appliquer l'outil **Tampon de motif** (dans notre exemple, la photo d'un phare).

2 Dans la palette *Outils*, cliquez pendant deux secondes sur l'outil **Tampon de duplication**, puis choisissez l'outil **Tampon de motif**.

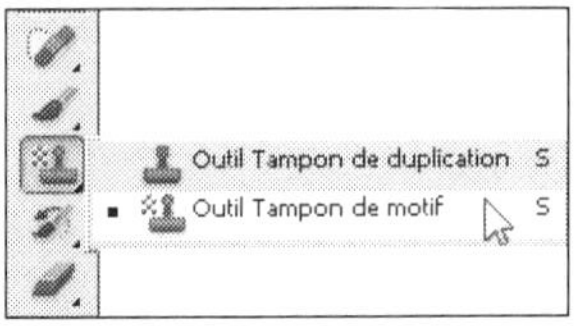

Figure 6.45 : Activez l'outil Tampon de motif

3 Dans la palette *Options*, cliquez pour dérouler la liste *Motif* et choisissez un motif de remplissage.

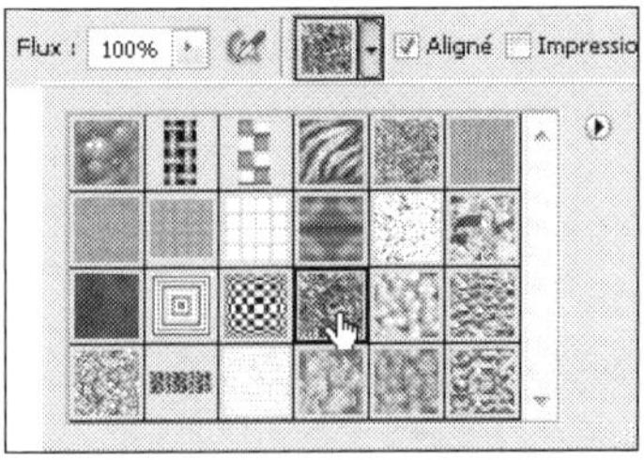

Figure 6.46 : Palette d'options de l'outil Tampon de motif

4 Dessinez dans la fenêtre de travail : le motif remplit la zone peinte.

Figure 6.47 : Résultat de l'application d'un tampon de motif

Outils de correction ponctuelle

Il y a six outils de correction ponctuelle. Ils s'utilisent comme les outils de dessin.

Tableau 6.2 : Les outils de correction ponctuelle

Icône	Nom	Effet
07-086.TIF	**Goutte d'eau**	Lisse l'image en la rendant plus floue.
07-087.TIF	**Netteté**	Ajoute du bruit. Cela donne une impression de netteté sur les zones floues.

Tableau 6.2 : Les outils de correction ponctuelle

Icône	Nom	Effet
07-088.TIF	**Doigt**	Permet de faire déborder la couleur comme si vous passiez un doigt sur de la peinture fraîche.
07-089.TIF	**Densité –**	Diminue la densité des couleurs.
07-090.TIF	**Densité +**	Augmente la densité des couleurs.
07-091.TIF	**Éponge**	Donne aux couleurs un aspect de couleur passée à l'éponge.

Options communes de ces outils

Ces outils de correction ponctuelle ont des options communes décrites ci-après.

Sélecteur d'outils prédéfinis

Le Sélecteur d'outils prédéfinis donne accès rapidement à une liste d'outils prédéfinis propres ou non à l'outil en cours de sélection.

Pour voir son utilisation, reportez-vous à la section *Outil Zoom* de ce chapitre.

Sélecteur de formes

Les paramètres du Sélecteur de formes de l'outil **Correcteur de tons directs** sont légèrement différents de ceux de l'outil **Pinceau**. Par contre, ils sont identiques à ceux de l'outil **Correcteur de tons directs**.

Pour plus de détails, reportez-vous à la section *Outil Correcteur de tons directs* de ce chapitre.

Liste déroulante Mode

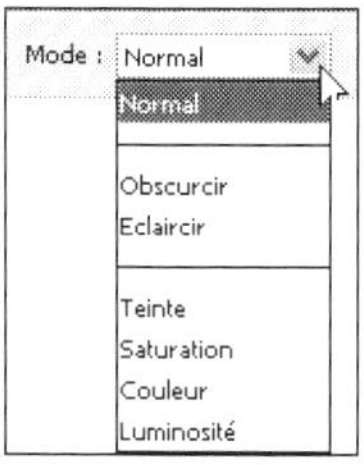

Figure 6.48 : Liste déroulante Mode

La liste déroulante *Mode* vous permet de choisir le mode de mélange de ce que vous corrigez avec les couleurs des calques inférieurs. Pour les outils **Goutte d'eau**, **Netteté** et **Doigt**, cette liste est limitée à sept modes.

Reportez-vous à la section *Modes de fusion des couleurs* du chapitre *Gérer les couleurs* pour en savoir plus.

Liste déroulante Intensité

50 % par défaut.

La liste déroulante *Intensité* permet de définir l'intensité du trait en pourcentage.

Liste déroulante Gamme

Moyen par défaut.

La liste déroulante *Gamme* permet de définir la gamme de tons traitée. Vous avez le choix entre les tons foncés, moyens et clairs.

Liste déroulante Exposition

50 % par défaut.

La liste déroulante *Exposition* permet de définir l'exposition du contour.

Case Échantillonner les calques

Décochée par défaut.

La case *Échantillonner les calques* permet de prélever les données de tous les calques visibles. Par défaut, cette option est désélectionnée, ce qui fait que l'outil ne s'applique qu'au calque actif.

Bouton Aérographe

Le bouton **Aérographe** permet d'activer ou non les fonctions d'aérographe du pinceau.

Outil Goutte d'eau

Figure 6.49 : Palette d'options de l'outil Goutte d'eau

Outil Netteté

Figure 6.50 : Palette d'options de l'outil Netteté

Outil Doigt

Figure 6.51 : Palette d'options de l'outil Doigt

Case Peinture au doigt

Désactivée par défaut.

La case *Peinture au doigt* permet, lorsqu'elle est active, de peindre avec le doigt en utilisant la couleur de premier plan.

Outil Densité –

Figure 6.52 : Palette d'options de l'outil Densité –

Outil Densité +

Figure 6.53 : Palette d'options de l'outil Densité +

Outil Éponge

Figure 6.54 : Palette d'options de l'outil Éponge

Flux

Le *Flux* permet de définir la vitesse de défilement du trait en pourcentage. Plus le pourcentage est élevé, plus le flux de peinture est grand.

6.4. Outils de mesure

Derrière l'outil **Pipette** se cachent quatre outils :

- l'outil **Pipette** simple ;
- la pipette à échantillonnage, appelée outil **Échantillonnage de couleur** ;
- l'outil **Mesure**, qui permet de calculer la distance entre deux points à définir, ainsi que l'angle avec un troisième point à déterminer à l'aide de la touche Alt, les informations étant affichées dans la palette *Infos*.

- l'outil **Annotation**, qui permet d'ajouter des commentaires écrits.
- l'outil **Comptage**

Pipette

L'outil **Pipette** permet de prendre un échantillon de couleur afin d'en extraire les informations de composantes.

Palette d'options de l'outil Pipette

Figure 6.55 : Palette d'options de l'outil Pipette

Sélecteur d'outils prédéfinis

Le Sélecteur d'outils prédéfinis donne accès rapidement à une liste d'outils prédéfinis propres ou non à l'outil en cours de sélection.

RENVOI

Pour voir son utilisation, reportez-vous à la section *Outil Zoom* de ce chapitre.

Liste déroulante Taille

Échantillon ponctuel par défaut.

La liste déroulante *Taille* permet de définir la taille de l'échantillon. Vous avez trois choix possibles :

- *Échantillon ponctuel* : vous prenez la couleur sur un seul pixel.
- *Moyenne 3 × 3 : vous prenez la couleur au moyen d'une zone de 3 × 3 pixels autour du point que vous voulez échantillonner.*
- *Moyenne 5 × 5 : vous prenez la couleur au moyen d'une zone de 5 × 5 pixels autour du point que vous voulez échantillonner.*

Appliquer l'outil Pipette

1. Dans la palette *Outils*, cliquez sur l'outil **Pipette**.
2. Dans la palette *Options*, définissez à l'aide de la liste déroulante *Taille* le type d'échantillonnage que vous voulez réaliser : soit *Échantillon ponctuel* sur un pixel, soit *Moyenne sur 3 × 3 pixels autour du point sur lequel vous cliquerez, soit Moyenne sur 5 × 5 pixels autour du point en question.*

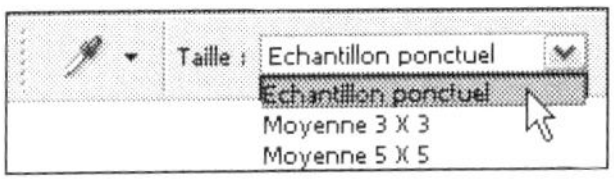

Figure 6.56 : Choisissez le type d'échantillonnage

3 Sur la surface de travail, cliquez sur le point dont vous voulez ponctionner la couleur.

Figure 6.57 : Utilisez l'outil Pipette

Cette couleur s'affiche dans la couleur de premier plan ou d'arrière-plan sélectionnée. Vous pouvez dès lors utiliser cette couleur pour dessiner avec les outils appropriés.

Échantillonnage de couleur

L'outil **Échantillonnage de couleur** permet de prendre plusieurs échantillons de couleur afin d'en afficher les informations de composantes.

Palette d'options de l'outil Échantillonnage de couleur

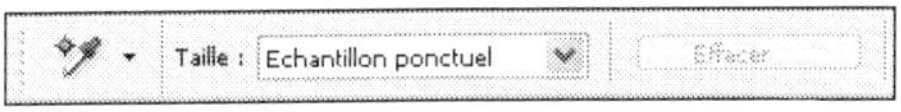

Figure 6.58 : Palette d'options de l'outil Échantillonnage de couleur

Sélecteur d'outils prédéfinis

Le Sélecteur d'outils prédéfinis donne accès rapidement à une liste d'outils prédéfinis propres ou non à l'outil en cours de sélection.

RENVOI

Pour voir son utilisation, reportez-vous à la section *Outil Zoom* de ce chapitre.

Liste déroulante Taille

Échantillon ponctuel par défaut.

La liste déroulante *Taille* permet de définir la taille de la zone d'échantillonnage autour du point que vous définirez.

Bouton Effacer

Le bouton **Effacer** permet d'effacer tous les points d'échantillonnage de couleur d'un seul coup.

Appliquer l'outil Échantillonnage de couleur

1 Dans la palette *Outils*, cliquez pendant deux secondes sur l'outil **Pipette** pour choisir l'outil **Échantillonnage de couleur** dans le menu contextuel qui apparaît.

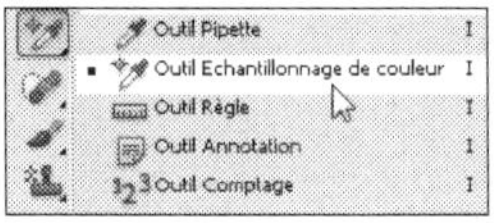

Figure 6.59 : Activez l'outil Échantillonnage de couleur

2 Dans la palette *Options*, définissez à l'aide de la liste déroulante *Taille* le type d'échantillonnage que vous voulez effectuer : soit *Échantillon ponctuel* sur un pixel, soit *Moyenne sur 3 × 3 pixels autour du point sur lequel vous cliquerez, soit Moyenne sur 5 × 5 pixels autour du point en question.*

3 Sur la surface de travail, cliquez sur un à quatre points différents que vous jugerez pertinents comme échantillons.

Figure 6.60 : Utilisez l'outil Échantillonnage de couleur en trois points différents

4 Une fois le ou les points définis, vous pouvez les déplacer à l'aide du curseur afin d'affiner l'échantillonnage.

Figure 6.61 : Déplacez un point d'échantillonnage

5 Pour effacer un échantillon, appuyez sur la touche [Alt] tout en sélectionnant le point à supprimer.

Figure 6.62 : Effacez un point d'échantillonnage

Les informations sur les échantillons apparaissent dans la palette *Infos*. Vous pouvez changer d'outil pour passer à autre chose : les échantillons sont toujours actifs.

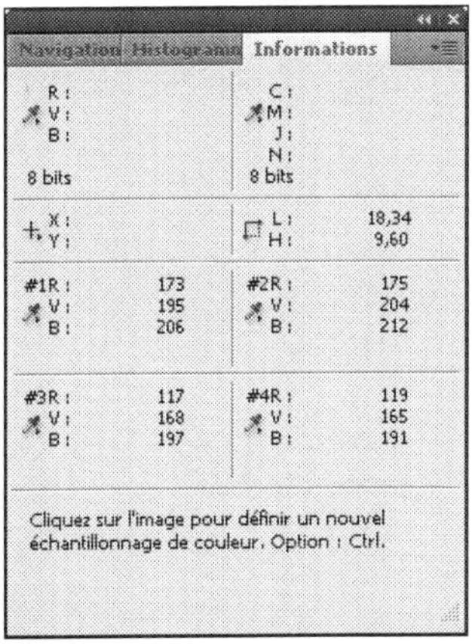

Figure 6.63 : Informations sur les quatre points d'échantillonnage

Règle

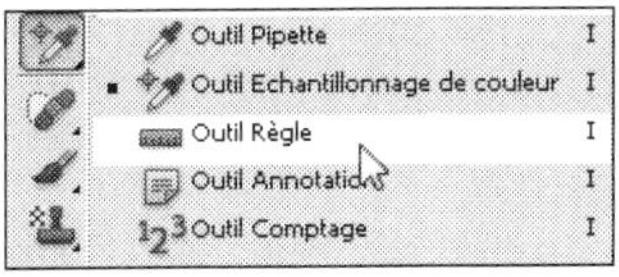

L'outil **Règle** permet de prendre des mesures de distance entre deux points, et d'angle entre trois points.

Palette d'options de l'outil Règle

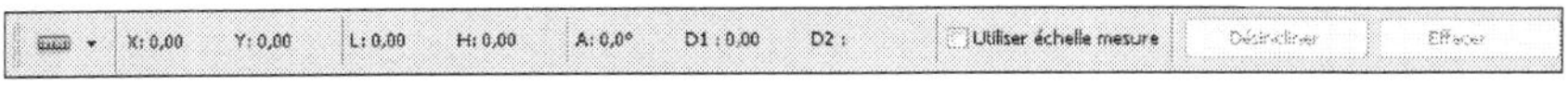

Figure 6.64 : Palette d'options de l'outil Règle

Sélecteur d'outils prédéfinis

Le Sélecteur d'outils prédéfinis donne accès rapidement à une liste d'outils prédéfinis propres ou non à l'outil en cours de sélection.

RENVOI

Pour voir son utilisation, reportez-vous à la section *Outil Zoom* de ce chapitre.

Informations affichées

Les informations affichées sont les suivantes :

- *X* et *Y* donnent les coordonnées du point d'origine.
- *L* et *H* donnent la distance horizontale et la distance verticale du segment que vous avez défini.
- *A*, *D1* et *D2* donnent l'angle, la longueur du premier segment et celle du second segment.

Bouton Effacer

Le bouton **Effacer** permet d'effacer le ou les deux segments de mesure déjà créés.

REMARQUE

L'unité de mesure

L'unité de mesure dépend de l'unité définie dans les paramètres de Photoshop à l'aide de la boîte de dialogue accessible par le menu **Edition/Préférences/Unités et règles**.

Appliquer l'outil Règle

1. Activez l'outil **Règle** dans la palette *Outils*.
2. Sur la surface de travail, cliquez une première fois sur le point que vous voulez comme origine de la mesure.
3. Puis, tout en maintenant le bouton de la souris appuyé, déplacez votre curseur et relâchez le bouton de la souris sur le point qui formera l'autre extrémité du segment.

   S'affichent alors dans la palette d'options de l'outil **Règle** les informations sur les coordonnées du point d'origine, ainsi que la largeur, la hauteur, l'angle par rapport à l'horizon et la longueur du segment.

Figure 6.65 : Informations de longueur du segment

Vous allez maintenant demander à Photoshop de calculer l'angle entre ce premier segment et un second que vous allez créer.

4 Survolez l'extrémité du segment (ou le point d'origine), puis appuyez sur la touche Alt du clavier. Le curseur change d'aspect.
5 Cliquez, et tout en maintenant le bouton de la souris appuyé, déplacez votre curseur afin de dessiner le deuxième segment.
6 Relâchez le bouton de la souris une fois que l'angle formé entre le nouveau et l'ancien segment correspond à celui que vous voulez mesurer.

Les informations de longueur et hauteur disparaissent au profit des informations d'angle et de longueur des deux segments.

Figure 6.66 : Informations d'angle et de longueur des segments

Vous pouvez toujours, après coup, déplacer les points des segments.

6.5. Outils de remplissage

Vous allez apprendre à utiliser le pot de peinture et les dégradés de couleur.

Ces outils sont des outils de remplissage des zones de couleur proche.

Pot de peinture

L'outil **Pot de peinture** permet de remplir un aplat de couleur par une autre couleur ou un motif.

Palette d'options de l'outil Pot de peinture

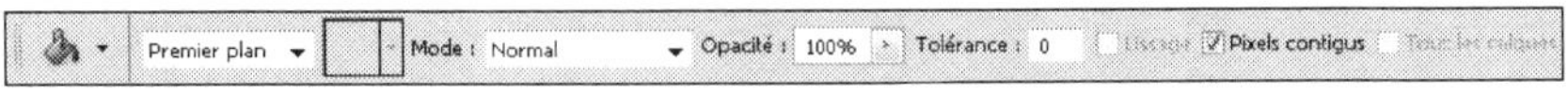

Figure 6.67 : Palette d'options de l'outil Pot de peinture

Sélecteur d'outils prédéfinis

Le Sélecteur d'outils prédéfinis donne accès rapidement à une liste d'outils prédéfinis propres ou non à l'outil en cours de sélection.

RENVOI Pour voir son utilisation, reportez-vous à la section *Outil Zoom* de ce chapitre.

Liste déroulante Source

La liste déroulante *Source* permet de choisir la source de remplissage. Vous avez le choix entre :

- *1er plan* : remplissage selon la couleur de premier plan.
- *Motif* : remplissage avec un motif à définir à l'aide du Sélecteur correspondant.

Liste déroulante Mode

La liste déroulante *Mode* vous permet de choisir le mode de mélange de ce que vous remplissez avec les couleurs des calques inférieurs.

RENVOI Reportez-vous à la section *Modes de fusion des couleurs* du chapitre *Gérer les couleurs* pour en savoir plus.

Opacité

L'*Opacité* permet de déterminer la transparence du trait en pourcentage.

Tolérance

La *Tolérance* est un des paramètres importants de l'outil **Pot de peinture**. Elle permet de préciser le niveau de tolérance par rapport aux nuances de l'aplat à remplir.

Il est courant de devoir annuler l'opération réalisée avec l'outil **Pot de peinture** (Ctrl+Z) afin de changer la *Tolérance* et d'obtenir un meilleur résultat.

Case Lissage

Activée par défaut.

La case *Lissage* permet d'avoir ou non un lissage au niveau des rebords du remplissage.

Case Pixels contigus

Activée par défaut.

La case *Pixels contigus* permet, lorsqu'elle est cochée, de faire un remplissage sur une zone formée d'une seule forme compacte. Si cette case est décochée, le remplissage se fait sur tous les pixels de l'image ayant la couleur sur laquelle vous avez cliqué.

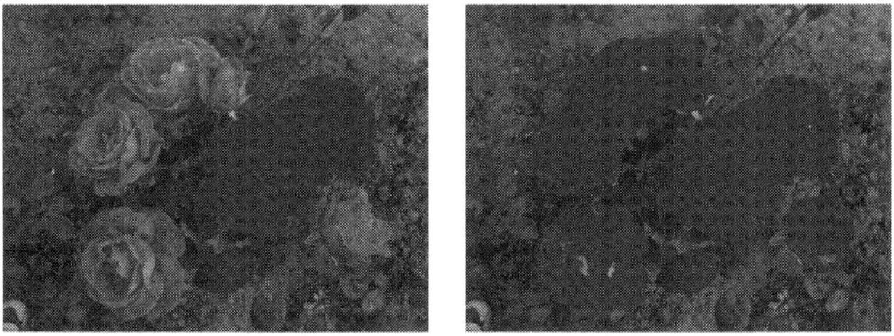

Figure 6.68 : À gauche, la case Pixels contigus cochée, à droite la case Pixels contigus décochée

Case Tous les calques

Décochée par défaut.

La case *Tous les calques* permet, lorsqu'elle est cochée, d'appliquer le remplissage sur tous les calques plutôt que sur le calque en cours de sélection.

Appliquer l'outil Pot de peinture

1 Ouvrez une image sur laquelle vous voulez appliquer l'outil **Pot de peinture**.

2 Dans la palette *Outils*, cliquez pendant deux secondes sur l'outil **Dégradé** pour choisir l'outil **Pot de peinture** dans le menu contextuel qui apparaît.

Figure 6.69 : Activez l'outil Pot de peinture

3 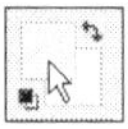 Définissez la couleur de premier plan qui sera employée pour le remplissage ou utilisez l'outil **Pipette** pour la spécifier.

4 

Dans la palette *Options*, cochez la case *Lissé* pour que les bords de la surface à peindre ne soient pas pixellisés.

5 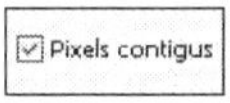

Décochez la case *Pixels contigus* pour que le remplissage ne se fasse pas seulement sur un bloc de couleur mais sur toute la couleur sur l'image.

6 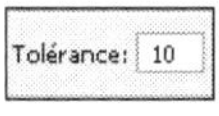

Précisez le niveau de *Tolérance* afin d'augmenter ou non la surface de diffusion de l'outil.

7 Faites un test pour voir le résultat et utilisez la commande **Edition/Annuler** (Ctrl+Z) pour changer la *Tolérance* si le résultat ne vous convient pas. Vous ferez certainement plusieurs essais avant d'obtenir un résultat correct.

Figure 6.70 : Résultat avec une tolérance basse

8 Changez éventuellement le *Mode* de mélange de la couleur pour un résultat plus conforme à vos attentes.

Figure 6.71 : Résultat avec une tolérance plus grande et un mode de mélange des couleurs différent (ici Produit)

Dégradé de couleur

L'outil **Dégradé de couleur** permet de remplir la surface de travail par un dégradé de couleur que vous définirez.

Palette d'options de l'outil Dégradé de couleur

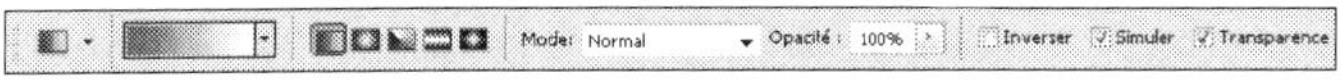

Figure 6.72 : Palette d'options de l'outil Dégradé de couleur

Le dégradé par défaut est un dégradé de la couleur de premier plan vers le blanc.

Sélecteur d'outils prédéfinis

Le Sélecteur d'outils prédéfinis donne accès rapidement à une liste d'outils prédéfinis propres ou non à l'outil en cours de sélection.

RENVOI Pour voir son utilisation, reportez-vous à la section *Outil Zoom* de ce chapitre.

Sélecteur de dégradés

Le Sélecteur de dégradés permet de choisir un dégradé parmi plusieurs dégradés prédéfinis. Comme pour le Sélecteur de motifs et le Sélecteur de formes, vous avez accès à d'autres bibliothèques de dégradés depuis le menu contextuel du Sélecteur.

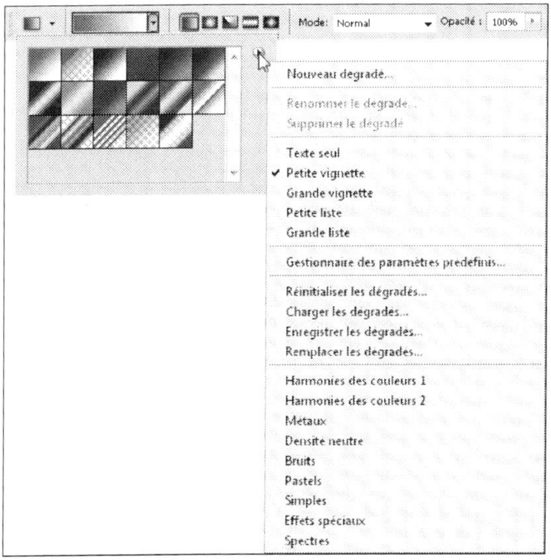

Figure 6.73 : Sélecteur de dégradés

Comme pour les formes de pointe et les motifs, vous pouvez ajouter d'autres bibliothèques, que vous trouverez par exemple sur Internet en faisant une recherche sur le mot-clé anglais "gradiant".

Type de dégradé

Le type de dégradé permet de déterminer la forme du dégradé. Vous avez le choix entre cinq types de dégradés :

- *Dégradé linéaire* ;
- *Dégradé radial* ;
- *Dégradé incliné* ;
- *Dégradé réfléchi* ;
- *Dégradé en losange*.

Liste déroulante Mode

La liste déroulante *Mode* permet de choisir le mode de mélange du dégradé avec la zone à remplir.

RENVOI

Reportez-vous à la section *Modes de fusion des couleurs* du chapitre *Gérer les couleurs* pour en savoir plus.

Opacité

L'*Opacité* permet de déterminer la transparence du dégradé.

Case Inversé

Décochée par défaut.

La case *Inversé* vous donne la possibilité d'inverser l'ordre des couleurs du dégradé.

Case Simuler

Cochée par défaut.

La case *Simuler* permet, lorsqu'elle est active, de corriger les effets de bande, courants dans les dégradés linéaires par exemple.

Case Transparence

Cochée par défaut.

La case *Transparence* permet d'activer ou non la transparence.

Appliquer l'outil Dégradé de couleur

1 Utilisez **Fichier/Nouveau** pour créer un nouveau document sur fond blanc, sur lequel vous allez appliquer l'outil **Dégradé**.

2 Dans la palette *Outils*, cliquez sur l'outil **Dégradé** (éventuellement masqué par l'outil **Pot de peinture**).

3 Dans la palette *Options*, cliquez sur la liste déroulante *Dégradé* et choisissez un dégradé prédéfini.

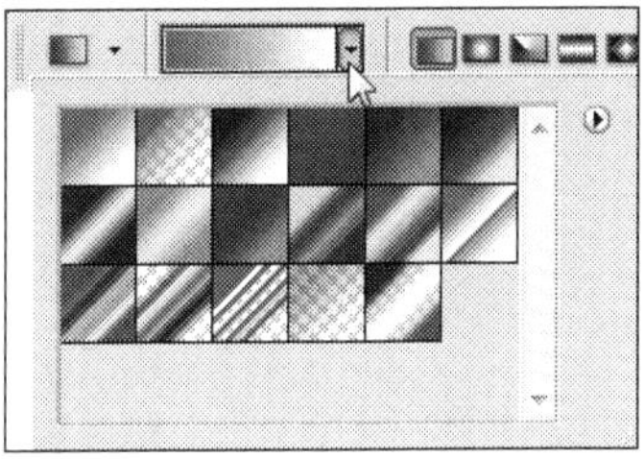

Figure 6.74 : Éditeur de dégradé

> REMARQUE
>
> **Créer son propre dégradé**
>
> Si vous cliquez directement sur le dégradé présenté dans la liste déroulante *Dégradé*, vous accédez à la boîte de dialogue **Éditeur de dégradé** et pouvez créer votre propre dégradé.

4 Sélectionnez ensuite le type de dégradé, par exemple *Dégradé incliné*.

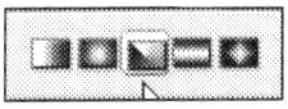

Figure 6.75 : Choisissez le type de dégradé

5 

Déterminez le *Mode* de mélange des couleurs avec celui du calque en cours de sélection, par exemple *Normal*.

6 

Précisez l'*Opacité* du dégradé en pourcentage, ici *100 %*.

7 Laissez les autres paramètres tels quels.

Figure 6.76 : Autres paramètres gérables

8 Sur la surface de travail, dessinez une droite qui va déterminer la longueur du dégradé.

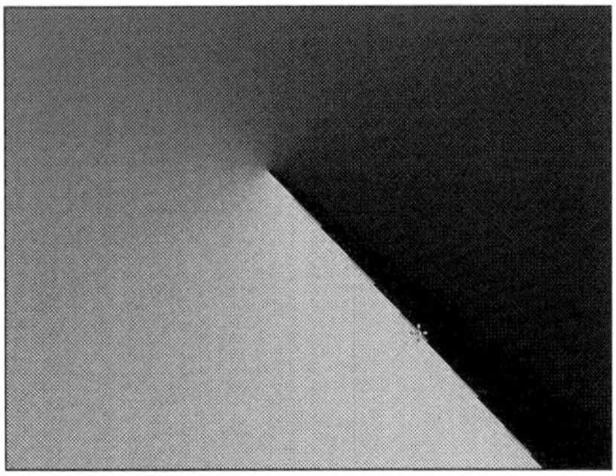

Figure 6.77 : Résultat d'un dégradé incliné

ASTUCE

Utilisation du dégradé de couleur

Le dégradé de couleur est pratique pour faire de jolis dégradés avec les couleurs de l'arc-en-ciel, par exemple. Utilisé en mode Incrustation, un dégradé du bleu vers le transparent permet de changer facilement un ciel gris en un beau ciel bleu.

Éditeur de dégradé

Si vous cliquez sur le bouton du Sélecteur de dégradés, la boîte de dialogue **Éditeur de dégradé** s'affiche.

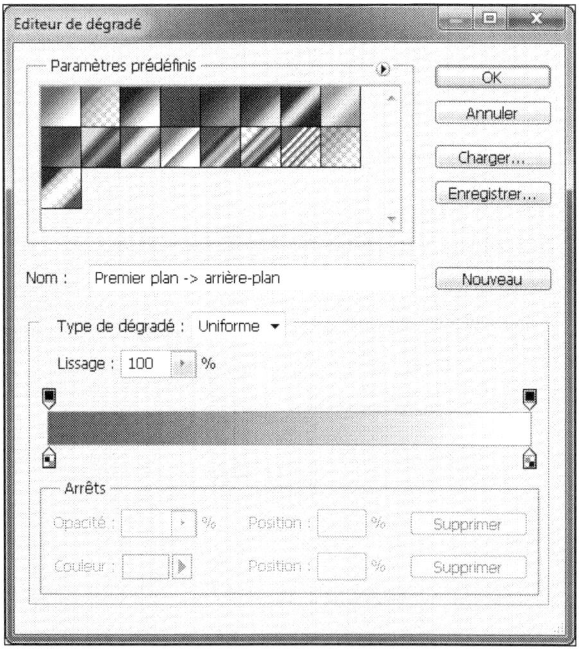

Figure 6.78 : Éditeur de dégradé

La boîte de dialogue **Éditeur de dégradé** permet de créer un dégradé personnalisé. Les possibilités de création sont très importantes. L'outil principal de création de dégradé est la bande horizontale permettant sa prévisualisation. Vous pouvez y définir les étapes d'opacité et de couleur de dégradé. Ces étapes sont représentées par des curseurs blanc et noir sur la partie supérieure de la bande pour la gestion de l'opacité, et par des curseurs colorés sous la partie inférieure de la bande pour la gestion des couleurs du dégradé.

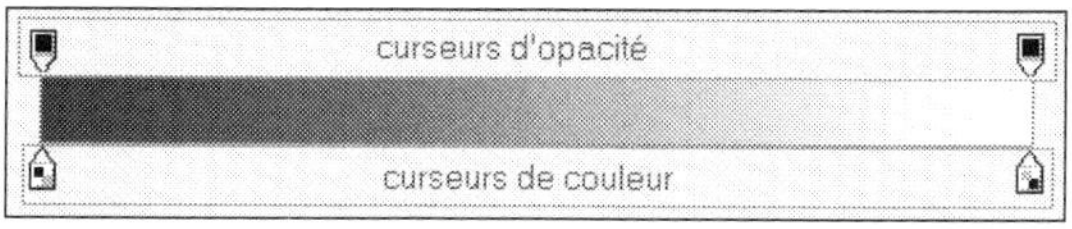

Figure 6.79 : Bande de prévisualisation et de gestion de l'opacité et des couleurs du dégradé

Suivez ces étapes pour créer votre propre dégradé :

1 Pour partir sur la base d'un dégradé prédéfini, sélectionnez-le dans le Sélecteur de *Paramètres prédéfinis*. Pour partir sur la base de la couleur de premier plan, passez directement à l'étape suivante.

2 Dans la liste déroulante *Type de dégradé*, choisissez *Uniforme* si ce n'est pas déjà fait. L'autre type, *Bruit*, génère un dégradé multicolore moins personnalisable.

3 Définissez éventuellement des étapes de transparence sur toute la longueur du dégradé. La transparence se gère en valeurs du noir au blanc : le noir représentant 100 % d'opacité (pas de transparence) et le blanc 0 % (transparence maximale). Le damier de représentation de la transparence est visible dans la bande de prévisualisation du dégradé.

Pour modifier la transparence au niveau d'une des étapes d'opacité, sélectionnez-la, puis modifiez ses paramètres d'*Opacité* et de *Position* depuis la zone d'options *Arrêts*. Notez que vous pouvez aussi changer la valeur de position en faisant un glisser-déposer du curseur de l'étape.

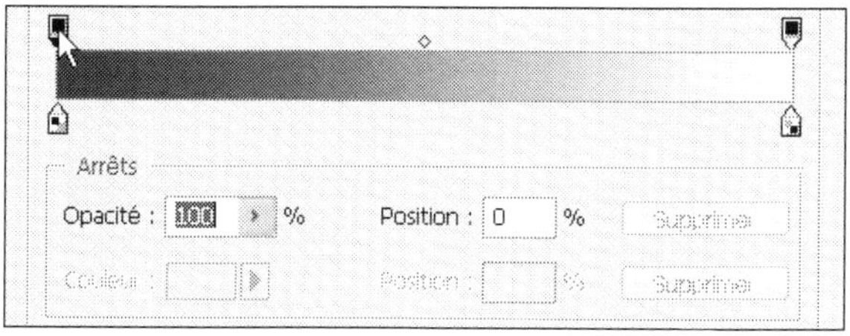

Figure 6.80 : Modifiez le paramètre Opacité

Pour créer une étape d'opacité, cliquez à l'endroit voulu sur le côté supérieur de la bande de prévisualisation du dégradé.

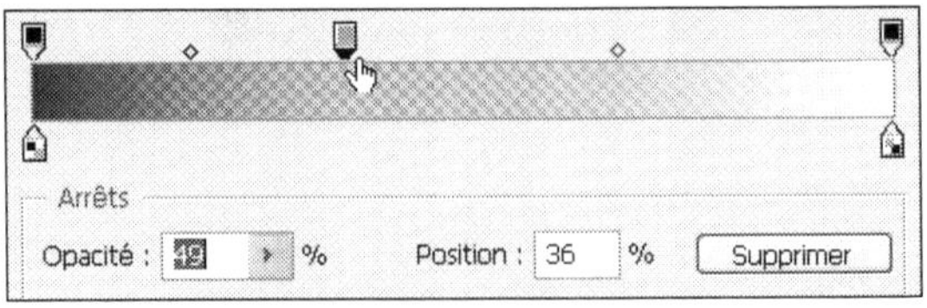

Figure 6.81 : Créez un curseur d'opacité

Pour effacer une étape d'opacité, glissez-déposez-la à l'extérieur de la bande de prévisualisation du dégradé.

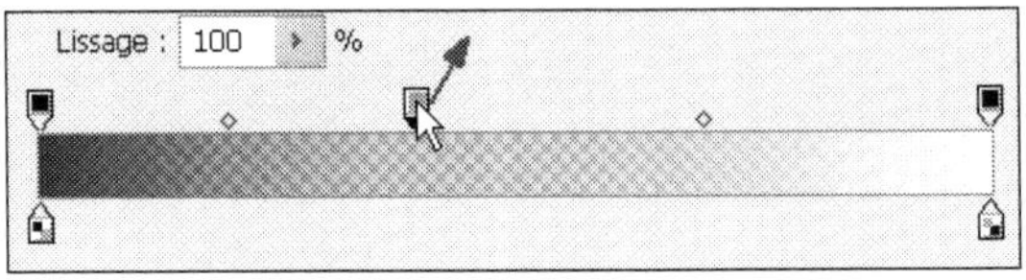

Figure 6.82 : Supprimez une étape

Vous pouvez alors définir ses paramètres d'*Opacité* et de *Position* dans la zone d'options *Arrêts*.

REMARQUE

Milieu de deux étapes de dégradé

Le milieu entre deux étapes de dégradé est représenté par un petit losange. Vous pouvez déplacer ce losange afin d'affiner à votre convenance le dégradé intermédiaire.

4 Pour définir les étapes du dégradé, appliquez la même technique que pour les étapes d'opacité, mais sous le côté inférieur de la bande de prévisualisation du dégradé.

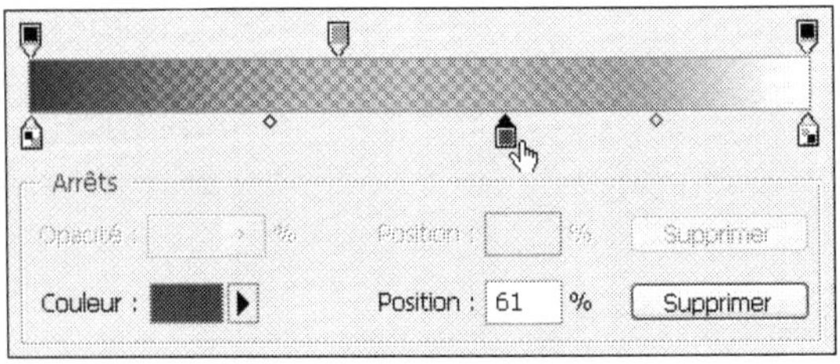

Figure 6.83 : Créez une étape de couleur

Vous avez accès à la boîte de dialogue **Sélecteur de couleurs** afin de pouvoir déterminer la couleur de la nouvelle étape de dégradé.

5 Une fois votre dégradé paramétré, allez dans la zone de texte *Nom* et saisissez le nom que vous voulez donner au dégradé créé.

6 Cliquez sur le bouton **Nouveau** afin d'ajouter le nouveau dégradé à la bibliothèque de paramètres prédéfinis.

Vous pouvez maintenant cliquer sur le bouton OK et générer votre dégradé sur la surface de travail.

> ASTUCE
>
> **Dégradé incliné parfait**
>
> Pour éviter d'avoir une ligne droite pixellisée lors de la génération d'un dégradé incliné, utilisez la même couleur en début et en fin de dégradé (étapes des extrémités gauche et droite de la bande de prévisualisation du dégradé) plutôt que deux couleurs différentes.

6.6. Fonctions de remplissage et de contour

Les outils de remplissage et de contour s'utilisent sur une sélection. Vous allez créer un cadre blanc, partiellement transparent, avec un contour noir, sur une photo existante.

1 Ouvrez une image sur laquelle vous allez créer ce cadre.

2  Dans la palette *Outils*, cliquez sur l'outil **Rectangle de sélection**.

3 Dessinez un rectangle de sélection sur la surface de travail.

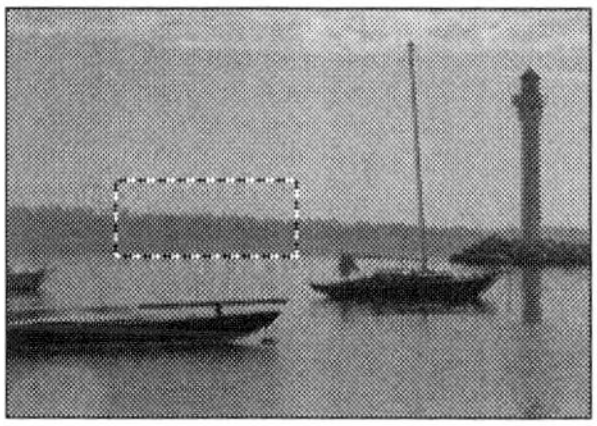

Figure 6.84 : Sélectionnez une zone de l'image

4 Dans le menu **Edition**, cliquez sur **Remplir**.

5 Dans la zone d'options *Remplir* de la boîte de dialogue **Remplir**, précisez *Blanc* dans la liste déroulante *Avec*.

6 Dans la zone d'options *Fusion*, précisez *75 %* comme *Opacité*.

7 Cliquez sur OK.

Figure 6.85 : Résultat d'un remplissage de blanc avec une opacité de 75 %

8 Dans le menu **Edition**, cliquez sur **Contour**.

9 Dans la zone d'options *Contour* de la boîte de dialogue **Contour**, précisez *3 pixels* pour l'*Épaisseur* et choisissez le noir comme *Couleur*.

10 Dans la zone d'options *Position*, cochez la case *Centre*.

11 Dans la zone d'options *Fusion*, choisissez le *Mode Normal* et laissez l'*Opacité* à *100 %*.

12 Cliquez sur OK.

13 Dans le menu **Sélection**, cliquez sur **Désélectionner** (Ctrl+D).

Figure 6.86 : Application du contour

6.7. Créer des formes de pinceau

Il est possible de créer des formes de pinceau personnalisées. Vous pouvez gérer la taille de ces formes, mais pas leur dureté.

1 Ouvrez une photo présentant un élément que vous souhaitez récupérer, puis, à l'aide des outils de sélection, sélectionnez cet élément en le détourant parfaitement.

RENVOI

Reportez-vous au chapitre *Sélectionner* pour avoir plus de détails.

Figure 6.87 : Sélectionnez le tracteur

2 Dans le menu **Edition**, cliquez sur **Définir une forme prédéfinie**.

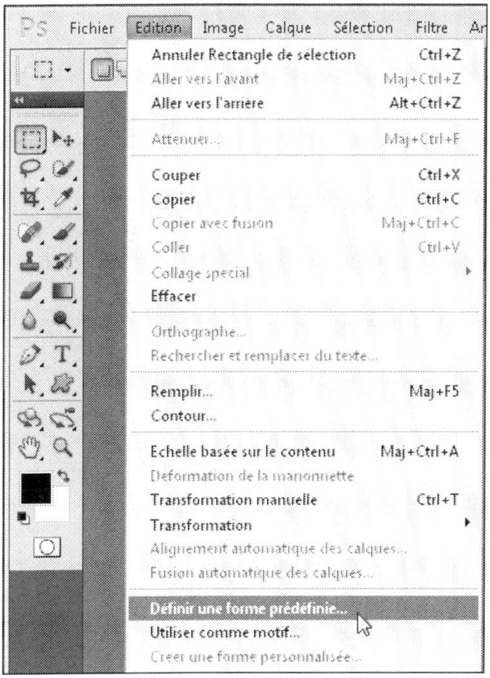

Figure 6.88 : Définissez la sélection comme forme prédéfinie

3 Dans la boîte de dialogue **Nom de la forme**, donnez un nom explicite à la forme, ici `Tracteur`.

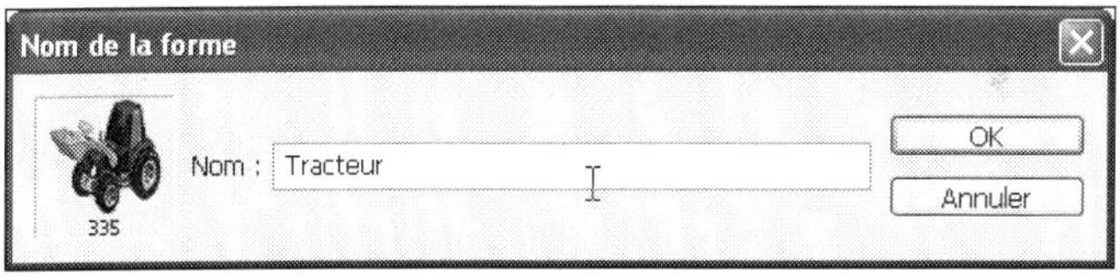

Figure 6.89 : Boîte de dialogue Nom de la forme

4 Cliquez sur OK.

5 Dans le menu **Sélection**, cliquez sur **Désélectionner** (Ctrl+D).

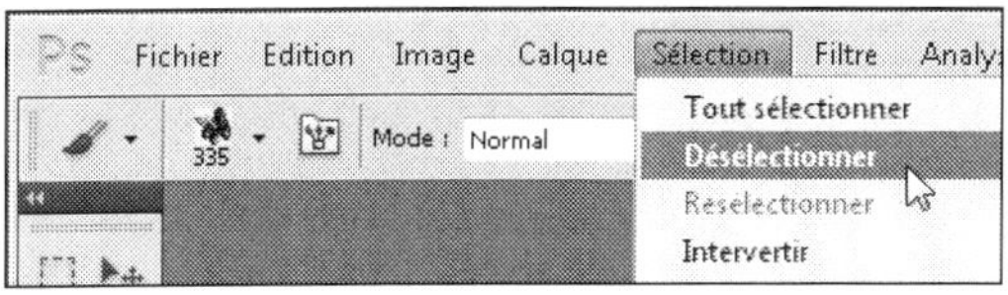

Figure 6.90 : Désélectionnez le tracteur

6 Dans la palette *Outils*, sélectionnez l'outil **Pinceau** (éventuellement masqué par l'outil **Crayon**).

7 Dans la palette *Options*, cliquez sur la liste déroulante *Forme* et faites défiler les formes prédéfinies vers le bas. Vous y trouverez la forme que vous venez de créer. Sélectionnez-la.

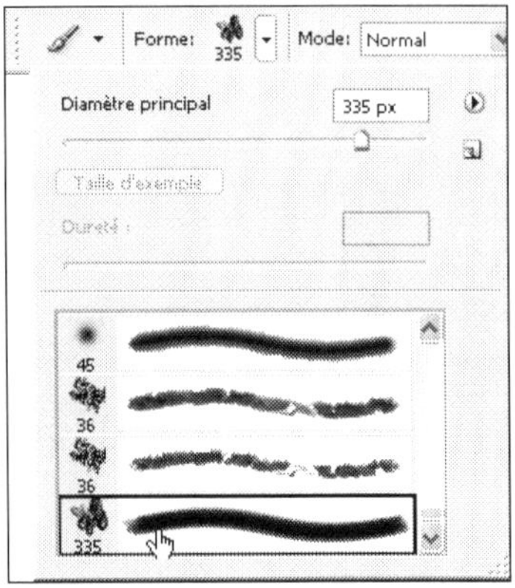

Figure 6.91 : Choisissez la nouvelle forme de la pointe du pinceau

8 Choisissez une couleur de peinture.

9 Dessinez sur la surface de travail afin de voir le résultat.

Figure 6.92 : Résultat sur la surface de travail

Palette Formes

La palette *Formes* est une version améliorée du Sélecteur de formes de la palette d'options. Elle permet de personnaliser à l'extrême les formes des pointes des outils de Photoshop. Vous avez ainsi accès à un grand nombre de paramètres qui vous offrent une totale liberté de création, surtout si vous partez d'une forme créée de toutes pièces, comme expliqué précédemment.

La palette *Formes* est notamment accessible par le raccourci clavier F5.

REMARQUE

Accès à la palette Formes

Les paramètres de la palette *Formes* sont accessibles uniquement si vous activez un outil gérant les formes de pointe.

Panneau Formes prédéfinies

Le panneau **Formes prédéfinies** permet d'accéder à une forme prédéfinie et de la modifier.

Panneau principal Forme de la pointe

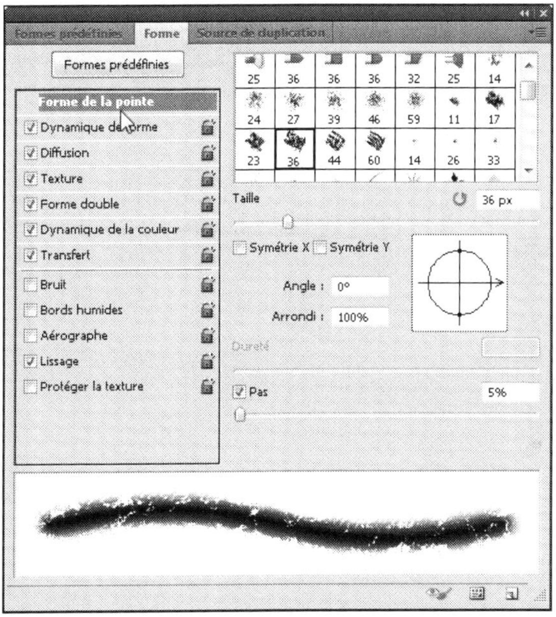

Figure 6.93 : Panneau Forme de la pointe

Le panneau principal de cette palette est le panneau **Forme de la pointe.** Il correspond à peu près au Sélecteur de formes accessible dans toutes les palettes d'options des outils gérant les formes de pointe. Vous pouvez y choisir une forme parmi les formes par défaut de Photoshop et paramétrer son *Diamètre*, sa *Dureté* et son *Pas*. Vous pouvez aussi modifier visuellement sa forme globale en gérant son *Angle*, son *Arrondi* et ses *Symétries X* et *Y*.

Vous pouvez activer ou non cinq paramètres selon les spécificités de l'outil actif :

- *Bruit* : ajoute un caractère aléatoire supplémentaire aux pointes de forme individuelles. Cette option est particulièrement efficace lorsqu'elle est appliquée aux pointes de forme floues.
- *Bords humides* : produit un effet d'aquarelle par accumulation de la peinture sur le contour du tracé.
- *Aérographe* : simule le dessin à l'aérographe traditionnel. Cette option correspond à l'option du même nom de la palette d'options.
- *Lissage* : adoucit les courbes du tracé que vous dessinez. Cette option est particulièrement efficace lorsque vous peignez rapidement à l'aide d'un stylet et sur sa palette graphique.
- *Protéger la texture* : applique le même motif et la même échelle à toutes les formes prédéfinies texturées. Cette option permet d'avoir une texture plus homogène et compacte afin d'obtenir un tracé moins chaotique lorsque vous peignez avec plusieurs pointes de forme texturées.

En plus de ce panneau, vous avez la possibilité d'activer ou non six types d'effets, avec leur lot de paramètres.

Ces panneaux proposent tous la liste déroulante *Contrôle*.

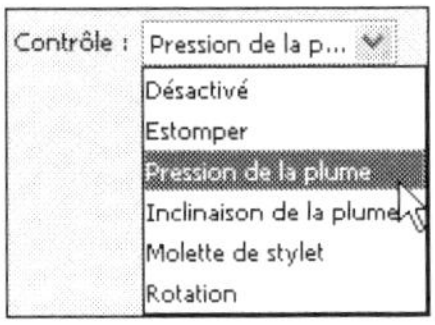

Figure 6.94 : Liste déroulante Contrôle

Cette liste déroulante permet de choisir le mode de contrôle des variations appliquées. Vous avez, selon la fonction, le choix entre :

- *Désactivé* : vous n'avez aucun contrôle sur la variation qui se fait alors aléatoirement.
- *Estomper* : permet de diminuer la taille de la forme le long du trait sur un nombre d'étapes à déterminer dans la zone de texte située juste à droite (essayez *300*).
- *Pression de la plume* : permet de faire varier l'épaisseur de la forme entre le diamètre initial et le diamètre minimal en fonction de la pression que vous exercez avec la plume sur votre tablette graphique.
- *Inclinaison de la plume* : permet de faire varier l'épaisseur de la forme entre le diamètre initial et le diamètre minimal en fonction de l'inclinaison entre la plume et votre tablette graphique.

- *Molette de stylet* : permet de faire varier l'épaisseur de la forme entre le diamètre initial et le diamètre minimal en fonction de la position de la molette du stylet.
- *Rotation* : permet de faire varier l'épaisseur de la forme entre le diamètre initial et le diamètre minimal en fonction de la rotation que vous exercez avec la plume sur votre tablette graphique.
- *Direction initiale* : permet de définir l'angle de la forme selon la direction initiale du tracé.
- *Direction* : permet de définir l'angle de la forme selon la direction du tracé.

Avant de voir plus en détail ces panneaux, et de manière à créer une nouvelle forme, choisissez la forme *Craie 36 pixels* dans le Sélecteur de formes.

Panneau Dynamique de forme

Le panneau **Dynamique de forme** permet de paramétrer les variations de la forme le long du trait que vous dessinez. Cela donne la possibilité de rendre les contours des tracés moins réguliers, voire plus "trash".

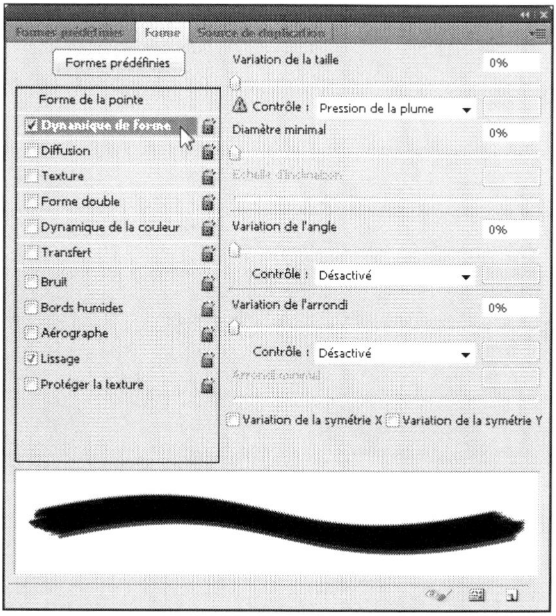

Figure 6.95 : Panneau Dynamique de forme

Par défaut, il n'y a pas de variation : toutes les jauges sont à 0. Si vous déplacez les jauges, vous voyez vite le résultat.

Variation de la taille

La *Variation de la taille* permet de définir la taille maximale de la pointe afin de rendre le diamètre de la forme irrégulier tout au long du trait.

Variation de l'angle

La *Variation de l'angle* permet de définir l'angle de rotation maximal que peut avoir la forme le long du trait. Cela donne un contour de trait irrégulier si vous utilisez une forme autre qu'un cercle parfait.

Variation de l'arrondi

La *Variation de l'arrondi* permet justement de rendre le trait irrégulier pour une forme comme un cercle parfait, qui ne peut pas l'être si vous utilisez la variation de l'angle.

Panneau Diffusion

La diffusion de la forme détermine le nombre de répétitions et la position sur la largeur du trait de ses empreintes sur un tracé.

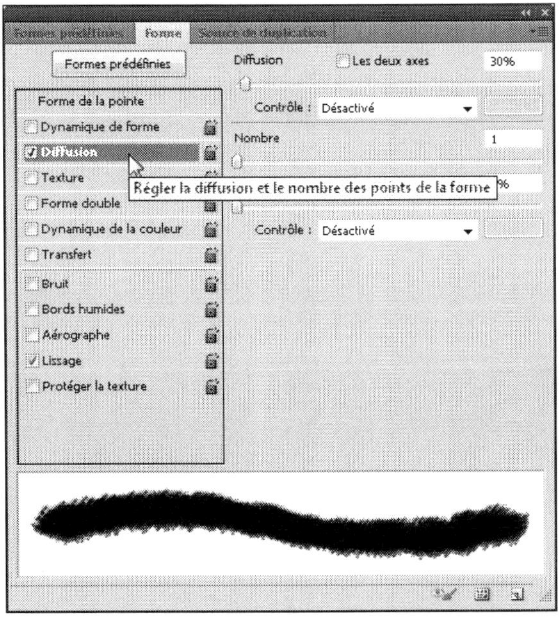

Figure 6.96 : Panneau Diffusion

Diffusion

La *Diffusion* permet de gérer l'épaisseur du trait en utilisant plusieurs fois la forme dans la largeur.

Nombre

Le *Nombre* permet d'augmenter le nombre de fois où la forme est répétée lorsque vous dessinez.

Variation numérique

La *Variation numérique* permet de déterminer la variation du nombre de fois où la forme est répétée lorsque vous dessinez.

Panneau Texture

Une forme texturée utilise un motif pour simuler une finition sur toile ou papier rugueux.

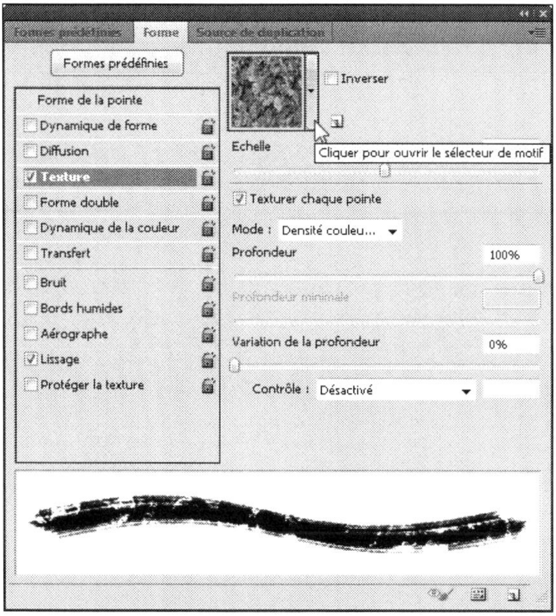

Figure 6.97 : Panneau Texture

Sélecteur de motifs

Le Sélecteur de motifs permet de choisir le motif avec lequel vous simulerez l'effet crayonné sur papier rugueux. Ce motif est géré en bichromie (noir et blanc). Ses couleurs et ses nuances sont de ce fait ignorées.

La case *Inverser* permet d'utiliser le négatif du motif sélectionné.

Échelle

L'*Échelle* permet de changer la taille du motif par rapport à la forme.

Case Texturer chaque pointe

La case *Texturer chaque pointe* donne la possibilité d'appliquer le motif à chaque répétition de la forme. Cela permet de rendre la texture moins régulière. Lorsque vous cochez cette case, vous activez d'autres paramètres :

- *Mode* : permet de déterminer le mode de mélange avec la couleur d'arrière-plan.

RENVOI

Reportez-vous au chapitre *Gérer les couleurs* pour avoir plus de détails sur les différents modes de fusion.

- *Profondeur* : permet de déterminer l'impact de la texture sur le trait.
- *Profondeur minimale* : permet de déterminer l'impact minimal de la texture sur le trait. Cette fonction dépend du mode de contrôle choisi.
- *Variation de la profondeur* : permet de déterminer le niveau de variation maximal de l'impact de la texture sur le trait.

Panneau Forme double

Le panneau **Forme double** permet d'ajouter une seconde forme comme pointe et donc d'utiliser simultanément deux pointes pour dessiner.

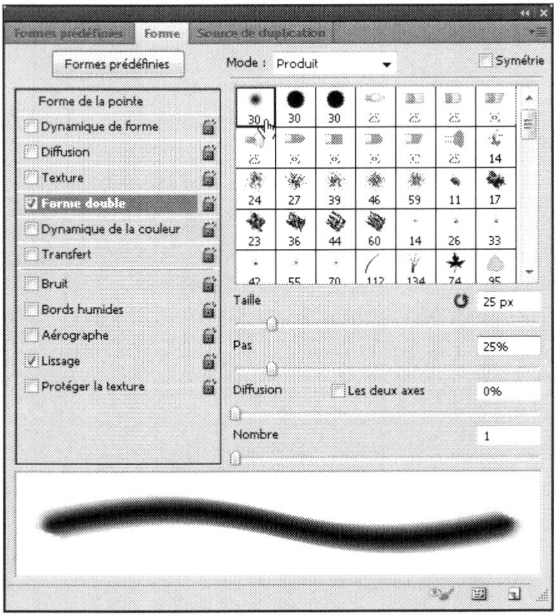

Figure 6.98 : Panneau Forme double

Vous avez donc accès au Sélecteur de formes pour sélectionner une seconde pointe. Vous pouvez alors paramétrer cette pointe : le *Diamètre*, le *Pas*, mais aussi la *Diffusion* et le *Nombre*.

Pour adoucir une pointe qui vous paraît rugueuse, choisissez une pointe lisse comme l'*Arrondi flou 25* comme seconde forme. Inversement, si une forme vous paraît trop lisse ou floue, choisissez une forme triturée afin de casser l'aspect trop lisse du tracé.

Diffusion

La *Diffusion* permet de gérer l'épaisseur du trait en utilisant plusieurs fois la forme dans la largeur.

Nombre

Le *Nombre* permet d'augmenter le nombre de fois où la forme est répétée lorsque vous dessinez.

Panneau Dynamique de la couleur

La dynamique de la couleur détermine les variations chromatiques de la couleur sur un tracé.

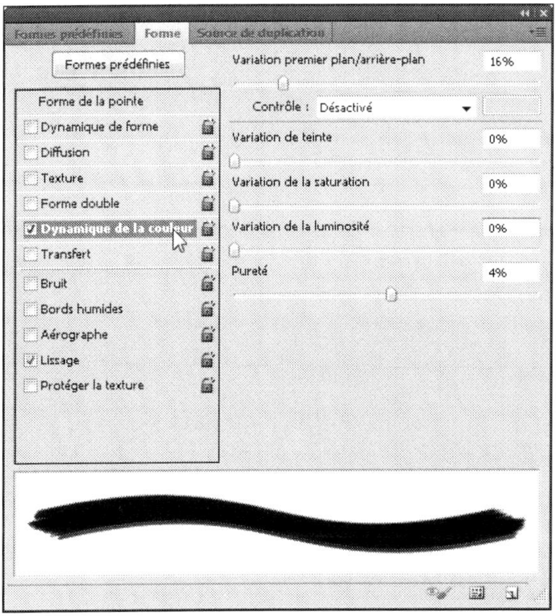

Figure 6.99 : Panneau Dynamique de la couleur

L'outil de prévisualisation du tracé ne permet malheureusement pas dans Photoshop de prévisualiser la couleur de premier plan que le tracé est censé prendre lorsque vous dessinez.

De ce fait, pour voir les résultats, il faut faire des essais sur une surface de travail vierge.

L'image suivante donne un aperçu des modifications effectuées selon les paramètres décrits plus bas :

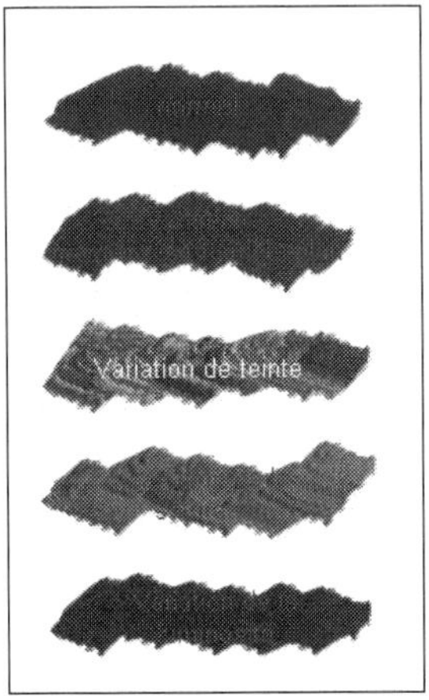

Figure 6.100 : Exemples de variation de couleur

Variation premier plan/arrière-plan

La *Variation premier plan/arrière-plan* permet d'utiliser la couleur d'arrière-plan de la palette *Outils* comme couleur alternative à la couleur d'arrière-plan. La jauge permet de régler le niveau maximal de mélange des deux couleurs.

Variation de teinte

La *Variation de teinte* permet de définir le niveau maximal de valeurs de la différence de teinte de premier plan. Cette variation est indépendante de la couleur d'arrière-plan. Les teintes ne sont pas forcément proches de celles du premier plan.

Variation de la saturation

La *Variation de la saturation* permet de définir le niveau maximal de valeurs de la saturation de la teinte de premier plan.

Variation de la luminosité

La *Variation de la luminosité* permet de définir le niveau maximal de valeurs de la luminosité de la teinte de premier plan.

Pureté

La *Pureté* permet de définir le niveau maximal de la saturation de la couleur générée par le pinceau.

Panneau Transfert

Les autres options de dynamique déterminent les variations d'opacité et de flux de la forme le long du trait que vous dessinez.

Même s'ils peuvent paraître anodins du fait de leur place dans le panneau **Transfert**, ces deux paramètres ont leur importance si vous voulez générer un trait irrégulier réaliste.

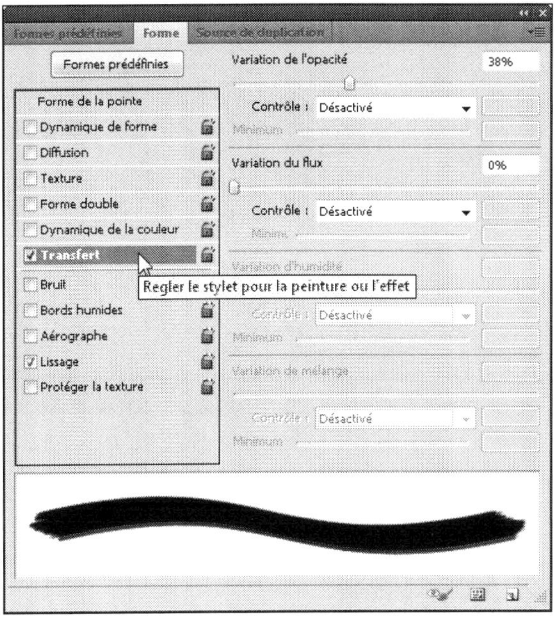

Figure 6.101 : Panneau Autre dynamique

Variation de l'opacité

La *Variation de l'opacité* permet de définir le niveau maximal de variation de l'opacité des répétitions de la forme le long du trait que vous dessinez.

Variation du flux

La *Variation de flux* permet de définir le niveau maximal de variation de flux des répétitions de la forme le long du trait que vous dessinez.

Menu contextuel

Vous accédez exceptionnellement au menu contextuel de la palette *Formes* depuis son onglet...

... à moins de rendre la palette indépendante des onglets de la barre d'options.

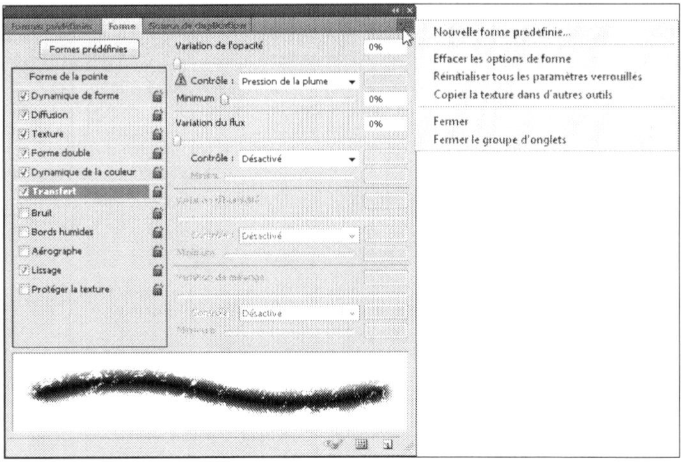

Figure 6.102 : Menu contextuel de la palette Formes

1 Pour enregistrer la forme que vous venez de créer, allez dans le menu contextuel et choisissez la commande **Nouvelle forme prédéfinie.**
2 La boîte de dialogue **Nom de la forme** s'affiche. Vous pouvez alors donner un nom à la nouvelle forme.
3 Une fois cette opération effectuée, vous pouvez accéder à la nouvelle forme prédéfinie depuis le panneau **Forme prédéfinie** de la palette *Formes*.

Figure 6.103 : Boîte de dialogue Nom de la forme

Vous avez aussi accès à cette fonction en cliquant sur le bouton **Créer une forme**, situé en bas à droite de la palette *Formes*. Vous avez d'ailleurs accès également au bouton **Supprimer la forme** permettant de supprimer la forme prédéfinie en cours de sélection.

REMARQUE

Formes des pointes et formes vectorielles

Ne confondez pas les formes vectorielles que vous pouvez créer à l'aide de l'outil **Forme personnalisée** (U) et les formes de pointe de certains outils, tel l'outil **Pinceau**, comme vous venez de le voir.

SÉLECTIONNER

Outils standard de sélection 229
Combinaison de sélections 244
Sélection par plage de couleurs 248
Mode Masque pour faire des sélections 250
Fonctions possibles pour une sélection 253

Les outils de sélection sont indispensables pour la retouche d'images et le photomontage. Ils permettent de dessiner et d'appliquer des effets sur des zones bien définies, de façon à éviter de déborder sur des parties ne nécessitant pas de retouche. Avec Photoshop, vous avez, bien sûr, à votre disposition le panel standard d'outils de sélection. À ceux-là s'ajoutent d'autres outils plus complexes à comprendre, mais terriblement efficaces une fois qu'ils sont maîtrisés. Certains outils vous paraîtront redondants par rapport à d'autres. C'est à vous d'utiliser vos outils de sélection favoris. Vous allez voir les différentes techniques de sélection et apprendre à choisir la plus appropriée selon les cas.

7.1. Outils standard de sélection

Les outils standard de sélection sont accessibles directement depuis la palette d'outils de Photoshop. Vous en trouverez trois qui, en fait, cachent cinq autres outils. Vous allez examiner ces différents outils et apprendre à vous en servir.

Figure 7.1 : Outils standard de sélection

Palettes d'options des outils standard de sélection

Plusieurs options propres à cet outil de sélection sont disponibles dans la palette d'options située en dessous du menu principal.

Figure 7.2 : Palette d'options de l'outil Rectangle de sélection

Ces palettes d'options sont identiques pour les quatre outils de sélection : **Rectangle de sélection**, **Ellipse de sélection**, **Rectangle de sélection 1 rangée** et **Rectangle de sélection 1 colonne**. Les autres outils de sélection utilisent en partie ces options. Dans ces palettes d'options, vous avez accès aux paramètres suivants :

Sélecteur d'outils prédéfinis

Le Sélecteur d'outils prédéfinis donne accès à la liste des outils pour lesquels vous avez défini des caractéristiques précises que vous avez pris soin de sauvegarder.

Figure 7.3 : Fonctions étendues de sélection

Fonctions étendues de sélection

Ces quatre boutons permettent de choisir le mode de sélection de l'outil **Rectangle de sélection** :

- Avec le bouton **Nouvelle sélection**, vous créez une nouvelle sélection effaçant l'ancienne.
- Avec le bouton **Ajouter à la sélection**, vous ajoutez la sélection que vous dessinez à la sélection précédente.
- Avec le bouton **Soustraire de la sélection**, vous soustrayez la sélection que vous dessinez de la sélection précédente.
- Avec le bouton **Sélectionner l'intersection**, vous sélectionnez uniquement l'intersection entre ce que vous dessinez et la sélection précédente.

Paramètres de lissage de la sélection

Il y a deux paramètres de lissage de la sélection :

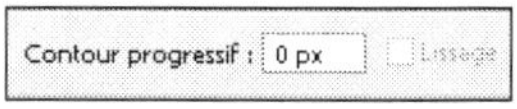

Figure 7.4 : Paramètres de lissage de la sélection

- Le premier, la zone de texte *Contour progressif*, s'applique à toutes les variantes des outils de sélection, excepté l'outil **Baguette magique**. Vous allez y définir la largeur du contour progressif. Plus elle est grande, plus le contour de sélection est adouci. Si vous paramétrez un contour progressif assez grand pour créer une sélection rectangulaire, vous obtenez une forme rectangulaire à bords arrondis.
- Le second, la case *Lissage*, ne s'applique qu'aux outils de sélection non rectangulaires, et donc ici à l'outil **Ellipse de sélection**. Il permet d'activer ou non le lissage d'anti-crénelage sur les bords arrondis de la sélection. Ce lissage équivaut à un contour progressif de 0 à 1 pixel selon que le contour est arrondi ou non.

Styles de sélection

La liste déroulante *Style* permet de définir le type de contrainte à appliquer à la sélection.

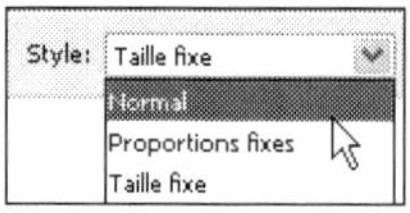

Figure 7.5 : Liste déroulante Style

ATTENTION

Précaution à prendre avec les styles de sélection

Pensez à repasser en style de sélection *Normal* lorsque vous avez fini d'utiliser les autres styles *Proportions fixes* et *Taille fixe*. Cela vous évitera des petits soucis lors de votre prochaine sélection, car vous risquez d'oublier que vous n'êtes pas en style *Normal*.

Style de sélection Normal

Le style de sélection *Normal* n'impose aucune contrainte lorsque vous dessinez un rectangle de sélection.

Style de sélection Proportions fixes

Le style de sélection *Proportions fixes* permet de créer des formes respectant les proportions de hauteur et largeur à préciser. Il est très pratique si vous voulez faire des recadrages respectant le rapport de proportion 4/3 habituellement utilisé pour les photos numériques.

Figure 7.6 : Style Proportions fixes

ASTUCE

Cadrage cinéma pour une photo

Pour donner un cadrage cinéma 16/9 à vos photos numériques, faites une sélection en proportions fixes de *16* en largeur par *9* en hauteur, puis appliquez **Image/Recadrer** en fonction de cette sélection.

Style de sélection Taille fixe

Le style de sélection *Taille fixe* impose une taille bien précise à votre sélection. Il est alors impossible de faire une sélection différente. Vous ne pouvez que préciser à la souris la position de la sélection.

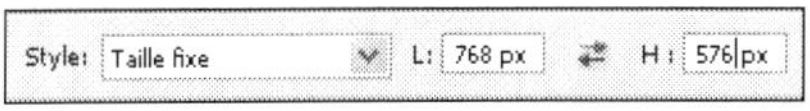

Figure 7.7 : Style Taille fixe

Cette fonction est pratique si vous voulez faire un recadrage correspondant à un format précis, par exemple pour recadrer une partie d'une photo numérique afin que sa taille corresponde au format vidéo AVI DV (*768* pixels en largeur par *576* pixels en hauteur). Vous avez alors une image dont la taille est parfaitement compatible si vous voulez l'insérer dans un montage vidéo.

ASTUCE

Unité de mesure

Vous pouvez préciser l'unité de mesure des nombres que vous entrez dans les zones de texte *L* et *H* pour le style *Taille fixe*. Par exemple, pour que votre sélection fasse 10 centimètres de largeur par 5 centimètres de hauteur, entrez respectivement *10 cm* et *5 cm* dans les zones de texte *L* et *H*.

Outil Rectangle de sélection

Derrière l'outil **Rectangle de sélection** se cachent trois autres outils.

Choisir l'outil de sélection Rectangle, Ellipse, Rangée ou Colonne

1 Pour afficher la liste des outils, cliquez pendant plusieurs secondes sur le bouton de l'outil **Rectangle de sélection**. Vous accédez alors à un menu contextuel listant d'autres outils.

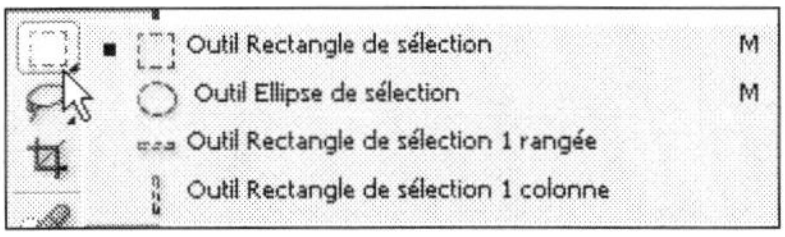

Figure 7.8 : Choisissez l'outil de sélection

2 Sélectionnez l'outil de sélection à utiliser. Dans la plupart des cas, vous choisirez l'outil **Rectangle** et l'outil **Ellipse**, les deux autres outils étant rarement employés.

REMARQUE

Outils cachés de la palette d'outils

La palette d'outils affiche directement la plupart des outils les plus utilisés dans Photoshop. Certains boutons d'outil possèdent un petit réticule noir situé en bas à droite de l'icône. Cela signifie que d'autres outils sont accessibles si vous cliquez pendant plusieurs secondes sur le bouton.

Faire une sélection rectangulaire avec l'outil Rectangle de sélection

1 Ouvrez une image de votre choix et cliquez sur l'outil **Rectangle de sélection** dans la palette d'outils.

2 Sur l'image, cliquez en haut à gauche de la zone à sélectionner et, tout en laissant le bouton enfoncé, faites glisser le curseur en diagonale vers le bas sur la droite.

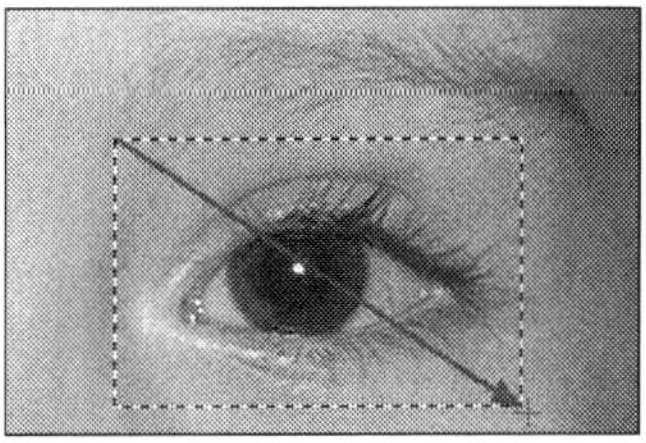

Figure 7.9 : Sélection rectangulaire simple

Un liseré définit la zone en cours de sélection.

3 Une fois que la zone à sélectionner est recouverte par le rectangle de sélection, lâchez le bouton de la souris.

Votre sélection est maintenant effectuée. Pour faire une sélection en forme d'ellipse, utilisez de la même manière l'outil **Ellipse de sélection**.

Faire une sélection en forme de carré ou de cercle parfait

1 Faites comme si vous vouliez faire une sélection rectangulaire avec l'outil **Rectangle de sélection**.

2 Pendant que vous définissez la zone de sélection rectangulaire tout en maintenant le bouton de la souris enfoncé, appuyez en même temps sur la touche [Maj] du clavier.

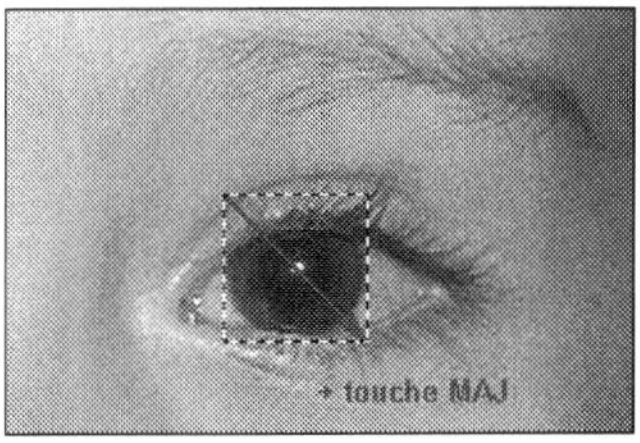

Figure 7.10 : Sélection carrée

Votre sélection, qui était jusqu'alors rectangulaire, devient carrée.

3 Pour valider votre sélection, relâchez le bouton de la souris, puis la touche [Maj].

Votre sélection carrée est maintenant terminée. Pour faire une sélection en forme de cercle parfait, utilisez de la même manière l'outil **Ellipse de sélection** en vous aidant de la touche [Maj].

Faire une sélection à partir du centre de sélection

Par défaut, vous pouvez faire une sélection en dessinant une diagonale à partir d'un des angles de cette sélection. Il est aussi possible de faire une sélection en partant de son milieu.

1 Faites comme si vous vouliez faire une sélection rectangulaire avec l'outil **Rectangle de sélection**. Choisissez votre point de départ de manière qu'il corresponde au centre de la sélection à définir.

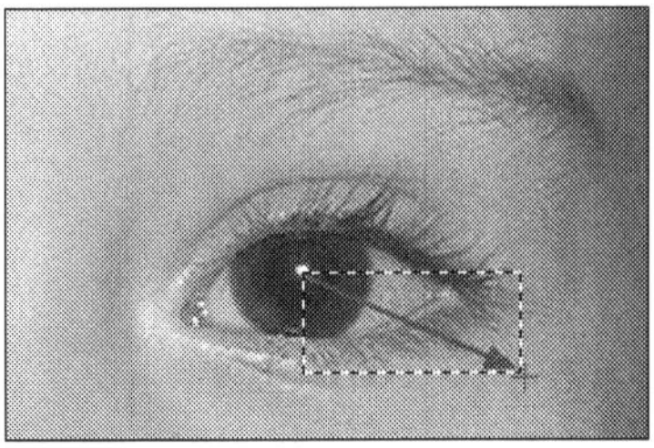

Figure 7.11 : Sélection simple en partant du pixel qui sera le centre de la sélection à définir

2 Pendant que vous définissez la zone de sélection rectangulaire tout en maintenant le bouton de la souris enfoncé, appuyez en même temps sur la touche [Alt] du clavier (située juste à gauche de la [Barre d'espace]). La sélection se fait à partir du centre de sélection.

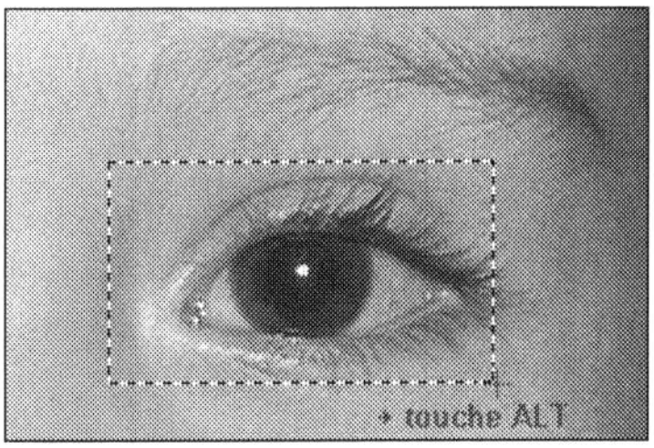

Figure 7.12 : Sélection avec la touche Alt

3 Pour valider votre sélection, relâchez le bouton de la souris, puis la touche [Alt].

Faire un cercle parfait en partant du centre de sélection

Vous pouvez combiner les fonctions des touches [Alt] et [Maj] afin de créer une forme carrée ou un cercle parfait. Cela peut être pratique si vous souhaitez effectuer la sélection d'un objet circulaire dont vous connaissez le centre, par exemple la pupille d'un œil.

1 Faites comme si vous vouliez faire une sélection en ellipse avec l'outil **Ellipse de sélection**.

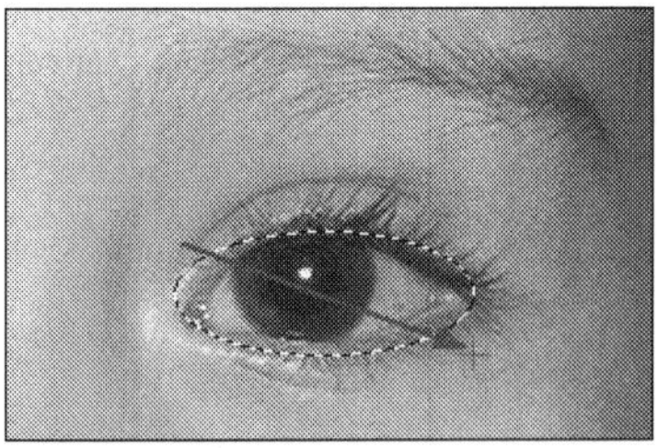

Figure 7.13 : Sélection en forme d'ellipse

2 Pendant que vous définissez la zone de sélection ellipsoïdale tout en maintenant le bouton de la souris enfoncé, appuyez en même temps sur les touches [Alt] et [Maj] du clavier (situées juste à gauche de la [Barre d'espace]).

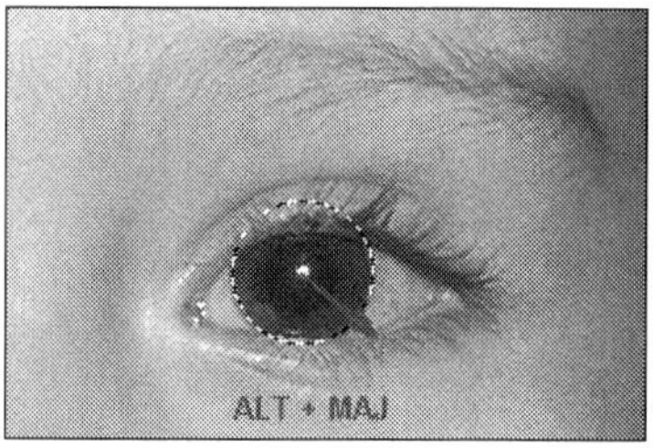

Figure 7.14 : Sélection en cercle parfait en partant du centre

3 Pour valider votre sélection, relâchez le bouton de la souris, puis les touches [Alt] et [Maj].

Outils Rectangle de sélection 1 rangée et Rectangle de sélection 1 colonne

Les outils **Rectangle de sélection 1 rangée** et **Rectangle de sélection 1 colonne** ont un intérêt limité. Ils permettent de sélectionner toute une ligne de pixels respectivement sur la largeur et la hauteur. Dans la pratique, ces fonctions sont plutôt utiles aux webmestres, qui peuvent créer rapidement une ligne de pixels horizontale ou verticale dans les interfaces web qu'ils conçoivent.

Outil Lasso

L'outil **Lasso** permet de sélectionner une zone simplement en la dessinant. Vous pouvez détourer un objet pour ainsi dire à main levée, ou plutôt à souris levée. La forme à dessiner doit être, si possible, fermée. Ce n'est pas obligatoire, mais préférable car, même si Photoshop est capable de fermer la forme automatiquement, il ne le fait pas forcément selon votre logique.

Il y a en fait trois outils de sélection au lasso :

- l'outil **Lasso** simple ;
- l'outil **Lasso polygonal** ;
- l'outil **Lasso magnétique**.

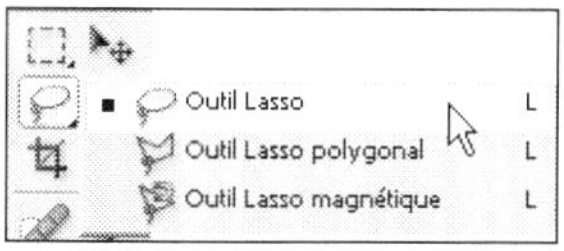

Figure 7.15 : Outils Lasso

Outil Lasso normal

L'outil **Lasso** normal permet de faire une sélection à main levée, autrement dit de dessiner à la souris les contours de la zone à sélectionner.

Palette d'options de l'outil Lasso

Figure 7.16 : Palette d'options de l'outil Lasso

RENVOI

La description des paramètres de cette palette d'options figure à la section *Palette d'options des outils standard de sélection* de ce chapitre.

Faire une sélection avec le lasso par défaut

1 Activez l'outil de sélection **Lasso** dans la palette des outils.

2 Sur l'image, dessinez la zone à sélectionner tout en appuyant sur le bouton de la souris.

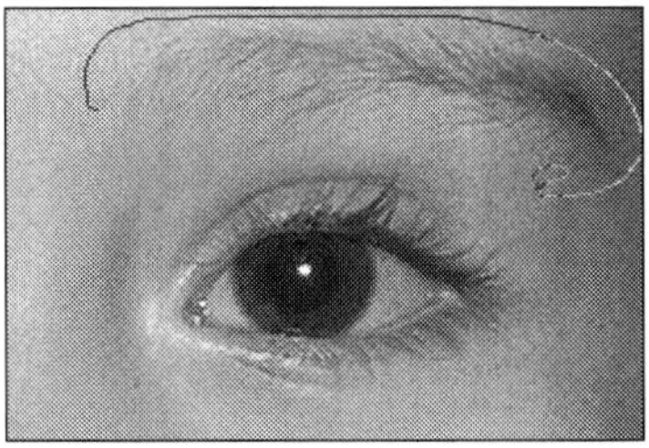

Figure 7.17 : Dessinez la zone à sélectionner

3 Efforcez-vous de fermer le mieux possible la forme en vous approchant au plus près du point de départ de votre dessin du contour de sélection.

4 Lâchez le bouton de la souris pour confirmer la sélection quand vous avez terminé le détourage de l'objet voulu.

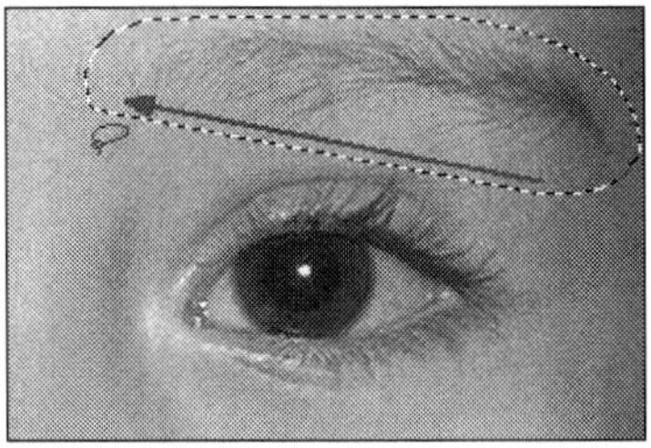

Figure 7.18 : Relâchez le bouton de la souris

Photoshop trace automatiquement un segment entre le point de départ et le dernier point de la sélection afin de fermer celle-ci.

Si vous relâchez trop tôt le bouton de la souris, la sélection risque de ne plus ressembler à ce que vous pensiez sélectionner. En effet, dans certains cas, cela empiète sur une partie de la sélection, surtout s'il y a une intersection entre cette ligne droite et le tracé de la sélection.

Outil Lasso polygonal

L'outil **Lasso polygonal** permet de faire une sélection en définissant plusieurs points reliés par une ligne droite.

Palette d'options de l'outil Lasso polygonal

Figure 7.19 : Palette d'options de l'outil Lasso polygonal

RENVOI

La description des paramètres de cette palette d'options figure à la section *Palette d'options des outils standard de sélection* de ce chapitre.

Faire une sélection avec le lasso polygonal

1 Activez l'outil de sélection **Lasso polygonal** dans la palette des outils.

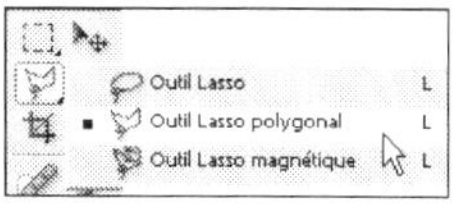

Figure 7.20 : Outil Lasso polygonal

2 Commencez la sélection en cliquant à l'endroit d'où vous voulez partir. Lâchez le bouton de la souris.

3 Déplacez votre curseur afin de définir le point suivant du lasso polygonal. Une ligne se trace entre le curseur et le point de départ de votre sélection. Cliquez pour définir le deuxième point de la sélection.

4 De la même manière, positionnez les autres points en prenant soin de bien dessiner la forme à sélectionner.

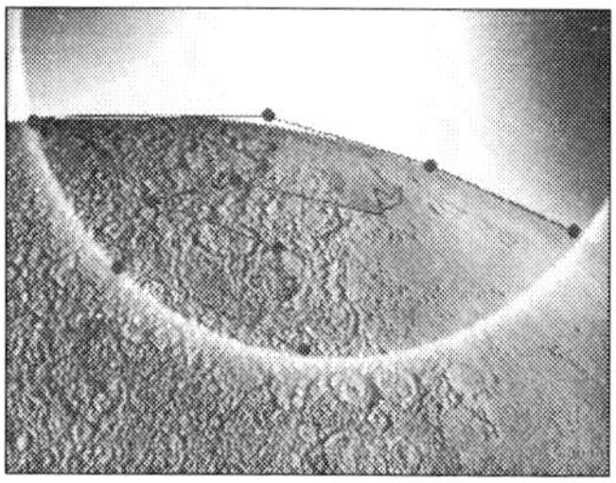

Figure 7.21 : Dessinez la forme à sélectionner

5 Lorsque vous arrivez à la fin du dessin polygonal de votre sélection, double-cliquez pour que Photoshop trace la ligne reliant le point de départ au dernier point de la sélection pour la terminer.

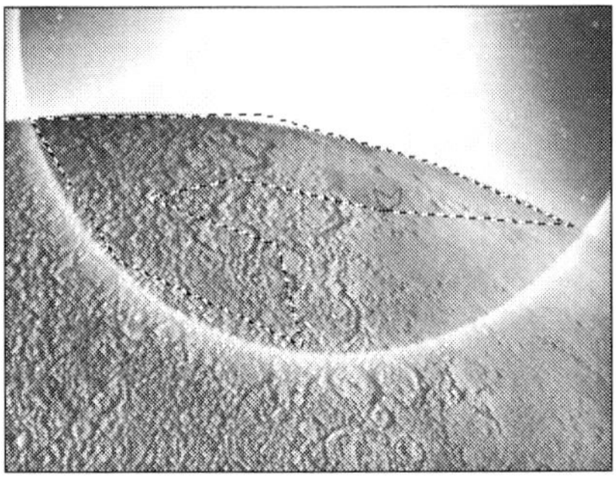

Figure 7.22 : Double-cliquez pour fermer la sélection

Si vous relâchez trop tôt le bouton de la souris, la sélection risque d'être complètement à refaire. En effet, dans certains cas, cela empiète sur une partie de la sélection, surtout s'il y a une intersection entre cette ligne droite et un autre segment de la sélection polygonale.

Outil Lasso magnétique

L'outil **Lasso magnétique** utilise un algorithme de détection des contours proches de la sélection afin de faire un détourage semi-automatique. Cet outil adapte votre sélection afin qu'elle colle parfaitement aux contours du dessin qu'il détecte dans un rayon proche de la zone de sélection.

Palette d'options de l'outil Lasso magnétique

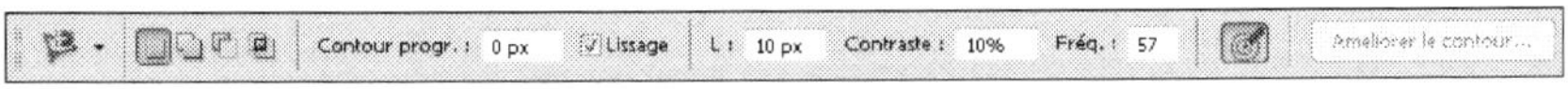

Figure 7.23 : Palette d'options de l'outil Lasso magnétique

RENVOI

La description des paramètres de cette palette d'options figure à la section *Palette d'options des outils standard de sélection* de ce chapitre.

Zone de texte Largeur

Par défaut *10 px*.

La zone de texte *Largeur* permet de définir en pixels la distance maximale du bord à considérer pour le tracé magnétique du contour de la sélection par rapport au contour que vous tracez.

Zone de texte Dév. du contour

Par défaut *10 %*.

La zone de texte *Dév. du contour* permet de définir le niveau de contraste du bord à considérer pour le tracé.

Zone de texte Fréquence

Par défaut *57*.

La zone de texte *Fréquence* permet de définir la fréquence de création de points de tracé magnétiques le long du tracé de contour de la sélection. Entrez un nombre compris entre *0* et *100*. Plus ce nombre est grand, plus nombreux sont les points magnétiques ajoutés le long de votre tracé, et donc plus votre contour magnétique est précis.

Bouton Stylet

Activé par défaut.

Le bouton **Stylet** permet, lorsqu'il est actif, de régler la largeur de la plume en fonction de la pression que vous exercez sur la tablette graphique à l'aide de son stylet.

Faire une sélection avec le lasso magnétique

1 Activez l'outil de sélection **Lasso magnétique** dans la palette des outils.

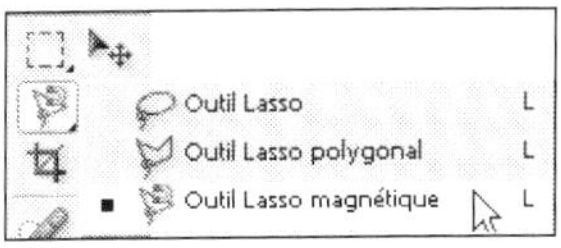

Figure 7.24 : Outil Lasso magnétique

2 Sur l'image, dessinez la zone à sélectionner, tout en appuyant sur le bouton de la souris.

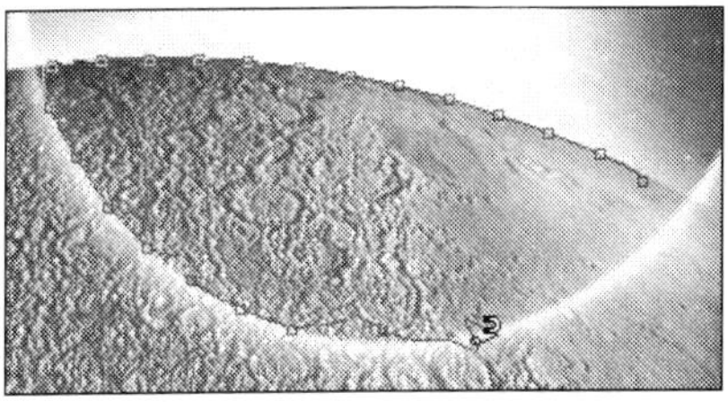
Figure 7.25 : Dessinez la zone à sélectionner

Photoshop s'efforce de détecter automatiquement les contours de l'objet à sélectionner.

Le lasso magnétique révèle vite ses limites. Il décroche rapidement pour les contours peu évidents.

3 Dans la palette d'options, augmentez au besoin la fréquence de détection de contour afin d'améliorer le résultat du lasso magnétique.

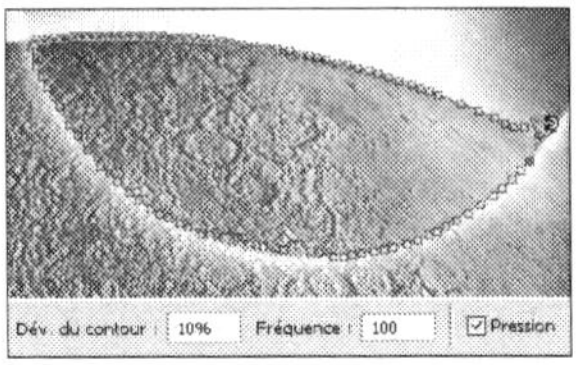

Figure 7.26 : Réglez la fréquence de détection de contour

4 Une fois que vous avez fait le tour de votre sélection, double-cliquez pour fermer la forme de ladite sélection.

Faire une sélection mi-lasso normal mi-lasso polygonal

Lorsque vous êtes en cours de sélection en style Normal ou Polygonal, vous pouvez passer de l'un à l'autre en appuyant sur la touche [Alt].

Outil Sélection rapide

L'outil **Sélection rapide** évolue a chaque nouvelle version de Photoshop. Il se révèle d'une efficacité redoutable ! Une fois que l'on y a goûté, on ne peut plus s'en passer !

Il s'utilise comme un outil de dessin : dessinez sur la zone à sélectionner, Photoshop se débrouille pour sélectionner les contours des objets sur lesquels vous peignez.

Figure 7.27 : Utilisation de l'outil Sélection rapide

Outil de sélection amélioré

Déjà bien efficaces dans la version précédente de Photoshop CS5, les outils de sélection s'améliorent pour encore plus de productivité.

L'amélioration est très discrète. Elle s'applique globalement à tous les outils de sélection automatique.

La nouveauté la plus marquante se trouve dans la boîte de dialogue **Améliorer le contour** accessible par le bouton du même nom situé à droite de la palette *Options* des outils de sélection. Vous y trouverez en effet un nouvel outil permettant d'affiner la sélection des cheveux.

Figure 7.28 : Amélioration du contour

Outil Baguette magique

L'outil de sélection **Baguette magique** permet de faire une sélection en fonction d'une couleur choisie à un endroit précis. La sélection se fait sur une zone où les couleurs sont proches de celle qui est sélectionnée. Cet outil est très efficace si vous souhaitez sélectionner un fond de couleur plus ou moins uni.

Palette d'options de l'outil Baguette magique

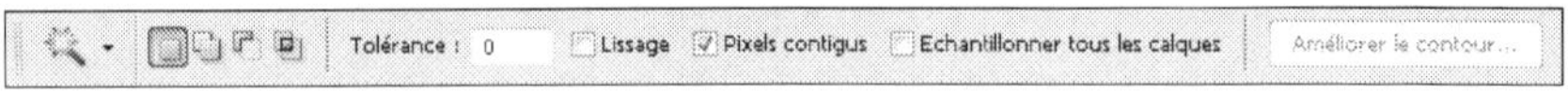

Figure 7.29 : Palette d'options de l'outil Baguette magique

RENVOI La description des paramètres de cette palette d'options figure à la section *Palette d'options des outils standard de sélection* de ce chapitre.

Zone de texte Tolérance

La *Tolérance* est le paramètre le plus important de l'outil **Baguette magique.** Elle permet de préciser le niveau de tolérance de la sélection par rapport aux nuances d'un aplat de couleur.

Il est courant de devoir annuler l'application de l'outil **Baguette magique** (Ctrl+Z ou fonction **Sélection/Désélectionner**, Ctrl+D) afin de changer la *Tolérance* et d'obtenir une zone de sélection plus proche de celle attendue.

Case Pixels contigus

Activée par défaut.

La case *Pixels contigus* permet, lorsqu'elle est cochée, de faire un remplissage sur une zone constituée uniquement d'une seule forme compacte. Si cette case est décochée, le remplissage se fait sur tous les pixels de l'image ayant la couleur sur laquelle vous avez cliqué.

Case Échantillonner tous les calques

Décochée par défaut.

La case *Échantillonner les calques* permet de prélever les données de tous les calques visibles. Par défaut, cette option est désélectionnée, ce qui fait que l'outil **Correcteur de tons directs** prélève uniquement les données du calque actif.

Appliquer l'outil Baguette magique

1 

Activez l'outil **Baguette magique.**

2 Sur l'image, survolez la zone de couleur à sélectionner, puis cliquez pour effectuer la sélection.

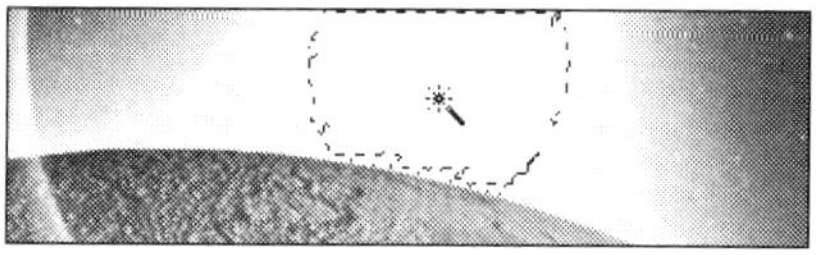

Figure 7.30 : Cliquez sur la zone à sélectionner

3 Si la sélection ne vous convient pas, annulez-la via le menu **Sélection/Désélectionner** (Ctrl+D).

Pour régler le degré de détection de la couleur, vous pouvez modifier le niveau de *Tolérance*, accessible dans la palette d'options située en dessous de la barre de menus.

4 Passez la tolérance à *75* et refaites une sélection à l'aide de la baguette magique.

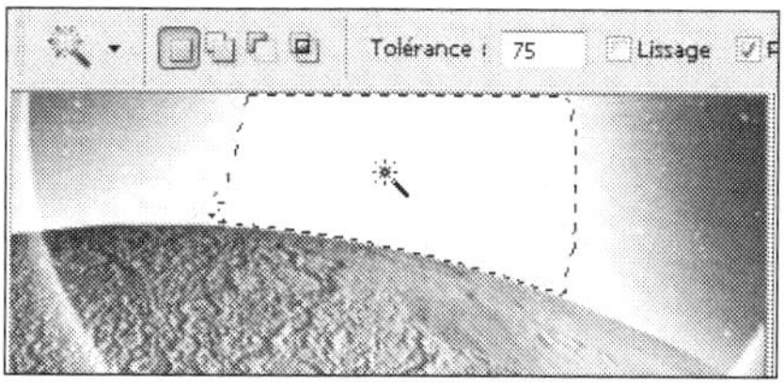

Figure 7.31 : Ajustez la Tolérance

La sélection est plus étendue que précédemment. Pour bien utiliser la baguette magique, vous devez en fait trouver le bon niveau de tolérance.

REMARQUE

Sélection contiguë ou non

Par défaut, la baguette magique ne sélectionne que les couleurs contiguës à celle qui est sélectionnée. De ce fait, la sélection ne concerne qu'une zone compacte de l'image. Si vous décochez la case *Pixels contigus*, vous pouvez sélectionner la couleur sur toute l'image et donc faire plusieurs sélections sur la même image.

Fonction Améliorer le contour

La plupart des options des outils de sélection possède la fonction **Améliorer le contour**. Cette fonction permet de finaliser le contour de la sélection. Elle est très pratique pour la gestion de la sélection d'éléments réputés difficiles comme les poils et les cheveux.

1 Pour l'utiliser, faite une première sélection à l'aide d'un outil de sélection tel que la baguette magique.

2 Puis cliquez sur le bouton **Améliorer le contour** situé sur la droite de la palette *Options*.

Figure 7.32 : Fonction Améliorer le contour

Vous accéderez alors aux paramètres d'amélioration du contour.

3 Pour la finition de sélection de cheveux, paramétrez les réglages de contours tel que le *Rayon* à 1 en mode *Dynamique*.

4  Cliquez sur le bouton **Amélioration du Rayon** (Raccourci E).

5 Peignez les cheveux à l'aide de cet outil, vous verrez alors la sélection des cheveux s'améliorer en tenant compte des réglages que vous venez de faire.

7.2. Combinaison de sélections

Maintenant que vous maîtrisez les différents outils de sélection de la palette d'outils, vous allez réaliser des sélections plus complexes en ajoutant ou en soustrayant des sélections de celle qui existe déjà.

 Figure 7.33 : Modes de sélection

Il y a quatre modes de sélection, accessibles dans la palette d'options et correspondant aux outils de sélection :

- **Nouvelle sélection** : lorsque vous faites une sélection, la sélection précédente se désactive.
- **Ajouter à la sélection** : lorsque vous faites une sélection, elle s'ajoute à la zone sélectionnée précédemment.
- **Soustraire de la sélection** : lorsque vous faites une sélection, elle se soustrait de la zone sélectionnée précédemment.
- **Sélectionner l'intersection** : lorsque vous faites une sélection, vous obtenez l'intersection entre cette sélection et la précédente.

À l'aide du clavier

Cette technique est la plus courante car elle fait appel aux touches souvent utilisées dans Photoshop : à savoir [Alt] et [Maj].

1 Activez l'outil **Rectangle de sélection.**
2 Faites une première sélection rectangulaire.
3 Appuyez sur la touche [Maj]. Un petit + apparaît en bas à droite du curseur de sélection.
4 Tout en laissant cette touche appuyée, faites une nouvelle sélection qui chevauche la première.

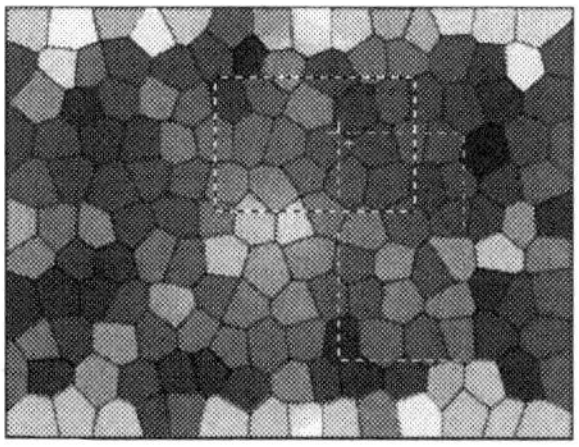

Figure 7.34 : Ajoutez une sélection

Vous obtenez alors une sélection composée de deux rectangles imbriqués.

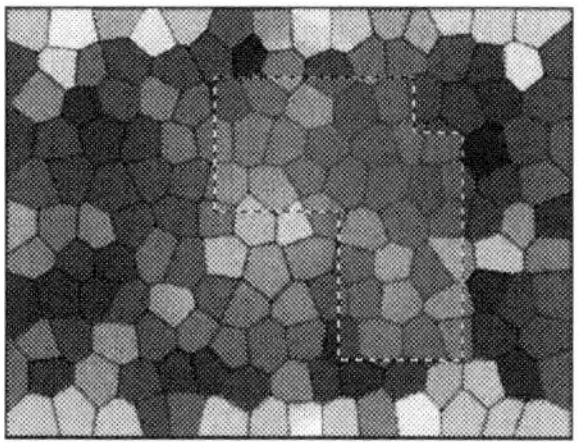

Figure 7.35 : Sélections imbriquées

5 Toujours à l'aide de la touche [Maj], ajoutez d'autres sélections avec d'autres outils de sélection, par exemple le cercle. Vous n'êtes pas obligé de faire des sélections qui se chevauchent.

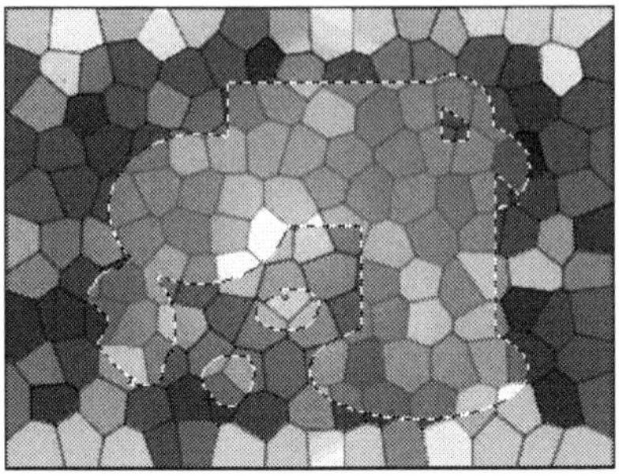

Figure 7.36 : Ajoutez d'autres sélections

6 Maintenant, vous allez soustraire des parties de la sélection actuelle. Pour cela, appuyez sur la touche [Alt] et maintenez-la enfoncée pendant que vous faites une sélection qui chevauche la sélection actuelle. Un petit – apparaît cette fois sous le curseur.

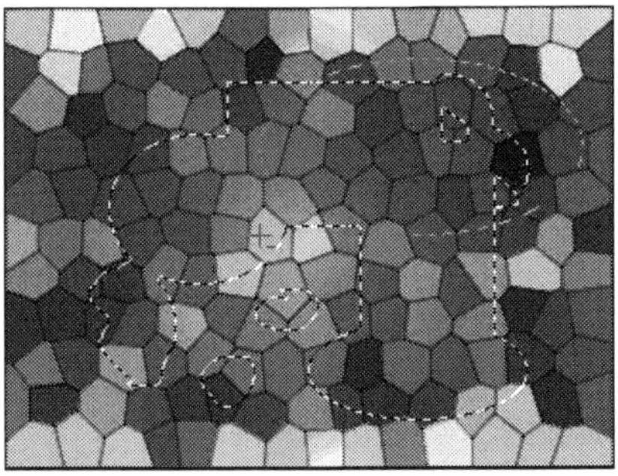

Figure 7.37 : Sélection avec la touche Alt

La zone que vous venez de sélectionner se soustrait de la zone sélectionnée précédemment.

À l'aide de la palette d'options

Avec la palette d'options, vous pouvez choisir le mode de sélection voulu sans avoir à utiliser les touches clavier [Alt] et [Maj] lors de la création d'une sélection.

Figure 7.38 : Modes de sélection

-  Avec le mode Nouvelle sélection :

  Ce mode est en fait le mode de sélection par défaut de Photoshop. Lorsqu'il est activé et que vous faites une nouvelle sélection, vous annulez la précédente.

■ Avec le mode Ajouter à la sélection :

Lorsque ce mode est activé et que vous faites une sélection à l'aide des outils de sélection de la palette d'outils, elle s'ajoute à la zone sélectionnée précédemment.

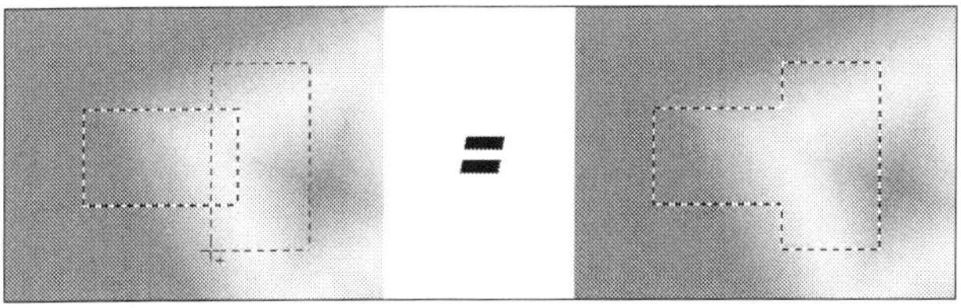

Figure 7.39 : Ajout de sélections

Un petit + apparaît en bas à droite du curseur de sélection pour signifier que vous êtes dans ce mode de sélection.

■ Avec le mode Soustraire de la sélection :

Lorsque ce mode est activé et que vous faites une sélection à l'aide des outils de sélection de la palette d'outils, elle se soustrait de la zone sélectionnée précédemment.

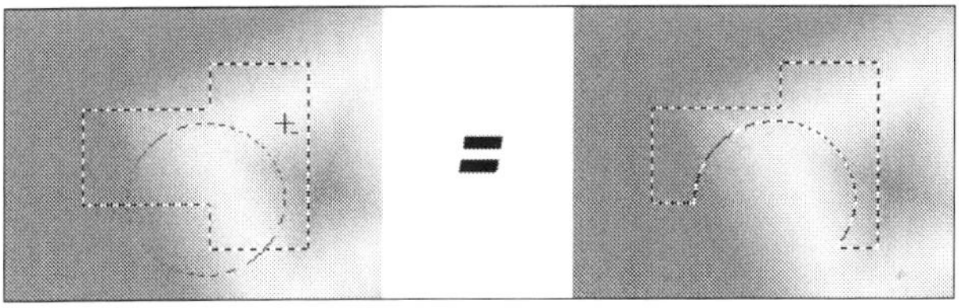

Figure 7.40 : Soustraction de sélections

Un petit – apparaît en bas à droite du curseur de sélection pour signifier que vous êtes dans ce mode de sélection.

■ Avec le mode Sélectionner l'intersection :

Lorsque ce mode est activé et que vous faites une sélection à l'aide des outils de sélection de la palette d'outils, la sélection que vous obtenez est le résultat de l'intersection entre cette nouvelle sélection et la précédente. Ce mode est peu intuitif et rarement employé.

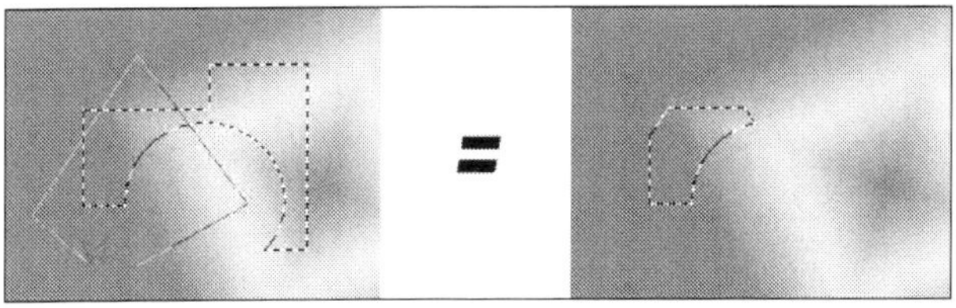

Figure 7.41 : Intersection de sélections

Un petit *x* apparaît en bas à droite du curseur de sélection pour signifier que vous êtes dans ce mode de sélection.

ASTUCE

Après avoir effectué une combinaison de sélections

Pensez à repasser en mode normal, c'est-à-dire en mode Nouvelle sélection, une fois votre combinaison de sélections effectuée. Cela vous évitera des problèmes lors de la prochaine sélection.

7.3. Sélection par plage de couleurs

La sélection par plage de couleurs est en fait une version améliorée de la baguette magique. Elle passe par une boîte de dialogue qui lui est entièrement dédiée. Vous allez créer une sélection à partir d'une ou de plusieurs couleurs, selon le niveau de tolérance que vous aurez précisé. Ce mode de sélection est souvent utilisé pour le détourage de personnages.

1 Ouvrez l'image contenant une plage de couleurs à sélectionner.

2 Allez dans le menu **Sélection** et lancez la fonction **Plage de couleurs.**

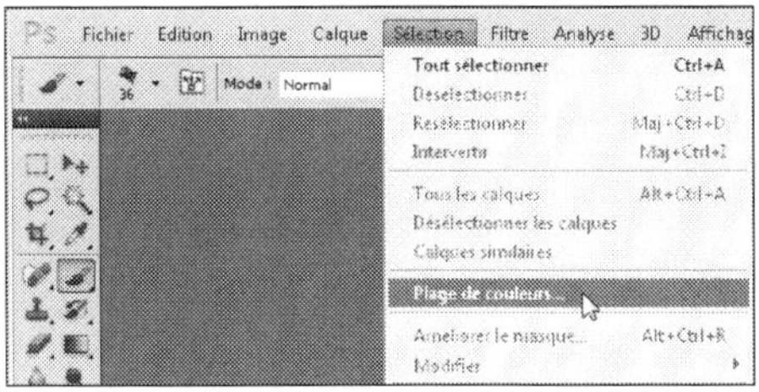

Figure 7.42 : Sélectionnez Plage de couleurs

3 Déplacez le curseur sur l'image et choisissez un point dont la couleur correspond à celle que vous voulez sélectionner.

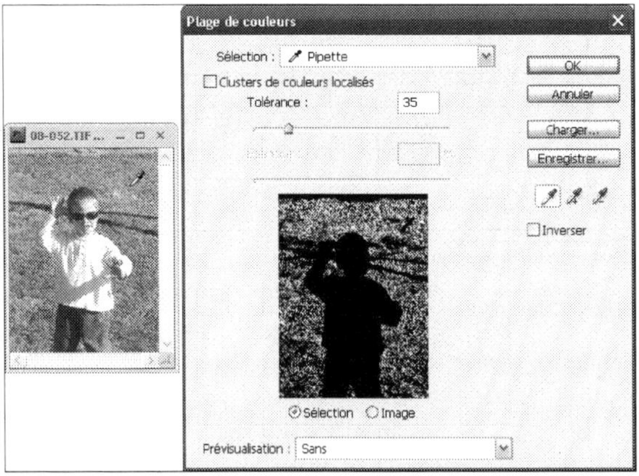

Figure 7.43 : Cliquez sur la couleur à sélectionner

Vous voyez en noir et blanc une prévisualisation de la sélection. Vient en blanc ce qui va être sélectionné.

4 Jouez avec la jauge de *Tolérance* afin d'affiner la sélection de couleurs, notamment pour que la sélection ne contienne pas le personnage à sélectionner.

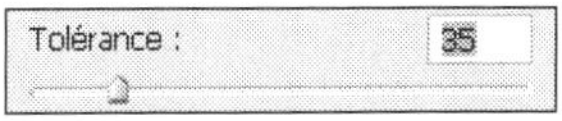

Figure 7.44 : Réglez la Tolérance

5 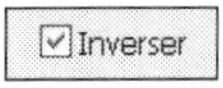

Cochez la case *Inverser* pour que le résultat de cette sélection soit inversé.

En effet, dans cet exemple, il s'agit de détourer un personnage sur un fond d'herbe. Dans ce cas, il est plus facile de sélectionner le décor, qui est de dominante verte, que le personnage en lui-même qui, lui, est composé de plusieurs couleurs. Grâce à la fonction **Inverser**, vous pouvez choisir les couleurs vertes de l'herbe pour, en fait, sélectionner le personnage qui ne contient pas de vert.

6 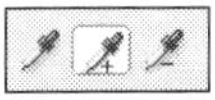
Affinez encore plus votre sélection en lui ajoutant d'autres couleurs. Pour cela, cliquez sur le bouton **Ajouter** et sélectionnez un autre point de l'image dont la couleur est proche de celle que vous voulez choisir.

Ne choisissez pas des couleurs proches de celles de la zone que vous ne voulez pas sélectionner. Notez que vous pouvez supprimer des couleurs grâce à la fonction inverse : **Retirer**.

7 Jouez une nouvelle fois avec la jauge de *Tolérance* afin d'affiner la sélection des couleurs.

8 Une fois que vous êtes satisfait de la sélection, cliquez sur le bouton OK.

Figure 7.45 : Validez par OK

Le résultat est rarement parfait. Par contre, cette technique permet de dégrossir le travail de sélection et donc de gagner un temps précieux.

Ensuite, passez à la finition en utilisant le mode Masque, dont il est question ci-après.

7.4. Mode Masque pour faire des sélections

Le dernier mode de sélection disponible dans Photoshop, et certainement le plus efficace, est le mode Masque. Ce mode fonctionne à l'image des masques de fusion. Lorsque vous passez dans ce mode, vous peignez en blanc tout ce qui doit être sélectionné et en noir tout ce qui ne doit pas l'être. Les niveaux de gris intermédiaires sont des sélections adoucies. Le mode Masque affiche en surlignage rouge les parties non sélectionnées.

La différence avec le masque de fusion, c'est qu'il n'y a pas de vignette en niveau de noir associée au calque, juste un filigrane de rouge : tout ce qui est surligné en rouge n'est pas sélectionné, et tout ce qui n'est pas surligné est sélectionné.

Outils du mode Masque

Le mode Masque est en fait un mode qui transforme les outils de dessin en outils de sélection. Ce mode utilise les nuances du noir au blanc afin de définir le niveau de sélection. Tout ce qui est peint en noir est désélectionné.

La définition de la sélection en mode Masque se fait donc, dans la plupart des cas, avec le pinceau, qui est le principal outil de dessin de Photoshop. Vous avez accès à toutes les options de l'outil **Pinceau**, notamment le Sélecteur de formes et la palette *Formes*, qui vous offrent d'innombrables possibilités au niveau du choix et du paramétrage de la forme de la pointe du pinceau.

RENVOI

Pour la gestion des formes de pointe de pinceau, reportez-vous au chapitre *Dessiner*.

Par contre, vous êtes, en toute logique, limité au niveau de la palette *Couleur*, qui ne vous propose pas de choisir des couleurs mais seulement des niveaux de gris en réglant le pourcentage de noir (voir fig. 7.46).

Figure 7.46 : Gestion des couleurs en niveaux de gris pour l'outil Pinceau en mode Masque

Le principal avantage de ce mode est que vous pouvez gérer vous-même de façon très précise la profondeur de votre sélection. Cela permet de mieux gérer les zones moins sélectionnées et les contours de sélection adoucis. En effet, tout ce que vous peignez en niveaux de gris est adouci, et les effets que vous y appliquez sont d'autant plus estompés que la zone peinte est sombre (surlignée en rouge). La gestion se faisant en mode de couleur Niveaux de gris, vous avez à votre disposition une profondeur de 256 niveaux de sélection.

Figure 7.47 : Profondeur de sélection

Cette technique peut être légèrement déroutante si vous considérez que sélectionner consiste à peindre une zone en noir de façon à la voir surlignée en rouge. Ce n'est pas très grave puisque vous pouvez toujours utiliser la fonction **Sélection/Intervertir** (Ctrl+Maj+I) une fois revenu en mode normal. Cela inverse la sélection et remet tout en ordre.

Une astuce pour éviter d'inverser la sélection consiste à activer le mode Masque après avoir fait une présélection avec un outil de sélection tel que le lasso.

Utiliser le mode Masque pour faire des sélections

Dans cet exemple, vous allez utiliser le mode Masque comme outil de finition d'une sélection réalisée grossièrement avec un outil de sélection standard.

1 Faites une première sélection à l'aide des outils de sélection standard (cette étape n'est pas obligatoire).

Figure 7.48 : Première sélection

2 Cliquez sur le bouton **Mode Masque** de la palette d'outils.

Figure 7.49 : Passez en mode Masque

Vous passez alors en mode Masque. Est surlignée en rouge la zone non sélectionnée. La zone sélectionnée est, elle, non surlignée. Les couleurs de premier plan et d'arrière-plan sont passées en mode Noir et blanc.

3 Utilisez les outils de dessin (**Pinceau** ou **Crayon**) pour définir la zone à sélectionner. Peignez en noir ce qui ne doit pas être sélectionné et en blanc ce qui doit l'être. Jouez avec la taille et la dureté des pinceaux pour affiner la sélection.

4 Pour détourer un personnage, procédez comme dans l'image qui suit. Si vous débordez de votre zone de sélection lorsque vous la peignez en blanc, ce n'est pas grave ; repeignez en noir ce qui a débordé pour le resurligner en rouge et donc le désélectionner.

5 Une fois la sélection en mode Masque terminée, cliquez sur le bouton **Mode Standard** de la palette d'outils pour repasser en mode de dessin standard de Photoshop.

Figure 7.50 : Repassez en mode Standard

L'objet que vous venez de détourer en **Mode Masque** est alors sélectionné. Vous pouvez en faire ce que vous voulez, comme le copier-coller (Ctrl+C pour copier, puis Ctrl+V pour coller) pour en faire un nouveau calque.

Figure 7.51 : Objet sélectionné en mode Masque

7.5. Fonctions possibles pour une sélection

Vous allez voir ici quelques fonctions intéressantes associées aux sélections.

Désélectionner

Pour faire une désélection, vous avez plusieurs solutions :

- Allez dans le menu **Sélection** et choisissez la commande **Désélectionner**.

- Utilisez la combinaison de touches [Ctrl]+[D].
- Cliquez hors de la zone sélectionnée, lorsque l'outil **Rectangle de sélection** est activé.

Sélectionner toute l'image

Sélectionner toute l'image peut être utile pour faire un copier-coller d'un calque vers une autre image. Vous avez plusieurs solutions pour cela :

- Allez dans le menu **Sélection** et choisissez la commande **Tout sélectionner.**
- Utilisez la combinaison de touches [Ctrl]+[A].

Intervertir une sélection

Cette fonction est souvent utilisée car fréquemment la sélection inversée d'un objet est plus facile à réaliser. Par exemple, quand il s'agit de sélectionner un oiseau dans le ciel, mieux vaut sélectionner le ciel que l'oiseau, c'est plus simple. Vous allez donc faire une sélection du ciel à l'aide de la baguette magique, puis inverser la sélection afin de sélectionner le reste : en l'occurrence l'oiseau. Vous pouvez procéder de plusieurs façons :

- Allez dans le menu **Sélection** et choisissez la commande **Intervertir.**
- Utilisez la combinaison de touches [Ctrl]+[Maj]+[I].

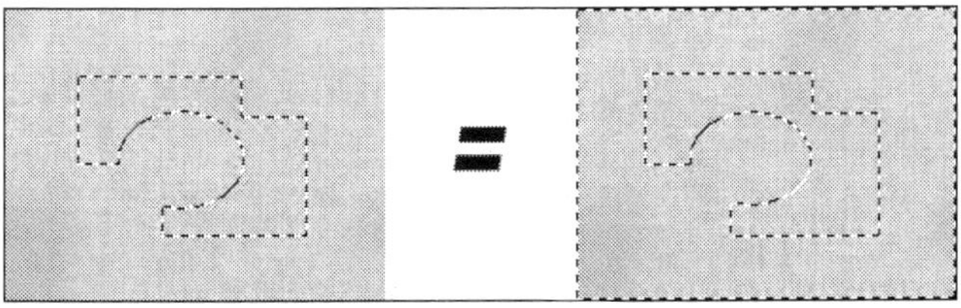

Figure 7.52 : Sélection intervertie

Déplacer une zone de sélection

Il est possible de déplacer une zone de sélection, mais pas la sélection elle-même, comme vous le feriez avec l'outil **Déplacement.**

1  Activez un des outils de sélection de la palette d'outils et vérifiez qu'il est en mode normal (mode Nouvelle sélection). Effectuez une sélection sur l'image de votre choix.

2 Déplacez votre curseur sur la sélection. Celui-ci affiche alors un petit rectangle pour signifier qu'il peut déplacer la sélection.

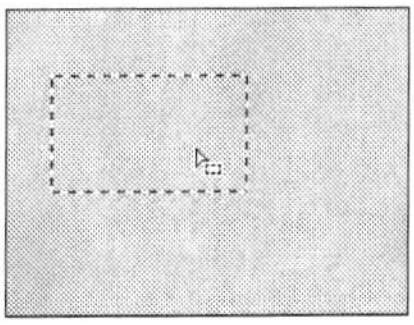

Figure 7.53 : Le curseur est sur la sélection

3 Faites un glisser-déposer pour déplacer la sélection comme bon vous semble.

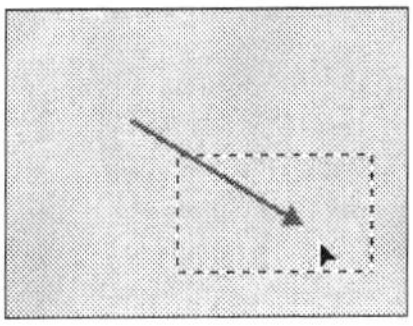

Figure 7.54 : Déplacez la sélection

Déplacer une sélection

Pour déplacer le contenu d'une sélection, effectuez cette sélection puis utilisez l'outil **Déplacement** (V).

L'arrière-plan d'un déplacement est différent selon que vous l'effectuez sur le calque d'arrière-plan ou sur un autre calque. Si vous faites un déplacement de sélection sur le calque d'arrière-plan, vous voyez la couleur d'arrière-plan que vous avez choisie à l'aide du Sélecteur de couleurs à la place de la zone vide.

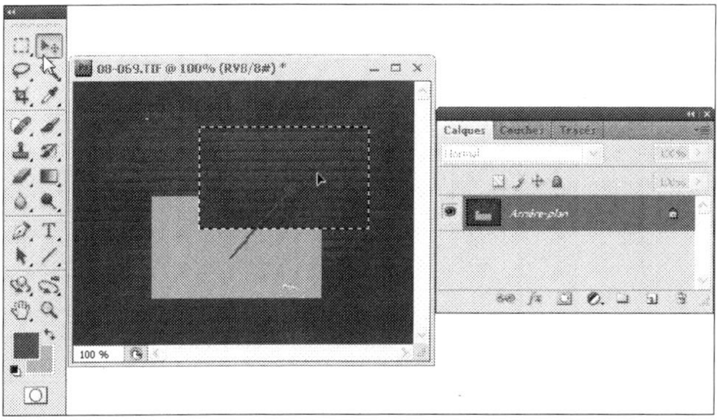

Figure 7.55 : Déplacement de sélection sur le calque d'arrière-plan

Par contre, si vous le réalisez sur un autre calque, la zone laissée vide par le déplacement de sélection est transparente et laisse paraître les calques inférieurs.

Figure 7.56 : Déplacement de sélection sur un calque normal

Copier-coller une sélection

Si vous faites un copier-coller sur une sélection dans une zone de calque contenant des pixels (donc pas totalement transparente), vous créez un nouveau calque contenant la sélection. Ce calque se positionne au-dessus du calque actif.

Figure 7.57 : Copier-coller une sélection

Dans la pratique, vous ne voyez pas de différence à l'image puisque la sélection collée dans un nouveau calque l'est à la même position et est donc parfaitement superposée aux calques dont elle provient.

Pour mieux le voir, masquez le calque d'origine en cliquant sur son icône en forme d'œil.

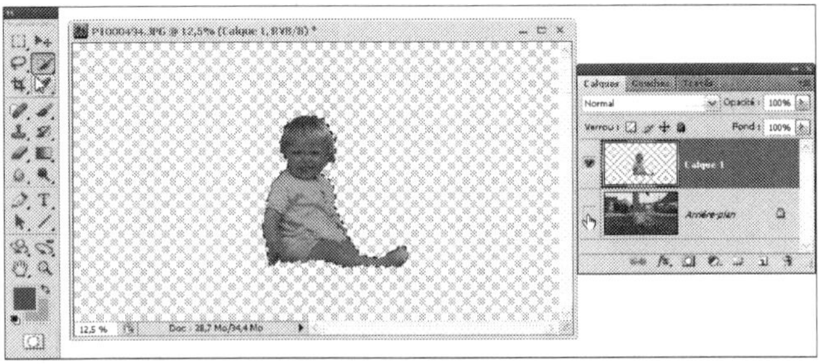

Figure 7.58 : Masquage du calque source pour mieux voir la sélection collée sur le nouveau calque

APPLIQUER LES FILTRES

Filtres Photoshop 259
Paramétrer les filtres les plus utilisés 269

Photoshop possède un grand nombre de filtres, presque tous paramétrables, en quelque sorte une banque "d'effets spéciaux" appliqués aux images. Les filtres sont des modules destinés à modifier les images de façon spécifique. Par défaut, Photoshop possède une centaine de filtres classés selon quatorze rubriques. L'architecture de Photoshop le rend complètement ouvert au niveau des filtres. De ce fait, il existe des filtres additionnels gratuits ou disponibles à la vente. Certains de ces filtres comblent des lacunes de Photoshop ou ajoutent des fonctionnalités plus puissantes. Les filtres sont aussi appelés "modules", ou "plug-ins" en anglais.

8.1. Filtres Photoshop

Les filtres de Photoshop sont tous accessibles depuis le menu **Filtre**. Ce menu **Filtre** liste tout d'abord les "gros" filtres puis propose les filtres selon quatorze thèmes.

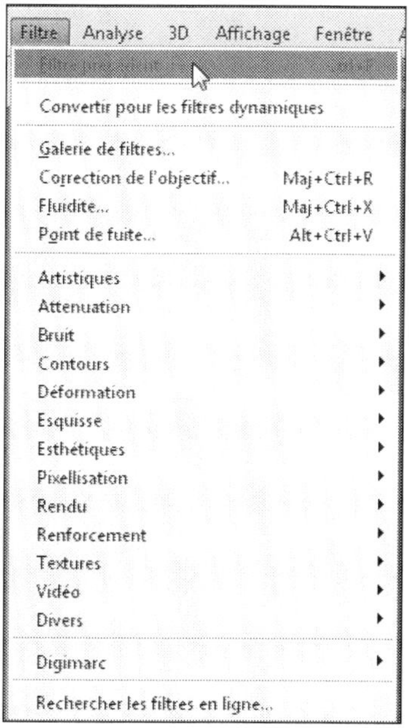

Figure 8.1 : Menu Filtre

Tous les filtres (sauf le filtre **Extrusion**) peuvent s'appliquer à une sélection, c'est-à-dire à une partie de l'image.

REMARQUE

Réinitialisation des filtres

En appuyant sur Alt quand la boîte de dialogue de filtre est ouverte, vous pouvez "rétablir" ou "réinitialiser" un filtre à ses valeurs précédentes, mais non

REMARQUE

à ses valeurs par défaut (valeurs au moment de l'installation). Pour réinitialiser les filtres à leurs valeurs par défaut, utilisez Ctrl+Alt+Maj à l'ouverture.

Rappel du dernier filtre utilisé

Tout en haut du menu **Filtre**, une fonction vous permet de relancer le dernier filtre que vous avez appliqué. Le nom de cette commande s'adapte donc en fonction du dernier filtre appliqué.

Cette fonction est très pratique si vous voulez appliquer le même filtre plusieurs fois de suite. D'ailleurs, dans un souci d'efficacité, utilisez plutôt le raccourci clavier Ctrl+F.

Filtres indépendants

Ces filtres sont en fait des fonctions très puissantes utilisant des outils qui leur sont propres. Toutes leurs commandes sont accessibles dans une boîte de dialogue qui leur est spécifique, à la manière d'un logiciel à part entière utilisé dans Photoshop.

Galerie de filtres

La Galerie de filtres est une nouveauté de Photoshop CS1 qui a été améliorée dans cette nouvelle mouture. Elle se présente sous la forme d'une boîte de dialogue, qui met à disposition une galerie de prévisualisation des filtres. Cet outil est très pratique pour l'application intuitive d'un ou de plusieurs filtres parmi une bonne cinquantaine regroupés par thèmes : artistiques, contours, déformations, esquisses, esthétiques, et textures. Elle donne en outre la possibilité d'appliquer plusieurs filtres sur l'image.

1 Sélectionnez le calque sur lequel vous voulez appliquer le filtre.

2 Éventuellement, à l'aide des outils de sélection, sélectionnez la partie du calque sur laquelle vous voulez appliquer le filtre.

3 Dans le menu **Filtre**, cliquez sur **Galerie de filtres**.

   La boîte de dialogue **Galerie de filtres** s'affiche.

4 Déroulez les dossiers dans la colonne du centre affichant le listing des filtres classés par thèmes.

5 Cliquez sur l'une des vignettes de cette colonne pour voir ce que le filtre sélectionné donne lorsqu'il est appliqué sur la colonne de prévisualisation de gauche.

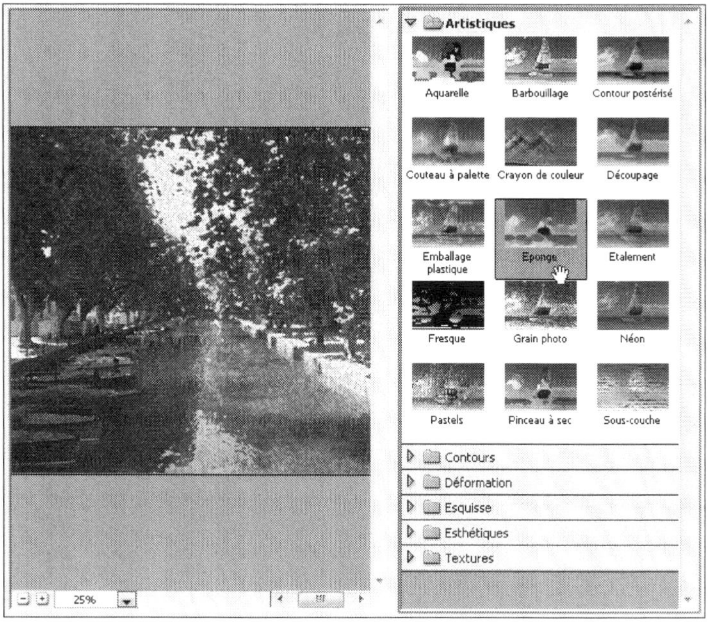

Figure 8.2 : Prévisualisez les filtres

6 Dans la colonne de droite, modifiez à votre guise les paramètres du filtre.

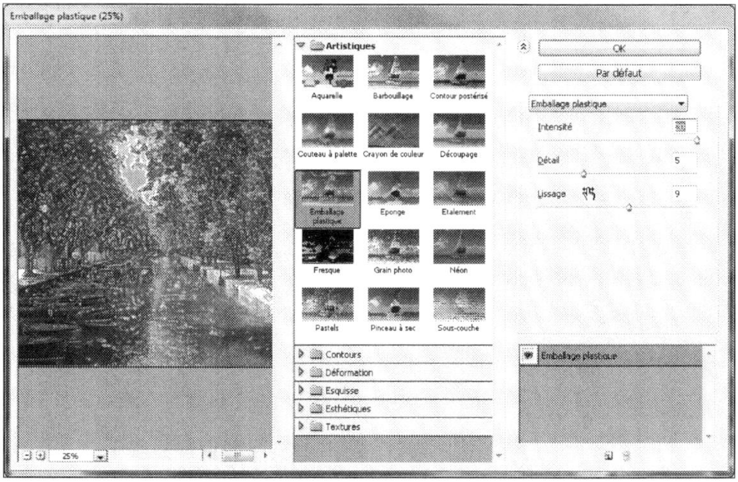

Figure 8.3 : Choisissez un filtre à appliquer

7 Cliquez sur le bouton **Nouveau calque d'effet**.

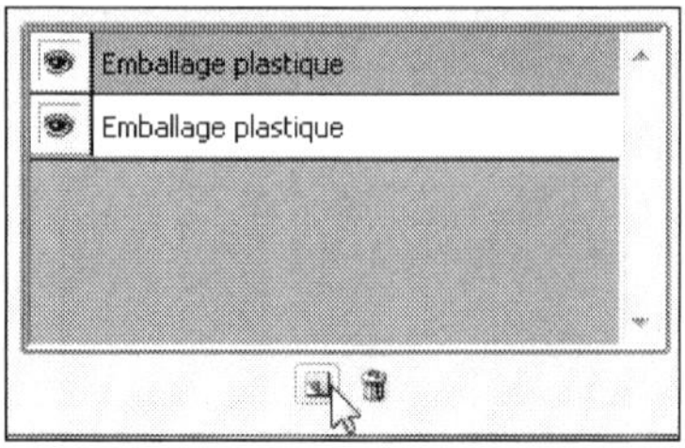

Figure 8.4 : Pile des calques d'effets

8 Dans la colonne du centre, choisissez un autre effet à cumuler avec le précédent sur l'image.

9 Dans la colonne de droite, modifiez à votre guise les paramètres du filtre.

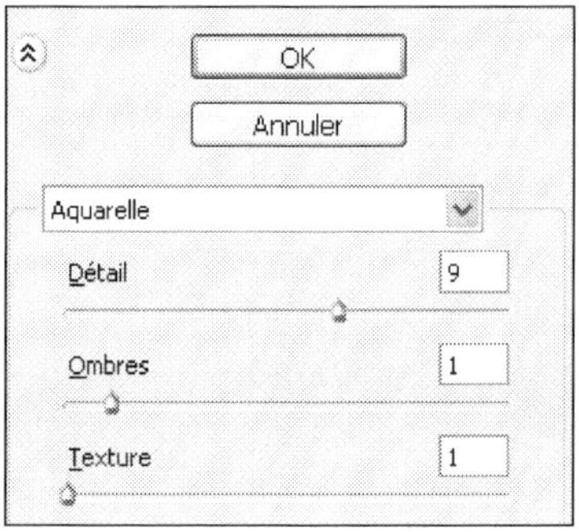

Figure 8.5 : Réglez le filtre

10 Cumulez autant de filtres que vous le voulez à l'aide du bouton **Nouveau calque d'effet**.

11 Vous pouvez toujours revenir sur le filtre ou les paramètres appliqués sur un autre calque d'effet en le sélectionnant.

12 Pour supprimer un calque d'effet, sélectionnez-le puis cliquez sur le bouton **Supprimer un calque d'effet**.

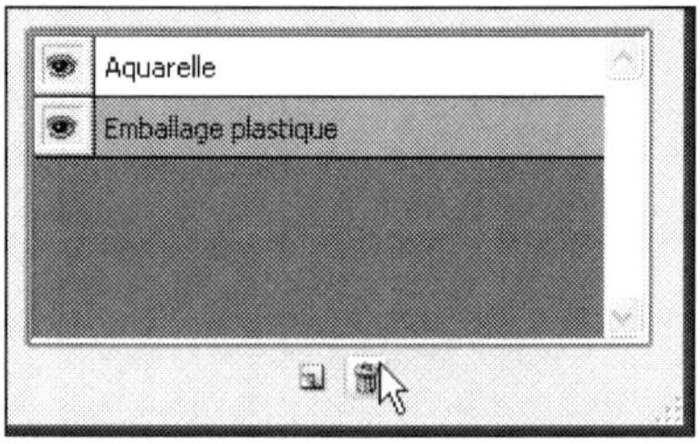

Figure 8.6 : Supprimez un calque d'effet

13 Cliquez sur le bouton OK pour appliquer les filtres sur l'image.

Figure 8.7 : Trois filtres appliqués à l'image

Fluidité

Le filtre **Fluidité** permet de déformer l'image à la manière d'un pinceau mouillé sur une fresque de peinture encore fraîche. Il est très pratique pour faire rapidement des caricatures hilarantes.

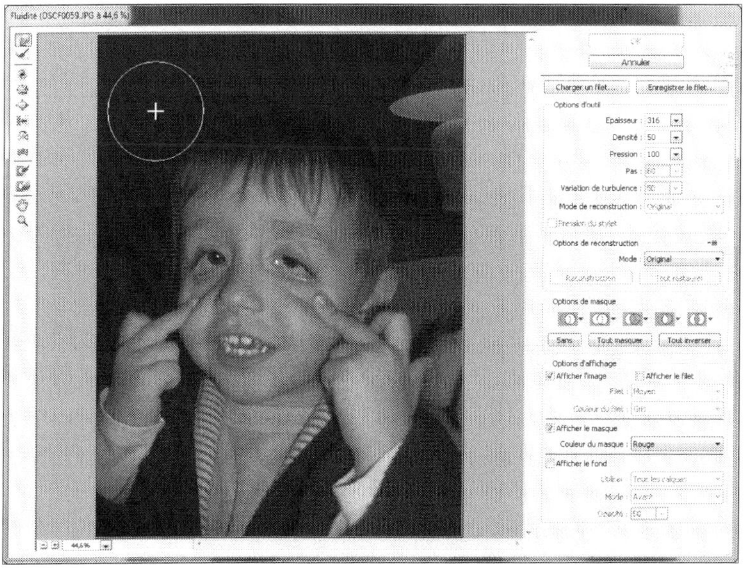

Figure 8.8 : Image originale qui sera fluidifiée

Les outils de fluidification sont accessibles sur la gauche de la boîte de dialogue. Leur fonction est représentée de façon explicite sur leur icône.

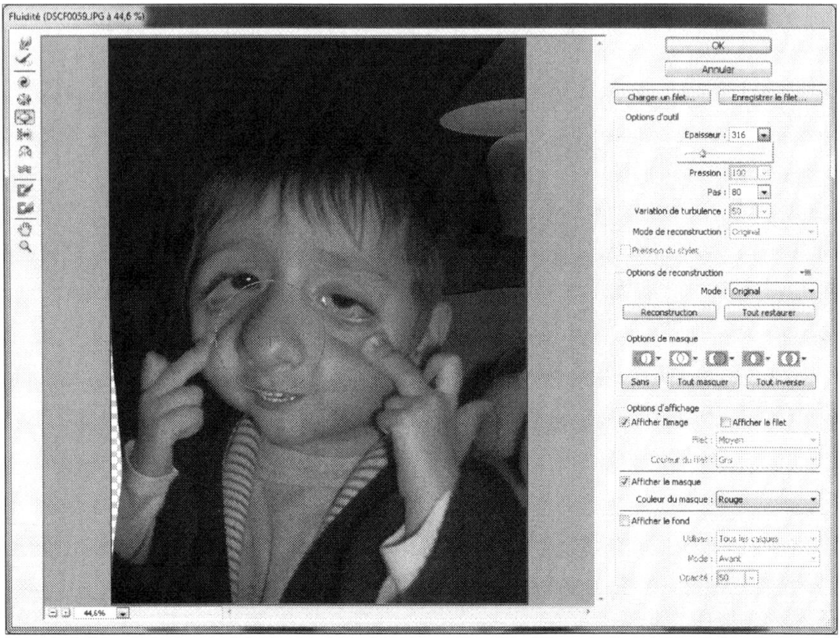

Figure 8.9 : Utilisation radicale des déformations fluides

Vous avez accès à plusieurs groupes de paramètres :

- *Options d'outils* : vous réglez la pointe de l'outil de fluidification choisi.
- *Options de reconstruction* : vous revenez progressivement à l'état d'origine de l'image ou carrément d'un coup à l'état de départ de l'image.
- *Options de masque* : vous gérez les déformations sur des parties bien définies de l'image.
- *Options d'affichage* : vous gérez l'affichage de l'image, des filets de déformation, etc.

Point de fuite

Le filtre **Point de fuite** permet de retoucher une image en respectant sa perspective. Vous allez pouvoir ainsi ajouter des fenêtres à un immeuble. Cet outil très puissant fait partie des nouveautés majeures de Photoshop.

1 Allez dans le menu **Filtre** et lancez la commande **Point de fuite**. Dans la boîte de dialogue qui s'ouvre, dessinez un quadrilatère définissant une des perspectives de l'image : ici un des murs du bâtiment.

Figure 8.10 : Boîte de dialogue Point de fuite : création du quadrilatère de la première perspective

2 Une fois le quatrième point du quadrilatère positionné, Photoshop crée la première grille de perspective. Vous pouvez encore affiner la position des quatre coins de la grille en les déplaçant si besoin est.

3 Définissez une autre perspective en dessinant un autre quadrilatère correspondant à un autre pan de mur. Appuyez sur la touche Ctrl et, tout en la laissant enfoncée, déplacez le côté du quadrilatère correspondant à l'autre pan de mur.

Figure 8.11 : Établissez des perspectives

4 Affinez les deux côtés opposés du quadrilatère afin que celui-ci corresponde bien à la perspective du mur. Aidez-vous des briques et autres lignes de construction pour définir les quadrilatères de perspective. Faites attention aux mauvaises références (dans l'exemple, ne vous fiez pas aux gouttières et au sol).

Figure 8.12 : Réglez les perspectives

5 Activez l'outil **Tampon** et paramétrez les diverses options propres à cet outil.

6 Pour définir la source de la zone à dupliquer, appuyez sur la touche [Alt] du clavier et cliquez sur un point bien précis de l'objet à répéter (dans ce cas, le coin supérieur gauche de la fenêtre située au-dessus de la porte d'entrée).

7 Peignez un peu plus loin sur une autre partie du mur. La technique est exactement la même que celle appliquée avec l'outil **Tampon de duplication**. Photoshop duplique alors la lampe tout en respectant sa position par rapport à la perspective du mur.

Figure 8.13 : Retouchez avec le tampon de réplication

Vous pouvez faire de même avec d'autres objets, comme les lampes et décorations murales.

Figure 8.14 : Image retouchée en respectant les perspectives : les fenêtres murées ne le sont plus

Filtres par thèmes

Il existe quatorze thèmes pour les filtres de Photoshop. La plupart des filtres des thèmes *Artistiques, Contours, Déformation, Esquisse, Esthétiques* et *Textures* sont gérables depuis la Galerie de filtres. D'ailleurs, ils y mènent tous. Leurs effets sont donc prévisualisables à l'aide des vignettes de la Galerie de filtres. Le résultat des paramètres que vous modifiez est visible en temps réel.

Artistiques

Vous y trouverez plusieurs filtres simulant un effet artistique sur votre image. Ils produisent aussi des effets spéciaux en répliquant des effets naturels ou de supports traditionnels.

Atténuation

Ce thème regroupe tous les effets de flou.

Bruit

Ce thème regroupe les effets de grain. Ces filtres sont très utiles en retouche photographique. Le filtre **Antipoussière** sert à nettoyer une image.

Contours

Ce thème regroupe les effets affectant principalement les contours des objets de l'image.

Déformation

Ce thème regroupe les filtres déformant l'image. Ces filtres sont des versions simplistes des effets que peut produire le filtre **Fluidité**.

Esquisse

Ce thème regroupe les effets donnant à l'image un style dessin à la main. Ils permettent d'ajouter une texture à des images, souvent pour obtenir un effet 3D. Ils servent également à créer un effet artistique ou de dessin à la main. La plupart des filtres du thème *Esquisse* utilisent les couleurs de premier et d'arrière-plan.

Esthétiques

Ces filtres changent radicalement l'aspect de l'image, notamment au niveau des couleurs. Ils produisent un effet impressionniste sur une sélection en dispersant des pixels et en recherchant et en augmentant le contraste dans une image.

Pixellisation

Ce thème regroupe les filtres effectuant des effets de pixellisation. Ils améliorent la netteté d'une sélection par regroupement de pixels de couleurs identiques dans des cellules.

Rendu

Ces filtres font appel à des algorithmes.

Renforcement

Ces filtres permettent de renforcer les contours et traits principaux d'une image, et de mettre au point des images floues en augmentant le contraste des pixels adjacents. Les filtres **Contours plus nets** et **Accentuation** font partie de ce thème.

Textures

Ces filtres ajoutent des aspects organiques aux images, de type craquelure, grain ou mosaïque.

Vidéo

Ces deux filtres corrigent des problèmes propres aux images provenant de vidéo.

Le filtre **Couleurs NTSC** estompe les problèmes de couleur des images provenant de vidéos en mode NTSC.

Le filtre **Désentrelacement** enlève les effets de strie noire horizontale des images provenant de vidéos entrelacées, comme les vidéos PAL/SECAM.

Divers

Ce thème regroupe les filtres inclassables. Vous y trouverez le filtre **Translation**, qui permet de décaler horizontalement et/ou verticalement les pixels de l'image. Cette fonction est pratique pour créer des textures parfaites sans répétitions brutales.

Digimarc

Les deux filtres **Digimarc** permettent d'ajouter des mentions de copyright aux images Photoshop et d'avertir les utilisateurs de cette protection en insérant un filigrane numérique à l'aide de la technologie Digimarc PictureMarc. Pour vous en servir, vous devez vous inscrire obligatoirement sur le site www.digimarc.com.

8.2. Paramétrer les filtres les plus utilisés

Voici quelques exemples de paramétrages de filtres souvent utilisés.

Filtre Flou gaussien

Le filtre **Flou gaussien** est le flou donnant les meilleurs résultats en qualité avec Photoshop, mais il demande plus de ressources. Cela se ressent pour les images en haute définition. Dans ce cas pratique, vous allez appliquer un flou sur une plaque minéralogique de façon à rendre le véhicule totalement anonyme.

1 Sélectionnez le calque sur lequel vous voulez appliquer le filtre (voir fig. 8.15).

2 Éventuellement, à l'aide des outils de sélection, sélectionnez la partie du calque sur laquelle vous voulez appliquer le filtre. Dans ce cas pratique, sélectionnez rapidement la plaque minéralogique à l'aide de l'outil **Lasso** en utilisant un contour progressif de *10 pixels* afin d'éviter un effet de flou estompé sur les rebords de la sélection.

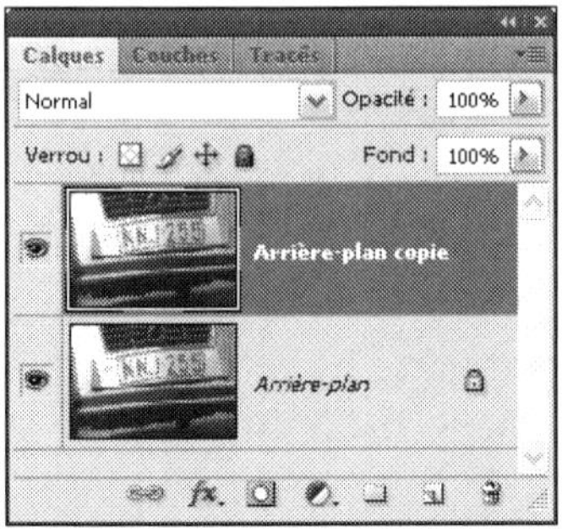

Figure 8.15 : Sélectionnez le calque

Figure 8.16 : Sélectionnez la zone à "flouter"

3 Dans le menu **Filtre/Atténuation**, cliquez sur **Flou gaussien**.

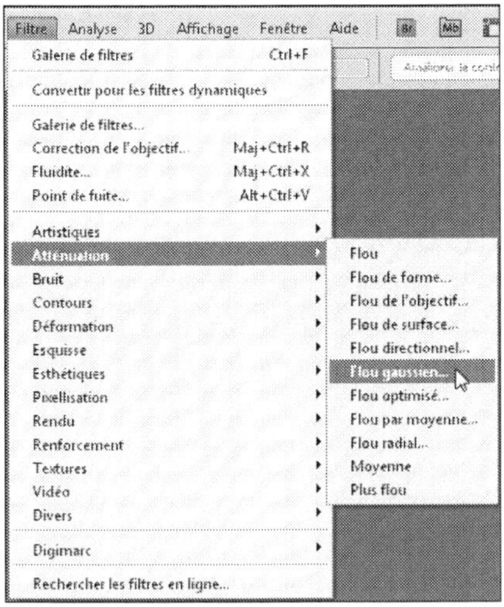

Figure 8.17 : Choisissez le filtre de flou

4 Dans la boîte de dialogue **Flou gaussien**, précisez la taille de rayon du flou.

Figure 8.18 : Paramétrez le flou gaussien

5 Cliquez sur OK pour valider le flou.

Filtre Flou radial

Le filtre **Flou radial** cache un effet très intéressant si vous voulez simuler une image en mouvement. En effet, si vous appliquez un flou radial en mode Zoom plutôt que Rotation, vous obtenez un effet de "vitesse" saisissant.

1 Ouvrez votre image (ici la fameuse deuche).

2 Pensez à dupliquer le calque afin d'avoir une version de secours.

3 Allez dans le menu **Filtre/Atténuation** et lancez la commande **Flou radial**.

4 Dans la boîte de dialogue **Flou radial**, cochez la case d'option *Zoom* et augmentez la valeur du zoom à *30* par exemple, puis cliquez sur OK.

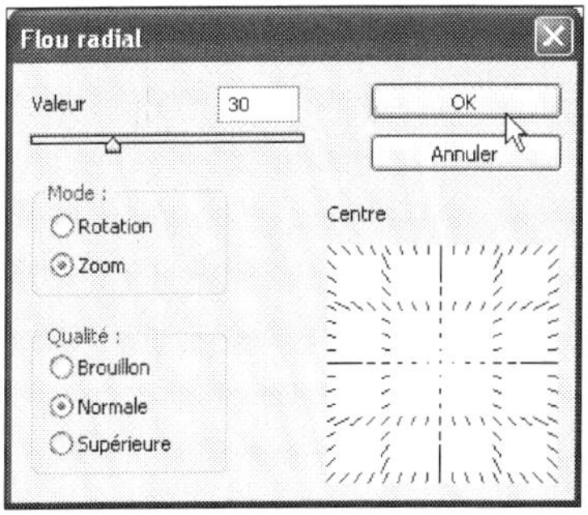

Figure 8.19 : Boîte de dialogue Flou radial

Observez le résultat de cet effet qui a déjà été utilisé sur une pochette de disque du groupe Prodigy sur une photo de crabe.

Figure 8.20 : Effet de flou radial détourné

Filtre Halo

Le filtre **Halo** crée un effet de "lens flare", c'est-à-dire qu'il ajoute à l'image un halo d'éblouissement.

Figure 8.21 : Image d'origine

1 Créez un nouveau calque que vous nommerez `Halo`. Créez ce calque directement en *Mode* : *Superposition* et en cochant la case *Couleur neutre pour le mode Superposition (noir)*.

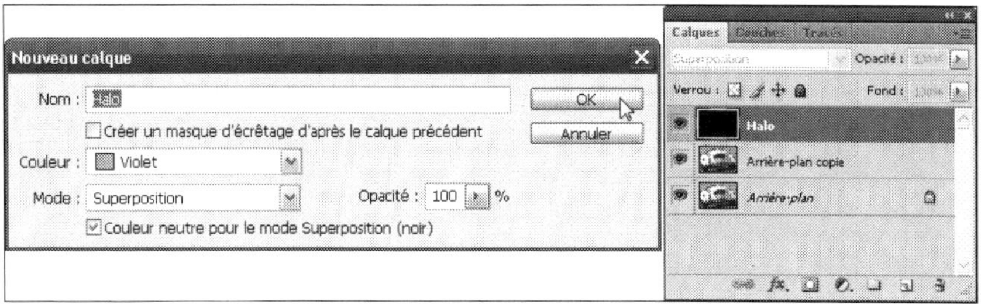

Figure 8.22 : Créez un calque vide qui "hébergera" le halo

2 Dans le menu **Filtre/Rendu**, cliquez sur **Halo**.

3 Dans la boîte de dialogue **Halo**, réglez la *Luminosité* comme bon vous semble et laissez l'*Objectif* en *50-300 mm (zoom)*.

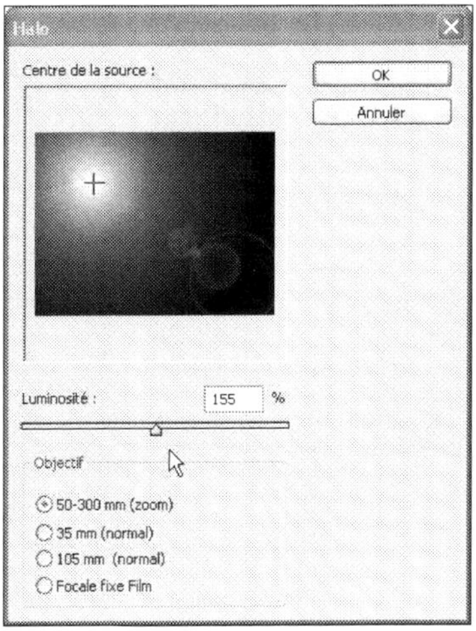

Figure 8.23 : Réglez la luminosité

4 Cliquez dans l'un des coins dans la fenêtre de prévisualisation pour définir l'angle d'approche du halo.

5 Cliquez sur OK pour valider le halo.

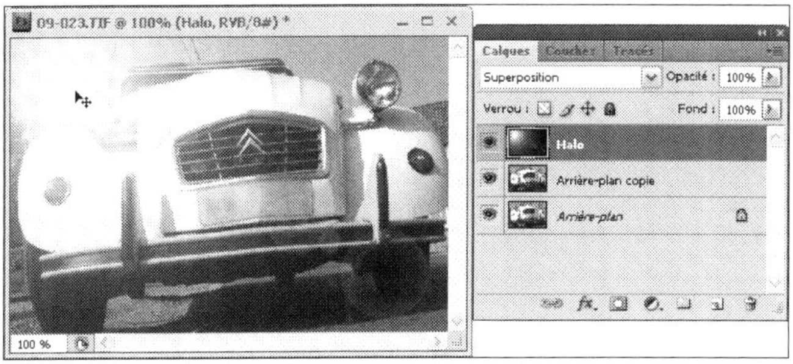

Figure 8.24 : Halo appliqué en mode de fusion Superposition

REMARQUE

Couleur de fond et halo

Le filtre **Halo** n'est pas visible sur un fond blanc. Il n'est d'ailleurs pas possible d'appliquer un halo sur un calque vide. Pour éviter tout problème, la solution la plus souple consiste à appliquer le halo sur un calque noir en mode Superposition.

Filtres Nuages et Nuages par différence

Le filtre **Nuages** permet de créer une texture de "nuage" en fonction des deux couleurs de premier et d'arrière-plan.

1 Sélectionnez le calque sur lequel vous voulez appliquer le filtre.

2  Définissez dans les échantillons de couleur de premier plan et d'arrière-plan les deux couleurs à utiliser dans le filtre.

3 Dans le menu **Filtre/Rendu**, cliquez sur **Nuages**.

Figure 8.25 : Résultat du filtre Nuages

Pour avoir des variantes du résultat obtenu avec le filtre **Nuages**, vous pouvez bien sûr changer légèrement les couleurs de premier plan et d'arrière-plan. Mais vous pouvez avoir une version que l'on peut qualifier de plus "orageuse" de l'effet en le combinant avec l'effet **Nuages par différence**.

4 Allez dans le menu **Filtre/Rendu** et choisissez l'effet **Nuages par différence**.

5 Répétez la même opération en lançant le rappel du dernier filtre utilisé via la commande **Filtre/Nuages par différence** (Ctrl+F).

Si vous appliquez cet effet plusieurs fois en le rappelant à l'aide du raccourci Ctrl+F, vous avez une texture qui paraît biologique dans les tons rouges ou orageuse dans les tons noir et blanc.

UTILISER LES CALQUES

Palette Calques 277
Créer des calques 283
Organiser les calques 290
Fusionner des calques 299
Styles de calque 302
Masque de fusion 304
Masque d'écrêtage 309
Calques de réglage 310
Composition de calques 312
Objets dynamiques 315
Réaliser des montages photo 316

La gestion des calques est l'un des atouts majeurs de Photoshop. Alliés à la gestion de la transparence, les calques Photoshop permettent en effet de superposer des photos, à l'image du papier calque traditionnel. Avec les calques, Photoshop montre rapidement toute l'étendue de ses possibilités pour le photomontage. L'avantage avec l'outil informatique, c'est qu'il est possible de créer plusieurs dizaines de calques, indépendants les uns des autres. Cela permet de travailler sur un élément de l'image sans toucher aux autres. De cette manière, vous pouvez fractionner et organiser une image de façon modulaire à l'aide de plusieurs calques : un pour le décor, un par personnage, un par objet, un pour le ciel, un pour le titre, etc.

Nous allons passer en revue dans ce chapitre toutes les facettes de la gestion des calques dans Photoshop. Vous acquerrez ainsi les bases nécessaires à la composition des images.

9.1. Palette Calques

La palette *Calques* fait partie des palettes que vous affichez en permanence dans l'interface de Photoshop. Elle permet la gestion d'un des éléments essentiels du photomontage.

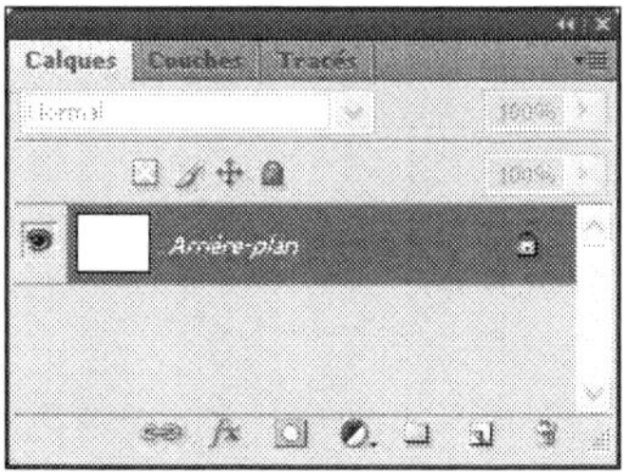

Figure 9.1 : Palette Calques

REMARQUE

Fusion et calque d'arrière-plan

Le mode de fusion ne peut pas être déterminé pour le calque *Arrière-plan* (dont le nom est en italique).

Liste déroulante Mode de fusion

La liste déroulante *Mode de fusion* permet de choisir la manière dont se comportent les valeurs de couleur et de luminosité du calque actif par rapport à celles des calques inférieurs.

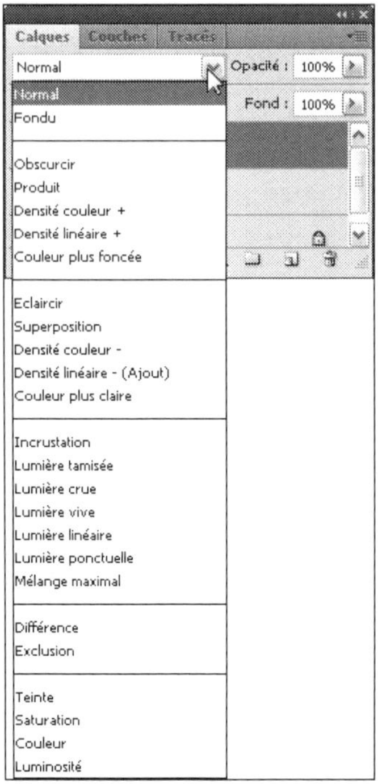

Figure 9.2 : Liste déroulante Mode de fusion

RENVOI

Pour plus de détails sur les différents modes de fusion, reportez-vous au chapitre *Gérer les couleurs*.

Opacité

La zone de texte *Opacité* permet de préciser en pourcentage le niveau d'opacité (et donc inversement de transparence) maître du calque actif. Ainsi un calque avec 0 % d'opacité est totalement transparent et laisse apparaître les pixels des calques inférieurs. Une opacité de 50 % laisse apparaître les pixels visibles des calques inférieurs sous le calque actif qui est semi-transparent.

Fond

La zone de texte *Fond* permet de préciser en pourcentage le niveau d'opacité interne du calque actif. Il permet notamment d'affecter l'opacité du calque actif sans affecter celle des effets qui y sont associés (styles de calque entre autres).

Ce paramètre fait partie des paramètres de fusion avancée, accessibles dans la boîte de dialogue **Style de calque**, qui s'affiche via le menu **Calque/Style de calque/Options de fusion**.

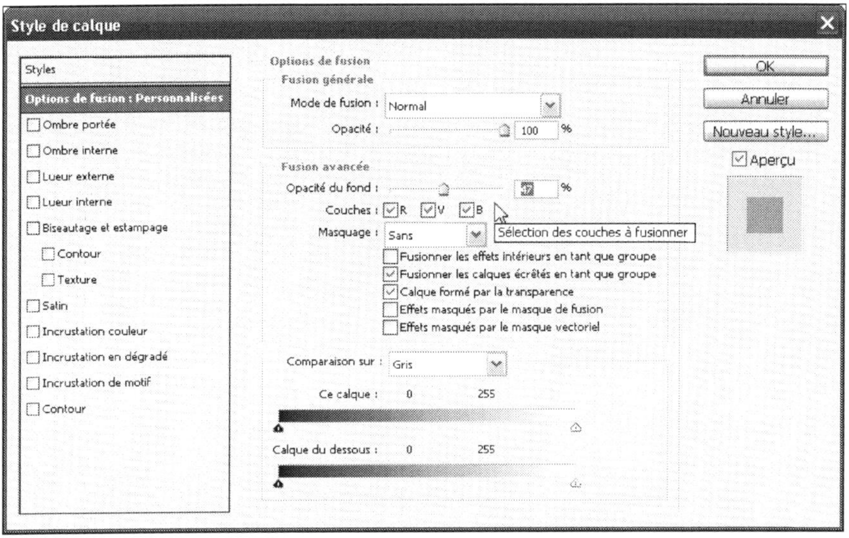

Figure 9.3 : Fusion avancée dans la boîte de dialogue Style de calque

REMARQUE

Utilité de l'opacité interne (fond)

La notion de fond est assez difficile à appréhender seule. Heureusement, elle n'est utile que dans des cas bien précis et vous en aurez rarement besoin, voire jamais.

Verrou

Ces quatre boutons permettent de verrouiller le calque actif selon différents niveaux de protection afin d'éviter de les modifier ultérieurement (à moins de désactiver ces protections) :

Figure 9.4 : Verrous du calque actif

- Le bouton **Verrouiller les pixels transparents** : lorsque ce verrou est activé, les pixels transparents du calque actif ne sont pas modifiables par les outils de dessin.

- Le bouton **Verrouiller les pixels de l'image** : lorsqu'il est activé, l'image du calque actif ne peut pas être modifiée avec les outils de dessin.
- Le bouton **Verrouiller la position du calque** : lorsqu'il est activé, l'image du calque actif ne peut pas être déplacée à l'aide de l'outil de déplacement.
- Le bouton **Tout verrouiller** : lorsqu'il est activé, tout le calque actif est protégé contre n'importe quelle modification.

Fonctions courantes de la palette Calques

Les fonctions courantes de la palette *Calques* sont regroupées en bas de celle-ci. Vous avez donc un accès rapide à ces fonctions.

Figure 9.5 : Fonctions courantes de la palette Calques

Lier les calques

Le bouton **Lier les calques** permet de créer ou de supprimer un lien entre plusieurs calques sélectionnés. Il n'est actif que si vous sélectionnez plusieurs calques à l'aide des touches Ctrl et Maj du clavier.

Ajouter un style de calque

Le bouton déroulant *Ajouter un style de calque* permet de choisir un nouveau style de calque à appliquer sur le calque actif et par la même occasion d'accéder rapidement à ses paramètres.

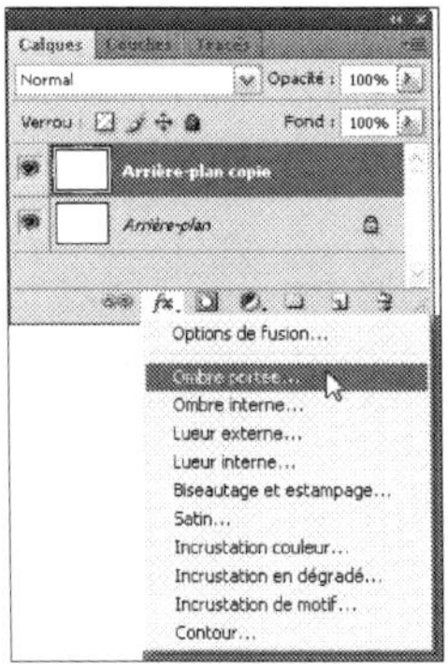

Figure 9.6 : Bouton déroulant Ajouter un style de calque

Ajouter un masque de fusion

Le bouton **Ajouter un masque de fusion** permet d'ajouter un masque de fusion au calque actif. Vous passez alors en mode de création de ce masque de fusion. Il est vide, vous pouvez alors peindre en niveaux de noir la zone à rendre plus ou moins transparente.

Créer un calque de remplissage ou de réglage

Le bouton déroulant *Créer un calque de remplissage ou de réglage* permet de créer un nouveau calque de remplissage ou de réglage au-dessus du calque actif. Si vous créez un nouveau calque de réglage, il s'applique à tous les calques inférieurs.

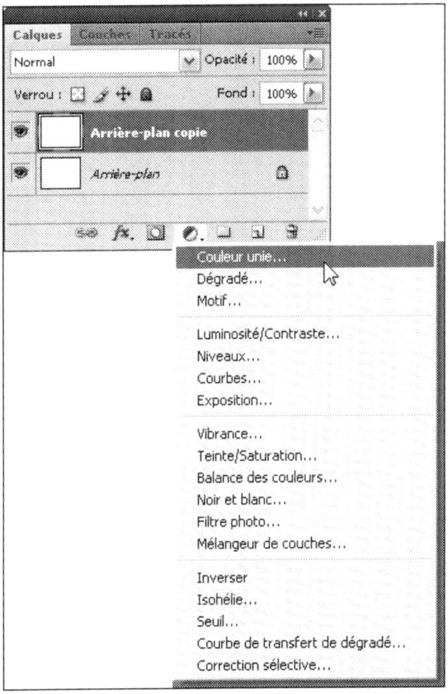

Figure 9.7 : Bouton déroulant Créer un calque de remplissage ou de réglage

Créer un groupe

Le bouton **Créer un groupe** permet de créer un nouveau groupe de calques vides juste au-dessus du calque actif. Le calque actif n'est pas inclus dans le groupe de calques nouvellement créé.

Créer un calque

Le bouton **Créer un calque** permet de créer un nouveau calque vierge juste au-dessus du calque actif.

Supprimer le calque

Le bouton **Supprimer le calque** permet de supprimer le calque actif.

Menus contextuels

Vous avez accès à plusieurs menus contextuels selon l'endroit où vous cliquez à l'aide du bouton droit dans la palette *Calques*.

Paradoxalement, le principal menu est celui pour lequel vous n'utilisez pas le bouton droit. Vous y accédez en fait en cliquant du bouton gauche sur le bouton rond situé en haut à droite de la palette *Calques*, juste en dessous de la croix de fermeture. Il donne naturellement accès aux principales fonctions s'appliquant aux calques.

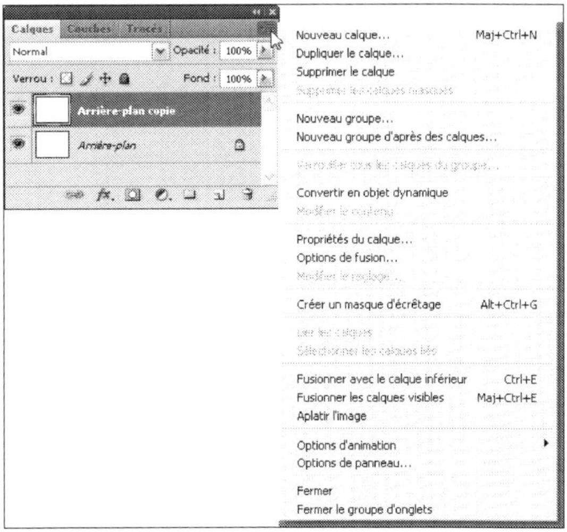

Figure 9.8 : Menu contextuel de la palette Calques

Il donne aussi accès aux **Options du panneau Calques**, qui permettent de gérer l'aspect des vignettes des calques.

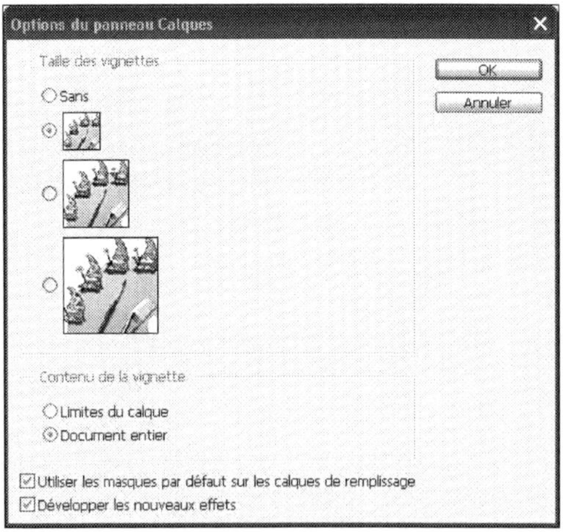

Figure 9.9 : Options du panneau Calques

Les menus contextuels accessibles du bouton droit s'adaptent en fonction du type de calque ou d'effet auquel ils correspondent.

9.2. Créer des calques

Par défaut, lorsque vous ouvrez ou créez une image, votre projet Photoshop n'est composé que d'un seul calque. Ce calque est en fait un calque d'arrière-plan, qui a la particularité de ne pas gérer la transparence, contrairement aux autres calques. Il se différencie des autres calques par son nom en italique, *Arrière-plan*.

Figure 9.10 : Calque d'arrière-plan d'une photo

Il existe plusieurs manières de créer un calque. Nous allons les détailler dans ce qui suit.

Pour la création de calques, vous allez vous exercer sur une image quelconque, provenant par exemple d'un appareil photo numérique.

À l'aide des menus

1 Sélectionnez le calque au-dessus duquel vous voulez ajouter un nouveau calque vierge.

2 Allez dans le menu **Calque/Nouveau** et choisissez la commande **Calque**.

3 Dans la boîte de dialogue **Nouveau calque**, complétez la zone de texte *Nom* afin de nommer correctement le calque en fonction de ce que vous allez y placer.

ATTENTION

Nom du calque

Il est important de nommer correctement chaque calque. En effet, dans certains photomontages, vous avez plusieurs dizaines de calques à gérer, et il est plus facile de les retrouver si vous leur donnez un nom explicite.

4 Vous pouvez aussi attribuer une couleur au calque afin de le différencier visuellement des autres, mais ce n'est pas indispensable.

REMARQUE

Masque d'écrêtage

Ne cochez pas la case *Créer un masque d'écrêtage d'après le calque précédent*. En effet, cette option permet de créer un calque spécial dont la fonction est sensiblement différente des calques standard. Ce calque est en fait la texture de remplissage des zones non transparentes du calque précédent. C'est une sorte de variante du masque de fusion.

5 Déterminez le mode de mélange des couleurs du calque par rapport aux calques précédents. Le mode *Normal* est le mode par défaut, et dans la plupart des cas il est le plus adapté.

6 Déterminez le niveau d'opacité du calque. À 100 %, le calque est opaque, à 0 %, il est totalement invisible. Laissez la zone de texte *Opacité* à *100 %*.

ASTUCE

Jauge de dosage

Toutes les zones de texte permettant de mesurer un effet en pourcentage possèdent sur leur droite un petit bouton > qui permet de doser l'effet de façon intuitive grâce à une jauge. Pour l'utiliser, cliquez dessus afin de faire apparaître la jauge, et maintenez le bouton de la souris appuyé tout en survolant celle-ci, en déplaçant la souris de gauche à droite jusqu'à ce que le dosage en pourcentage vous paraisse correct.

À l'aide des raccourcis clavier

1 Sélectionnez le calque au-dessus duquel vous voulez ajouter un nouveau calque vierge.

2 Utilisez la combinaison de touches Ctrl+Maj+N.

3 Cliquez sur OK afin de créer le calque. Photoshop nomme automatiquement le calque en lui ajoutant un numéro afin de le différencier des autres.

Depuis la fenêtre de gestion des calques

1 Sélectionnez le calque au-dessus duquel vous voulez ajouter un nouveau calque vierge.

2  Cliquez sur le petit bouton représentant un triangle vers le bas suivi de trois traits parallèles horizontaux situé en haut à droite de la palette de gestion des calques.

3 Dans le menu contextuel qui apparaît, choisissez la commande **Nouveau calque**.

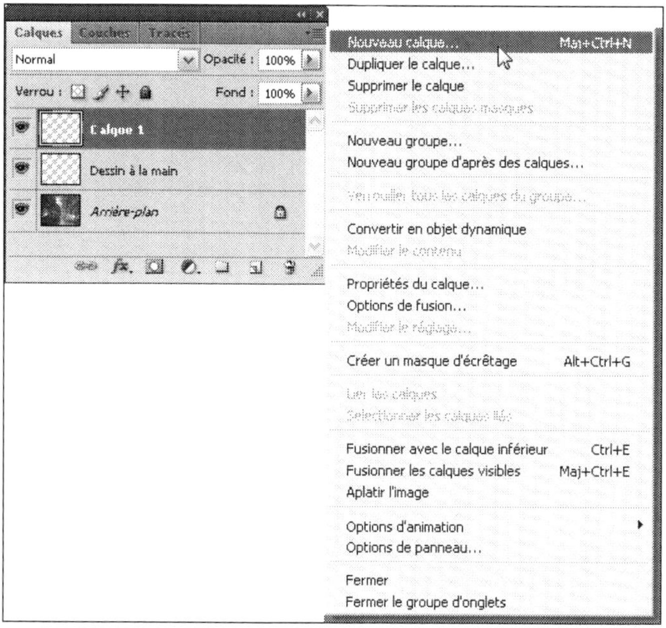

Figure 9.11 : Créez un nouveau calque

4 Cliquez sur OK pour créer le calque. Photoshop nomme automatiquement le calque en lui ajoutant un numéro afin de le différencier des autres.

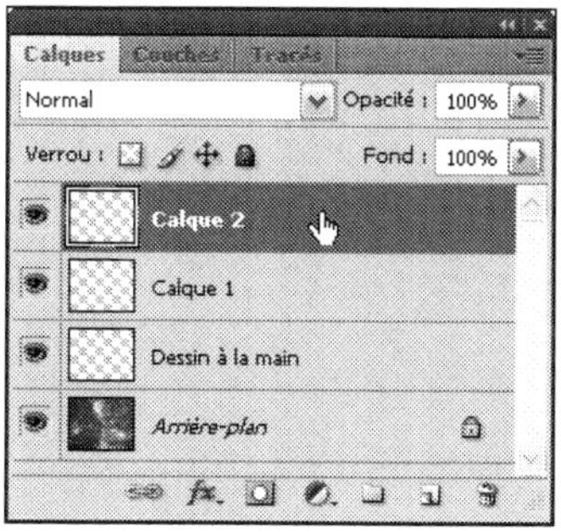

Figure 9.12 : Nouveau calque créé

Par copier-coller

1 À l'aide des outils de sélection, sélectionnez une partie du calque d'arrière-plan d'une image que vous venez d'ouvrir.

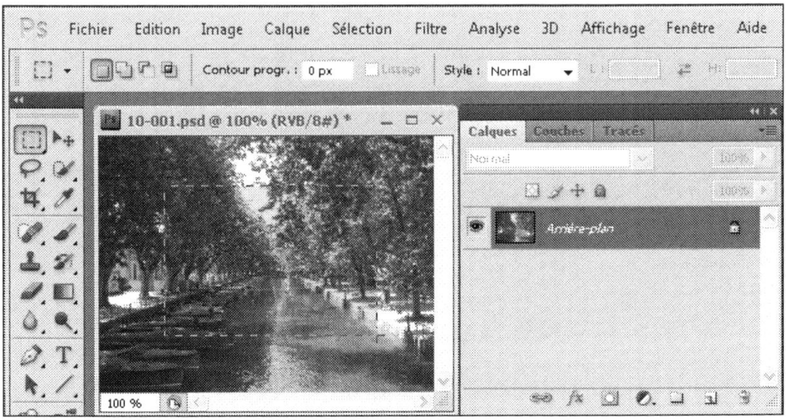

Figure 9.13 : Rectangle de sélection sur le calque actif

2 Dans le menu **Edition**, choisissez la commande **Copier** (Ctrl+C) pour que Photoshop garde en mémoire la partie d'image sélectionnée.

3 Dans le menu **Edition**, choisissez la commande **Coller** (Ctrl+V) pour que Photoshop crée un nouveau calque en fonction de l'image qu'il a en mémoire. Un nouveau calque apparaît, contenant la partie de dessin en mémoire.

Figure 9.14 : Sélection copiée puis collée sous forme de nouveau calque

Ce nouveau calque est nommé automatiquement par Photoshop. Vous pouvez alors modifier ses paramètres afin de lui donner, par exemple, un nom plus explicite.

RENVOI

Reportez-vous à la section suivante, *Modifier les paramètres d'un calque*, pour effectuer ces modifications.

Vous ne voyez pas forcément une différence sur l'image car la copie s'effectue exactement au même endroit que l'image qui a été mise en mémoire.

4 Afin de mieux voir ce nouveau calque, cliquez sur l'icône en forme d'œil située à gauche du calque *Arrière-plan*. De cette façon, vous masquez ce calque et vous voyez alors apparaître uniquement le nouveau calque.

5 Cliquez de nouveau au même endroit afin de faire réapparaître le calque *Arrière-plan*.

REMARQUE

Copie dans un calque

Lorsque vous copiez en mémoire une partie d'un calque à l'aide de la commande **Edition/Copier** (Ctrl+C), vous devez vous assurer que la sélection n'est pas vide (zone transparente), sous peine d'avoir un message d'erreur. Vérifiez bien que vous êtes sur une partie de calque contenant un dessin.

Modifier les paramètres d'un calque

Lorsque vous créez un calque, vous pouvez déterminer son nom, sa couleur, son mode de mélange des couleurs, son opacité, et éventuellement le transformer en masque d'écrêtage.

Une fois le calque créé, il est toujours possible d'en modifier les paramètres.

Vous pouvez aussi masquer un calque ou encore verrouiller certains de ses éléments afin d'éviter toute modification par erreur.

Modifier le nom et/ou la couleur d'un calque

1 Dans la palette *Calques*, sélectionnez le calque dont vous voulez modifier les paramètres.

2 Cliquez à l'aide du bouton droit sur le calque et choisissez la commande **Propriétés de calque**, ou allez dans le menu **Calque** et cliquez sur **Propriétés de calque**.

3 Dans la boîte de dialogue **Propriétés de calque**, changez le *Nom* et la *Couleur* du calque en cours de sélection.

4 Cliquez sur OK pour valider les modifications.

Renommer rapidement un calque

1 Dans la palette *Calques*, sélectionnez le calque dont vous voulez modifier le nom.

Figure 9.15 : Calque sélectionné

2 Double-cliquez sur le nom du calque.

3 Au bout d'une seconde, le nom du calque est encadré et éditable sous forme de zone de texte. Vous pouvez alors cliquer sur la zone de texte et modifier le titre du calque comme vous le feriez avec un logiciel de traitement de texte.

Figure 9.16 : Édition du nom du calque

4 Appuyez sur la touche [↵] ou cliquez à l'extérieur de la zone de texte afin de valider le nom.

Figure 9.17 : Calque avec son nouveau nom

Modifier le niveau de transparence d'un calque

1 Dans la palette *Calques*, sélectionnez le calque dont vous voulez modifier le niveau de transparence.

2 En haut à droite de la fenêtre, changez le niveau de transparence du calque en modifiant le pourcentage de visibilité dans la zone de texte *Opacité* (100 % pour un calque opaque et 0 % pour un calque totalement invisible).

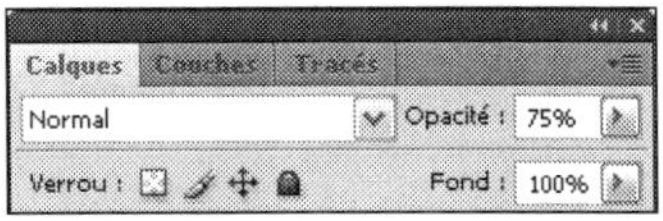

Figure 9.18 : Transparence du calque

Le pourcentage d'opacité concerne à la fois le calque et les effets qui lui sont appliqués. Pour changer l'opacité du calque sans influencer celle des effets, modifiez le pourcentage d'opacité de la zone de texte *Fond*.

Avec la gestion de l'opacité, vous pouvez fondre certains calques avec les calques précédents.

Figure 9.19 : Différents calques

Masquer un calque

Il est possible de masquer un calque de façon qu'il ne vous gêne pas lors de la retouche de calques situés en dessous.

1 Pour cela, cliquez sur le bouton en forme d'œil situé sur la gauche de chaque calque.

  Une fois masquée, l'icône en forme d'œil disparaît de la colonne de gauche du calque.

2 Pour démasquer le calque, cliquez simplement une nouvelle fois au même endroit : l'icône en forme d'œil réapparaît.

Verrouiller un calque

Pour chaque calque, vous pouvez définir différents niveaux de verrouillage. Il y a en fait quatre niveaux de verrou disponibles :

1 Sélectionnez le calque auquel vous voulez appliquer un ou plusieurs verrouillages.

Figure 9.20 : Boutons de verrou

2 Cliquez sur le ou les verrous à activer de façon que le bouton correspondant paraisse enfoncé.

Pour signaler qu'un calque est verrouillé, Photoshop affiche une icône représentant un petit cadenas sur la droite du calque.

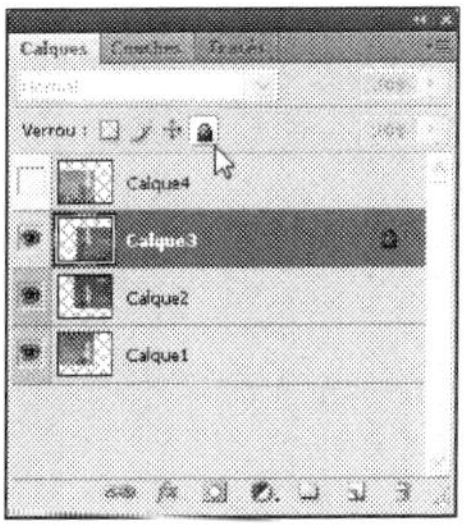

Figure 9.21 : Calque verrouillé

9.3. Organiser les calques

Les calques permettent de composer de façon intuitive des photomontages. Pour certaines compositions complexes, la gestion des calques peut rapidement devenir difficile si vous manquez d'organisation. Heureusement, Adobe s'est efforcé de mettre à la disposition des graphistes des outils de gestion qui rendent l'utilisation d'un grand nombre de calques conviviale.

Supprimer un calque

L'avantage du photomontage avec des calques est qu'il est très facile de supprimer un élément de l'image si celui-ci est situé seul sur un calque. En effet, il suffit simplement de supprimer le calque en question pour faire disparaître l'élément sans influencer les autres constituants de l'image.

À l'aide des menus

1 Sélectionnez le calque à supprimer.

2 Allez dans le menu **Calque/Supprimer** et choisissez la commande **Calque**.

3 Validez la suppression du calque en cliquant sur le bouton **Oui** dans la boîte de dialogue qui apparaît.

Vous pouvez aussi supprimer le calque à partir du menu de la palette des calques, disponible en haut à droite.

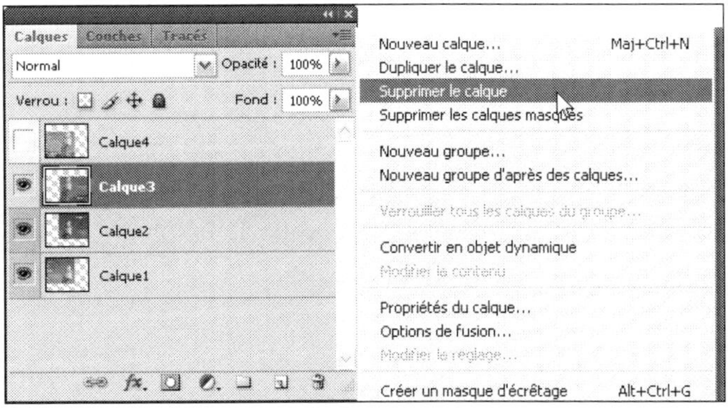

Figure 9.22 : Suppression du calque par le menu contextuel

À l'aide de la souris

1 Sélectionnez le calque à supprimer.

2 Cliquez sur le bouton **Supprimer le calque** représenté par une icône en forme de poubelle.

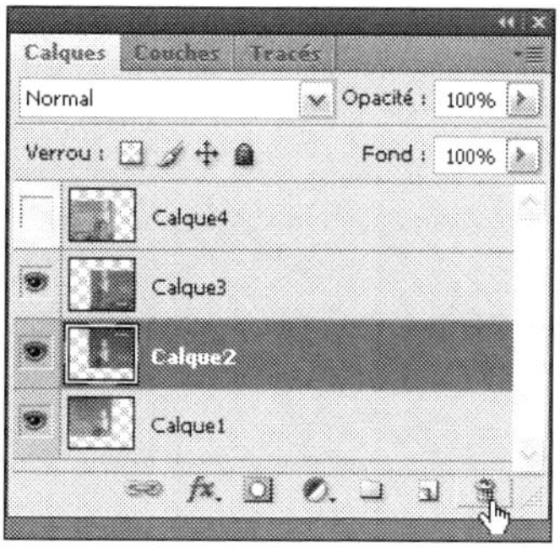

Figure 9.23 : Bouton Supprimer le calque

3 Validez la suppression du calque en cliquant sur le bouton **Oui** dans la boîte de dialogue qui apparaît.

Vous pouvez aussi supprimer le calque à l'aide de la commande **Supprimer le calque** du menu contextuel accessible d'un du bouton droit sur le calque.

Par glisser-déposer

Cette technique est la plus courante car elle ne fait pas appel à une boîte de dialogue de confirmation de suppression.

1 Sélectionnez le calque à supprimer.

2 Cliquez sur le calque à effacer et, tout en maintenant le bouton de la souris appuyé, déplacez le curseur en forme de main sur l'icône symbolisée par une poubelle.

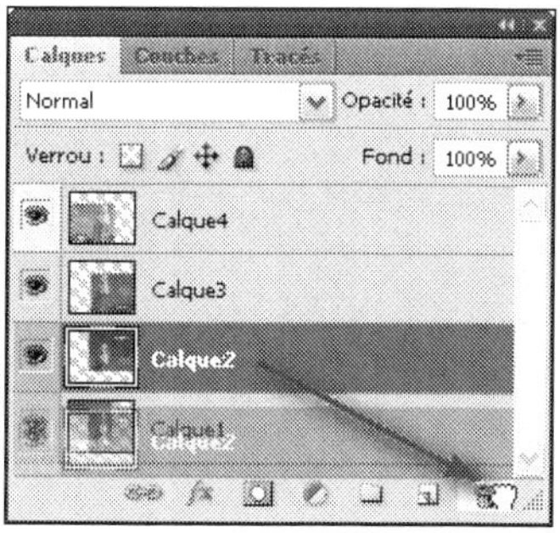

Figure 9.24 : Supprimez le calque par glisser-déposer

3 Lâchez le bouton de la souris une fois que l'icône représentant une poubelle est surlignée en blanc.

Le calque est supprimé directement sans demande de confirmation.

Dupliquer un calque

La duplication d'un calque permet tout simplement de créer un nouveau calque qui est la copie parfaite du calque dupliqué. L'intérêt, c'est que vous pouvez, par exemple, garder l'image originale d'arrière-plan pour travailler sur sa copie. De cette manière, vous préservez l'original dans votre photomontage. Appliquée aux calques de texte, cette technique permet de créer plusieurs titres ayant pour modèle le calque dupliqué. Le calque copié peut être modifié au niveau du contenu du texte tout en gardant les mêmes paramètres de police et de style.

À l'aide des menus

1. Sélectionnez le calque à dupliquer.
2. Allez dans le menu **Calque** et choisissez la commande **Dupliquer le calque**.
3. Dans la boîte de dialogue **Dupliquer le calque**, changez éventuellement le nom du calque, puis validez la duplication en cliquant sur OK. Notez que vous pouvez dupliquer le calque vers une autre composition Photoshop en cours d'ouverture.

Vous pouvez aussi dupliquer le calque à partir du menu disponible en haut à droite de la palette des calques.

À l'aide de la souris

1. Sélectionnez le calque à dupliquer.
2. Cliquez à l'aide du bouton droit sur le calque et choisissez la commande **Dupliquer le calque** dans le menu contextuel qui s'affiche.
3. Dans la boîte de dialogue **Dupliquer le calque**, changez éventuellement le nom du calque, puis validez la duplication en cliquant sur OK. Notez qu'il vous est possible de dupliquer le calque vers une autre composition Photoshop en cours d'ouverture.

Par glisser-déposer

Cette technique est la plus utilisée car elle ne fait pas appel à une boîte de dialogue de confirmation de duplication.

1. Sélectionnez le calque à dupliquer.
2. Cliquez sur le calque à dupliquer et, tout en maintenant le bouton de la souris appuyé, déplacez le curseur en forme de main sur l'icône représentant un fichier.

3 Lâchez le bouton de la souris une fois que l'icône en forme de fichier est surlignée en blanc. Le calque est dupliqué directement sans demande de confirmation.

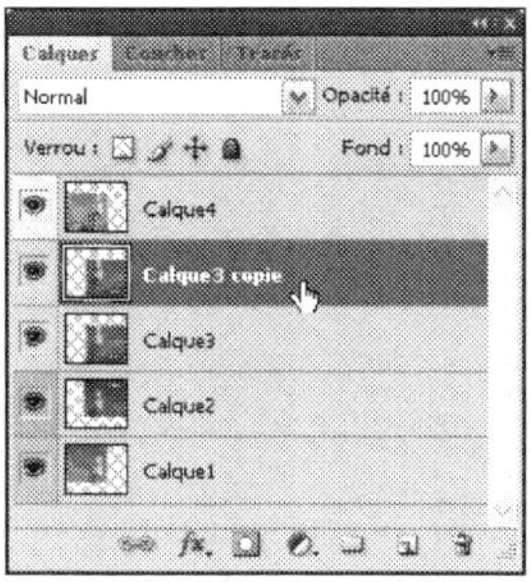

Figure 9.25 : Calque dupliqué

Lier des calques

Il est possible de lier plusieurs calques entre eux de façon à les rendre dépendants les uns des autres. De cette manière, lorsque vous déplacez un calque avec l'outil **Déplacement**, vous bougez en même temps le ou les calques qui lui sont liés.

1 Sélectionnez le calque auquel vous voulez lier d'autres calques, ici le calque 2.

2 Pour lier plusieurs calques, vous devez d'abord sélectionner les calques concernés. Pour cela, utilisez la même technique de sélection multiple que celle disponible dans l'Explorateur Windows. Servez-vous donc des touches Maj et Ctrl.

   Dans cet exemple, appuyez sur la touche Maj du clavier tout en cliquant sur le calque 4.

3 Cliquez sur le bouton **Lier les calques** afin d'appliquer la liaison. Une icône en forme de chaîne apparaît sur la droite des calques liés lorsqu'un ou plusieurs de ceux-ci sont sélectionnés.

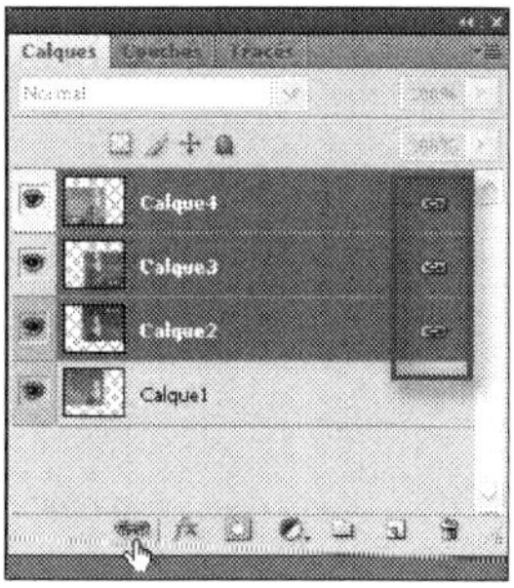

Figure 9.26 : Activez la liaison des calques sélectionnés

Changer l'ordre des calques

Pour cet exercice, vous travaillerez sur une image composée de quatre calques de couleurs bien distinctes.

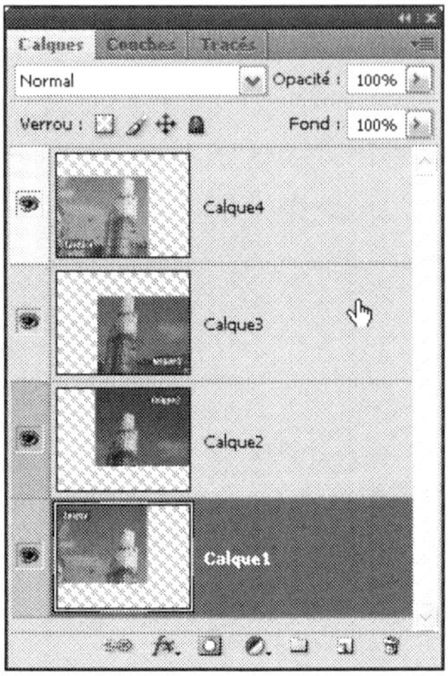

Figure 9.27 : Ordre de début

Déplacer un calque à l'aide des menus

1 Sélectionnez le calque à déplacer, en l'occurrence le calque 1.

2 Allez dans le menu **Calque/Disposition** et choisissez la commande **En avant.**

Le calque s'est déplacé entre les calques 2 et 3.

3 Répétez la même action pour le déplacer entre les calques 3 et 4.

4 Pour déplacer le calque vers le bas et le repositionner entre les calques 2 et 3, retournez dans le menu **Calque/Disposition** et choisissez cette fois la commande **En arrière.**

Déplacer un calque à l'aide des raccourcis clavier

1 Sélectionnez le calque à déplacer, en l'occurrence le calque 1.

2 Utilisez la combinaison de touches :

- Ctrl+, pour déplacer le calque vers le bas ;
- Ctrl+;pour le déplacer vers le haut ;
- Ctrl+Alt+Maj+; pour le déplacer au-dessus de tous les autres ;
- Ctrl+Alt+Maj+, pour le déplacer au-dessous de tous les autres.

Déplacer un calque à l'aide de la souris

Cette technique est la plus utilisée car elle est plus intuitive et plus rapide que les autres. Elle repose sur un glisser-déposer.

1 Sélectionnez le calque à déplacer, en l'occurrence le calque 2.

Figure 9.28 : Sélectionnez le calque 2

2 Cliquez dessus, puis déplacez la souris vers le haut tout en maintenant le bouton appuyé, pour placer le calque entre les calques 3 et 4.

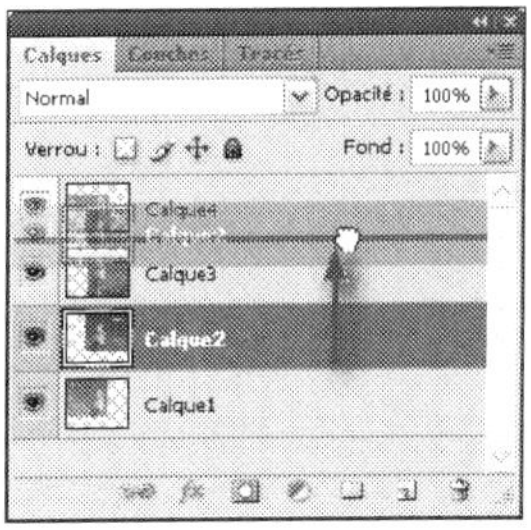

Figure 9.29 : Déplacez le calque 2 au-dessus du calque 3

3 Lâchez le bouton de la souris une fois qu'un marqueur noir apparaît entre les calques 3 et 4.

Figure 9.30 : Calque 2 déplacé au-dessus du calque 3

Le calque 2 se positionne automatiquement entre les calques 3 et 4.

Créer des groupes de calques

Vous pouvez regrouper des calques de la même façon que vous regroupez des fichiers dans des dossiers pour les trier.

Créer un groupe de calques à l'aide des menus

1 Sélectionnez le calque au-dessus duquel vous voulez ajouter un groupe de calques.

2 Allez dans le menu **Calque/Nouveau** et choisissez la commande **Groupe de calques**, ou accédez au menu de la palette des calques et choisissez la commande **Nouveau groupe de calques**.

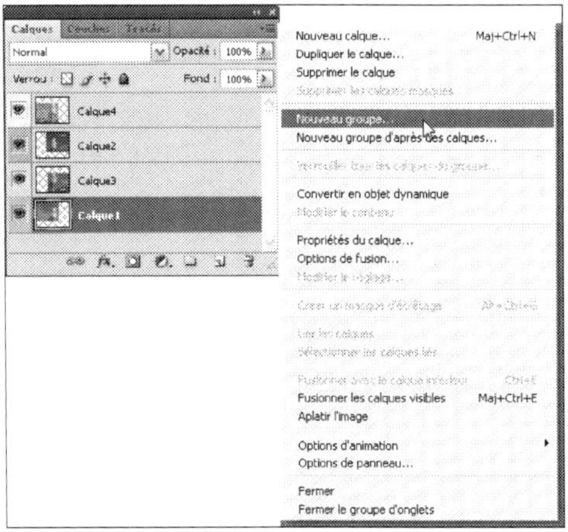

Figure 9.31 : Créez un nouveau groupe de calques via le menu contextuel de la palette Calques

3 Dans la boîte de dialogue **Nouveau groupe**, entrez un nom explicite, puis cliquez sur OK pour valider la création du groupe.

Le groupe de calques nouvellement créé apparaît, représenté par un dossier au-dessus du calque.

Figure 9.32 : Nouveau groupe de calques créé

4 Glissez-déposez le calque 2 vers le groupe de calques nouvellement créé.

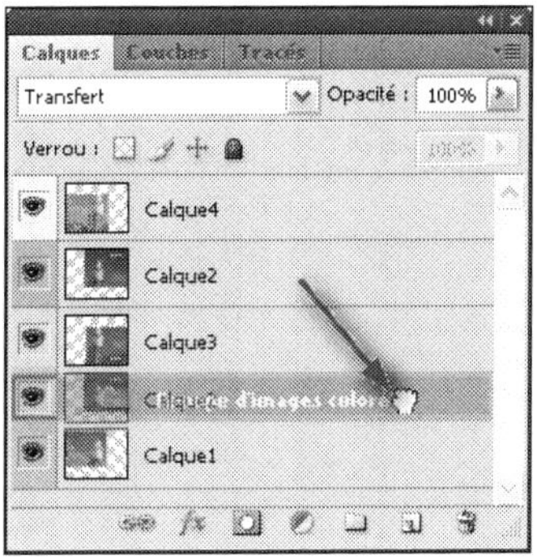

Figure 9.33 : Déplacez le calque vers le nouveau groupe de calques

5 Faites de même avec les autres calques que vous voulez regrouper dans le nouveau groupe de calques.

Les calques déplacés vers le groupe sont légèrement décalés par rapport aux calques ne faisant pas partie du groupe, à la façon des fichiers et dossiers dans l'Explorateur Windows, à la différence qu'il n'est pas possible de créer de sous-dossiers.

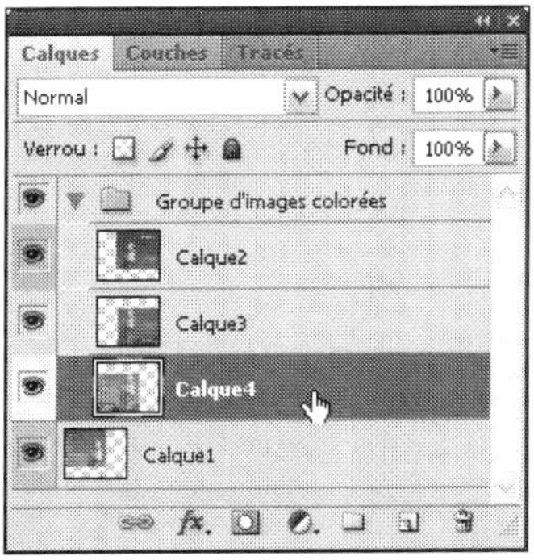

Figure 9.34 : Calques 2, 3 et 4 déplacés dans le groupe de calques

REMARQUE

Authoring DVD avec Adobe Encore DVD

L'utilisation des groupes de calques est très pratique si vous souhaitez créer les boutons d'une interface de DVD à l'aide de Photoshop. En effet, le logiciel de création de DVD vidéo Adobe Encore DVD gère parfaitement les fichiers PSD, leurs calques et les groupes de calques, pour peu que l'utilisateur connaisse les règles de nommage des groupes.

Créer un groupe de calques à l'aide de la palette des calques

1 Sélectionnez le calque au-dessus duquel vous voulez ajouter un groupe de calques.

2 Cliquez sur le bouton représentant un dossier, situé en bas de la palette des calques.

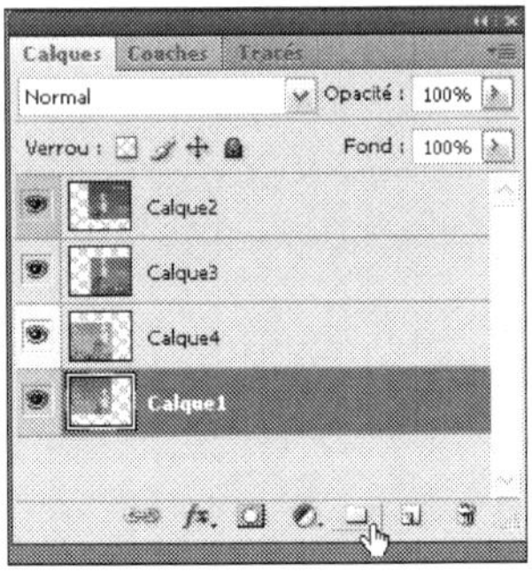

Figure 9.35 : Bouton Nouveau groupe de calques

Un groupe de calques est directement créé et nommé *Groupe X*.

3 Cliquez deux fois sur le nom du calque afin de le renommer.

4 Validez le nouveau nom via la touche [↵] ou en cliquant ailleurs que sur le nom.

Supprimer un groupe de calques

La suppression des groupes de calques se fait de la même manière que la suppression des calques.

1 Sélectionnez le groupe de calques à supprimer.

2 Cliquez sur le bouton représentant une poubelle, situé en bas de la palette des calques.

3 Au moment de confirmer la suppression, un message demande si vous voulez garder ou non les calques faisant partie du groupe à supprimer. Si vous décidez de ne supprimer que le groupe (bouton **Le Groupe**), les calques contenus dans le groupe retournent dans la pile des calques.

Figure 9.36 : Boîte de dialogue proposant le mode de suppression du calque

Gérer la transparence d'un calque

La transparence d'un calque se gère principalement à l'aide de la zone de texte *Opacité*.

1 Sélectionnez le calque dont vous voulez modifier l'opacité.

2 Changez le niveau d'*Opacité* selon le pourcentage voulu.

Figure 9.37 : Transparence d'un calque

9.4. Fusionner des calques

Fusionner plusieurs calques entre eux permet d'en rassembler plusieurs en un seul. De cette manière, vous pouvez diminuer le nombre de calques d'un photomontage.

Fusionner plusieurs calques en un seul

Pour fusionner plusieurs calques d'un photomontage, il faut dans un premier temps lier entre eux les calques concernés.

1 Sélectionnez les calques à fusionner à l'aide de la touche Maj ou Ctrl. Dans cet exemple, sélectionnez tout d'abord le calque 2.

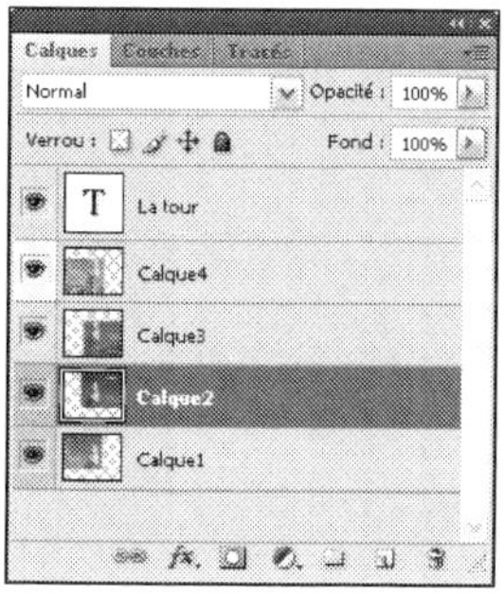

Figure 9.38 : Sélectionnez le premier calque

2 Tout en appuyant sur la touche [Ctrl], sélectionnez le calque 4 puis le calque de texte *La Tour*.

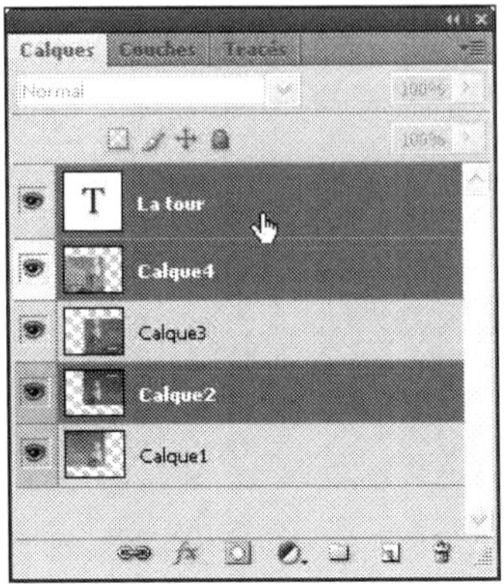

Figure 9.39 : Sélectionnez les autres calques à l'aide de la touche Ctrl

3 Allez dans le menu **Calque** et choisissez la commande **Fusionner les calques** ([Ctrl]+[E]).

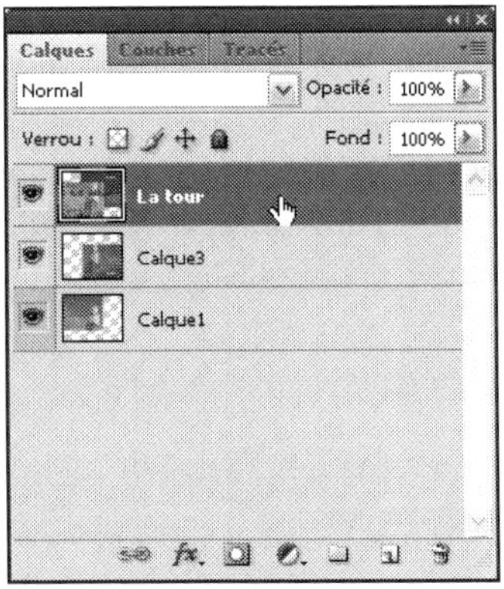

Figure 9.40 : Nouveau calque créé à partir des trois précédemment sélectionnés

Le nouveau calque prend le nom du calque situé le plus haut dans la pile des calques.

ATTENTION

Attention au changement d'ordre des calques

Si vous fusionnez des calques qui ne se superposent pas directement, et donc qui sont séparés par d'autres calques, vous risquez de modifier l'apparence de votre photomontage, car la fusion change l'ordre des calques pour assembler les calques liés et celui situé le plus bas dans la pile.

Autre solution

Il existe une autre manière de fusionner plusieurs calques. Pour cela, masquez les calques que vous ne voulez pas fusionner et lancez la commande **Calque/Fusionner les calques visibles**, ou accédez au menu de la palette des calques et choisissez la commande **Fusionner les calques visibles** (Ctrl+Maj+E).

Fusionner deux calques

Vous pouvez aussi fusionner un calque et celui situé juste en dessous. Pour cela, allez dans le menu **Calque/Fusionner avec le calque inférieur**, ou accédez au menu de la palette des calques et choisissez la commande **Fusionner avec le calque inférieur** (Ctrl+E).

REMARQUE

Fusion des calques liés et du calque inférieur

Il n'est pas possible de fusionner le calque inférieur et un calque qui est lié à d'autres calques. La fonction **Fusionner avec le calque inférieur** est remplacée par la fonction **Fusionner avec les calques liés**.

Fusionner tous les calques

Fusionner tous les calques revient à écraser la pile des calques pour n'en faire qu'un seul.

1 Vérifiez que votre photomontage est bien terminé et faites-en éventuellement une sauvegarde au format PSD afin de pouvoir y revenir le cas échéant.

2 Allez dans le menu **Calque** et choisissez la commande **Aplatir l'image**, ou accédez au menu de la palette des calques et choisissez la commande **Aplatir l'image**.

Le calque généré est un calque d'arrière-plan ne gérant pas, de ce fait, la transparence, qui est remplacée par du blanc. L'image est exactement la même que celle du photomontage juste avant la fusion.

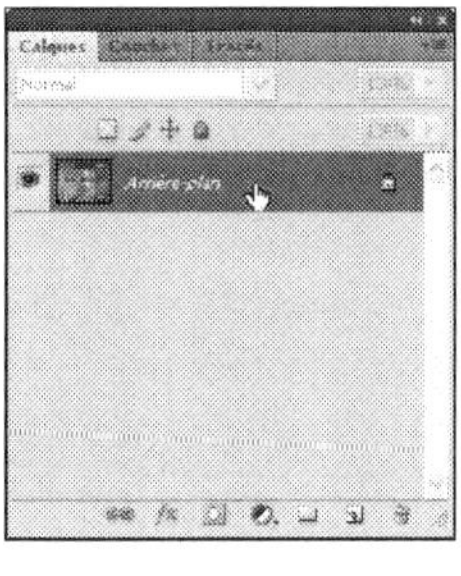

Figure 9.41 : Calques aplatis sur le calque Arrière-plan

Fonction Aplatir l'image et calques masqués

Les calques masqués ne sont pas fusionnés avec tous les calques. Une boîte de dialogue vous prévient de la présence de calques masqués.

9.5. Styles de calque

Les styles de calque sont une des révolutions apportées par Photoshop 6. Avant l'arrivée de ce module, il fallait faire de multiples et fastidieuses manipulations pour avoir une simple ombre portée sur un calque. Avec cette fonction, grandement améliorée dans Photoshop, il est maintenant possible de créer des effets d'ombrage complexes, pour un calque ou un texte, en quelques clics.

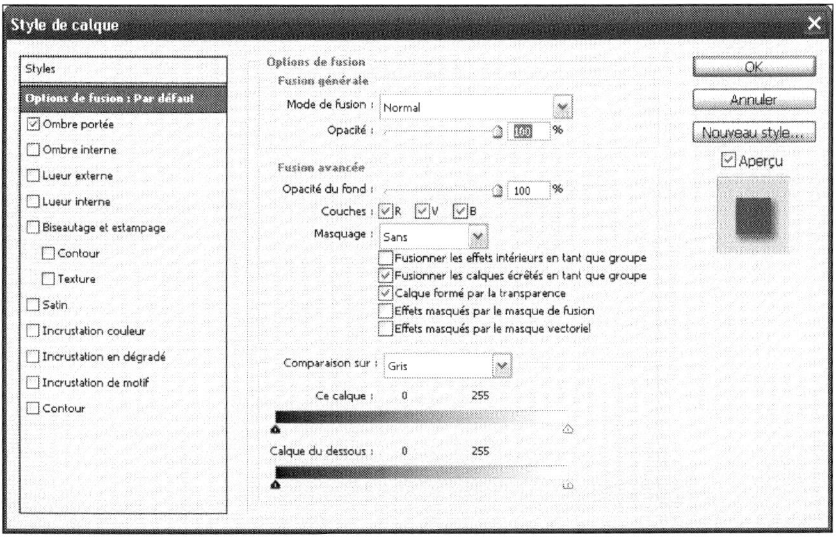

Figure 9.42 : Boîte de dialogue Style de calque

Il existe plusieurs styles de calque, accessibles directement via le menu **Calque/Style de calque**. Mais en fait, ils mènent tous à la même boîte de dialogue, qui permet d'accéder aux paramètres de tous les styles. Il est par ailleurs possible de cumuler plusieurs styles sur un calque.

Les styles de calque servent principalement à faire ressortir un objet par rapport aux calques situés en dessous. Dans cet exemple, un calque de texte blanc est ajouté en commentaire d'une photo numérique. Le texte en lui-même n'est pas très lisible, et vous vous servirez des styles de calque pour le faire ressortir de la photo.

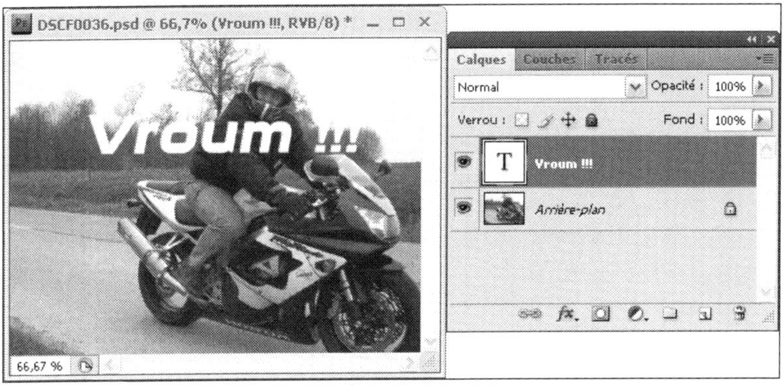

Figure 9.43 : Calque de texte au-dessus du calque d'arrière-plan

1 Sélectionnez le calque sur lequel vous voulez appliquer un style de calque.

2 Cliquez sur le bouton représenté par un **f** dans un cercle noir, situé en bas de la palette des calques, et choisissez la commande **Options de fusion**. Vous pouvez aussi passer par le menu **Calque/Style de calque/Options de fusion**.

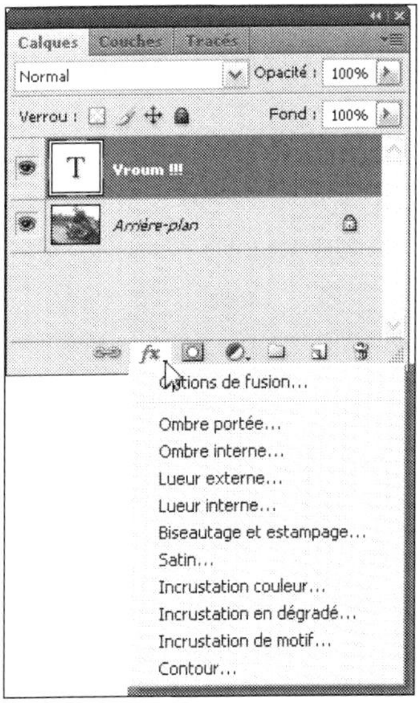

Figure 9.44 : Ajoutez un style de calque

3 Dans la boîte de dialogue **Style de calque**, choisissez un style dans la colonne *Styles*. Par exemple, cochez la case *Ombre portée*.

Vous voyez immédiatement le résultat de l'ombre portée par défaut sur le titre.

4 Cliquez sur le texte de la ligne *Ombre portée* afin de le surligner. Apparaissent sur la droite les options possibles pour le style sélectionné.

  Modifiez les paramètres à volonté en veillant à rendre le texte lisible. Pour un style de calque simple comme l'ombre portée, il y a des possibilités infinies de paramétrage. Il en va de même pour les autres styles, et il est même possible d'appliquer plusieurs styles à un calque. Pour cela, activez les autres styles en cochant la case correspondante.

5 Une fois que le ou les styles de calque sont paramétrés, cliquez sur le bouton OK pour les valider.

L'icône *f* s'affiche sur la droite du calque auquel vous venez d'appliquer les styles de calque. De plus, en dessous du calque, figure la liste des styles de calque qui sont appliqués. Cette liste peut être masquée d'un clic sur le petit triangle situé juste à gauche de l'icône *f* de style de calque.

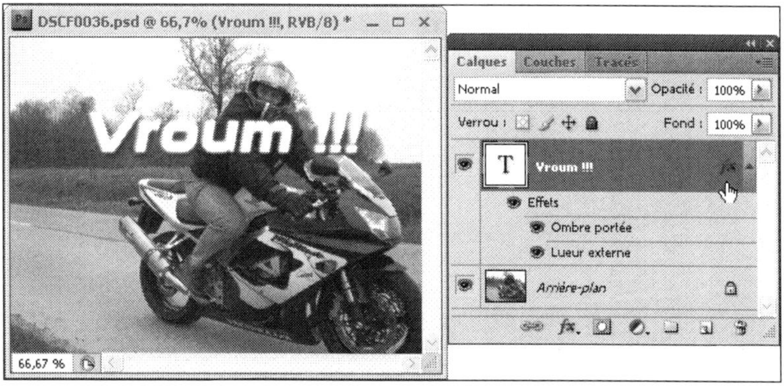

Figure 9.45 : Différents effets de style de calque

Pour modifier les paramètres des styles de calque, double-cliquez sur l'icône *f* ou sur le style de calque listé dans la liste des effets située en dessous du calque.

9.6. Masque de fusion

Le masque de fusion est un puissant outil destiné à remplacer avantageusement la gomme. En effet, la gomme a un inconvénient majeur : ce que vous gommez ne peut plus être récupéré, si ce n'est par les fonctions d'annulation de l'historique qui, malheureusement, ne sont valides que pour la session en cours de Photoshop.

Le masque de fusion ajoute au calque en cours une sorte de masque de transparence. Ce masque de transparence définit la transparence de l'image en fonction de niveaux allant du noir au blanc. Tout ce qui est dans la zone blanche dans le masque est visible sur le calque. Tout ce qui est dans la zone noire dans le masque est invisible sur le calque, et tout ce qui se trouve entre les deux est partiellement visible.

Le masque de fusion ne s'édite qu'en noir et blanc. De ce fait, lorsque vous passez en mode d'édition du masque de fusion, le premier plan et l'arrière-plan ne sont plus en couleur.

Créer un masque de fusion

1 Sélectionnez le calque sur lequel vous voulez appliquer un masque de fusion.

2 Allez dans le menu **Calque/Ajouter un masque de fusion** et choisissez la commande **Tout faire apparaître**.

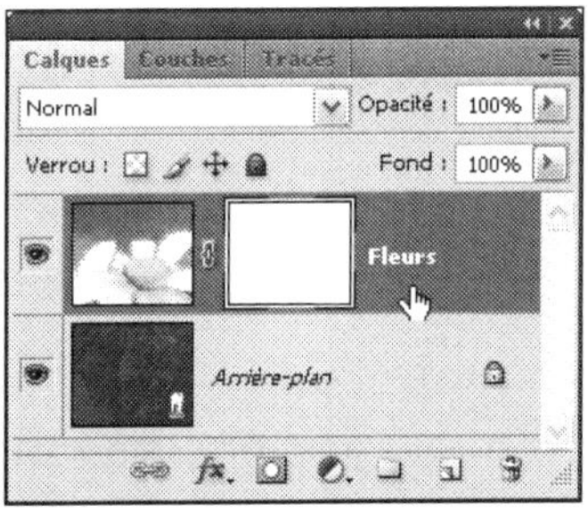

Figure 9.46 : Créez le masque de fusion

La vignette du masque de fusion apparaît sur la droite de la vignette de représentation du calque. Le masque est tout en blanc, et donc tout le calque est visible.

3 Activez l'outil **Pinceau**.

4 Mettez du noir comme couleur de premier plan.

5 Peignez sur le calque (voir fig. 9.47).

La surface que vous peignez devient transparente et laisse donc apparaître le calque inférieur. La vignette du masque de fusion montre la zone que vous venez de peindre en noir.

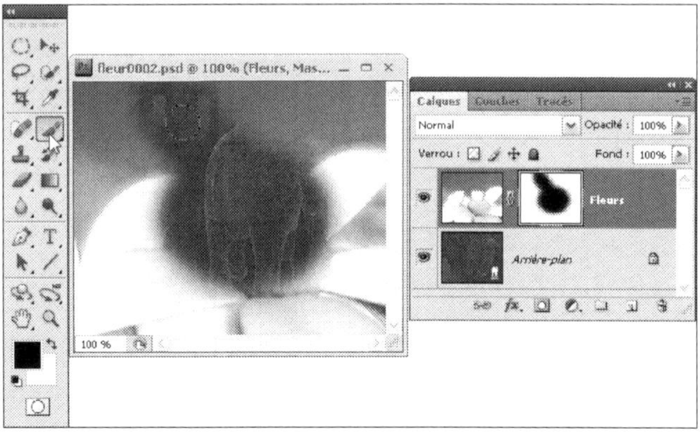

Figure 9.47 : Résultat du masque de fusion : la zone peinte en noir est masquée

REMARQUE

Passer en mode d'édition du masque de fusion

Pour passer en mode d'édition du masque de fusion, cliquez sur la vignette du masque de fusion. La vignette est alors entourée d'un cadre noir signifiant que vous êtes dans le mode d'édition du masque plutôt que dans le mode d'édition du calque. Pour repasser en mode d'édition du calque, cliquez sur la vignette de représentation du calque.

6 Pour faire réapparaître les zones rendues transparentes, passez la couleur de premier plan en blanc et repeignez sur ces zones avec un des outils de dessin.

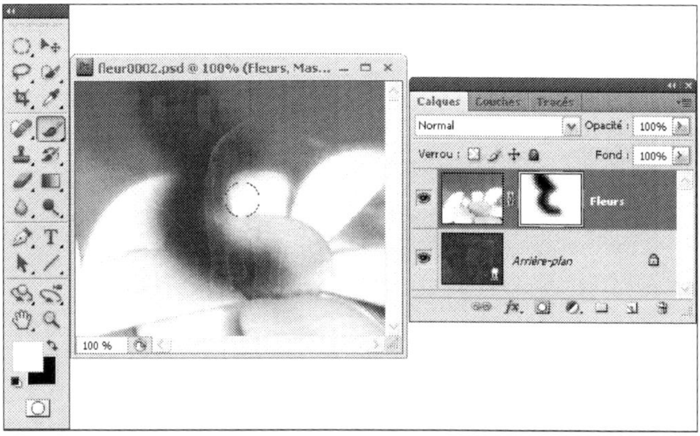

Figure 9.48 : Pour corriger un débordement de masque, peignez en blanc la zone à démasquer

7 Pour créer des zones semi-transparentes, peignez dans un niveau de gris. Plus celui-ci est clair, plus la zone peinte est visible. Et inversement, plus il est sombre, plus la zone peinte est transparente.

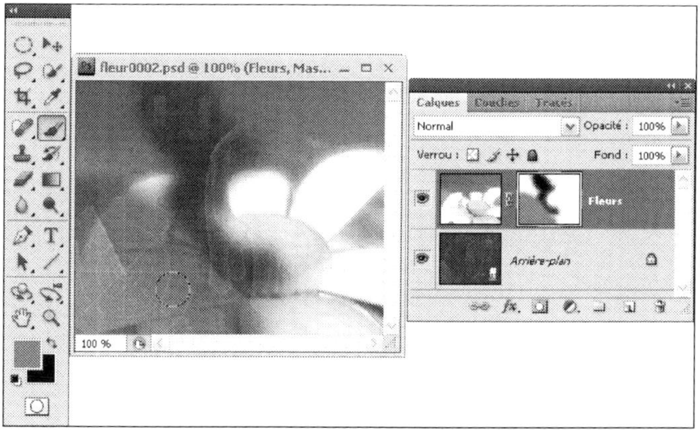

Figure 9.49 : Peignez en valeurs de gris pour obtenir un semi-masquage

8 Une fois l'édition du masque de fusion terminée, vous pouvez cliquer sur la vignette représentant le calque. La vignette est alors entourée d'un cadre noir pour signaler que vous êtes retourné en mode normal. Vous avez donc accès aux couleurs pour utiliser les outils de dessin.

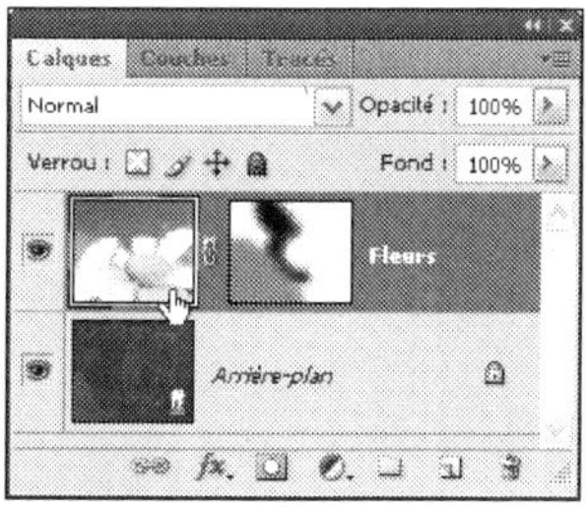

Figure 9.50 : Retour au mode normal de dessin (désactivation du mode d'édition du masque de fusion)

Créer un masque de fusion à partir d'une sélection

Il est possible de créer un masque de fusion directement à partir d'une sélection. C'est une méthode pratique qui permet de détourer un objet à l'aide d'une sélection effectuée en mode Masque.

RENVOI Pour effectuer une sélection en mode Masque, reportez-vous au chapitre *Sélectionner*.

1 Sélectionnez le calque sur lequel vous voulez créer le masque de fusion.

2 Utilisez les outils de sélection afin de sélectionner la zone à rendre visible. La zone non sélectionnée devient transparente.

Contours de transparence adoucis

REMARQUE

Lors de la sélection, vous pouvez jouer avec l'épaisseur du contour progressif afin de faire des sélections adoucies.

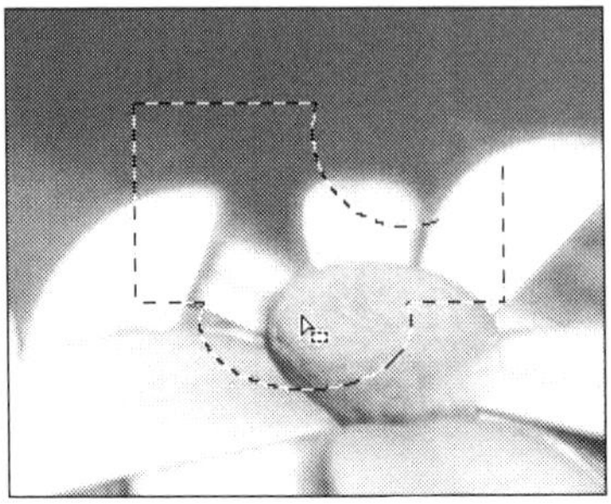

Figure 9.51 : Créez la sélection à masquer

3 Allez dans le menu **Calque/Ajouter un masque de fusion** et choisissez la commande **Faire apparaître la sélection**.

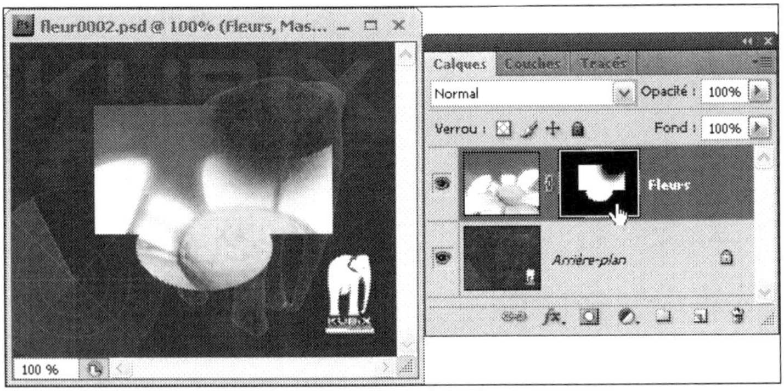

Figure 9.52 : Créez le masque de fusion en fonction de la sélection

La sélection définit alors la zone visible du calque. Le masque de fusion est blanc au niveau de la sélection, noir au niveau des parties non sélectionnées, et gris au niveau des zones semi-transparentes.

Supprimer un masque de fusion

1 Sélectionnez le calque dont vous voulez supprimer le masque de fusion.

2 Cliquez à l'aide du bouton droit sur la vignette représentant le masque de fusion à supprimer et choisissez la commande **Supprimer le masque de fusion**.

9.7. Masque d'écrêtage

Créer un masque d'écrêtage

La fonction de masque d'écrêtage de Photoshop permet de déterminer l'affichage de l'image d'un calque en fonction des zones d'opacité du calque précédent. L'image du calque précédent ne s'affiche pas : Photoshop utilise uniquement ses caractéristiques d'opacité pour définir l'affichage du calque auquel vous avez appliqué la fonction de masque d'écrêtage. De ce fait, les zones transparentes du calque inférieur sont aussi celles du calque à afficher.

1 Créez un calque en dessous de celui auquel vous voulez appliquer le masque d'écrêtage. Pour cela, sélectionnez le calque situé en dessous dudit calque, allez dans le menu **Calque/Nouveau** et choisissez la commande **Calque**.

   Ne cochez pas maintenant la case *Créer un masque d'écrêtage d'après le calque précédent*.

2 Nommez le masque d'écrêtage et cliquez sur le bouton OK.

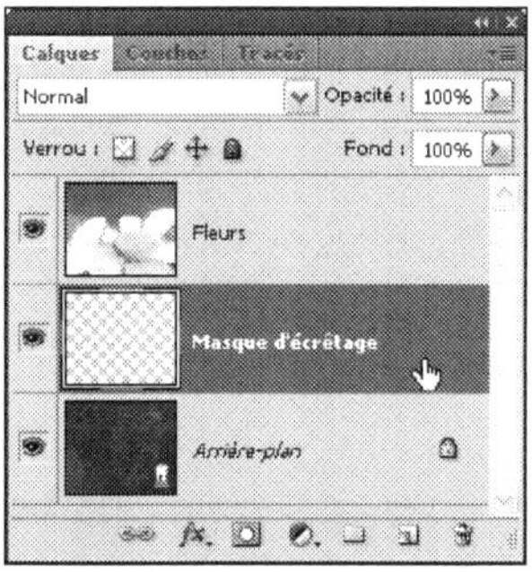

Figure 9.53 : Nouveau calque normal vierge

3 Masquez le calque auquel vous voulez appliquer le masque d'écrêtage en cliquant sur l'icône en forme d'œil, située sur la gauche du calque.

Figure 9.54 : Masquez le calque Fleurs

4 À l'aide des outils de dessin, peignez de n'importe quelle couleur la zone qui fera office de masque d'écrêtage.

5 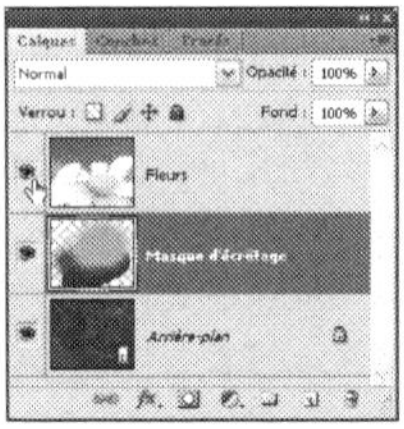

Sélectionnez puis démasquez le calque auquel vous voulez appliquer le masque d'écrêtage en cliquant sur la case située sur la gauche du calque, afin de faire apparaître l'icône en forme d'œil.

6 Allez dans le menu **Calque** et choisissez la commande **Créer un masque d'écrêtage**.

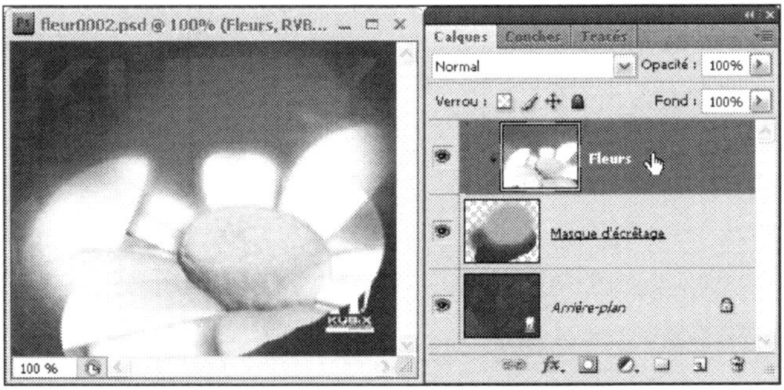

Figure 9.55 : Créez le masque d'écrêtage

Vous voyez alors le calque se décaler légèrement vers la droite et afficher une flèche pointant vers le bas.

Supprimer un masque d'écrêtage

1 Sélectionnez le calque sur lequel est appliqué le masque d'écrêtage à supprimer.

2 Allez dans le menu **Calque** et choisissez la commande **Annuler le masque d'écrêtage**.

9.8. Calques de réglage

Les calques de réglage sont des calques permettant d'effectuer des réglages de couleur de façon non définitive, comme vous pourriez le faire à l'aide des fonctions **Réglages** du menu **Image**. Les calques de réglage s'appliquent uniquement aux calques situés dessous. De plus, ils intègrent par défaut un masque de fusion. Cela permet de faire des réglages de couleur de façon locale.

1 Sélectionnez le calque au-dessus duquel vous voulez appliquer le calque de réglage.

2 Allez dans le menu **Calque/Nouveau calque de réglage** et choisissez la commande **Balance des couleurs**.

3 Dans la boîte de dialogue **Nouveau calque**, cliquez sur le bouton OK pour valider les paramètres du calque. Modifiez le nom du calque si vous le désirez afin de mieux vous repérer par rapport aux autres calques.

La boîte de dialogue **Balance des couleurs** s'affiche enfin.

4 Modifiez les paramètres de couleur de façon à avoir une image aux couleurs franchement différentes de celles de l'image originale. Puis cliquez sur le bouton OK pour valider les modifications.

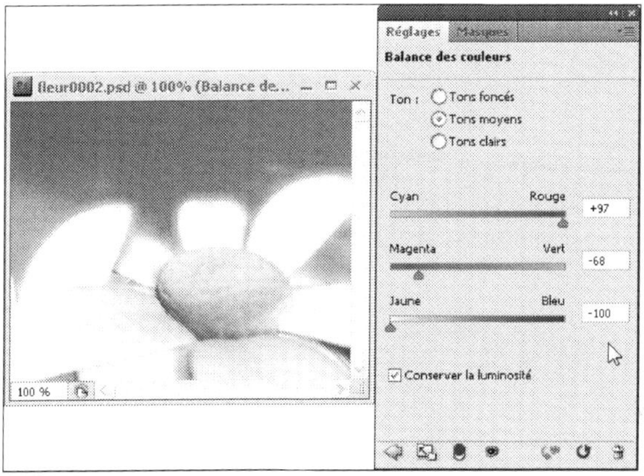

Figure 9.56 : Réglez la balance des couleurs du calque de réglage correspondant

Vous voyez apparaître un nouveau calque, en l'occurrence le calque de réglage de la balance des couleurs. Ce calque est associé à un masque de fusion.

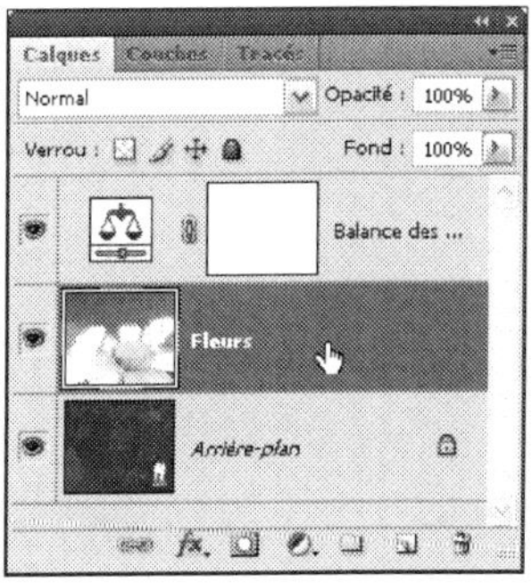

Figure 9.57 : Calque de réglage au-dessus du calque Fleurs

5 Pour appliquer le réglage de la balance des couleurs à toute l'image, laissez le masque de fusion tout en blanc.

6 Pour appliquer le réglage de la balance des couleurs sur une partie bien définie de l'image, sélectionnez le masque de fusion du calque de réglage et utilisez les outils de dessin afin de définir en noir les zones non influencées par le calque de réglage de la balance des couleurs (et en niveaux de gris les zones partiellement influencées).

Figure 9.58 : Masque de fusion permettant de masquer les effets du calque de réglage dans les zones peintes en noir

7 Vous pouvez revenir sur vos paramètres de réglage de la balance des couleurs en double-cliquant sur la vignette représentant le type de calque de réglage.

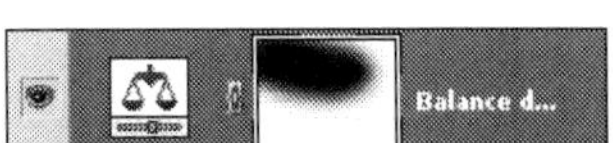

Figure 9.59 : État du calque de réglage et de son masque de fusion

9.9. Composition de calques

Les infographistes créent souvent de multiples variantes d'une mise en page à montrer à leurs clients. Les compositions de calques permettent de créer, de gérer et d'afficher plusieurs versions d'une mise en page dans un seul fichier Photoshop.

Une composition de calques est un instantané d'un état de la palette *Calques*. Les compositions de calques enregistrent les trois types d'options de calque suivants :

- la visibilité du calque (si un calque est affiché ou masqué) ;
- la position du calque dans le document ;
- l'aspect du calque (si un style de calque est appliqué au calque et à son mode de fusion).

Vous créez les compositions en apportant des modifications aux calques de votre document et en mettant à jour la composition dans la palette *Compositions de calques*. Vous visualisez les différentes compositions en les appliquant dans le document.

Créer plusieurs compositions pour une interface DVD

Dans ce cas pratique, vous allez définir deux compositions différentes d'un projet composé d'un grand nombre de calques.

1 Ouvrez votre projet et affichez, positionnez et appliquez les styles voulus pour le premier état de composition à créer.

2 Allez dans le menu **Fenêtre/Compositions de calques** afin d'afficher la palette.

3 Cliquez sur le bouton **Créer une composition de calques**.

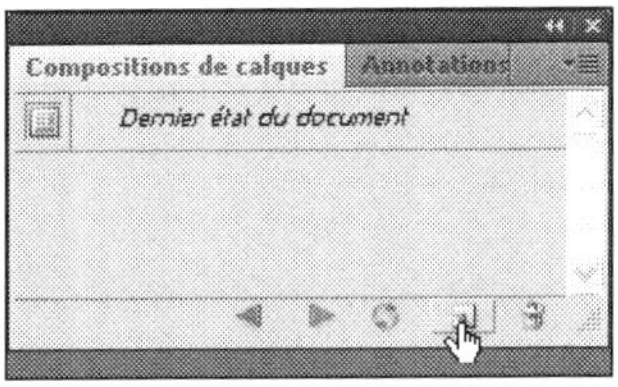

Figure 9.60 : Bouton Créer une composition de calques

4 Dans la boîte de dialogue **Nouvelle composition de calques**, donnez un nom explicite à la composition à créer dans la zone de texte *Nom*.

5 Parmi les trois types d'options de calque applicables, cochez celles que vous voulez gérer dans la composition. Dans cet exemple, cochez la case *Visibilité* (option activée dans la plupart des compositions).

6 Ajoutez éventuellement un *Commentaire* dans la zone de texte correspondante, puis cliquez sur OK.

La palette *Compositions de calques* affiche l'état de composition que vous venez de créer.

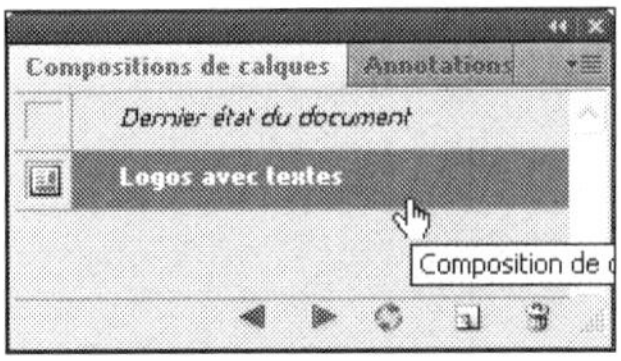

Figure 9.61 : Nouvelle composition dans la palette Compositions de calques

7 Masquez et affichez les différents calques du projet afin d'obtenir l'image telle que vous la voudriez pour le second état de composition.

8 Retournez dans la palette *Compositions de calques* et cliquez une nouvelle fois sur le bouton **Créer une composition de calques**.

9 Dans la boîte de dialogue **Nouvelle composition de calques**, donnez un nom explicite à la composition à créer dans la zone de texte *Nom*, cochez le type d'option de calque *Visibilité*, puis cliquez sur le bouton OK.

La palette *Compositions de calques* affiche l'état de composition que vous venez de créer en plus du précédent.

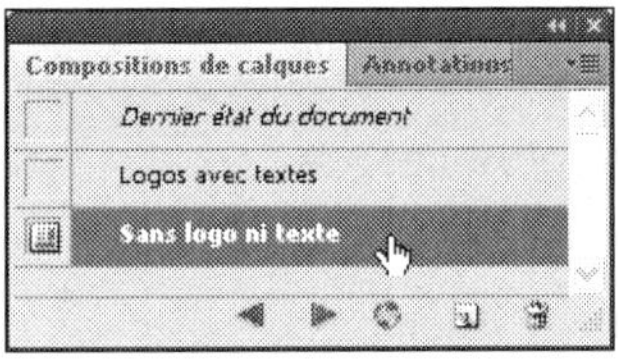

Figure 9.62 : Seconde composition dans la palette Compositions de calques

À partir de ce moment, pour afficher l'état des calques selon les compositions de calques voulues, cliquez sur l'icône de cette composition depuis la palette *Compositions de calques*.

Figure 9.63 : Retour à la première composition

Vous pouvez aussi utiliser les boutons **Précédent** et **Suivant** afin de passer d'une composition à l'autre dans l'ordre de la pile des compositions de calques.

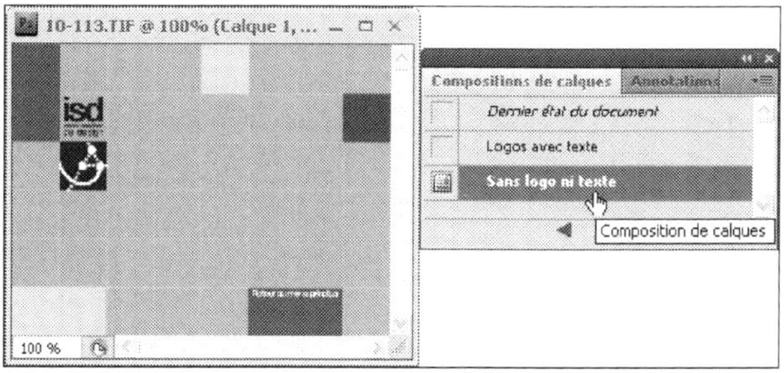

Figure 9.64 : Affichage de la seconde composition

Le bouton **Mettre à jour la composition des calques** permet de changer l'état de la composition sélectionnée en faveur de modifications faites dans la palette *Calques*.

9.10. Objets dynamiques

Un objet dynamique est en fait une sorte de raccourci vers un fichier autre que celui sur lequel vous travaillez, qui sera stocké dans le document Photoshop. Il fonctionne comme un conteneur qui garde en mémoire l'état originel du fichier. De cette manière, quel que soit l'effet donné à ce raccourci, vous pouvez toujours le récupérer ou le rééditer dans son état optimal sans aucune perte de qualité.

Par exemple, vous pouvez déformer un objet plusieurs fois de suite sans pour autant perdre en qualité car la déformation se fonde sur l'état original de l'objet au lieu du dernier état, comme c'est le cas pour les objets non dynamiques.

Cette fonction est très intéressante pour la retouche d'objets vectoriels provenant d'Adobe Illustrator. Vous ne faites vos retouches que sur une occurrence du logo original que vous pouvez agrandir ou diminuer à n'importe quel moment de votre projet sans vous soucier d'une éventuelle dégradation de sa qualité.

RENVOI

Le mode de fonctionnement des objets dynamiques est décrit au chapitre *Dessiner des tracés*.

9.11. Réaliser des montages photo

L'art du photomontage consiste à créer des trucages invisibles donnant l'impression que tout est naturel. Aucun détail ne doit être oublié pour éviter que la photo paraisse anormale. La principale difficulté lorsque vous faites des montages photo se situe au niveau des teintes des couleurs et des ombres. Ces dernières, d'ailleurs, peuvent vite trahir un photomontage.

Intégrer un personnage dans une photo (calque)

Dans ce cas pratique, vous allez insérer l'image d'un enfant provenant d'une photo numérique couleur dans une vieille photo sépia.

Détourer le personnage à insérer

1 À l'aide du menu **Fichier/Ouvrir**, ouvrez l'image contenant le personnage à intégrer dans une autre image.

2 Utilisez l'outil **Lasso** pour sélectionner grossièrement le personnage.

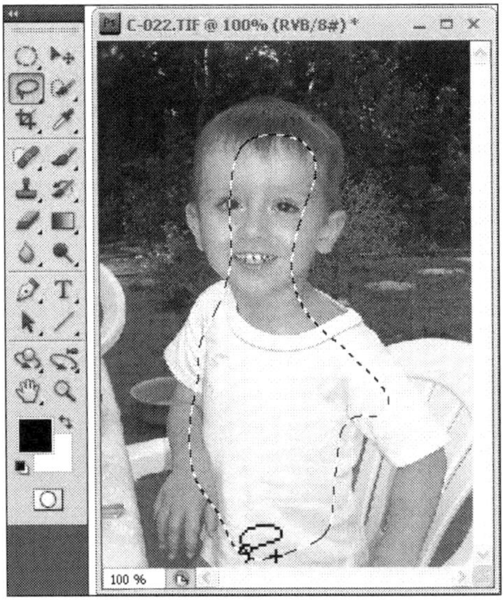

Figure 9.65 : Détourez grossièrement au lasso

3 Utilisez l'outil **Baguette magique** en mode Soustraire de la sélection pour désélectionner les aplats de couleur situés en dehors du personnage, afin d'affiner la sélection. Jouez avec la *Tolérance* pour régler la sélection.

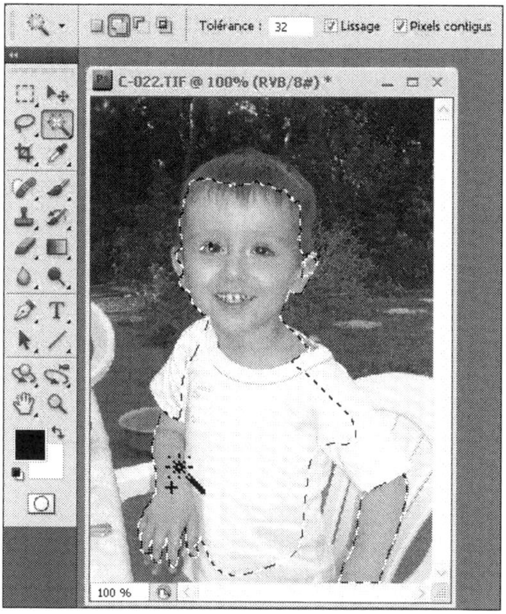

Figure 9.66 : Dégrossissez le détourage à la baguette magique

4 Cliquez sur le bouton **Mode Masque** (Q) pour passer dans le mode correspondant, de façon à fignoler la sélection.

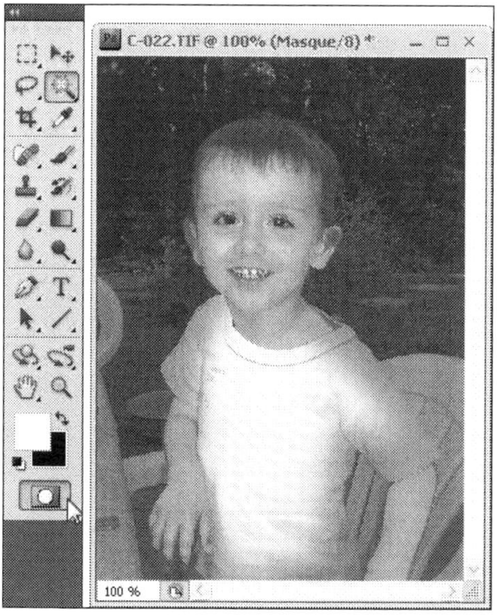

Figure 9.67 : Activez le mode Masque pour la finition du détourage

5 Peignez en noir les parties à supprimer de la sélection, et en blanc les parties à intégrer.

6 Une fois que la sélection est terminée, désactivez le mode Masque en cliquant sur le bouton **Mode standard** ([Q]).

Figure 9.68 : Retour au mode Normal

7 N'hésitez pas à rogner légèrement sur les contours du personnage. Pour cela, allez dans le menu **Sélection/Modifier/Contracter** et contractez la sélection de *1* à *3* pixels.

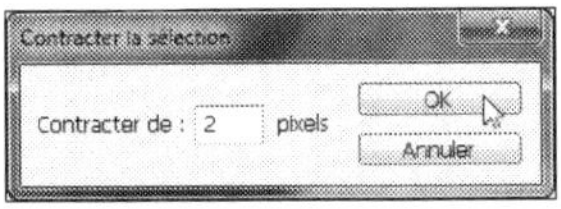

Figure 9.69 : Contraction de 2 pixels de la sélection en cours

Insérer le personnage

1 Dans le menu **Edition**, lancez la commande **Copier** ([Ctrl]+[C]) afin de placer la sélection en mémoire.

Figure 9.70 : Détourage parfait

2 À l'aide du menu **Fichier/Ouvrir**, ouvrez l'image dans laquelle vous voulez intégrer le personnage.

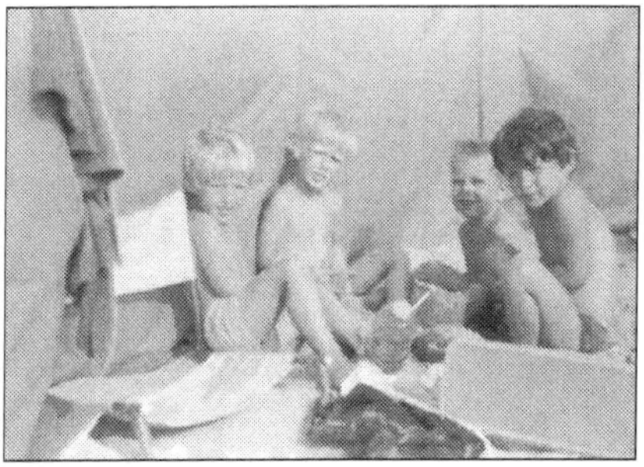

Figure 9.71 : Photo originale des années 50

3 Dans le menu **Edition**, lancez la commande **Coller** (Ctrl+V) afin de coller l'image en mémoire du personnage sur un nouveau calque de la photo que vous venez d'ouvrir.

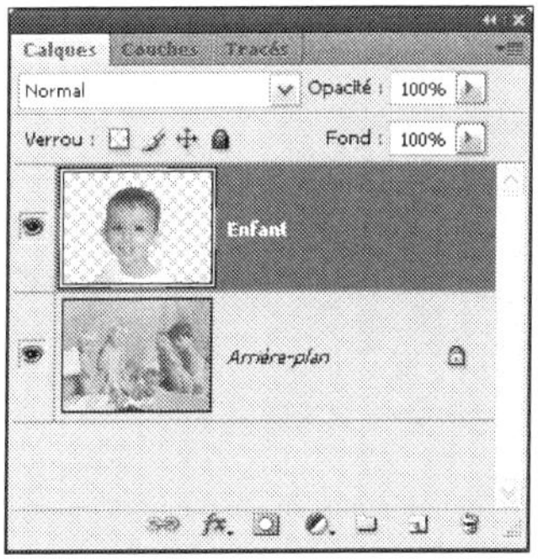

Figure 9.72 : Calque du détourage inséré

4 Cliquez sur le nom du nouveau calque pour le renommer `Personnage`.

5 Dans le menu **Edition**, lancez la commande **Transformation manuelle** (Ctrl+T) et redimensionnez le personnage à l'aide des réticules. Profitez-en pour le positionner à l'endroit où vous voulez l'incruster. Essayez dans la mesure du possible de respecter les proportions.

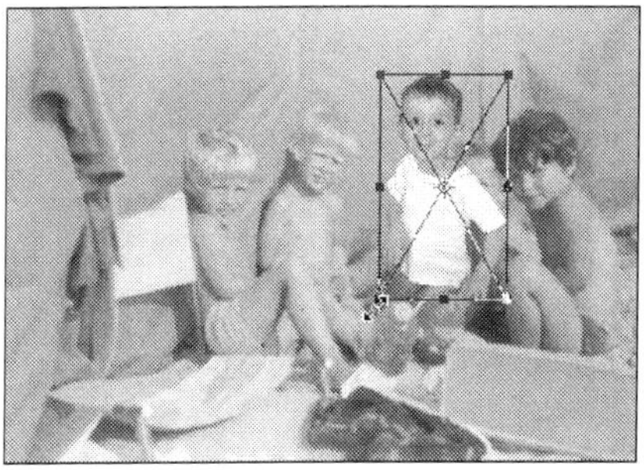

Figure 9.73 : Redimensionnez le calque

6 Appuyez sur la touche ↵ pour valider la transformation manuelle.

7 Dans le menu **Calque/Ajouter un masque de fusion**, cliquez sur **Faire apparaître la sélection**.

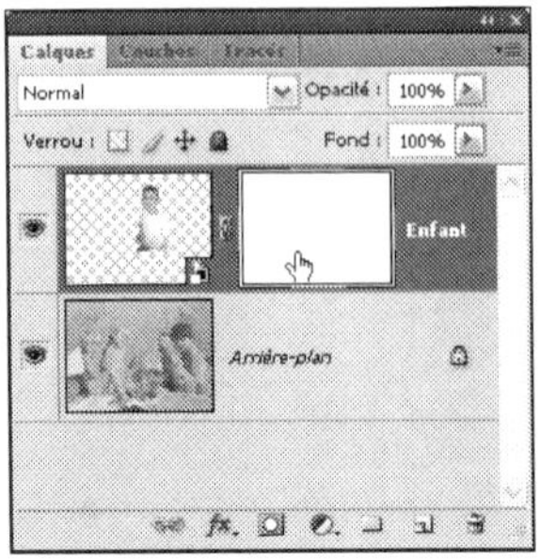

Figure 9.74 : Ajoutez le masque de fusion

8 À l'aide de l'outil **Pinceau**, peignez en noir les parties du calque *Personnage* à masquer.

Figure 9.75 : Masquez les parties inutiles

Vous devez peindre en noir la partie de la personne censée être devant le personnage à intégrer, en l'occurrence, le dos de l'enfant jouant dans le sable, car il s'agit de placer le personnage derrière lui.

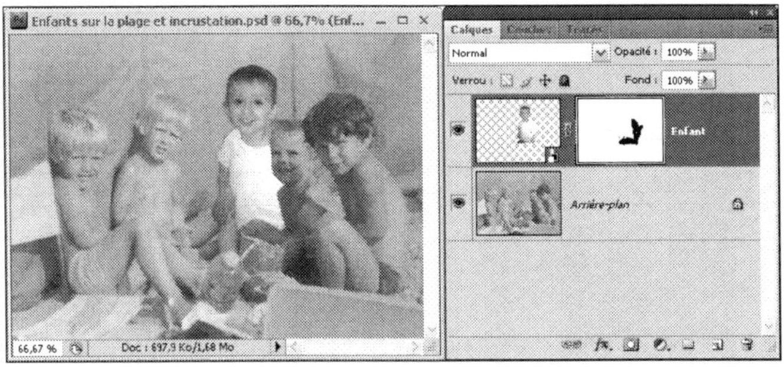

Figure 9.76 : Masquage terminé

Régler les couleurs

1 Dans le menu **Calque/Nouveau calque de réglage**, cliquez sur **Teinte /Saturation.**

2 Dans la boîte de dialogue **Nouveau calque**, nommez le calque `Désaturation`, donnez-lui une couleur *Gris*, puis cliquez sur OK.

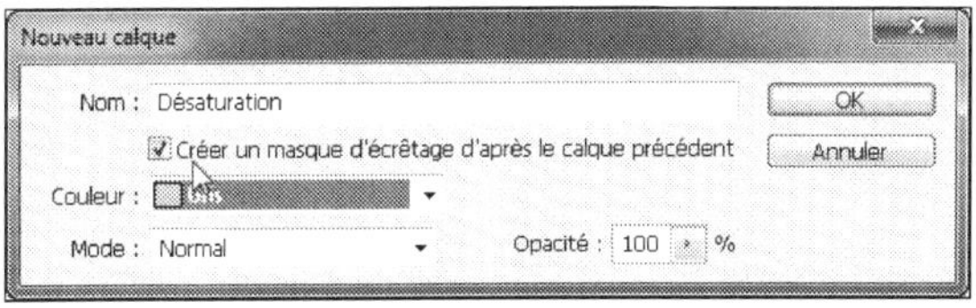

Figure 9.77 : Calque de réglage de désaturation

3 Dans la boîte de dialogue **Teinte/Saturation**, saisissez `-100` dans la zone *Saturation*, puis cliquez sur OK.

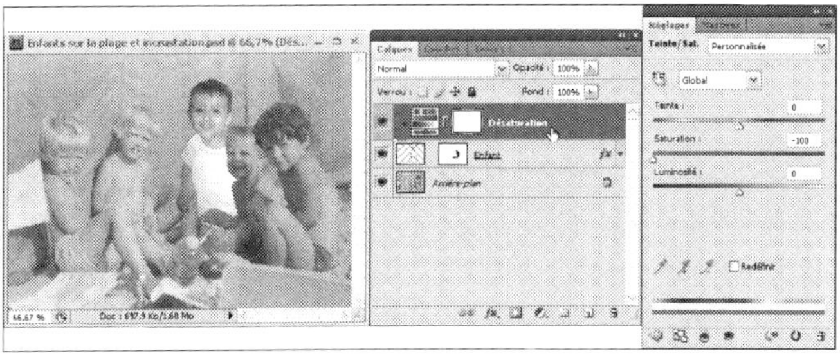

Figure 9.78 : Réglage de Teinte/Saturation

Toute l'image est désaturée (tout en noir et blanc).

4 Dans le menu **Calque/Nouveau calque de réglage**, cliquez sur **Filtre photo**.

5 Dans la boîte de dialogue **Nouveau calque**, nommez le calque `Filtre photo Sépia` et donnez-lui une couleur *Jaune*, puis cliquez sur OK.

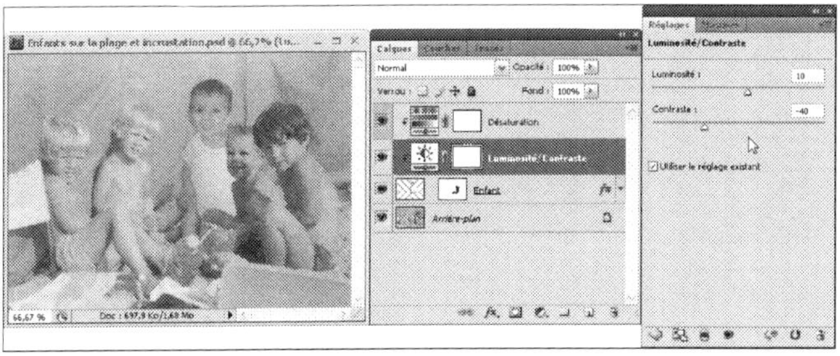

Figure 9.79 : Calque de réglage de filtre photo

6 Dans la liste déroulante *Filtre* de la boîte de dialogue **Filtre photo**, choisissez *Sépia*, précisez une *Densité* de *90 %* et cochez la case *Conserver la luminosité*. Cliquez sur OK.

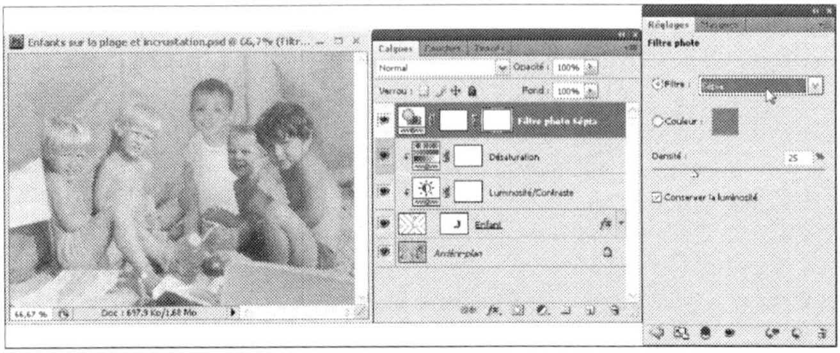

Figure 9.80 : Réglez le filtre photo

Toute l'image prend une couleur sépia (teinte orangée des vieilles photos noir et blanc).

7 Dans la palette *Calques*, sélectionnez le calque *Personnage*.

8 Dans le menu **Calque/Nouveau calque de réglage**, cliquez sur **Luminosité/Contraste**.

9 Dans la boîte de dialogue **Nouveau calque**, nommez le calque `Luminosité/Contraste du personnage` et cochez la case *Créer un masque d'écrêtage d'après le calque précédent*. Cliquez sur OK.

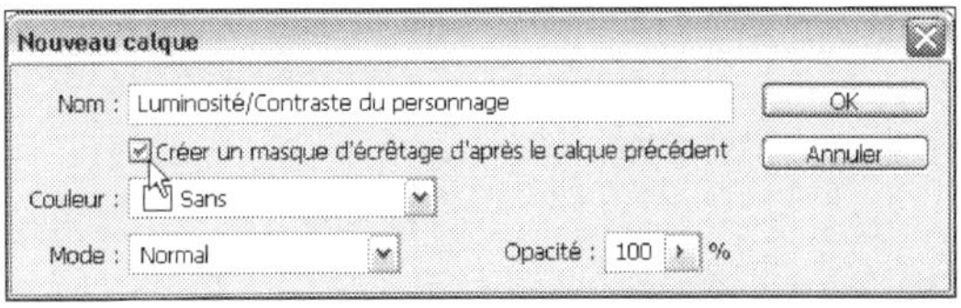

Figure 9.81 : Masque d'écrêtage pour le réglage de Luminosité/Contraste localisé

10 Dans la boîte de dialogue **Luminosité/Contraste**, réglez les niveaux de *Luminosité* et de *Contraste* afin de mieux intégrer le personnage dans l'arrière-plan.

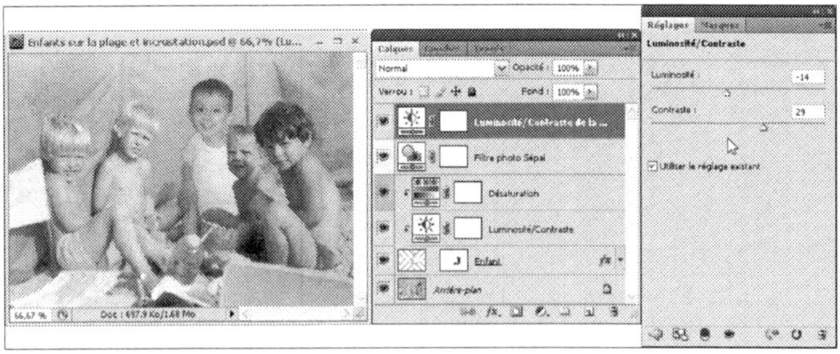

Figure 9.82 : Réglez la luminosité et le contraste

Ce nouveau calque de réglage ne s'applique qu'au calque précédent, en l'occurrence le calque *Personnage*.

Insérer une ombre

1 Dans la palette *Calques*, sélectionnez le calque *Personnage*.

2 Dans le menu **Sélection**, cliquez sur **Récupérer la sélection**.

3 Dans la liste déroulante *Document*, choisissez le document en cours d'édition, et dans la liste déroulante *Couche*, choisissez *Personnage Transparent*. Cliquez sur OK après avoir activé la case d'option *Nouvelle sélection*.

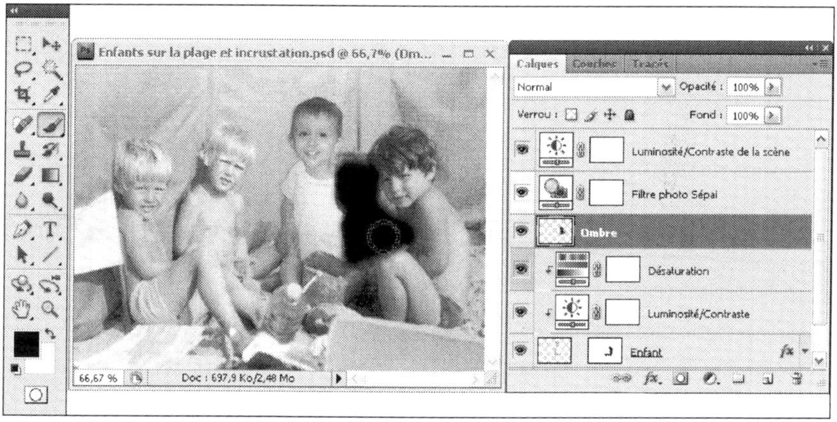

Figure 9.83 : Récupérez la sélection de contour de l'enfant

4 Dans la palette *Calques*, sélectionnez le calque *Arrière-plan*.

5 Dans le menu **Calque/Nouveau**, choisissez la commande **Nouveau calque**.

6 Dans la boîte de dialogue **Nouveau calque**, saisissez `Ombre` dans la zone de texte *Nom*, et décochez la case *Créer un masque d'écrêtage d'après le calque précédent* avant de cliquer sur OK.

7 Dans le menu **Edition**, cliquez sur **Remplir**.

8 Dans la boîte de dialogue **Remplir**, choisissez *Noir* dans la liste déroulante *Avec*, puis cliquez sur le bouton OK.

9 Dans le menu **Sélection**, cliquez sur **Désélectionner**.

10 Dans le menu **Edition/Transformation**, cliquez sur **Torsion**.

11 Déformez l'ombre de façon à la positionner logiquement par rapport aux autres ombres de l'image d'arrière-plan.

Figure 9.84 : Déformez l'ombre

12 Appuyez sur la touche [↵] afin de valider la torsion.

13 Dans la palette *Calques*, changez la valeur d'*Opacité* à *70 %*.

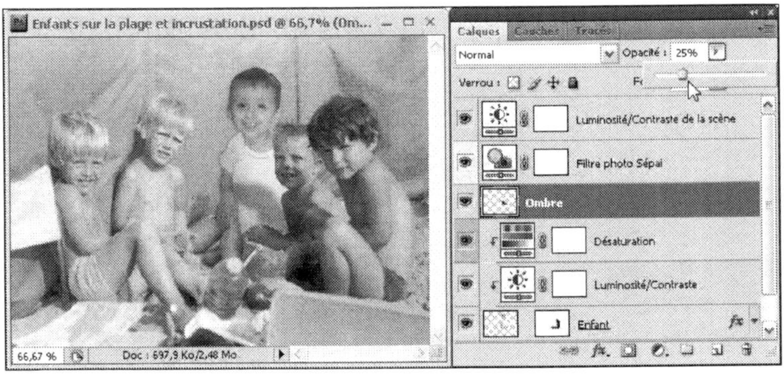

Figure 9.85 : Gérez l'opacité du calque d'ombre

14 Dans le menu **Calque/Ajouter un masque de fusion**, cliquez sur **Faire apparaître la sélection.**

15 À l'aide de l'outil **Pinceau**, peignez en noir les parties du calque *Ombre* à masquer.

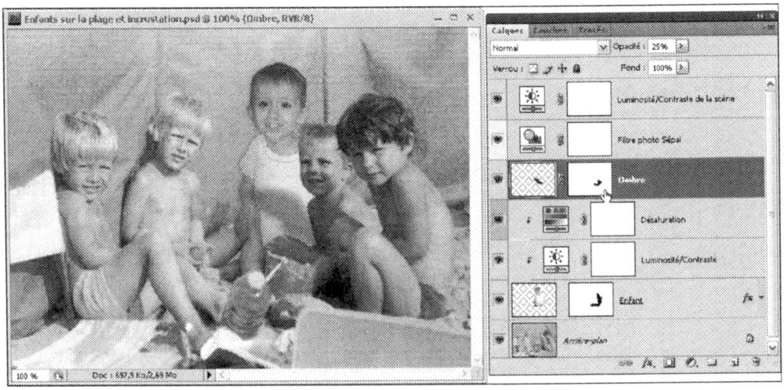

Figure 9.86 : Masque de fusion de l'ombre

Vous devez peindre en noir la partie de la personne censée être devant l'ombre, en l'occurrence le bas du dos de l'enfant jouant dans le sable, car il s'agit de placer l'ombre derrière lui.

Figure 9.87 : Résultat à ce moment

La finition du photomontage nécessite encore un peu de travail. Ici, il faut passer un peu de temps à régler les contrastes et les ombres au niveau de l'enfant afin qu'ils correspondent plus à ceux de l'image de fond.

REMARQUE

Finition

Pour la finition, utilisez par exemple les filtres de bruit et/ou d'atténuation sur le personnage et son ombre afin de copier la texture de l'image d'arrière-plan.

GÉRER DU TEXTE

Palettes de gestion du texte 329
Insérer un texte 335
Modifier les paramètres d'un texte 340
Mettre en page un paragraphe 342
Ajouter des effets avec les styles de calque 344
Trouver une police de caractères adaptée 346
Créer un faire-part 347

La gestion du texte, qui était le parent pauvre des premières moutures de Photoshop, est devenue un des atouts de Photoshop. La mise en page du texte sous Photoshop n'a maintenant rien à envier aux logiciels de dessin vectoriel, qui avaient jusqu'alors le monopole de la gestion du texte destiné au graphisme. Il est possible maintenant avec Photoshop de modifier le texte à souhait sans avoir à recréer un nouveau calque de texte. Même lors d'un changement de résolution de l'image, le texte s'adapte sans aucune perte de qualité. Vous allez apprendre dans ce chapitre à gérer le texte.

10.1. Palettes de gestion du texte

Trois palettes permettent de gérer les textes : la palette *Caractère*, pour la mise en forme du texte, la palette *Paragraphe*, pour la mise en page des paragraphes, et la palette d'options des outils de texte, pour mettre en forme le texte et son paragraphe lors de leur création, mais de façon moins poussée qu'avec les deux premières palettes.

Palette d'options de l'outil Texte

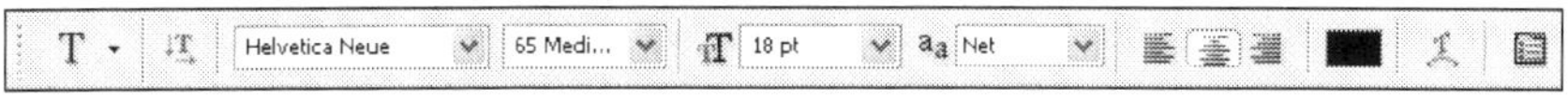

Figure 10.1 : Palette d'options de l'outil Texte

La palette d'options de l'outil **Texte** est la même quel que soit l'outil de texte que vous utilisez. Elle permet de définir l'aspect du texte lors de sa création.

Sélecteur d'outils prédéfinis

Le Sélecteur d'outils prédéfinis vous permet d'accéder aux formes que vous avez prédéfinies.

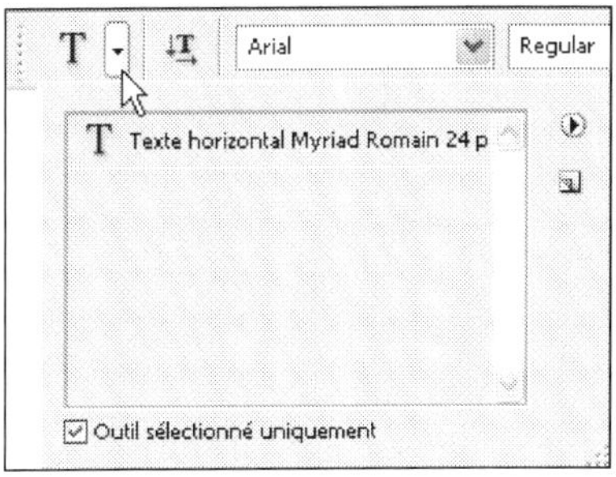

Figure 10.2 : Sélecteur d'outils prédéfinis

Bouton Orientation

Le bouton **Orientation** permet de modifier l'orientation du texte en le faisant passer à la verticale ou à l'horizontale selon que le texte est horizontal ou vertical. Cette fonction n'est active que si vous avez sélectionné un calque de texte. Elle n'est pas utilisable lors de la création d'un texte.

Liste déroulante Famille

La liste déroulante *Famille* permet de définir la famille de polices. Cette liste déroulante est depuis Photoshop en mode WYSIWYG. Vous voyez donc en direct l'aspect de la police appliquée au mot "Sample" sur la droite de la liste.

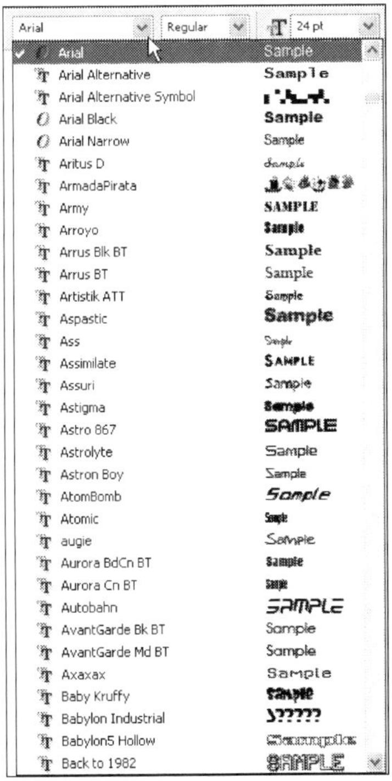

Figure 10.3 : Liste déroulante Famille

Liste déroulante Style

La liste déroulante *Style* permet de définir le style de la police choisie.

Figure 10.4 : Liste déroulante Style

Liste déroulante Corps

La liste déroulante *Corps* permet de définir la taille du texte en points. Elle donne accès à des tailles courantes de 6 à 72 points. Mais vous n'êtes pas limité à ces tailles. Vous pouvez saisir une valeur différente, ou encore changer la taille sans passer par la liste déroulante, en utilisant l'icône de corps comme un curseur à déplacer horizontalement.

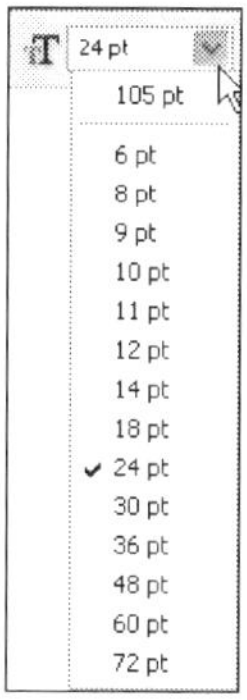

Figure 10.5 : Liste déroulante Corps

Liste déroulante Définir la méthode de lissage

Net par défaut.

La liste déroulante *Lissage* permet de définir la méthode de lissage des contours du texte.

Figure 10.6 : Liste déroulante Lissage

Vous avez le choix entre cinq modes de lissage : *Sans, Nette, Précise, Forte* et *Légère*. *Nette* génère un lissage de qualité et utilisé dans la plupart des cas. *Sans* donne un texte aux contours pixellisés. Les autres modes sont peu différents de *Nette*.

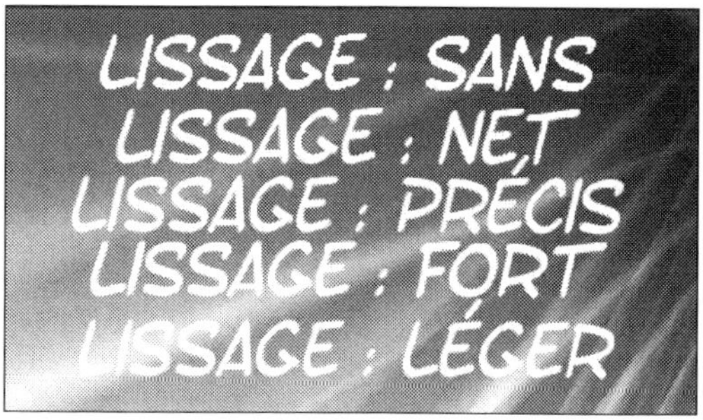

Figure 10.7 : Différents modes de lissage

Boutons de justification du texte

Les boutons de justification permettent de préciser le mode d'alignement du texte. Vous avez le choix entre trois types d'alignements du texte depuis la palette d'options des outils de texte :

- le texte aligné à gauche ;
- le texte centré ;
- le texte aligné à droite.

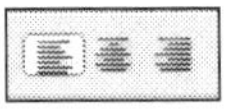

Figure 10.8 : Boutons de justification

Bouton Sélecteur de couleurs

Le bouton **Sélecteur de couleurs** permet d'accéder à la boîte de dialogue **Sélecteur de couleurs** pour changer la couleur du texte. Par défaut, cette couleur est celle définie en premier plan dans la palette *Outils*.

Tant que la boîte de dialogue **Sélecteur de couleurs** est ouverte, l'outil **Texte** est désactivé en faveur de l'outil **Pipette**, qui permet de ponctionner une couleur sur l'image ouverte.

Bouton Créer un texte déformé

Le bouton **Créer un texte déformé** permet de déformer le texte du calque sélectionné selon plusieurs styles de déformations.

Vous avez alors accès à la boîte de dialogue **Déformer le texte**. Elle permet de paramétrer la déformation à souhait selon plusieurs styles.

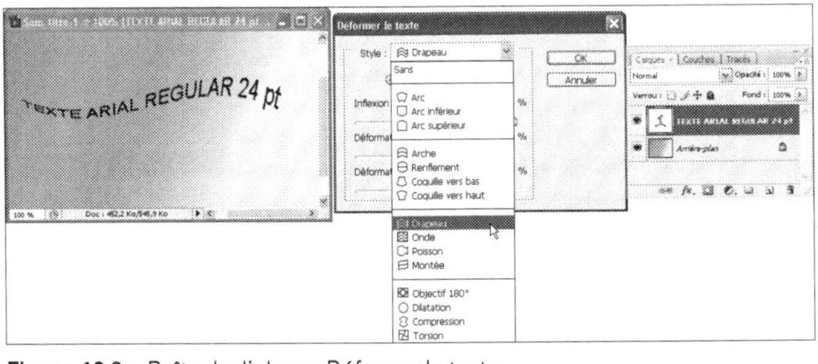

Figure 10.9 : Boîte de dialogue Déformer le texte

Une fois la déformation appliquée, la vignette du calque de texte précise que c'est un texte déformé. En effet, la déformation n'est pas définitive. Vous pourrez revenir plus tard sur son style et ses paramètres. Pour cela, cliquez de nouveau sur le bouton **Créer un texte déformé** ou accédez d'un clic du bouton droit au menu contextuel du calque et appelez la fonction **Déformer le calque**.

Bouton Activer/désactiver les palettes Caractère et Paragraphe

Le bouton **Activer/désactiver les palettes Caractère et Paragraphe** permet de faire apparaître ou de masquer les palettes *Caractère* et *Paragraphe* simultanément.

Palette Caractère

La palette *Caractère* n'est pas ouverte par défaut dans Photoshop. Pour l'ouvrir, allez dans le menu **Fenêtre** et cliquez sur **Caractère.** Une fenêtre s'affiche contenant la palette *Caractère* ainsi que la palette *Paragraphe*. Cette dernière est masquée par la première palette. On ne distingue que le libellé de son onglet.

Les principales fonctions de la palette *Caractère* font aussi partie de la palette d'options de l'outil **Texte** précédemment décrite.

RENVOI

Pour voir leur description, reportez-vous au début de ce chapitre.

Tableau 10.1 : Fonctions peu courantes applicables aux textes

Paramètre	Fonction
(Auto)	Permet de définir l'interligne, c'est-à-dire la hauteur entre les lignes (*Auto* par défaut).
	Permet de définir le crénage, c'est-à-dire de décaler l'alignement du paragraphe par rapport à la première ligne.
0	Permet de définir l'écart des caractères sélectionnés, c'est-à-dire l'espacement entre les lettres.
100%	Permet de définir l'échelle verticale du texte sélectionné de façon à pouvoir étirer ou tasser les lettres verticalement (en pourcentage).
100%	Permet de définir l'échelle horizontale de façon à pouvoir élargir ou non les lettres (en pourcentage).
0 pt	Permet de définir le décalage sur la ligne de base, c'est-à-dire de monter ou de descendre les caractères sélectionnés par rapport à la ligne de base du paragraphe.
T T TT Tт T¹ T₁ T T	Permet de définir un ou plusieurs attributs pour le texte sélectionné ou pour le texte du calque de texte sélectionné. Vous pouvez mettre respectivement le texte en faux gras, faux italique, tout en majuscules, petites majuscules, exposant, indice, souligné et/ou barré.
Français	Permet de définir la langue des caractères en cours de sélection pour la césure et l'orthographe.

Césure

DEFINITION

Division d'un mot en fin de ligne, qui obéit à des règles typographiques et étymologiques très précises, suivant la langue utilisée.

Palette Paragraphe

La palette *Paragraphe* n'est pas ouverte par défaut dans Photoshop. Pour l'ouvrir, allez dans le menu **Fenêtre** et cliquez sur **Paragraphe**. Une fenêtre s'affiche contenant la palette *Paragraphe* ainsi que la palette *Caractère*. Cette dernière est masquée par la première palette. On ne distingue que le libellé de son onglet.

Si la palette *Caractère* est déjà ouverte, cliquez alors sur l'onglet **Paragraphe** en haut de cette palette.

Tableau 10.2 : Possibilités d'alignement du texte dans la palette Paragraphe

Bouton	Fonction
	Texte aligné à gauche
	Texte centré
	Texte aligné à droite
	Texte justifié avec la dernière ligne alignée à gauche
	Texte justifié avec la dernière ligne centrée
	Texte justifié avec la dernière ligne alignée à droite
	Texte justifié avec la dernière ligne justifiée elle aussi
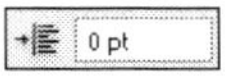	Distance en points du retrait de la marge de gauche
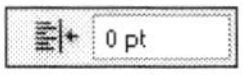	Distance en points du retrait de la marge de droite
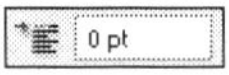	Distance en points du retrait de la première ligne
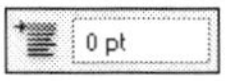	Distance de l'espace à ajouter avant le paragraphe
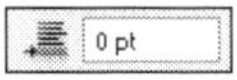	Distance de l'espace à ajouter après le paragraphe
	Case d'activation de la césure automatique

10.2. Insérer un texte

L'outil **Texte** cache en fait quatre outils de création de texte, plus précisément deux outils déclinés en version horizontale et verticale.

Insérer un texte simple

1  Dans la palette *Outils*, cliquez sur l'outil **Texte**.

2 Dans votre projet, cliquez à l'endroit où vous voulez insérer du texte.

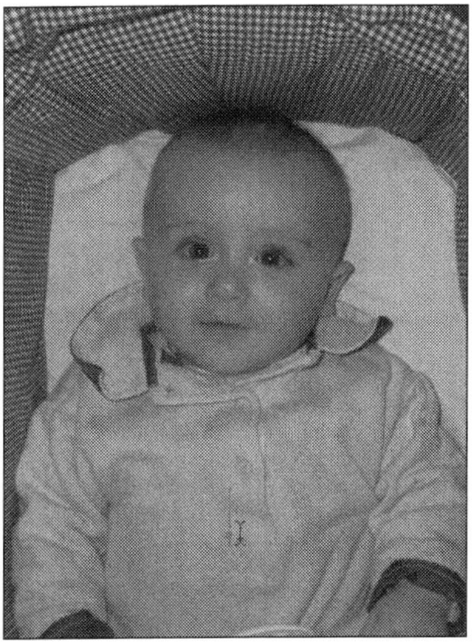

Figure 10.10 : Photo originale

Un curseur clignote et un nouveau calque de texte s'ajoute dans la palette *Calques*.

3 Dans la palette *Options*, précisez le type de police et sa taille à l'aide des listes déroulantes correspondantes.

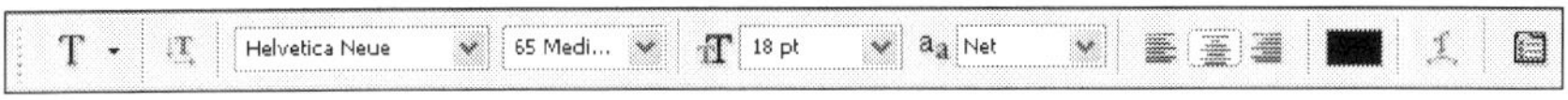

Figure 10.11 : Palette d'options de l'outil Texte

4 Vérifiez que la couleur est différente de la couleur du fond pour que vous puissiez bien distinguer le texte que vous allez saisir.

5 Saisissez votre texte. Le texte s'affiche au fur et à mesure de la saisie.

Format du texte

Tant que vous êtes en mode d'édition du texte et que vous voyez la palette *Options* correspondante, vous pouvez modifier le format du texte comme bon vous semble. Vous pouvez même sélectionner une partie du texte pour en changer le format.

6 Validez en cliquant sur le bouton correspondant, à droite de la palette *Options*, ou en cliquant sur un autre outil de la palette des outils, par exemple l'outil **Déplacement**. Profitez-en pour mieux positionner votre texte.

Figure 10.12 : Texte inséré

Insérer un texte simple vertical

1 Dans la palette *Outils*, cliquez pendant quelques instants sur l'icône de l'outil **Texte**. Une liste déroulante s'affiche.

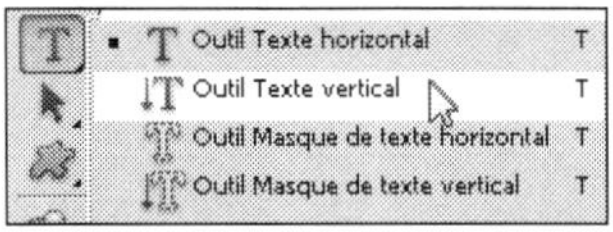

Figure 10.13 : Outil Texte vertical

2 Cliquez sur l'outil **Texte vertical**.

3 Dans votre projet, cliquez à l'endroit où vous voulez insérer du texte.

Un curseur clignote et un nouveau calque de texte s'ajoute dans la palette *Calques*.

4 Dans la palette *Options*, précisez le type de police et sa taille à l'aide des listes déroulantes correspondantes.

ASTUCE

Options du texte

Vous pouvez aussi modifier ces paramètres à l'aide de la palette *Caractère*. Pour l'afficher, allez dans le menu **Fenêtre** et cochez **Caractère**.

5 Vérifiez que la couleur est différente de la couleur du fond pour que vous puissiez bien voir le texte que vous allez saisir.

6 Saisissez votre texte. Le texte s'affiche au fur et à mesure de la saisie.

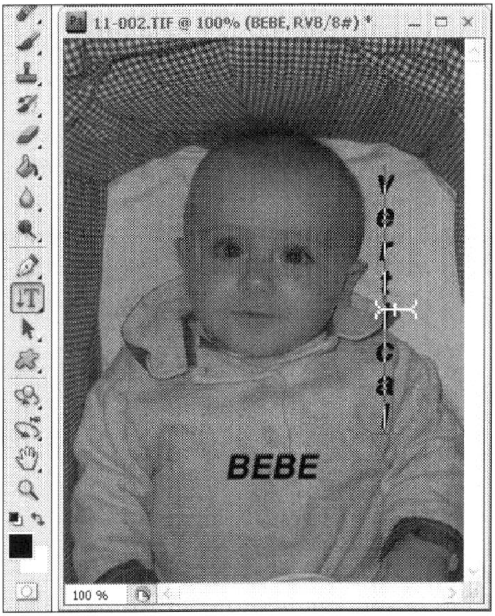

Figure 10.14 : Insérez le texte

7 Cliquez sur un autre outil de la palette des outils, par exemple l'outil **Déplacement**. Profitez-en pour mieux positionner votre texte.

Insérer un paragraphe

1 Dans la palette *Outils*, cliquez sur l'outil **Texte** (ou **Texte vertical** pour créer un paragraphe à la verticale).

2 Dans votre projet, cliquez en haut à gauche de l'endroit où vous voulez insérer du texte et, tout en maintenant le bouton de la souris appuyé, dessinez un rectangle représentant la zone de texte du paragraphe à créer. Lâchez le bouton de la souris une fois que le rectangle est dessiné.

Figure 10.15 : Rectangle de la zone de texte

Un curseur clignote et un nouveau calque de texte s'ajoute dans la palette *Calques*.

3 Dans la palette *Options*, précisez le type de police et sa taille à l'aide des listes déroulantes correspondantes.

REMARQUE

Visibilité du texte

Vérifiez que la couleur du texte est différente de la couleur du fond pour que le texte saisi soit bien visible. En effet, si vous saisissez du texte blanc sur un fond blanc, vous ne le voyez pas, même s'il existe.

4 Saisissez votre texte. Le texte s'affiche au fur et à mesure de la saisie. Vous pouvez changer de ligne en appuyant sur la touche ↵.

Figure 10.16 : Insérez le texte

5 Cliquez sur un autre outil de la palette des outils, par exemple l'outil **Déplacement**. Profitez-en pour mieux positionner votre texte.

Insérer un masque de texte

1 Dans la palette *Outils*, cliquez pendant quelques instants sur l'icône de l'outil **Texte**. Une liste déroulante s'affiche.

2 Cliquez sur l'outil **Masque de texte horizontal**.

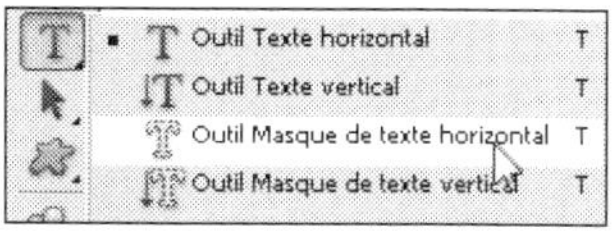

Figure 10.17 : Outil Masque de texte

3 Dans votre projet, cliquez à l'endroit où vous voulez insérer du texte.

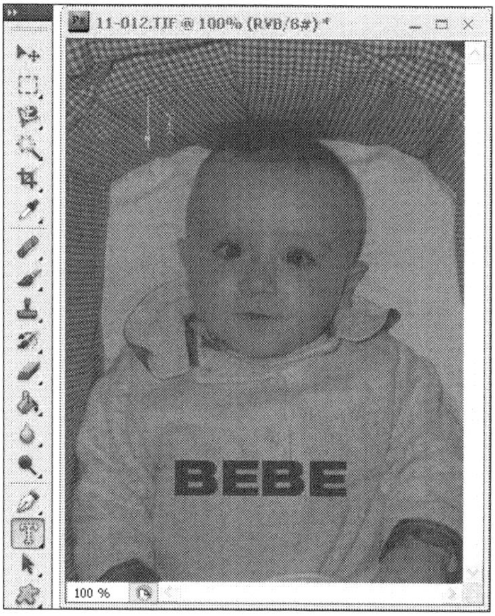

Figure 10.18 : Insérez le masque de texte

Vous passez en mode Masque (fond surligné en rouge) et un curseur clignote.

4 Dans la palette *Options*, précisez le type et la taille de la police à l'aide des listes déroulantes correspondantes.

5 Saisissez votre texte. Au fur et à mesure de la saisie, le texte s'affiche sans être surligné en rouge, comme l'est le reste de l'image (voir fig. 10.19).

6 Cliquez sur l'outil **Sélection**. Vous pouvez maintenant déplacer le texte en effectuant un glisser-déplacer (voir fig. 10.20).

Figure 10.19 : Masque de texte

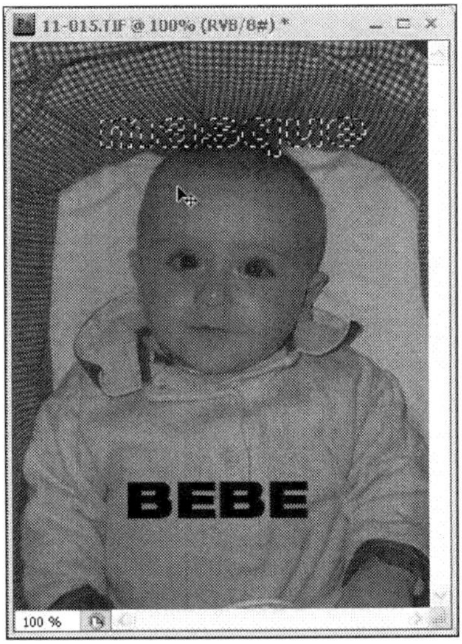

Figure 10.20 : Texte sous forme de sélection

Vous pouvez travailler sur cette sélection en forme de texte comme sur toute autre sélection, et donc appliquer des effets, des filtres ou des changements de couleur dans cette zone de texte sur le calque de votre choix.

10.3. Modifier les paramètres d'un texte

Il y a deux manières de modifier les paramètres d'un texte : avec la méthode la plus courante, vous changez tout un pavé de texte, avec la seconde, vous modifiez une partie du texte.

Modifier un pavé de texte

1 Sélectionnez le calque du texte à modifier.

2 Allez dans le menu **Fenêtre** et activez la palette *Caractère* si ce n'est pas déjà fait.

3 Dans la palette *Caractère*, précisez les nouveaux paramètres du texte (police, taille, lissage, couleur, netteté...).

4 Vous pouvez en plus modifier l'espacement entre les lettres en définissant l'écart des caractères, les échelles de hauteur et de largeur du texte, le décalage vertical par rapport à la ligne de base.

5 Vous avez même accès aux attributs du texte (*Faux gras*, *Faux italique*, *Tout en majuscules*, *Petites majuscules*, *Exposant*, *Indice*, *Souligné* et *Barré*).

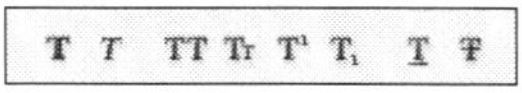

Figure 10.21 : Attributs du texte

6 Pour terminer l'édition du texte, choisissez un autre outil de dessin ou sélectionnez un autre calque.

Modifier une partie du texte

1 Sélectionnez le calque du texte à modifier.

2 Dans la palette *Outils*, cliquez sur l'outil **Texte**.

3 À l'aide du curseur de l'outil **Texte**, sélectionnez le texte à modifier.

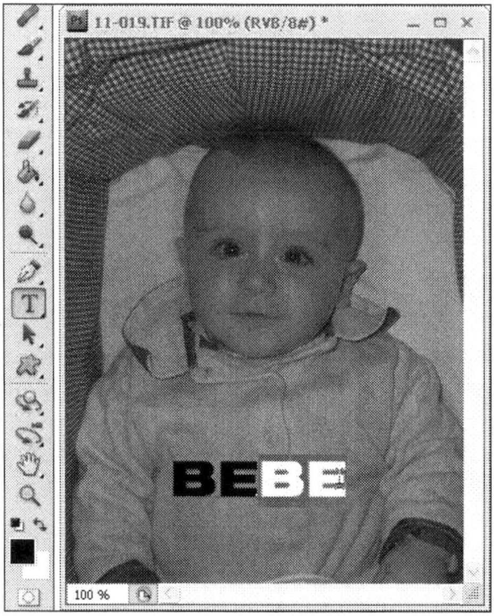

Figure 10.22 : Sélectionnez une partie du texte existant

4 Dans la palette *Options*, précisez les nouveaux paramètres du texte (police, taille, lissage, alignement, couleur).

5 Pour terminer l'édition du texte, choisissez un autre outil de dessin ou sélectionnez un autre calqu.

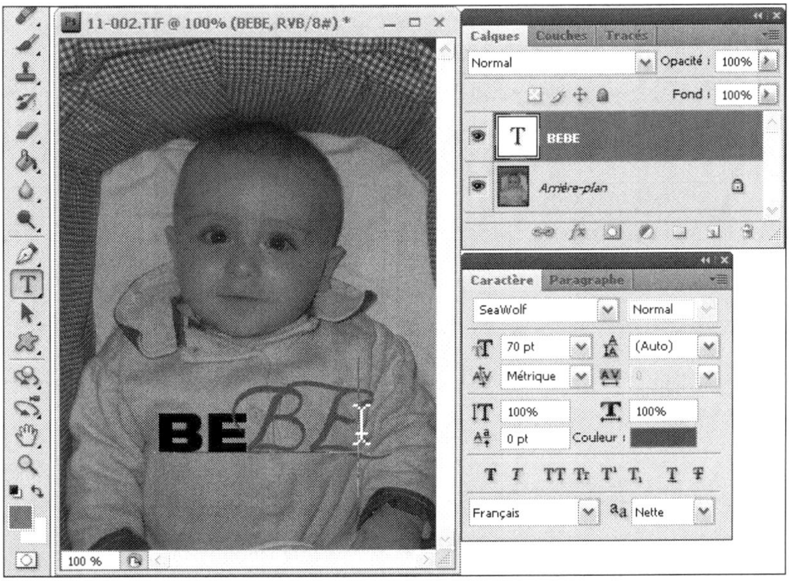

Figure 10.23 : Changez les paramètres du texte sélectionné

Ajouter du texte à un pavé

En plus de modifier les paramètres d'une partie du texte, vous pouvez ajouter, changer et supprimer des parties d'une phrase, comme vous le feriez avec un traitement de texte.

10.4. Mettre en page un paragraphe

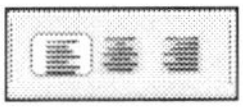

Figure 10.24 : Aligné à gauche

Dans la palette *Options*, lorsque l'outil **Texte** est sélectionné, seuls trois paramètres de réglage de mise en page du texte sont accessibles : *Texte aligné à gauche, Texte centré* et *Texte aligné à droite*.

Ce n'est clairement pas assez pour une mise en page digne de ce nom, d'autant plus que le texte justifié (texte aligné à droite et à gauche) n'est même pas présent. Heureusement, il y a la palette

Paragraphe. Celle-ci offre beaucoup plus de possibilités de mise en page qu'un calque de texte.

1 Sélectionnez un calque de texte créé en mode Paragraphe (zone rectangulaire dessinée avec l'outil **Texte**).

Figure 10.25 : Sélectionnez le calque de texte

2 Allez dans le menu **Fenêtre** et activez la palette *Paragraphe* si ce n'est pas déjà fait.

3 Dans la palette *Paragraphe*, sélectionnez le mode d'alignement à appliquer au pavé de texte.

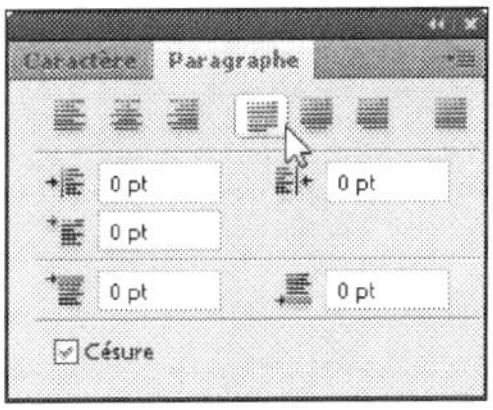

Figure 10.26 : Mettez en page le calque de texte

4 Vous pouvez aussi changer les retraits des marges gauche et droite, ainsi que les espaces avant et après un paragraphe.

Figure 10.27 : Texte justifié

ASTUCE

Mise en page partielle d'un paragraphe

Vous pouvez modifier la mise en page uniquement sur un paragraphe d'un pavé de texte. Pour cela, sélectionnez-le avec l'outil **Texte** avant de changer ses paramètres via la palette *Paragraphe*.

10.5. Ajouter des effets avec les styles de calque

1 Sélectionnez le calque du texte sur lequel vous voulez appliquer une ombre.

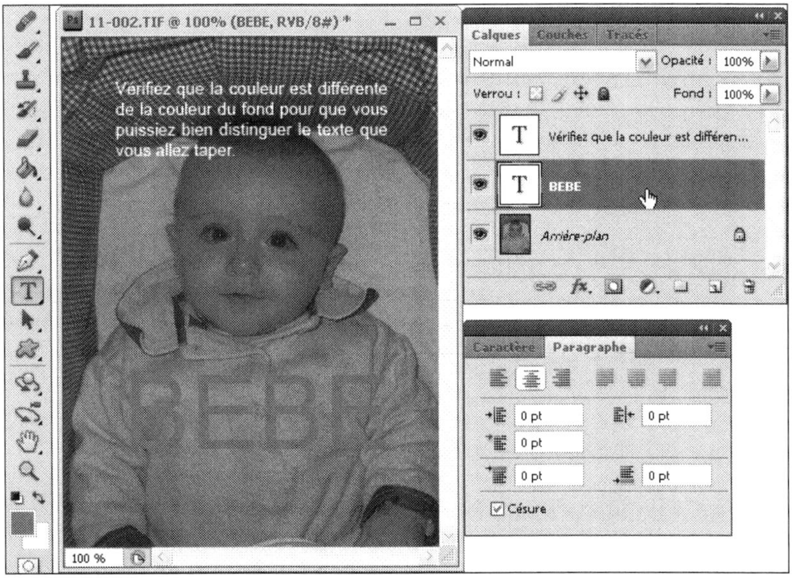

Figure 10.28 : Sélectionnez le calque de texte peu lisible

2 Allez dans le menu **Calque**, choisissez **Style de calque**, et dans la boîte dialogue qui s'ouvre, sélectionnez le style *Ombre portée*.

3 Dans la rubrique *Structure* de la zone d'options *Ombre portée* de la boîte de dialogue **Style de calque**, passez en mode *Normal* via la liste déroulante *Mode de fusion*.

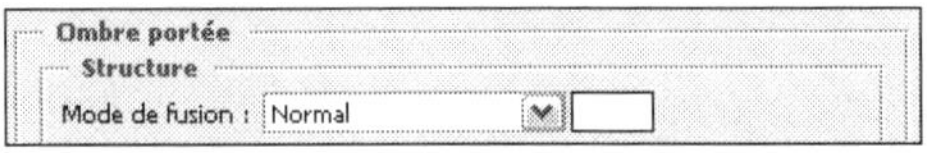

Figure 10.29 : Fusion

4 Modifiez l'*Opacité* si vous le désirez.

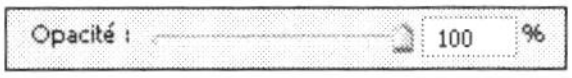

Figure 10.30 : Opacité

5 Vous pouvez changer la direction de l'ombre en modifiant son angle. Pour cela, cliquez dans le cercle *Angle* afin de simuler la position du soleil par rapport au point du centre du cercle.

Figure 10.31 : Angle

6 Précisez la distance de l'ombre par rapport au texte à l'aide de la jauge *Distance.*

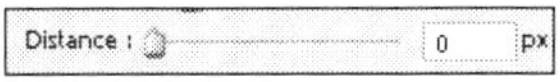

Figure 10.32 : Distance

7 Précisez la taille de l'ombre à l'aide de la jauge *Taille.* Plus elle est grande, plus l'ombre est diffuse.

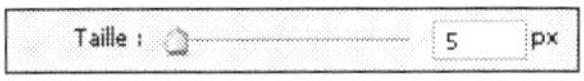

Figure 10.33 : Taille

8 Éventuellement, augmentez le pourcentage *Grossi* pour rendre l'ombre plus grasse.

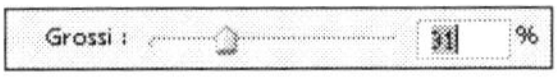

Figure 10.34 : Grossi

9 Éventuellement, dans la zone d'options *Qualité,* changez la forme du contour.

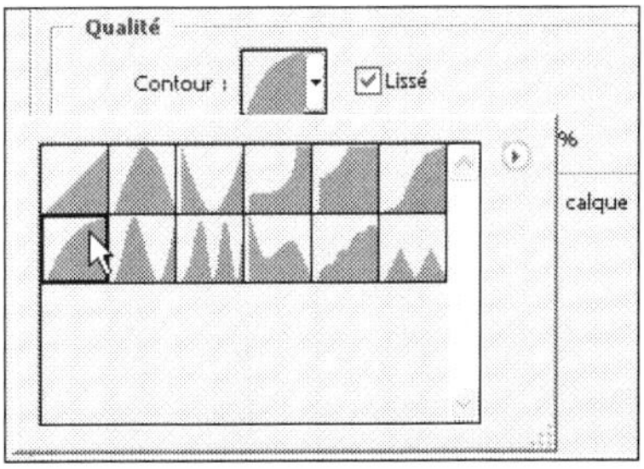

Figure 10.35 : Contour

10 

Cochez la case *Lissé* pour adoucir encore plus l'ombre.

11 Il peut être intéressant de détériorer légèrement l'ombre en augmentant un peu le pourcentage de *Bruit.*

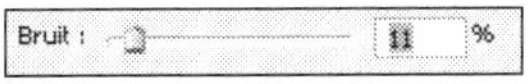

Figure 10.36 : Bruit

12 Cliquez sur OK pour appliquer le style.

Les changements de réglage sur l'ombre portée que vous avez créée s'affichent au fur et à mesure.

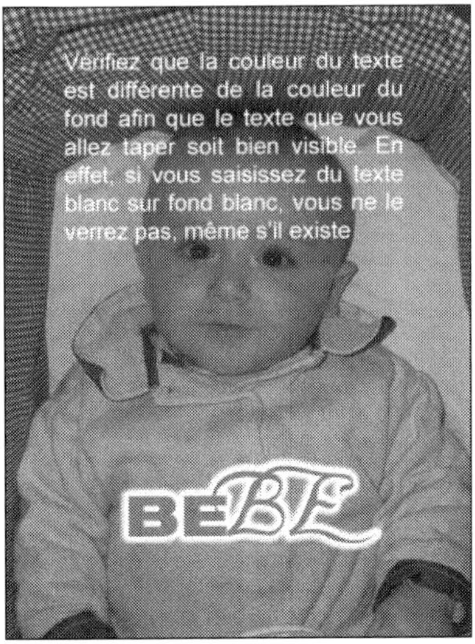

Figure 10.37 : Texte avec une ombre portée comparable à une lueur externe blanche

10.6. Trouver une police de caractères adaptée

Force est de constater que Microsoft Windows XP est plutôt mal loti en polices de caractères originales. Vous allez voir ici où trouver sur Internet des polices de caractères gratuites que vous téléchargerez puis installerez sur votre système Windows XP afin de pouvoir les utiliser dans Photoshop.

Télécharger des polices de caractères

Vous trouverez des polices de caractères gratuites sur les sites suivants :

- www.dafont.com (francophone) ;
- www.fonts-hq.com (francophone) ;
- www.freegaia.com/fontoplanet (francophone) ;
- www.1001freefonts.com (anglophone) ;
- www.aenigmafonts.com (anglophone) ;
- www.gratisnette.com/fonts_polices_gratuites/index.html (francophone).

Lorsque vous téléchargez une police de caractères, vérifiez qu'elle est bien accentuée. En effet, il existe un (trop) grand nombre de polices de caractères non accentuées. Ces polices sont, dans ce cas, inutilisables pour un titrage en français correct.

Installer les polices de caractères

Le format de polices de caractères de Windows est le "true type font", dont l'extension est *.ttf*.

Lorsque vous les téléchargez sur Internet, elles sont dans 95 % des cas compressées au format ZIP. Windows possède un logiciel de décompression des fichiers ZIP intégré à l'Explorateur. Cet utilitaire permet de consulter les fichiers contenus dans une archive ZIP.

1 Copiez tous les fichiers *.ttf* des polices téléchargées dans un seul et unique dossier.
2 Allez dans le Panneau de configuration de Windows et ouvrez le panneau **Polices**.
3 Allez dans le menu **Fichier** et lancez la commande **Installer une nouvelle police**.
4 Dans la rubrique *Dossiers*, déterminez le chemin du dossier dans lequel vous avez réuni tous les fichiers *.ttf*.

La liste des polices affiche alors toutes les polices de ce dossier que vous pouvez installer.

5 Cliquez sur le bouton **Sélectionner tout**, puis cliquez sur OK pour lancer l'installation des polices.

Les polices ainsi installées sont utilisables dans tous les logiciels de Windows XP.

REMARQUE

Nombre de polices dans votre ordinateur

Évitez d'installer trop de polices de caractères sur votre système. En effet, en trop grand nombre, elles peuvent provoquer quelques ralentissements avec Photoshop. Cela est principalement dû à la nouvelle gestion WYSIWYG de l'affichage de la liste des polices de caractères (prévisualisation de la police intégrée à la liste déroulante des polices).

10.7. Créer un faire-part

Vous allez créer un faire-part de remerciements destiné à être imprimé en haute qualité sur une feuille A4. Pour que le résultat soit esthétique, vous vous efforcerez de travailler le texte de façon à donner le plus de classe possible à ce projet. Pour cela, vous chercherez une police de caractères originale et travaillerez la mise en page.

Figure 10.38 : Faire-part à créer

Créer un nouveau document optimisé pour l'impression

1 Dans le menu **Fichier**, cliquez sur **Nouveau**.
2 Dans la boîte de dialogue **Nouveau**, nommez votre projet `Mariage`.
3 Choisissez *A4* dans la liste déroulante *Paramètre prédéfini*.
4 Changez la valeur de *Hauteur* en *99 mm* afin de travailler sur un tiers de la hauteur d'une feuille A4.
5 Laissez la liste déroulante *Mode colorimétrique* en *Couleurs RBV – 8 bits* et l'arrière-plan en *Blanc*.
6 Cliquez sur le bouton OK.

Mettre en page un faire-part classique

Vous allez ajouter des repères pour montrer les limites d'impression. Les repères sont des guides magnétiques vous aident à aligner les objets.

1 Dans le menu **Affichage**, cliquez sur **Règle** pour afficher la règle.

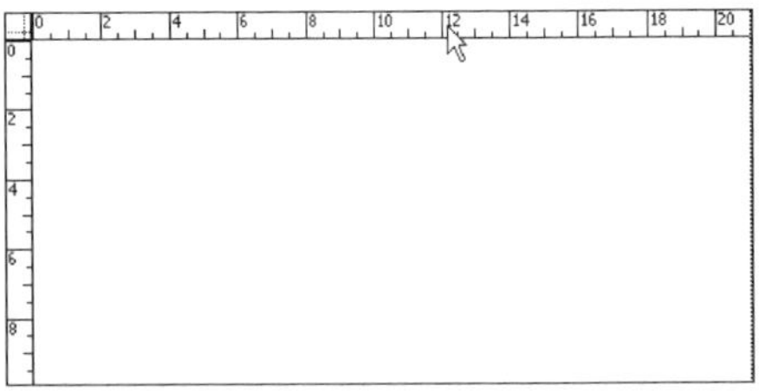

Figure 10.39 : Affichez les règles en haut et à gauche de l'image

2 Faites un glisser-déposer depuis la règle horizontale de façon à créer deux repères horizontaux à 1,5 cm et 8,5 cm.

REMARQUE

Marges d'impression des imprimantes

Selon les imprimantes, les marges d'impression peuvent être de 0 à 15 mm en bas de la page et de 0 à 5 mm sur les côtés et le haut de la page. Les imprimantes à jet d'encre récentes n'ont pas de limites d'impression. Si vous en possédez une, vous n'avez pas besoin de passer par cette étape de mise en page.

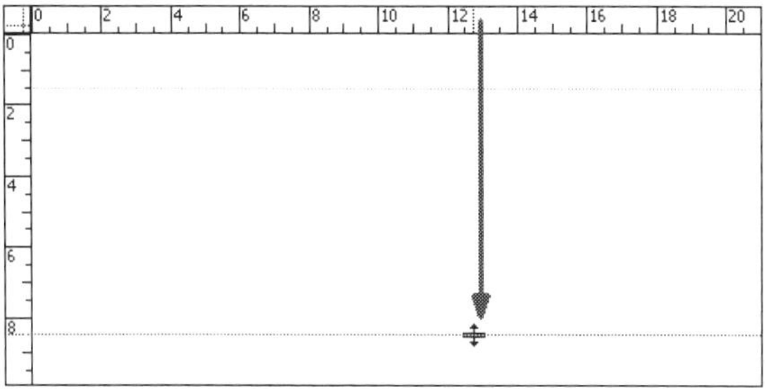

Figure 10.40 : Créez le deuxième repère horizontal

3 Faites de même verticalement à 1,5 cm et 19,5 cm.

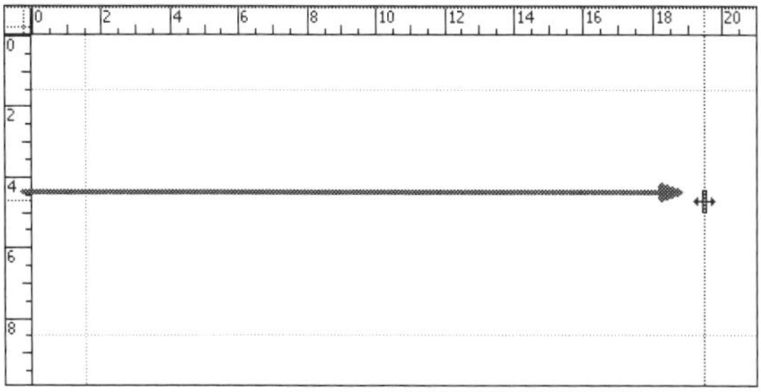

Figure 10.41 : Troisième et quatrième repères (ceux-là sont verticaux)

ASTUCE

Repères précis

Pour créer des repères à des positions très précises, passez par la boîte de dialogue **Nouveau repère**, accessible par le menu **Affichage**.

Insérer un titre de façon originale

1 Dans le menu **Fenêtre**, cliquez sur **Caractère** afin de le cocher et d'afficher la palette *Caractère*.

2 Dans la palette *Outils*, cliquez sur l'outil **Texte**.

3 Dessinez, tout en maintenant le bouton de la souris appuyé, un rectangle précisant la zone dans laquelle vous allez ajouter votre pavé de texte.

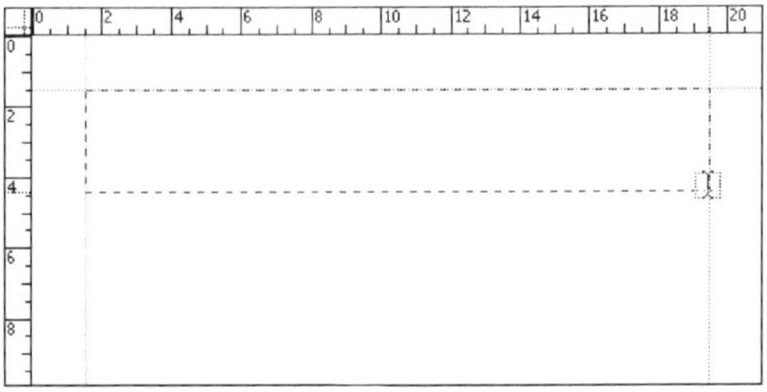

Figure 10.42 : Créez une zone de texte en fonction des repères

4 Saisissez votre texte sur une ou plusieurs lignes.

5  Dans la palette *Outils*, cliquez sur l'outil **Déplacement** afin de terminer l'édition du texte.

6 Ouvrez la palette *Caractère* et choisissez la police de caractères.

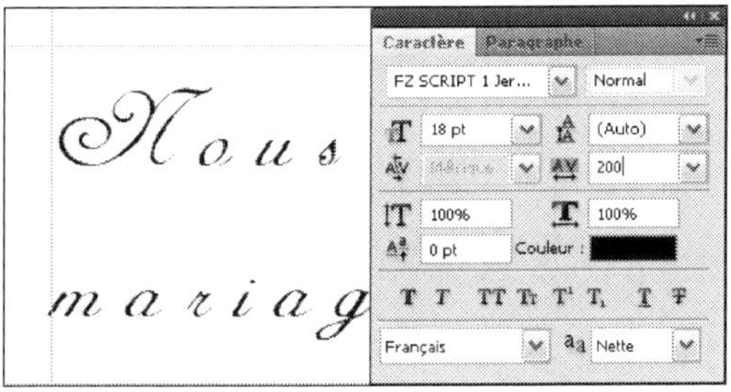

Figure 10.43 : Choisissez la typo

7 Déterminez sa taille de façon que le texte tienne dans la moitié supérieure de l'image.

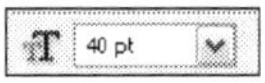

Figure 10.44 : Choisissez la taille

8 Dans la palette *Paragraphe*, précisez l'alignement, en l'occurrence *Centré*.

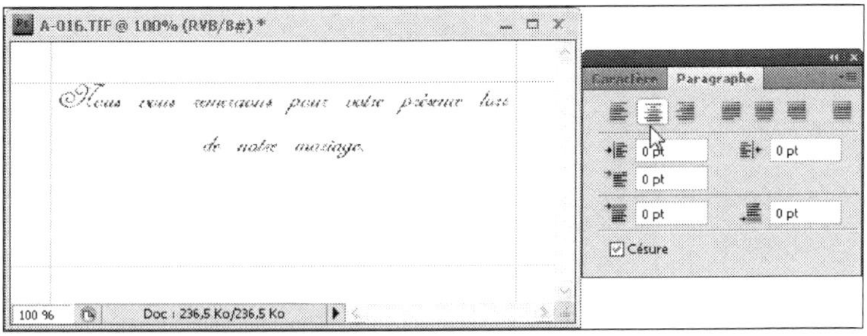

Figure 10.45 : Texte centré

9 Retournez dans la palette *Caractère* et passez la couleur du texte en blanc. Vous ne voyez plus le texte à l'image car il est blanc sur blanc.

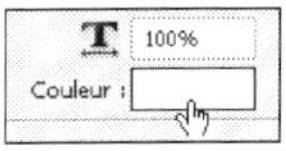

Figure 10.46 : Couleur du texte

10 Dans le menu **Calque/Style de calque**, choisissez le style *Lueur externe*.

11 Paramétrez le style de calque de la même manière que la capture qui suit : *Mode de fusion* : *Normal*, *Opacité* : *100*, *Bruit* : *4 %*, *Couleur* : *Noir*, *Grossi* : *2 %*, *Taille* : *18 px*, *Contour* : *Demi-cercle* et *Lissé*.

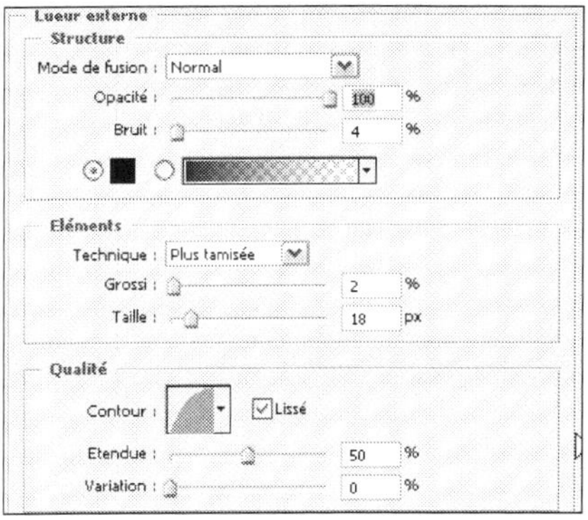

Figure 10.47 : Paramétrez la lueur externe

12 Ajoutez éventuellement un style de calque *Contour* fin et sombre pour mieux détourer le texte.

Votre texte ressemble à ceci :

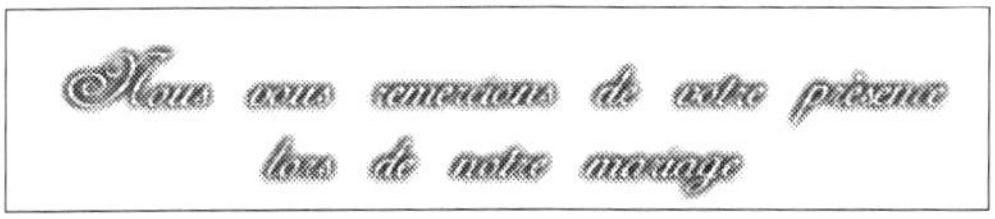
Figure 10.48 : Texte blanc avec lueur externe noire sur fond blanc

Insérer des photos de façon originale

1 Ouvrez dans Photoshop CS la photo à insérer dans le faire-part.

Figure 10.49 : Photo à incruster

2 Dans le menu **Sélection**, cliquez sur **Sélectionner tout** (Ctrl+A).

3 Dans le menu **Edition**, cliquez sur **Copier** (Ctrl+C).

4 Fermez la photo et sélectionnez le projet de faire-part.

5 Dans le menu **Edition**, cliquez sur **Coller** (Ctrl+V).

Figure 10.50 : Incrustez la photo

6 Dans le menu **Edition**, cliquez sur **Transformation manuelle** (Ctrl+T).

7 Redimensionnez la photo de façon à bien la positionner dans le faire-part.

Figure 10.51 : Redimensionnez la photo

ASTUCE

Conservation des proportions

Pensez à activer le mode de conservation des proportions en cliquant sur le bouton du même nom situé dans la barre d'options de l'outil en cours

ASTUCE

d'utilisation (icône en forme de maillon de chaîne ou touche [Maj] pendant la transformation).

8 Appuyez sur la touche [↵] pour valider la transformation.

9 À l'aide de l'outil **Zoom**, recadrez la photo pour l'avoir en plein écran.

10 Dans le menu **Calque/Ajouter un masque de fusion**, cliquez sur **Tout faire apparaître**.

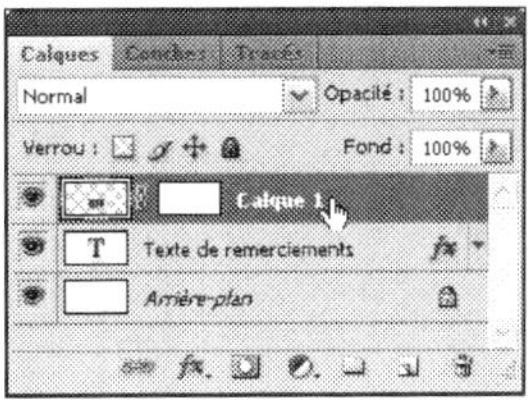

Figure 10.52 : Créez le masque de fusion

11 Activez l'outil **Pinceau** et, dans les options de forme, choisissez un pinceau spécial.

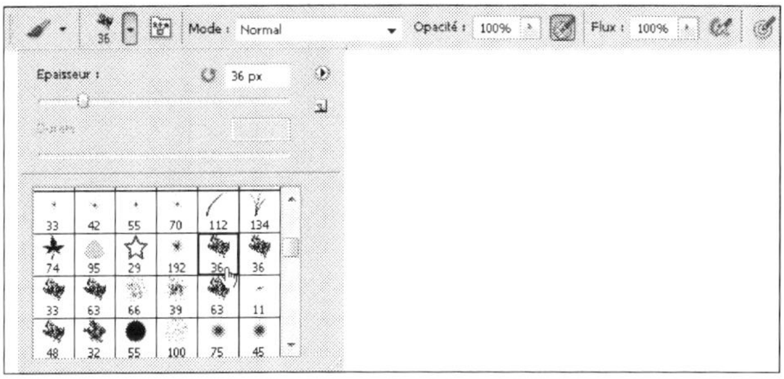

Figure 10.53 : Choisissez la pointe du pinceau

12 Donnez-lui une taille conséquente : environ *100*.

13 Peignez en noir les contours de la photo, par petites touches. Si vous débordez trop, repeignez en blanc la zone peinte par erreur.

Figure 10.54 : Dessinez le contour masqué

14 Une fois tout le pourtour de l'image détouré, vous pouvez ajouter un style de calque d'ombre portée pour mettre la photo en relief.

Figure 10.55 : Résultat final

RENVOI

Reportez-vous au chapitre *Dessiner des tracés* pour ajouter des ornements au faire-part.

DESSINER DES TRACÉS

Formes vectorielles 357
Tracés vectoriels 361
Insérer des ornements 368
Insérer un logo DVD vidéo 370

Photoshop est essentiellement un logiciel de retouche bitmap. Toutefois, il possède quelques outils vectoriels permettant de dessiner de belles courbes vectorielles. En effet, il est difficile d'en faire en bitmap. Ces belles courbes vectorielles (appelées "tracés" dans Photoshop) peuvent être transformées en sélections ou en formes et contours bitmap. Photoshop n'est pas à proprement parler un logiciel de dessin vectoriel comme l'est Adobe Illustrator CS, mais il possède les mêmes outils principaux de dessin.

Il existe deux types d'objets vectoriels dans Photoshop : les formes qui sont des objets visibles, et les tracés qui sont des objets invisibles.

11.1. Formes vectorielles

Les formes vectorielles sont donc des objets visibles dont la surface peut être remplie d'une couleur ou d'un motif. Contrairement aux formes d'Illustrator, les formes de Photoshop ne possèdent pas de trait de contour.

Créer des formes vectorielles

1 Créez un nouveau projet Photoshop.

2 Depuis la palette *Outils*, ouvrez le Sélecteur de couleurs pour définir la **Couleur de premier plan**. Choisissez une couleur différente du noir ou du blanc.

3 Dans la palette *Outils*, cliquez sur l'outil **Plume**. Puis dans la palette d'options, choisissez **Calques de forme** et définissez la couleur de la forme à créer.

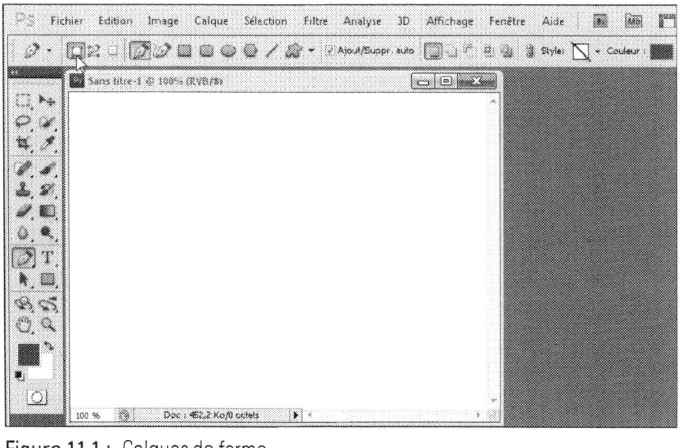

Figure 11.1 : Calques de forme

4 Dans la zone de travail, créez quatre points. La forme se remplit automatiquement selon la couleur de premier plan.

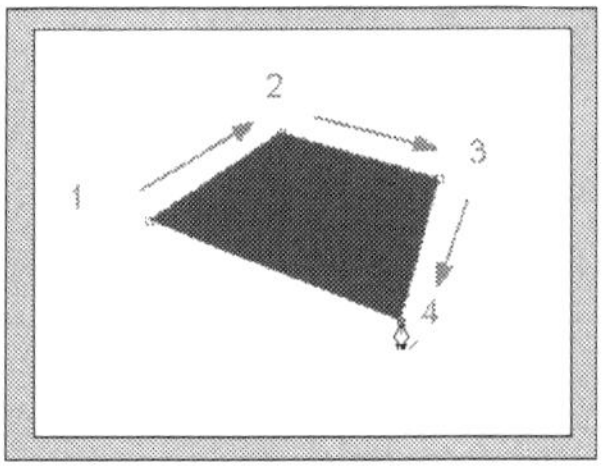

Figure 11.2 : Créez les quatre premiers points de la forme

5 Pour fermer la forme, cliquez une nouvelle fois sur le premier point créé.

Un calque de forme vectorielle appelé *Forme 1* se crée. Ce calque affiche deux vignettes : la première définit la couleur de remplissage de la forme, la seconde définit la zone de remplissage.

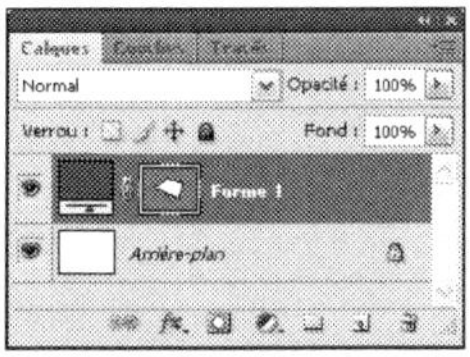

Figure 11.3 : Nouveau calque de forme

6 Il est possible de changer la couleur de remplissage. Pour cela, allez dans la palette *Calques* et double-cliquez sur la vignette de gauche du calque *Forme 1*.

7 Dans la boîte de dialogue **Sélecteur de couleurs**, définissez la couleur de remplissage du calque, puis cliquez sur le bouton OK.

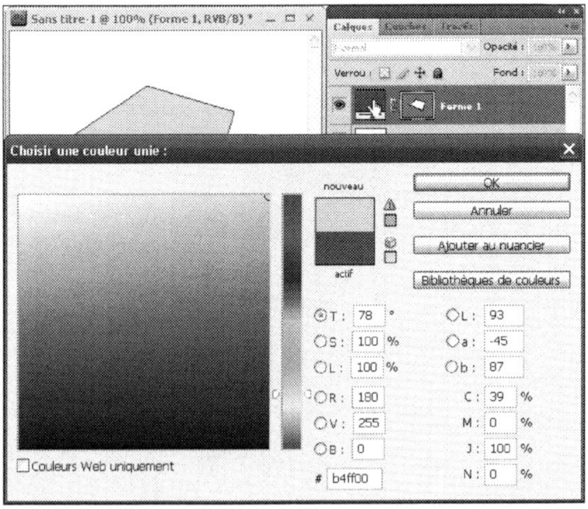

Figure 11.4 : Sélecteur de couleurs

8 Vous pouvez modifier la forme en déplaçant les points avec l'outil **Sélection directe** (flèche blanche). Pour cela, sélectionnez un point et déplacez-le par glisser-déposer.

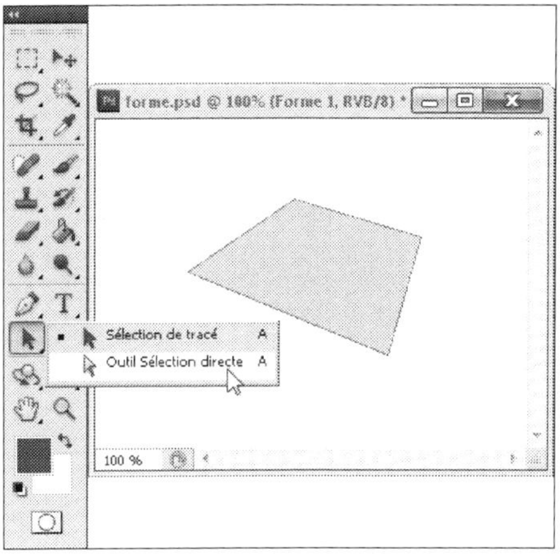

Figure 11.5 : Forme avec nouvelle couleur

La flèche noire permet, quant à elle, de sélectionner et de déplacer l'objet vectoriel entier.

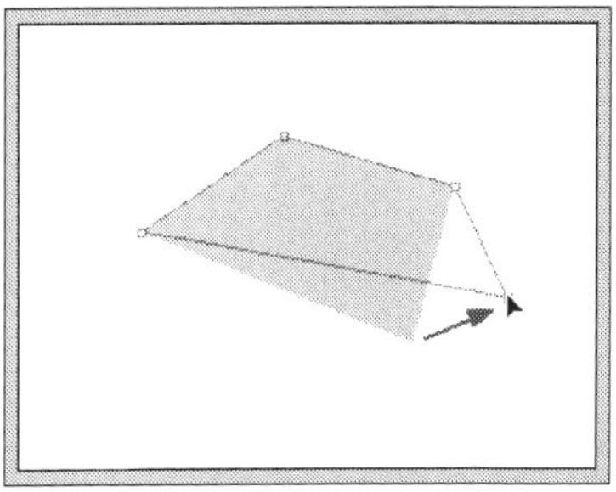

Figure 11.6 : Point de la forme déplacé à l'aide de la flèche blanche

9 Utilisez l'outil **Conversion de point** pour transformer les angles en courbes.

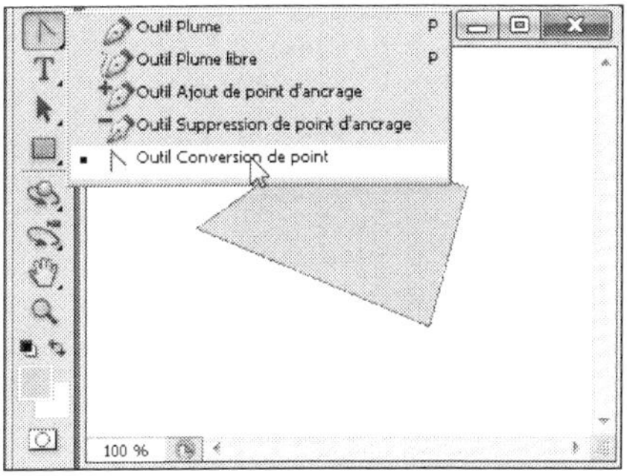

Figure 11.7 : Outil Conversion de point

10 Pour transformer un point anguleux en point arrondi, cliquez sur celui-ci, et tout en maintenant le bouton de la souris enfoncé, déplacez votre curseur afin de définir la tangente du point.

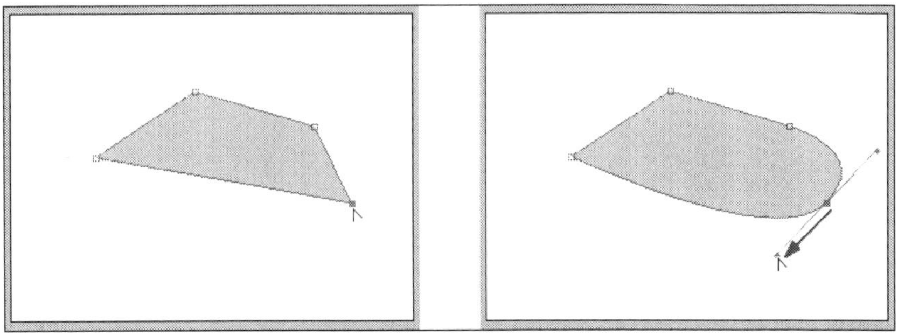

Figure 11.8 : Créez une tangente d'un point arrondi

11 Afin de transformer une tangente symétrique en tangente asymétrique, utilisez aussi l'outil **Conversion de point** pour déplacer l'extrémité de la tangente.

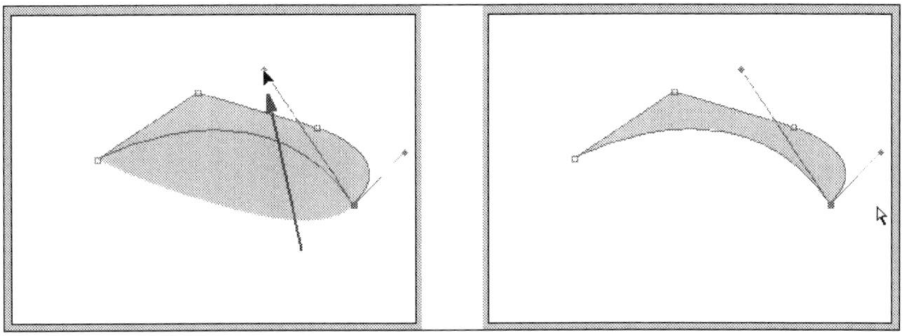

Figure 11.9 : Asymétrie de la tangente

REMARQUE

L'outil Flèche blanche

L'outil **Flèche blanche** permet non seulement de sélectionner et de placer un ou plusieurs points d'un tracé mais aussi de modifier l'angle et l'amplitude des tangentes.

12 Utilisez les autres outils **Plume** pour :

Tableau 11.1 : Les autres outils Plume

Outil	Action
	Dessiner une forme en mode Main libre

Tableau 11.1 : Les autres outils Plume	
Outil	**Action**
	Ajouter des points sur le tracé
	Supprimer des points sur le tracé

13 Pour remplir la forme, vous pouvez choisir un style dans la palette *Styles*.

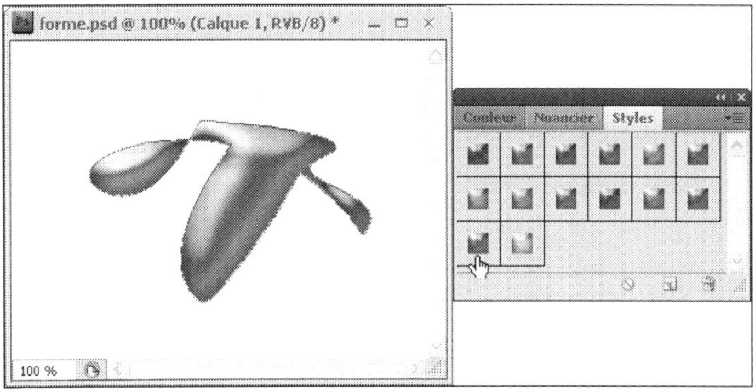

Figure 11.10 : Appliquez un style à la forme

Créer des formes prédéfinies

À droite de l'outil **Plume**, dans la palette *Outils*, vous avez accès aux formes prédéfinies.

Les formes prédéfinies sont insérées dans un projet de façon très intuitive. Choisissez la couleur puis la forme. Puis dessinez sur la surface de travail un rectangle correspondant à la taille voulue.

11.2. Tracés vectoriels

Les tracés vectoriels sont en fait les premiers outils vectoriels apparus dans Photoshop. Ils se gèrent depuis la palette *Tracés*. Cette palette affiche les différents tracés du projet Photoshop. Les tracés vectoriels sont des formes vectorielles que Photoshop affiche mais n'imprime pas. Seuls les tracés en cours de sélection dans la palette *Tracés* ont leurs contours visibles.

De ce fait, ils ne sont pas gérés dans la palette *Calques*. Une fois les tracés créés, vous pouvez les utiliser pour concevoir d'autres objets. Vous pouvez transformer les tracés en sélection, en forme pixellisée en remplissant ces derniers et en utilisant la forme de pinceau pour dessiner le contour du tracé. Inversement, vous pouvez vectoriser les contours d'une forme afin de créer un tracé. Vous trouverez aussi les tracés des formes vectorielles si le calque correspondant est sélectionné.

Dessiner des tracés vectoriels

1 Cliquez sur l'onglet **Tracés** de la palette *Calques* pour ouvrir la palette *Tracés*.

2 Dans la palette *Tracés*, ouvrez le menu contextuel et choisissez la commande **Nouveau tracé**.

3 Saisissez le nom du tracé à créer, puis cliquez sur OK.

4 Dans la palette *Outils*, cliquez sur l'outil **Plume**.

5 Sur la surface de travail, créez un premier point d'un seul clic.

6 Créez un deuxième point et, tout en laissant le bouton appuyé, déplacez le curseur afin de déterminer la tangente de la courbe. Lâchez le bouton de la souris une fois que la tangente est bien positionnée.

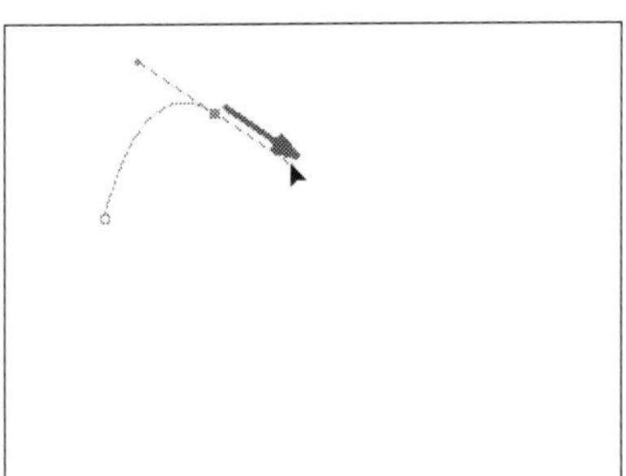

Figure 11.11 : Dessinez le tracé

7 Réitérez la même opération pour les autres points.

8 Pour fermer la forme, cliquez sur le premier point.

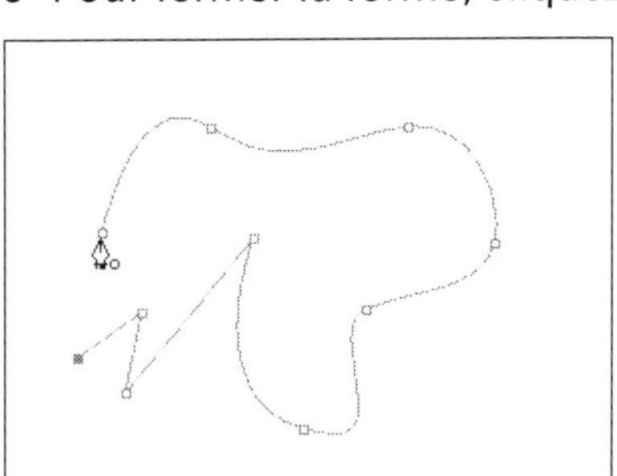

Figure 11.12 : Fermez le tracé

9 Dans la palette *Outils*, cliquez pendant deux secondes sur l'outil **Plume**, puis cliquez sur **Conversion de point**.

10 Pour redéfinir une tangente, cliquez sur le point voulu et, tout en maintenant le bouton de la souris enfoncé, déplacez le curseur. Lâchez le bouton de la souris une fois que la tangente est redéfinie.

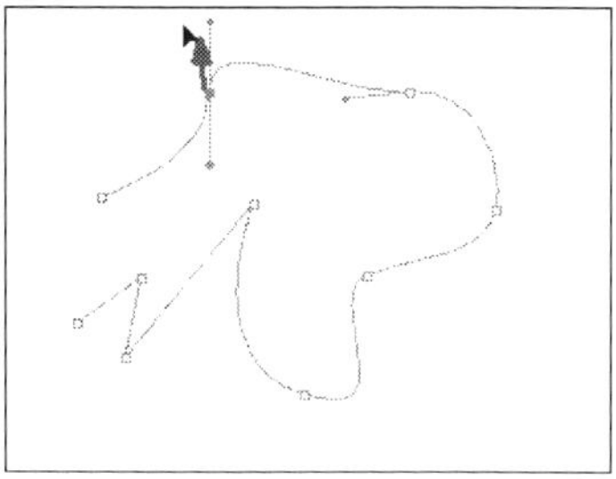

Figure 11.13 : Créez une tangente

11 Pour créer un angle obtus, cliquez sur l'extrémité d'une tangente et, tout en maintenant le bouton de la souris appuyé, déplacez le curseur. Lâchez le bouton de la souris une fois que la tangente est redéfinie.

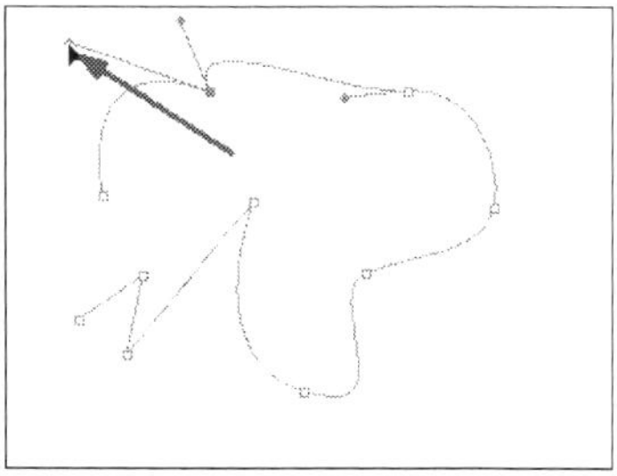

Figure 11.14 : Changez une tangente

12 Pour sélectionner un point afin de voir sa tangente, appuyez sur la touche Ctrl et survolez ce point ; votre curseur conserve sa forme de flèche blanche. Vous pouvez cliquer sur le point puis lâcher la touche Ctrl pour repasser en mode Conversion de point. Ou alors employez l'outil **Sélection directe** pour sélectionner le point, puis réutilisez l'outil **Conversion de point**.

Vous pouvez utiliser les autres outils **Plume** pour, par exemple, ajouter ou supprimer des points dans un tracé, ou créer le tracé en dessinant à main levée.

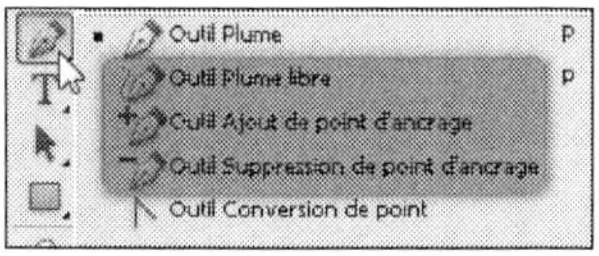

Figure 11.15 : Outils de tracé

Désactivation du mode Tracé

Une fois que le tracé est terminé, avant de continuer à retoucher une image, pensez à désélectionner le calque de tracé sur lequel vous travailliez. De cette manière, Photoshop comprend que vous n'êtes plus en mode Tracé.

Transformer un tracé en sélection

1 Dans la palette *Tracés*, sélectionnez le tracé à convertir en sélection.

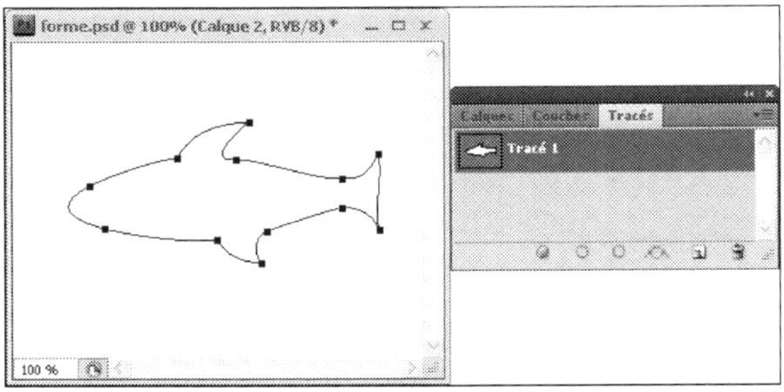

Figure 11.16 : Sélectionnez le tracé

2 En bas de la palette *Tracés*, cliquez sur le bouton **Récupérer le tracé comme sélection**.

Figure 11.17 : Bouton Récupérer le tracé comme sélection

3 Dans la palette *Tracés*, désélectionnez le tracé en cliquant en dehors de celui-ci.

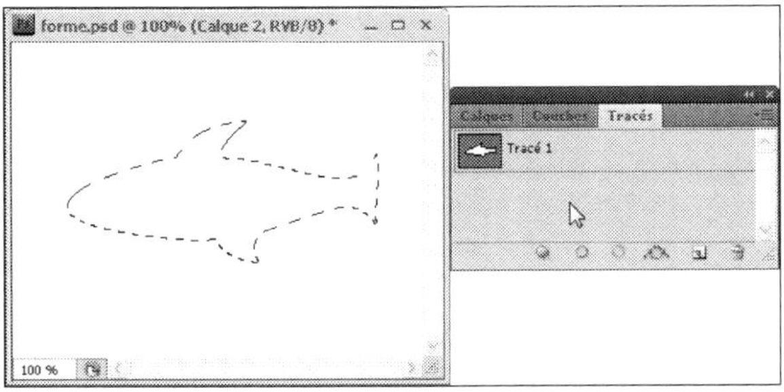

Figure 11.18 : Nouvelle sélection

Cliquez alors sur l'onglet **Calques** pour travailler sur la nouvelle sélection en mode non vectoriel.

Au lieu de transformer le tracé en sélection, vous pouvez le transformer en forme bitmap.

> REMARQUE
> **Forme en sélection**
> Vous pouvez aussi transformer les contours d'une forme en sélection. Pour cela, sélectionnez le calque de la forme ; vous avez alors accès à son tracé si vous ouvrez la palette *Tracés*.

Transformer un tracé en forme bitmap

Avec un style

1 Dans la palette *Tracés*, sélectionnez le tracé à convertir en forme bitmap.

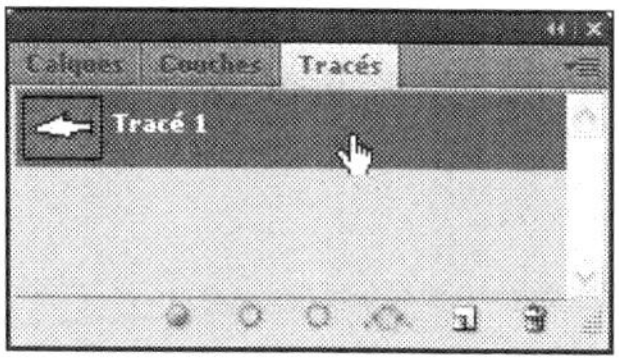

Figure 11.19 : Sélectionnez le tracé

2 En bas de la palette *Calques*, cliquez sur le bouton **Créer un nouveau calque**.

3 Dans la palette *Tracés*, sélectionnez votre tracé puis cliquez sur le bouton **Fond du tracé avec couleur de premier plan**.

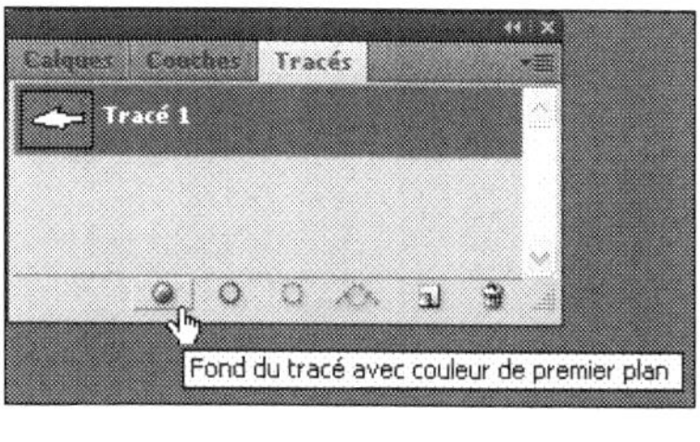

Figure 11.20 : Remplissez le tracé dans le nouveau calque

4 Dans la palette *Styles*, choisissez le style à utiliser pour remplir le tracé (vous pouvez aussi employer une couleur des palettes *Nuancier* et *Couleur*).

5 En bas de la palette *Tracés*, cliquez sur le bouton **Fond du tracé avec couleur du premier plan.**

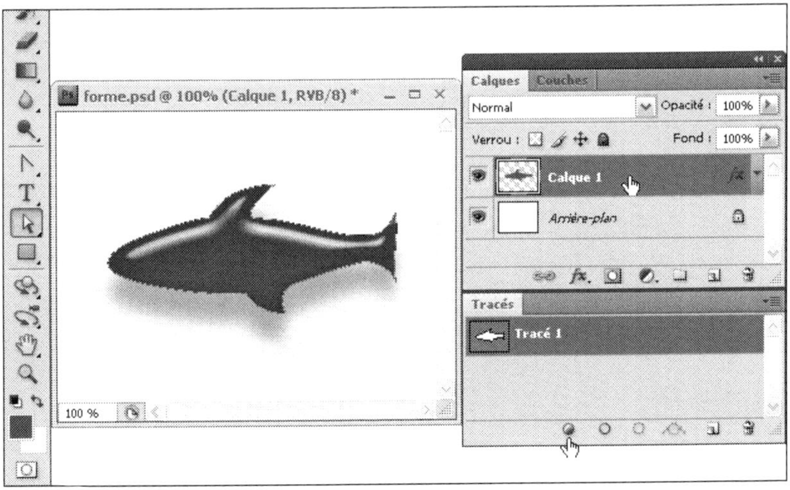

Figure 11.21 : Bouton Fond du tracé avec couleur du premier plan

Avec une couleur et une forme de pinceau

1 Dans la palette *Outils*, cliquez sur l'outil **Pinceau**.

2 Dans la palette *Options*, cliquez sur la liste déroulante *Forme*, choisissez une forme et déterminez sa taille.

3 Définissez comme couleur de premier plan celle que vous voulez utiliser pour le contour de la forme.

4 Dans la palette *Tracés*, cliquez sur le bouton **Contour du tracé avec la forme**.

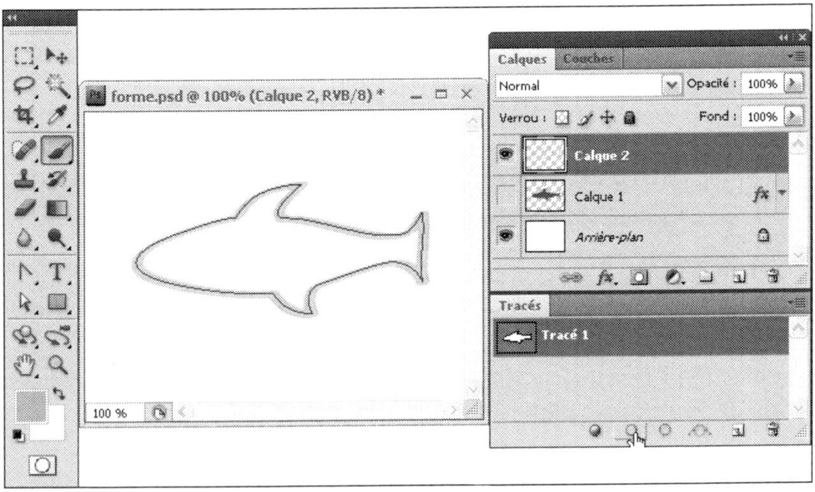

Figure 11.22 : Bouton Contour du tracé avec la forme

5 Dans la palette *Tracés*, désélectionnez le tracé en cliquant en dehors de celui-ci.

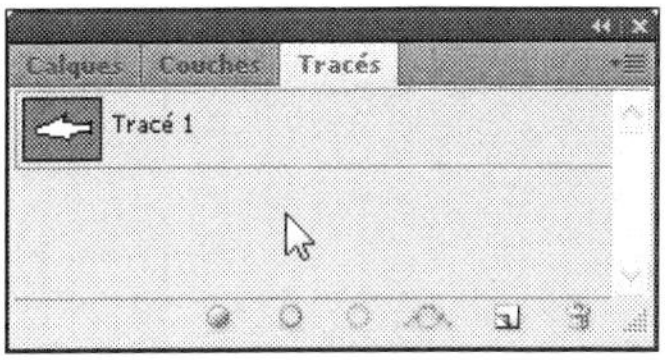

Figure 11.23 : Désélectionnez le tracé

Transformer les contours d'une forme bitmap en tracé

Dans cet exemple, vous allez vectoriser un logo dans Photoshop afin de l'ajouter à la bibliothèque des formes vectorielles.

1 Ouvrez l'image contenant le logo dans Photoshop.

Figure 11.24 : Logo à vectoriser

2 Dans la palette *Outils*, sélectionnez l'outil **Baguette magique**.

3 Augmentez la *Tolérance*, activez le *Lissage* et désactivez la case *Pixels contigus*.

Figure 11.25 : Paramètres de la baguette magique

4 Sélectionnez la couleur principale du logo.

5 Dans la palette *Tracés*, cliquez sur le bouton **Convertir une sélection en tracé**.

Figure 11.26 : Sélection convertie en tracé

6 Maintenant, mémorisez le tracé via le menu contextuel de la palette *Tracés*.

7 Dans la palette *Tracés*, sélectionnez le tracé puis allez dans le menu **Edition** et lancez la commande **Créer une forme personnalisée**. Une boîte de dialogue s'affiche, permettant de donner un nom à la nouvelle forme. Donnez-lui un nom explicite, puis cliquez sur OK.

Vous pouvez maintenant aller dans la bibliothèque des formes depuis la palette d'options de l'outil **Forme personnalisée**.

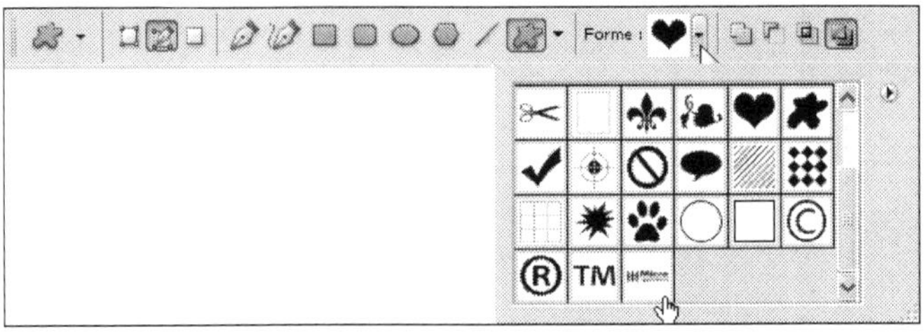

Figure 11.27 : Nouveau logo dans la bibliothèque des formes

11.3. Insérer des ornements

Vous allez terminer la décoration du faire-part à l'aide d'ornements classiques.

1 Dans la palette *Outils*, sélectionnez l'outil **Forme personnalisée**.

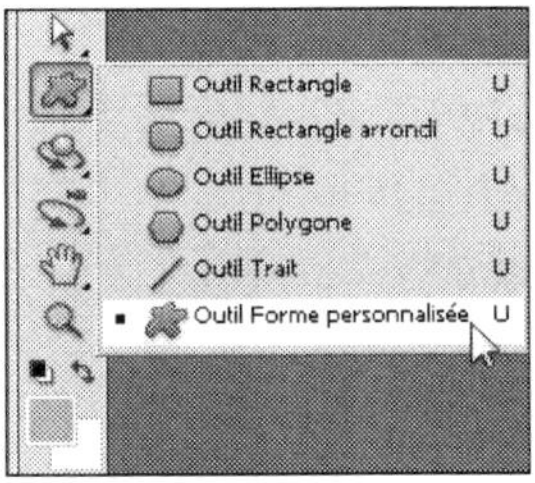

Figure 11.28 : Outil Forme personnalisée

2 Dans la palette *Options*, cliquez sur la forme afin de faire apparaître les formes disponibles.

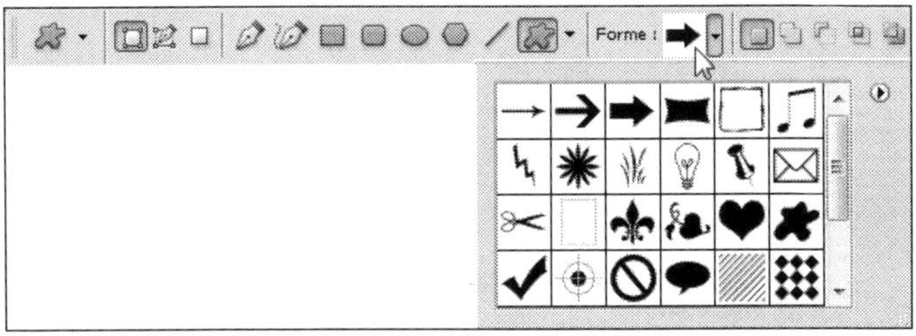

Figure 11.29 : Sélecteur de formes

3 Cliquez sur le bouton situé en haut à droite de la liste des formes afin d'afficher le menu contextuel.

Figure 11.30 : Accès au menu contextuel du Sélecteur de formes

4 Choisissez **Ornement** dans le menu qui apparaît et cliquez sur OK dans la boîte de dialogue qui s'ouvre. Des formes d'ornement s'affichent.

5 Cliquez sur l'ornement à insérer et déterminez la couleur de celui-ci, toujours dans la palette *Options*.

Figure 11.31 : Choisissez la couleur

6 À l'aide de la souris, dessinez un rectangle dans la zone de travail. S'affiche l'ornement que vous avez sélectionné.

Figure 11.32 : Insérez l'ornement

Ajoutez autant d'ornements que vous le désirez. Aidez-vous du magnétisme des repères via le menu **Affichage/Magnétisme** afin de bien placer les ornements. Profitez-en pour réorganiser vos calques afin d'équilibrer la mise en page.

Figure 11.33 : Faire-part final

11.4. Insérer un logo DVD vidéo

1 En faisant une recherche sur les termes "DVD vidéo" sur le site www.lalogotheque.com, téléchargez un logo vectoriel de DVD vidéo.

2 Dézippez le fichier *.ai* une fois qu'il est téléchargé.

3 Dans Photoshop, ouvrez votre jaquette DVD ou votre étiquette DVD et allez dans le menu **Fichier/Importer**, puis importez le fichier *DVD video.ai*.

4 Le logo DVD vidéo apparaît dans la zone de travail sous forme de nouveau calque à sa résolution initiale.

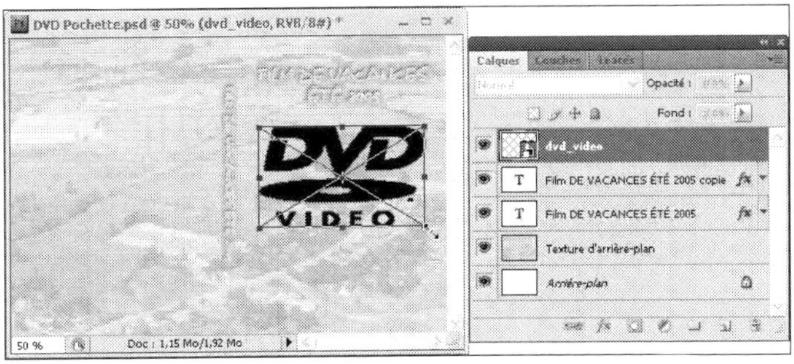

Figure 11.34 : Logo fraîchement importé

5 À l'aide des réticules de l'objet en mode d'édition, redimensionnez-le et positionnez-le afin qu'il tienne en bas de la tranche de la pochette DVD. Utilisez la touche [Maj] pour garder les proportions du logo.

6 Appuyez sur la touche [↵] pour valider la position et la taille du logo. Le calque du logo est alors considéré comme un calque d'objet dynamique. En effet, Photoshop gère maintenant les fichiers vectoriels importés comme des objets dynamiques. De ce fait, vous pouvez les triturer (agrandir, réduire, pivoter, étirer...) sans aucune perte de qualité.

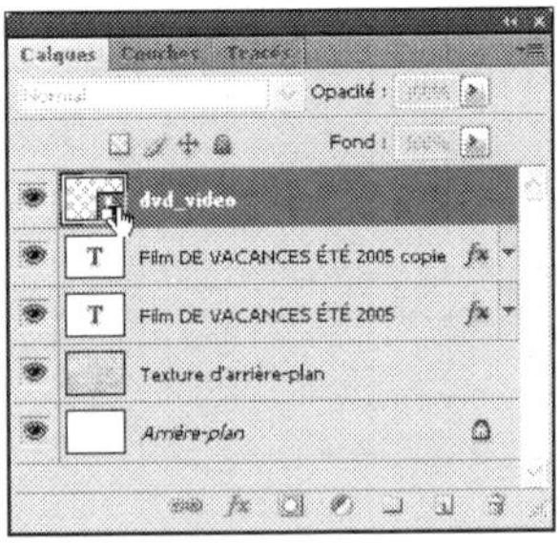

Figure 11.35 : Calque d'objet dynamique

7 Dupliquez le calque d'objet dynamique *dvd_video*. Le calque dupliqué est lui aussi un objet dynamique.

8 À l'aide de l'outil **Déplacement**, positionnez le calque dupliqué à un autre endroit de la jaquette DVD, par exemple en bas à gauche du dos de la pochette.

9 Dans le menu **Edition**, lancez la commande **Transformation manuelle** afin d'agrandir le logo.

Vous ne pouvez pas gérer les réglages de couleur sur les objets dynamiques. Il vous est donc impossible de passer le logo noir en négatif afin de le rendre blanc, à moins de le pixelliser via le menu contextuel du calque.

Par contre, les styles de calque sont pleinement applicables aux objets dynamiques. Il est donc possible d'utiliser le style de calque *Lueur interne* comme un faux négatif en employant du blanc en remplissage des contours.

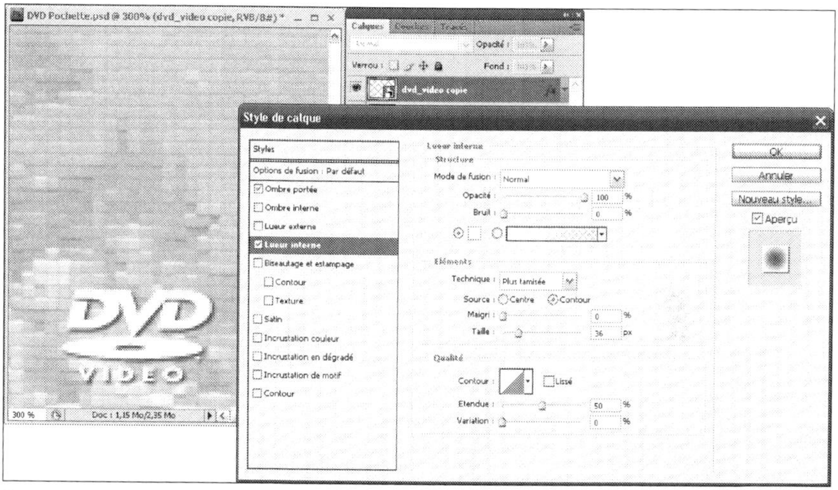

Figure 11.36 : Logo avec styles de calque

AUTRES OUTILS

Nouveaux outils 3D 375
Couches de couleur 376
Historique d'annulation 377
Script d'automatisation 379
Repères et grille 383

Dans ce chapitre, vous trouverez un aperçu des outils de Photoshop plus rarement utilisés ou inclassables, comme la gestion des couches, l'historique, les scripts et les repères. Les trois premiers se gèrent depuis des palettes spécifiques, tandis que le dernier utilise les règles et le menu d'affichage.

12.1. Nouveaux outils 3D

Photoshop CS5 en version Extended donne la part belle aux fonctionnalités 3D, avec notamment un menu dédié.

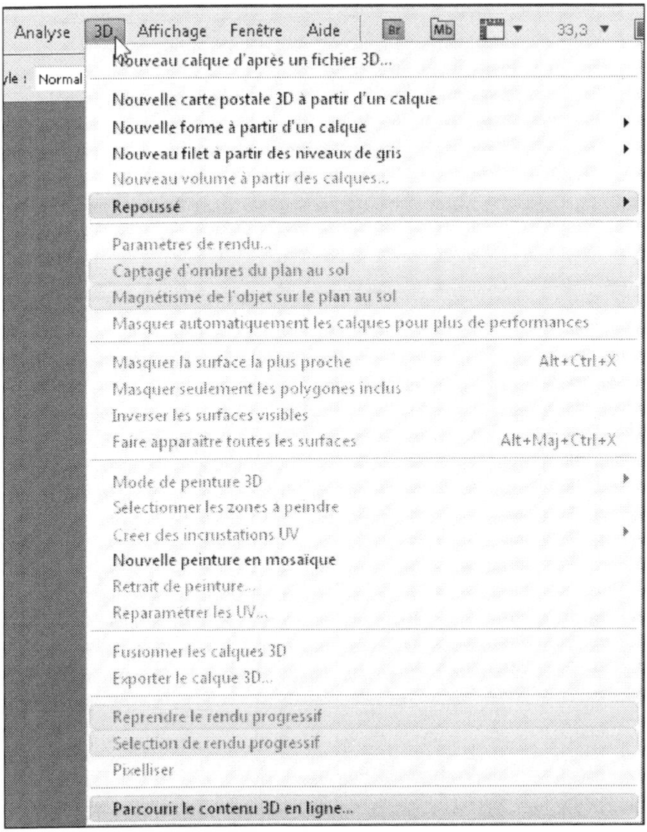

Figure 12.1 : Menu 3D

Dans cette nouvelle mouture, nous voyons apparaître la fonction **Repoussé** qui met en 3D un élément de votre composition. Cette fonction est notamment intéressante pour mettre un calque de texte en 3D.

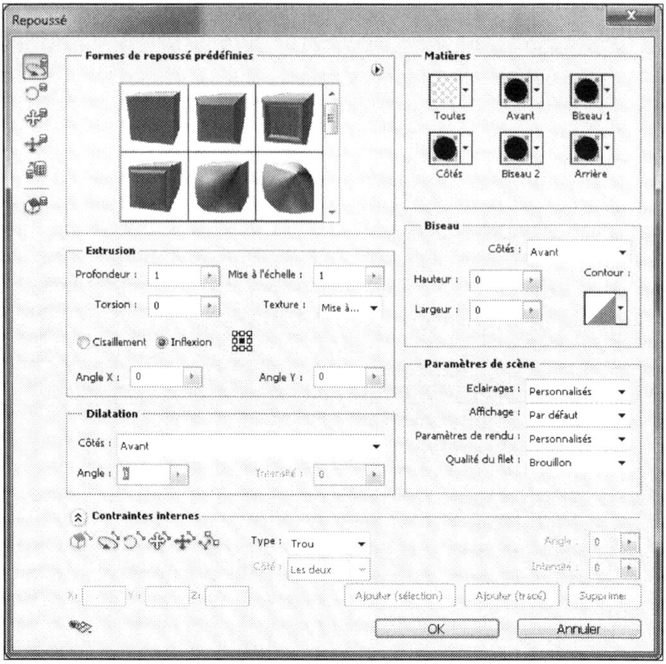

Figure 12.2 : Fonction Repoussé

12.2. Couches de couleur

Les couches de couleur permettent de voir la densité utilisée de chacune des couleurs primaires de l'image. C'est un outil principalement dédié aux professionnels de l'impression qui maîtrisent l'utilisation des couleurs CMJN, mais aussi des nuanciers tels que les Pantone.

Figure 12.3 : Couches en mode RVB

Selon le mode de couleur utilisé pour l'image, la liste de couleurs principale est différente. Vous avez une couche pour chaque couleur principale, plus une pour l'ensemble des couleurs.

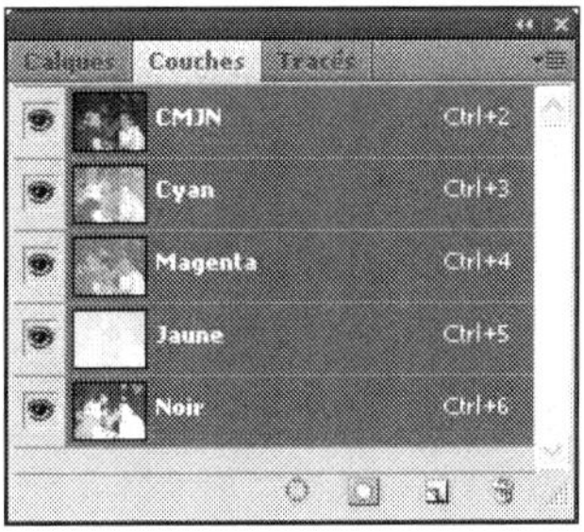

Figure 12.4 : Couches en mode CMJN

En fonction de celle que vous sélectionnez, vous voyez dans la zone de travail la densité de la couleur en niveaux de noir au blanc. Seule la couche de l'ensemble des couleurs n'est pas affichée en noir et blanc.

Voici quelques possibilités qu'offre la gestion des couches :

- Lorsqu'une couche est sélectionnée, vous pouvez lui appliquer spécifiquement des filtres et d'autres retouches.
- Vous pouvez désactiver l'affichage d'une couche en cliquant sur son icône en forme d'œil.
- Vous pouvez sélectionner les pixels de la couche (le niveau de transparence de la sélection est proportionnel à la profondeur de la couleur).
- Vous pouvez créer une couche alpha à partir d'une autre couche ou d'une couche vierge (transparence en vidéo pour les fichiers TIF, TGA...).
- Vous pouvez supprimer une couche.

La gestion des couches est assez proche de celle des calques et des masques de fusion.

12.3. Historique d'annulation

L'historique d'annulation a été créé pour combler un gros manque dans les dernières versions de Photoshop. En effet, il n'y avait qu'un seul niveau d'annulation ! L'historique se veut même une version fortement améliorée du célèbre "Undo".

1 À l'aide du menu **Fenêtre**, ouvrez la palette *Historique* si ce n'est pas déjà fait.

S'affiche la liste des fonctions que vous avez appliquées à l'image lors de la session en cours. En haut de la liste se trouve la plus ancienne fonction, et en bas la plus récente qui a été appliquée.

2 Dans la liste des fonctions, cliquez sur la cinquième en partant du bas.

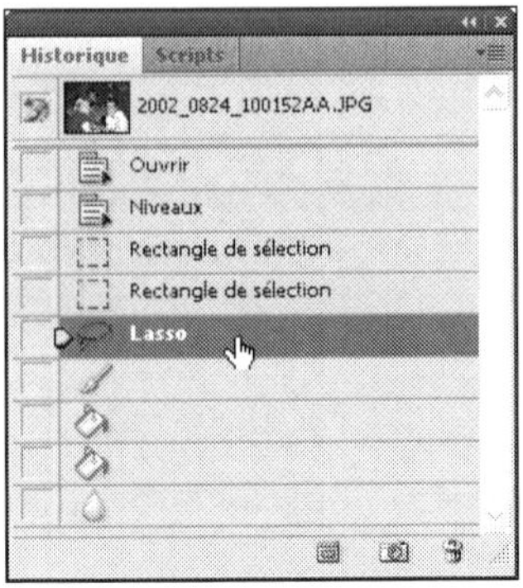

Figure 12.5 : Retour plus avant dans le projet

Vous êtes revenu cinq états en arrière.

3 Cliquez sur le bouton **Supprimer l'état actuel** (en forme de poubelle) pour valider le retour à cet état.

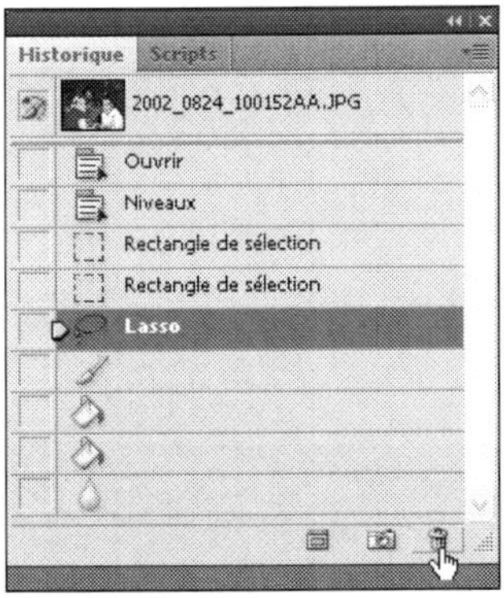

Figure 12.6 : Supprimez les modifications

Pour accroître le nombre d'états d'historique, allez dans le menu **Edition/Propriétés/Performances** et augmentez le nombre de la zone de texte *États d'historique*. Vous pouvez avoir jusqu'à 999 états d'historique. Attention à la quantité de mémoire utilisée si vous mettez un nombre supérieur à 100.

Nombre limité d'annulations

L'historique possède un nombre d'annulations limité. Sur un long projet, il est impossible de revoir tout l'historique de l'édition de la session en cours.

Pour pallier cette limitation du nombre d'annulations, vous pouvez utiliser le bouton **Définir un nouvel instantané**, qui crée tout en haut de la liste un raccourci vers un état bien défini de l'édition de l'image.

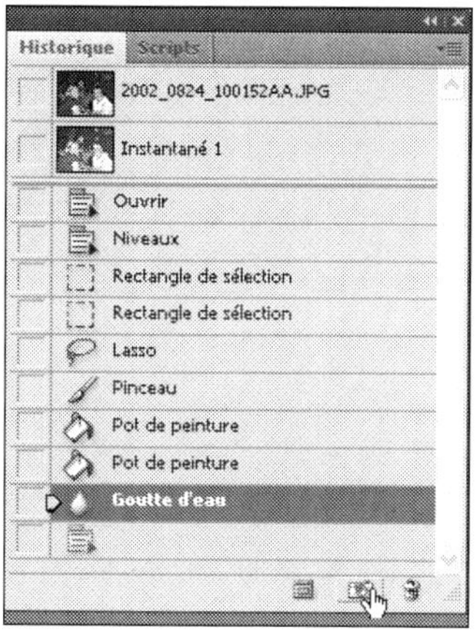

Figure 12.7 : Définissez un instantané

Revenir à l'état d'origine de l'image

Pour revenir directement à l'état d'origine de l'image sans avoir à la fermer et à la rouvrir, vous pouvez passer par la commande **Fichier/Version précédente** (F12).

12.4. Script d'automatisation

Les scripts sont pour Photoshop l'équivalent des macros de Word. Ils permettent d'appliquer en un seul clic plusieurs fonctions enchaînées automatiquement. Cet outil est pratique car il évite d'avoir à appliquer manuellement une même combinaison de fonctions plusieurs fois.

1 Ouvrez une image pour laquelle vous allez créer un script appliquant plusieurs filtres et réglages.
2 Dans le menu **Fenêtre**, cochez la palette *Scripts* si ce n'est pas déjà fait.

3 Dans la palette *Scripts*, cliquez sur le bouton **Commencer un nouveau script**.

Figure 12.8 : Créez un nouveau script

4 Dans la boîte de dialogue **Nouveau script**, saisissez le nom à donner au script, puis cliquez sur le bouton **Enregistrer**.

Le bouton rouge indique que le mode d'enregistrement du script est activé. Vous pouvez commencer à appliquer les effets du script.

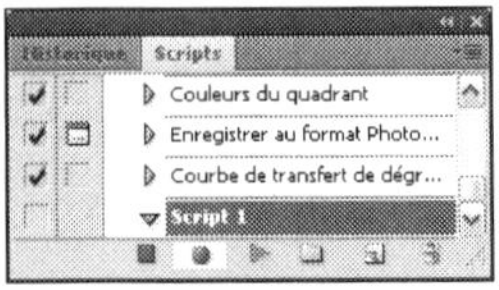

Figure 12.9 : Script prêt à être enregistré

5 Dans le menu **Image/Réglages**, cliquez sur **Désaturation** afin de passer l'image en noir et blanc. La fonction **Désaturer** s'ajoute dans la palette *Scripts*.

Figure 12.10 : Désaturation enregistrée dans le script

6 Dans le menu **Image**, cliquez sur **Taille de l'image** et paramétrez la boîte de dialogue correspondante à *100 pixels* de largeur, puis cliquez sur OK.

Figure 12.11 : Réglez la largeur à 100 pixels

Seul le paramètre modifié dans la boîte de dialogue a été enregistré.

7 Ajoutez un ou quelques filtres au choix.

8 Dans la palette *Scripts*, cliquez sur le bouton **Arrêter l'exécution ou l'enregistrement.**

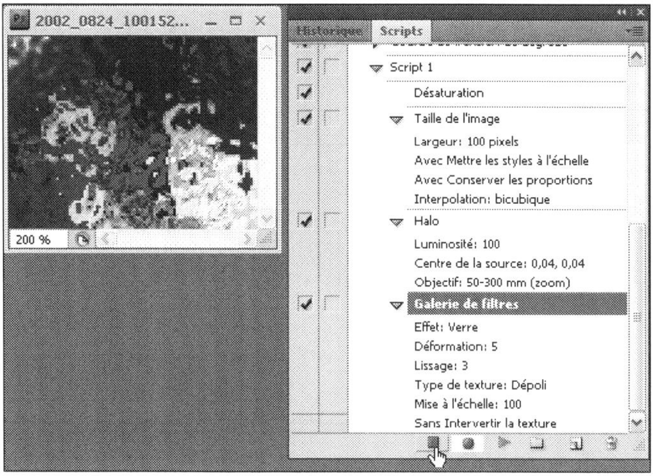

Figure 12.12 : Arrêtez l'enregistrement du script

Votre script est maintenant créé. Accessoirement, vous pouvez voir les différentes étapes de celui-ci pour les modifier si besoin, en double-cliquant dessus.

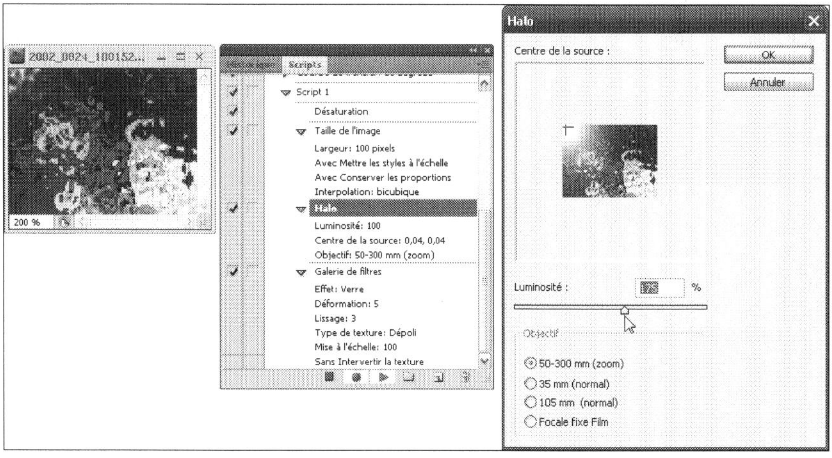

Figure 12.13 : Modifiez une étape du script

Vous pouvez aussi activer ou non l'affichage d'une boîte de dialogue lorsque le script atteint une étape. Pour cela, sélectionnez l'icône d'activation de la zone de dialogue.

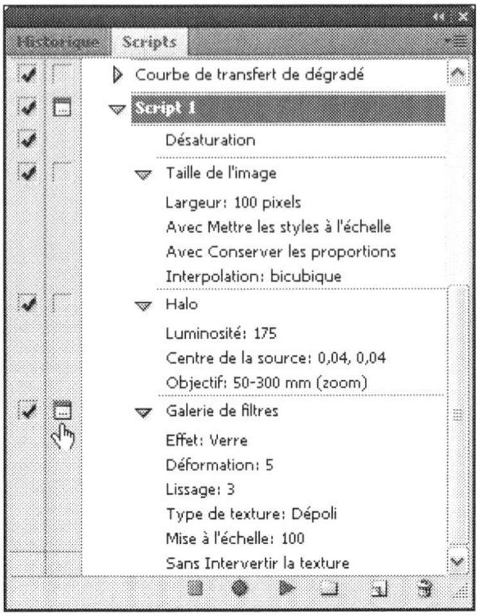

Figure 12.14 : Activez la zone de dialogue pour une étape

Vous pouvez désactiver une étape du script en décochant la case située à gauche de celle-ci. Vous pouvez aussi la supprimer en la sélectionnant et en cliquant sur le bouton **Supprimer**.

9 Ouvrez une autre image.

10 Dans la palette *Scripts*, sélectionnez le script que vous venez de créer, puis cliquez sur le bouton **Exécuter la sélection**.

Figure 12.15 : Exécutez le script

Toutes les fonctions du script s'exécutent automatiquement les unes après les autres.

12.5. Repères et grille

Les repères et la grille sont des guides affichés à l'écran mais non imprimables, qui vous aident à dessiner.

Repères

Les repères se définissent à l'aide de la règle. Ils sont pratiques pour préciser les limites d'un dessin. La gestion des paramètres des repères se fait depuis le menu **Affichage**.

1 Dans le menu **Affichage**, cliquez sur **Règles** afin d'afficher les règles horizontale et verticale respectivement en haut et à gauche de l'image.

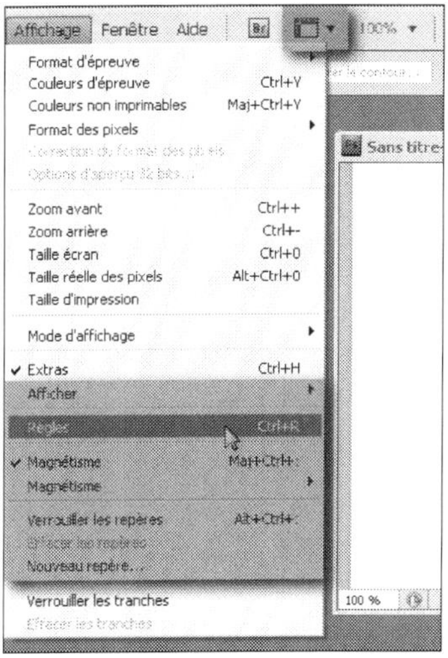

Figure 12.16 : Menu Affichage

2 Vous pouvez créer un repère via le menu **Affichage**. En ce sens, cliquez sur **Nouveau repère**.

3 Dans la boîte de dialogue **Nouveau repère**, précisez l'orientation du repère et sa position, puis cliquez sur OK.

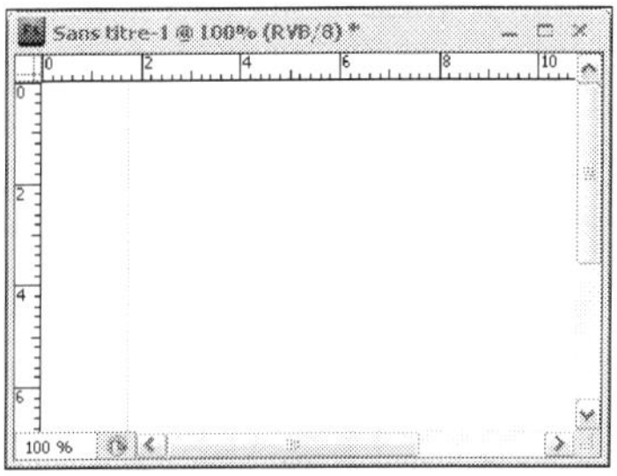

Figure 12.17 : Repère en bleu ciel

REMARQUE

Couleurs des repères

Le paramétrage de l'affichage des repères, notamment leur couleur, se fait à l'aide de la boîte de dialogue accessible par le menu **Edition/Propriétés /Repères, Grille et tranches**.

4 Vous pouvez également créer des repères à l'aide des règles. En ce sens, placez votre curseur sur la règle horizontale. Cliquez, et tout en maintenant le bouton de la souris appuyé, déplacez votre curseur vers la zone de travail (vers le bas). Lâchez le bouton de la souris une fois le repère bien positionné.

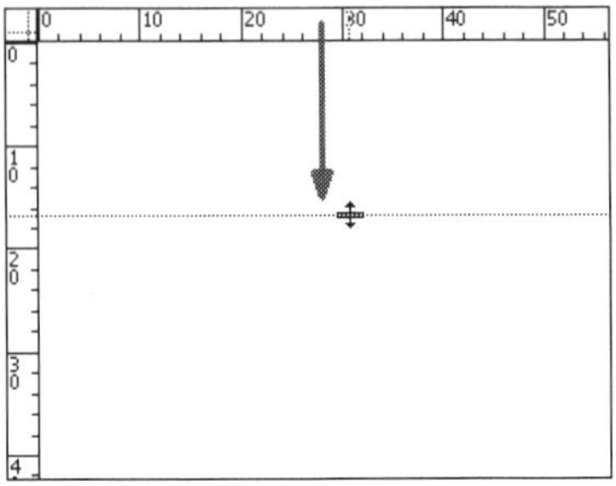

Figure 12.18 : Créez un repère horizontal à l'aide de la règle

5 Placez votre curseur sur la règle verticale. Cliquez, et tout en maintenant le bouton de la souris appuyé, déplacez votre curseur vers la zone de travail (vers la droite). Lâchez le bouton une fois le repère bien placé.

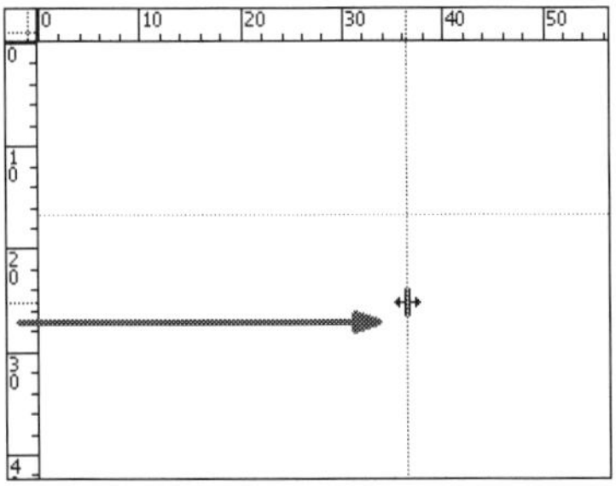

Figure 12.19 : Créez un repère vertical à l'aide de la règle

6 Pour masquer les repères, allez dans le menu **Affichage/Afficher** et décochez la commande **Repères.**

7 Pour supprimer tous les repères, allez dans le menu **Affichage /Afficher** et cliquez sur **Effacer les repères**. Vous pouvez supprimer un repère en le glissant-déposant sur la règle correspondante.

Magnétisme

La fonction **Magnétisme** du menu **Affichage** vous permet, lorsque vous dessinez, de positionner des objets au pixel près selon la grille et/ou les repères.

Grille

La grille permet de positionner plus facilement les objets sur la zone de travail. Son affichage se gère par le menu **Affichage**. Vous ne pouvez y régler que deux paramètres :

- son affichage ou non (Ctrl+") ;
- son magnétisme par rapport aux autres objets.

Les paramètres principaux de la grille se gèrent par le menu **Edition/Propriétés/Repères, Grille et tranches.**

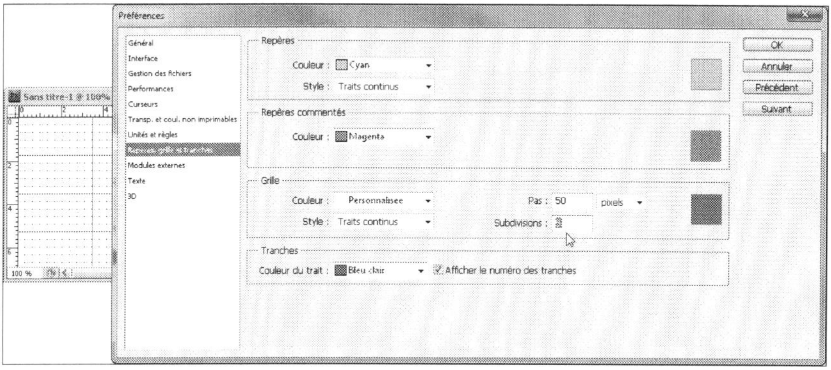

Figure 12.20 : Paramètres de la grille

Vous pouvez y régler son *Pas* et le nombre de *Subdivisions* entre chaque intervalle de pas. Pensez à adapter l'unité du pas en fonction de celle utilisée pour l'image.

RETOUCHER DES PHOTOS

Recadrer une image 389
Rotation d'une image 390
Détourer et isoler un objet 395
Déformer un objet d'un calque 398
Déformer la tête d'une personne (effets comiques) 399
Vieillir une image 401
Fonction de remplissage évoluée avec prise en compte du contenu . 404
Fonction Déformation de la marionnette (Puppet Wrapper) 405
Retoucher le visage d'une personne 407

Vous allez voir dans ce chapitre quelques applications pratiques de la retouche d'image avec Photoshop. Du recadrage à l'application de filtres, en passant par le détourage d'un objet, vous apprendrez à combiner plusieurs outils de Photoshop afin de traiter les photos numériques.

13.1. Recadrer une image

Il existe deux méthodes aussi pratiques l'une que l'autre pour recadrer une image. À vous de choisir celle que vous préférez.

Avec l'outil Recadrer

1 Dans la palette *Outils*, cliquez sur l'outil **Recadrage**.

2 Sur la surface de travail, dessinez un rectangle définissant la zone à recadrer.

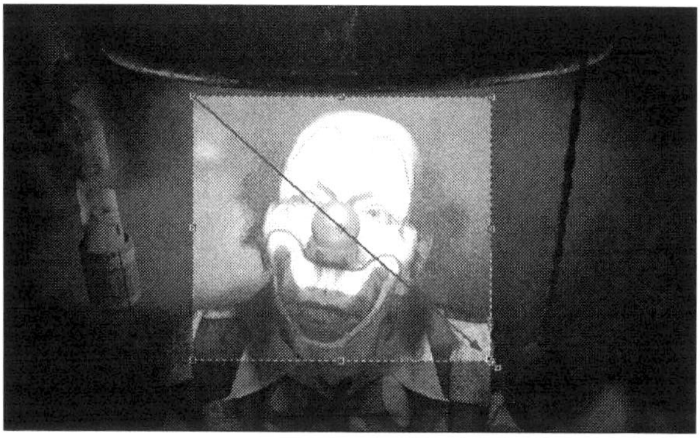

Figure 13.1 : Zone de recadrage

3 Utilisez les réticules de redimensionnement pour bien délimiter la zone à recadrer.

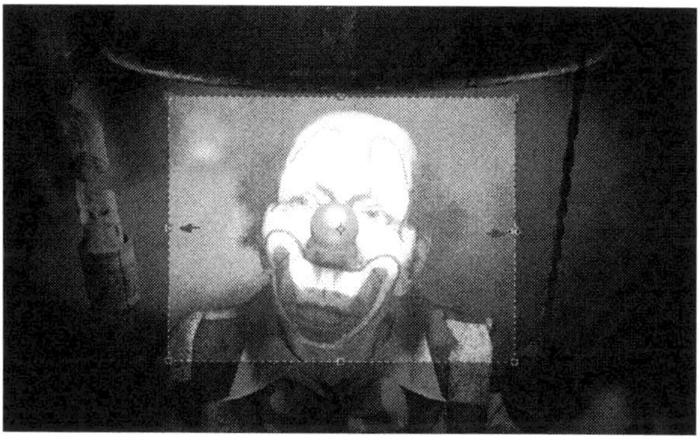

Figure 13.2 : Ajustez la zone de recadrage

4 Appuyez sur [↵] ou double-cliquez dans la zone à recadrer pour appliquer le recadrage.

Avec l'outil Rectangle de sélection

Vous allez faire un recadrage respectant les proportions 4/3 habituelles des photos numériques.

1 Dans la palette *Outils*, cliquez sur l'outil **Rectangle de sélection**.

2 Dans la palette *Options*, choisissez le *Style* : *Proportions fixes*.

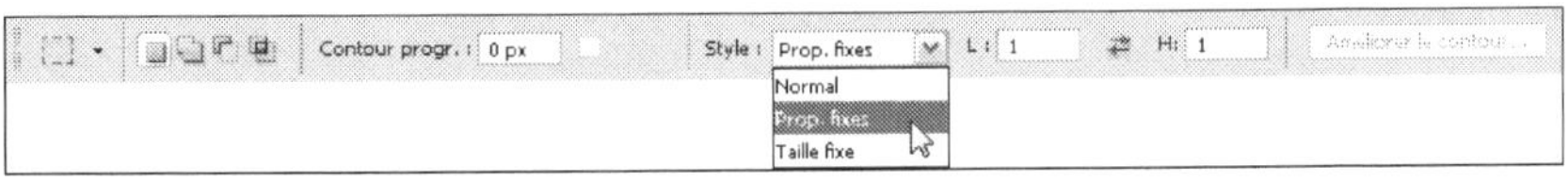

Figure 13.3 : Paramètres de l'outil

3 Précisez respectivement *4* et *3* pour les zones de texte *Largeur* et *Hauteur*.

4 Sur la surface de travail, dessinez un rectangle de sélection recouvrant la zone à recadrer.

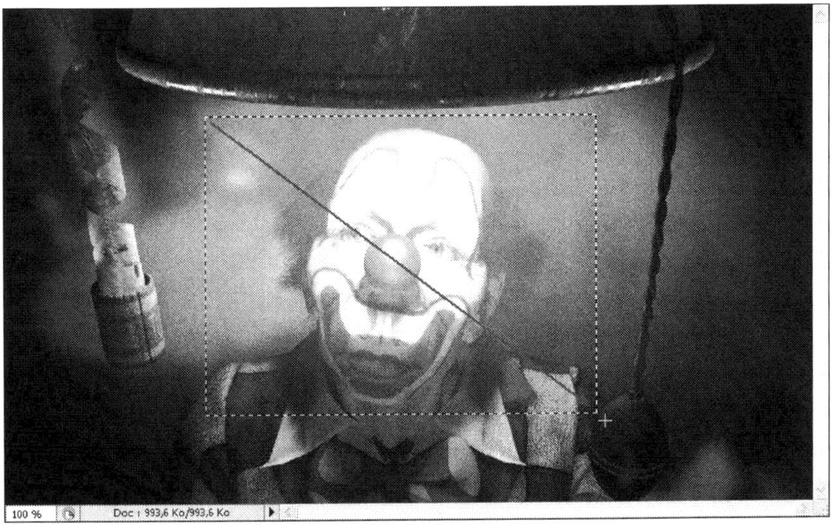

Figure 13.4 : Sélectionnez la zone à recadrer

5 Dans le menu **Image**, cliquez sur **Recadrer**.

13.2. Rotation d'une image

La rotation peut s'appliquer à une image entière ou à un calque.

Rotation simple par multiple de 90°

1 Sélectionnez l'image à faire pivoter.

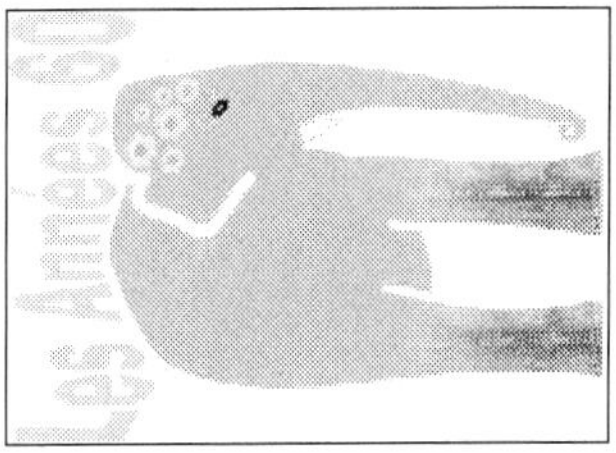

Figure 13.5 : Image à faire pivoter

2 Allez dans le menu **Image/Rotation de la zone de travail.**

3 Choisissez la rotation à appliquer : **180°, 90° horaire** ou **90° antihoraire.**

Figure 13.6 : Image une fois la rotation appliquée

Rotation paramétrée

1 Sélectionnez l'image à faire pivoter.

Figure 13.7 : Image à faire pivoter

2 Dans la palette *Outils*, cliquez sur **Couleur d'arrière-plan.**

3 Dans la boîte de dialogue **Sélecteur de couleurs,** définissez la couleur à donner aux zones vides créées lors de la rotation.

4 Cliquez sur OK pour valider la couleur d'arrière-plan.

5 Dans le menu **Image/Rotation de la zone de travail**, cliquez sur **Paramétrée.**

6 Dans la zone de texte *Angle* de la boîte de dialogue **Rotation de la zone de travail**, saisissez l'angle de rotation à appliquer à l'image, par exemple 25 en mode *Horaire*. Évitez les multiples de 90° pour bien comprendre l'exercice.

7 Cliquez sur OK pour appliquer la rotation.

Figure 13.8 : Image après rotation de 25°

ASTUCE

Détourage de l'image par rapport au fond

Avant de faire une rotation paramétrée, il est conseillé de dupliquer le calque d'arrière-plan si vous travaillez avec une image sans autres calques. Cela permet de garder l'image isolée d'une couleur de fond qui s'applique uniquement sur l'arrière-plan.

Légère rotation d'une image bancale

Figure 13.9 : Image à redresser

1 Dans le menu **Affichage/Afficher**, cliquez sur **Grille**.

2 Dans le menu **Edition/Préférences**, cliquez sur **Repères, grille et tranches.**

3 Dans la zone d'options *Grille* de la boîte de dialogue **Préférences**, définissez le *Pas* en saisissant `50 pixels` et `5` comme *Subdivisions*.

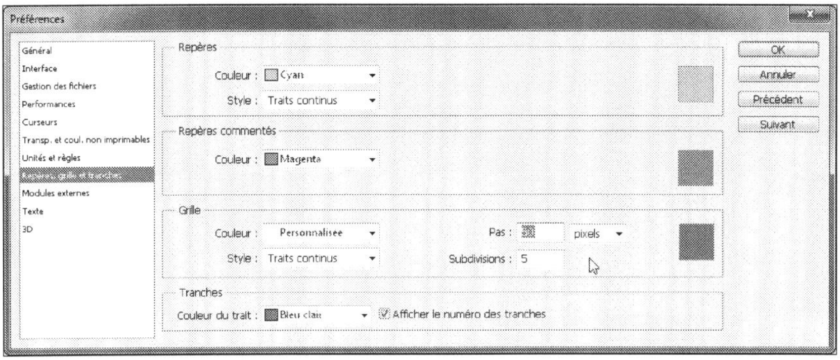

Figure 13.10 : Réglez la grille

4 Dans le menu **Sélection**, cliquez sur **Tout sélectionner** (Ctrl+A).

5 Dans le menu **Edition**, cliquez sur **Transformation manuelle** (Ctrl+T).

6 Arrangez-vous pour que la surface de travail soit légèrement supérieure à la taille de l'image.

Figure 13.11 : Agrandissez la fenêtre de travail

7 Survolez l'extérieur de l'angle supérieur gauche de l'image. Votre curseur se transforme en arc à double flèche.

8 Cliquez et déplacez le curseur de façon à tirer l'image pour qu'elle pivote.

Figure 13.12 : Rotation de la sélection

9 Aidez-vous de la grille pour corriger l'axe de l'image.

10 Appuyez sur [↵] ou double-cliquez sur l'image pour valider la rotation.

11 Dans le menu **Affichage/Afficher**, cliquez sur **Grille** afin de la masquer.

12 Dans la palette *Outils*, sélectionnez l'outil **Recadrage** et recadrez l'image de façon à ne plus voir les bordures issues de la rotation.

Figure 13.13 : Recadrez l'image

Pour appliquer une rotation à un calque, sélectionnez le calque concerné, utilisez la fonction **Edition/Transformation** et choisissez le type de rotation souhaitée.

REMARQUE

Redressement automatique

Une nouvelle fonction permet de redresser et de recadrer automatiquement une photo bancale. Elle est accessible par le menu **Fichier/Automatisation/Rogner et désincliner les photos**. Malheureusement, cette fonction ne marche pas à tous les coups, notamment dans l'exemple précédent. Cela arrive souvent avec les images contenant beaucoup de détails.

13.3. Détourer et isoler un objet

Choisissez un objet entouré d'un fond uni si possible.

1 Dans la palette *Calques*, cliquez à l'aide du bouton droit sur le calque d'arrière-plan et choisissez la commande **Dupliquer le calque**.

2 Dans la liste déroulante *Document* de la boîte de dialogue **Dupliquer le calque**, sélectionnez le nom du fichier en cours d'utilisation, puis cliquez sur OK.

3 Masquez le calque d'arrière-plan.

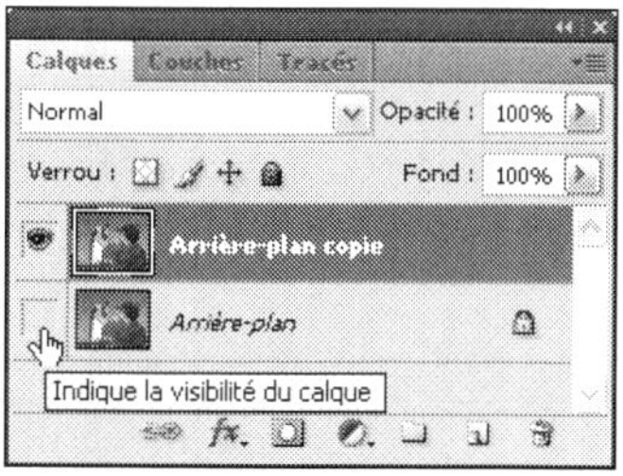

Figure 13.14 : Masquez le calque d'arrière-plan

4 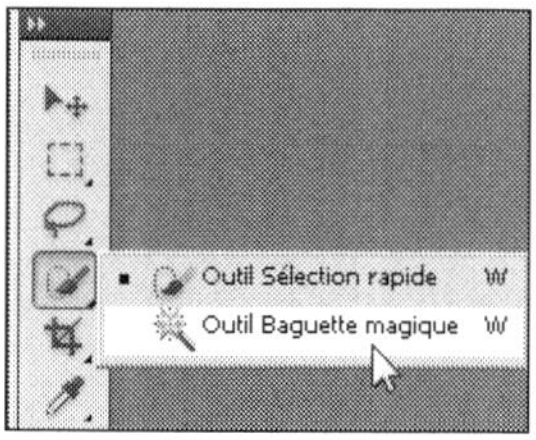

Dans la palette *Outils*, sélectionnez l'outil **Baguette magique**.

5 Dans la palette *Options*, cliquez sur le bouton **Ajouter à la sélection** et définissez le niveau de *Tolérance* à *30*.

6 Cochez la case *Lissé* si elle n'est pas déjà active.

7 Dans la zone de travail, cliquez sur le fond entourant l'objet à détourer. Cliquez sur les zones de l'aplat qui ne sont pas sélection-

nées jusqu'à ce que vous ayez une sélection suffisante, avant de passer à sa finition.

Figure 13.15 : Sélectionnez un aplat de couleur à l'aide de la baguette magique

8 Dans la palette *Outils*, cliquez sur **Rectangle de sélection**.

9 Dans la palette *Options*, cliquez sur le bouton **Ajouter à la sélection**.

Figure 13.16 : Mode Ajouter à la sélection

10 Dans la zone de travail, sélectionnez grossièrement les zones "oubliées" par la baguette magique.

Figure 13.17 : Rectangle de sélection

Il reste des parties difficilement sélectionnables avec les outils classiques de sélection. Sélectionnez-les à l'aide de l'outil **Masque de sélection**.

11 Dans la palette *Outils*, cliquez sur **Mode Masque**.

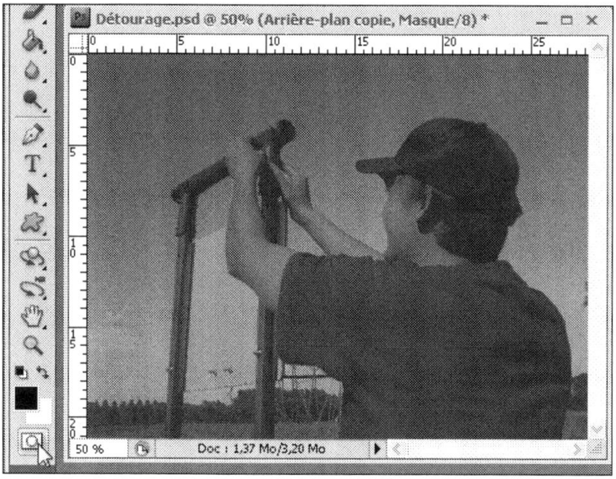

Figure 13.18 : Mode Masque

12 À l'aide de l'outil **Zoom**, recadrez la zone à terminer.

13 Cliquez sur l'outil **Pinceau**.

14 Cliquez sur la couleur de premier plan et mettez-la en blanc.

15 Dans la liste déroulante *Forme* de la palette *Options*, choisissez une forme de pinceau ronde adaptée à la sélection à fignoler. En ce sens, placez le curseur sur la zone de travail afin de voir la taille du pointeur par rapport à la sélection à faire.

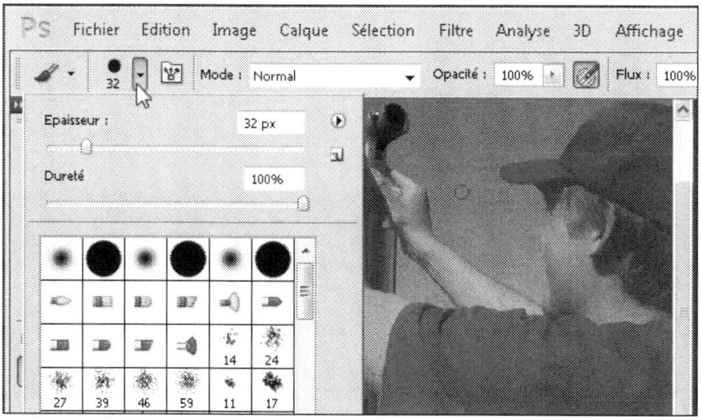

Figure 13.19 : Choisissez la pointe du pinceau

16 Dans la zone de travail, peignez tout ce qui est surligné en rouge qui ne fait pas partie de l'objet. Si vous débordez, repeignez en noir ce qui a dépassé.

17 Une fois l'objet à détourer complètement isolé (surligné en rouge), cliquez sur le bouton **Mode standard** via la palette *Outils*.

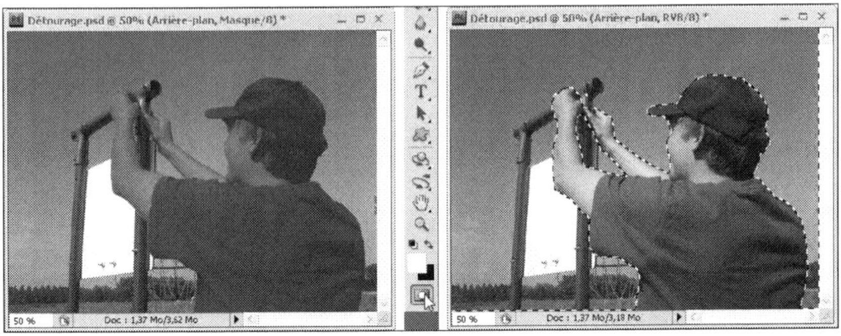

Figure 13.20 : Revenez en mode Standard

18 Appuyez sur la touche [Suppr] du clavier pour effacer la partie en cours de sélection.

19 Dans le menu **Sélection**, cliquez sur **Désélectionner** ([Ctrl]+[D]).

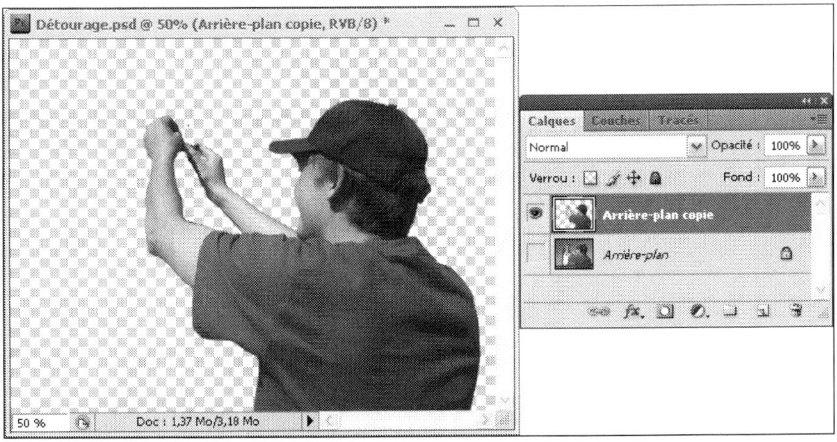

Figure 13.21 : Personnage détouré

13.4. Déformer un objet d'un calque

1 Dans la palette *Calques*, sélectionnez le calque contenant l'objet à déformer.

2 À l'aide des outils de sélection, sélectionnez l'objet s'il n'est pas seul sur le calque.

3 Dans le menu **Edition**, cliquez sur **Transformation manuelle** ([Ctrl]+[T]).

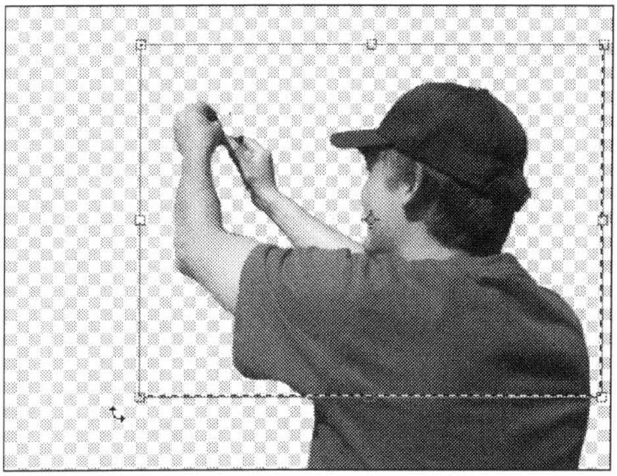

Figure 13.22 : Transformation manuelle

4 Dans la zone de travail, servez-vous des réticules pour modifier l'objet.

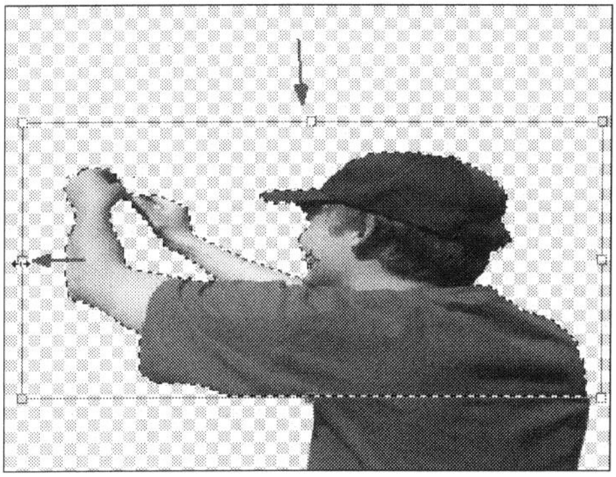

Figure 13.23 : Déformation horizontale

ASTUCE

Transformation homothétique

Utilisez la touche Maj pendant que vous déplacez les réticules pour transformer l'objet sans changer son rapport hauteur/largeur.

5 Appuyez sur ↵ ou double-cliquez sur l'objet.

13.5. Déformer la tête d'une personne (effets comiques)

1 Dans la palette *Calques*, glissez-déposez le calque d'arrière-plan vers le bouton **Créer un calque** afin de le dupliquer.

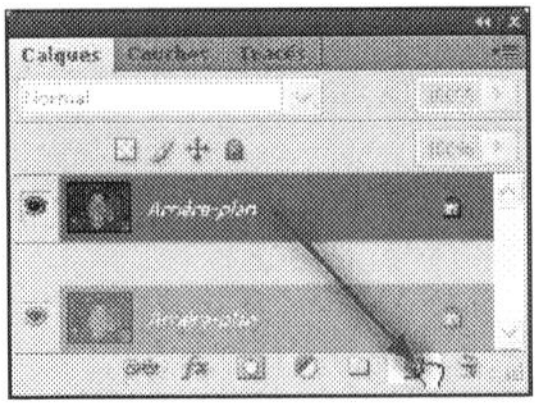

Figure 13.24 : Dupliquez le calque

2 Dans la palette *Outils*, cliquez pendant deux secondes sur l'outil **Rectangle de sélection** et choisissez l'outil **Ellipse de sélection**.

3 Dans la zone de texte *Contour progressif* de la palette *Options*, saisissez `20 px`.

Figure 13.25 : Paramètres de l'ellipse

4 Sur la surface de travail, dessinez une ellipse détourant grossièrement le visage à déformer. Pour cela, cliquez sur le centre du visage et, tout en déplaçant votre curseur, appuyez sur la touche Alt.

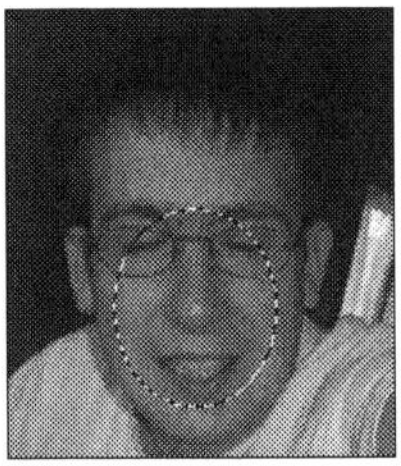

Figure 13.26 : Sélectionnez le visage

5 Dans le menu **Filtre/Déformation**, cliquez sur **Sphérisation**.

6 Dans la boîte de dialogue **Sphérisation**, passez en mode *Horizontal* et déplacez la jauge *Valeur* vers *–75 %*. Selon les cas, les résultats peuvent être différents. Essayez donc plusieurs réglages avant de confirmer la modification.

7 Cliquez sur OK.

8 Dans le menu **Sélection**, cliquez sur **Désélectionner** (Ctrl+D).

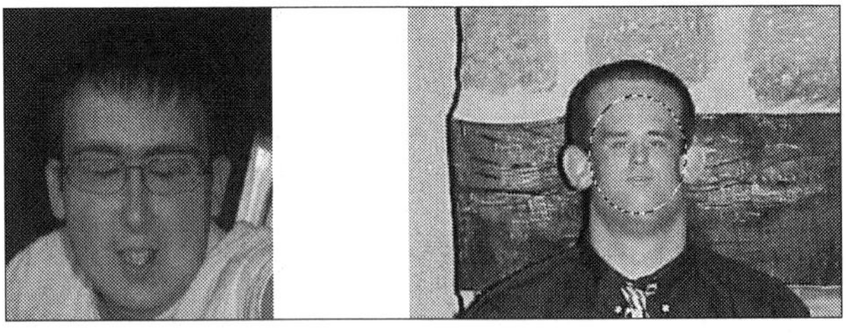

Figure 13.27 : Résultat et autre exemple

9 Vous pouvez essayer d'autres filtres de déformation tels que le **Tourbillon**.

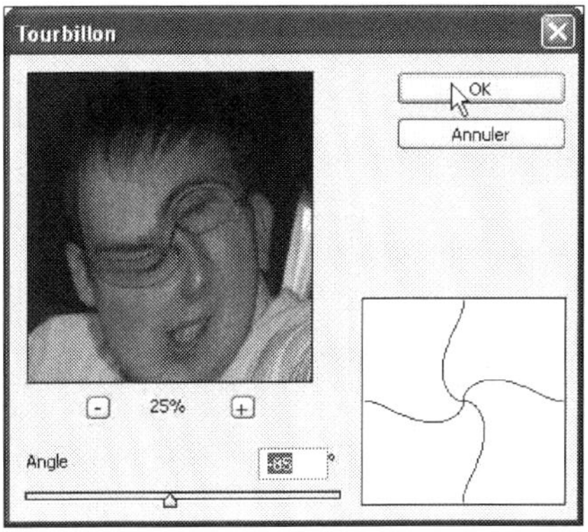

Figure 13.28 : Filtre Tourbillon

13.6. Vieillir une image

1 Dans la palette *Calques*, glissez-déposez le calque d'arrière-plan vers le bouton **Créer un calque** afin de le dupliquer.

2 Créez un calque rempli de blanc entre le calque d'arrière-plan et sa copie. Puis sélectionnez le calque du dessus.

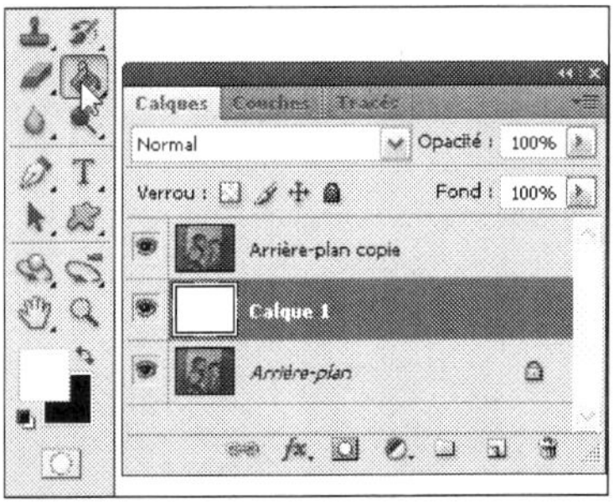

Figure 13.29 : Calque blanc intermédiaire

3 Dans la palette *Outils*, cliquez pendant deux secondes sur l'outil **Rectangle de sélection** et choisissez l'outil **Ellipse de sélection**.

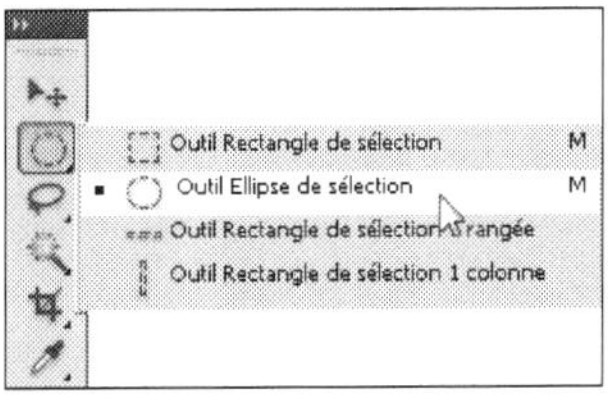

Figure 13.30 : Outil Ellipse de sélection

4 Dans la zone de texte *Contour progressif* de la palette *Options*, saisissez `50 px`.
5 Sur la surface de travail, dessinez une ellipse détourant largement le point important de la photo.
6 Dans le menu **Sélection**, cliquez sur **Intervertir**.
7 Appuyez sur la touche [Suppr] pour supprimer la sélection. Réitérez l'opération plusieurs fois si nécessaire.

Figure 13.31 : Sélection supprimée

8 Éventuellement, recadrez la photo.
9 Dans le menu **Filtre/Bruit**, cliquez sur **Ajout de bruit**.
10 Dans la boîte de dialogue **Ajout de bruit**, ajoutez une petite *Quantité* de bruit : entre *1 %* et *5 %*. Cochez les cases *Gaussienne* et *Monochromatique*, puis cliquez sur OK.

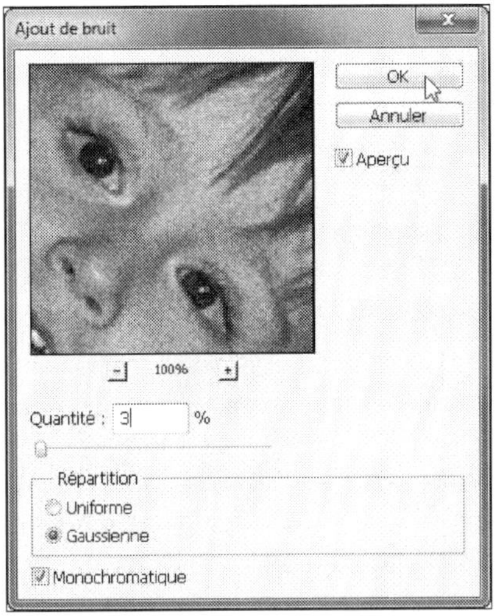

Figure 13.32 : Ajoutez du bruit

11 Dans le menu **Image/Réglages**, cliquez sur **Désaturation**.

Figure 13.33 : Désaturez l'image

12 Ajoutez un peu de contraste à l'image à l'aide de la fonction **Image/Réglages/Luminosité/Contraste**.

13 Dans le menu **Image/Réglages**, cliquez sur **Balance des couleurs**.

14 Dans les champs *Niveaux* de la boîte de dialogue **Balance des couleurs**, saisissez dans l'ordre `+35`, `0` et `-35`, soit plus de rouge au détriment du cyan, et plus de jaune au détriment du bleu. Puis cliquez sur OK.

Vous pouvez appliquer d'autres filtres pour vieillir encore plus l'image et/ou jouer avec les contrastes.

Figure 13.34 : Image avec un filtre de texture

13.7. Fonction de remplissage évoluée avec prise en compte du contenu

C'est la grosse nouveauté de Photoshop CS5. Cette fonction surprenante permet de supprimer un élément de votre image en tenant compte de son environnement de manière à combler l'espace de l'élément par un arrière-plan cohérant.

Cette fonction est disponible sous deux formes :

1 Intégrée à l'outil Correcteur localisé.

2 Intégrée à la fonction **Remplir** du menu **Edition**.

Outil Correcteur localisé

Cette nouvelle fonction est implémentée d'office à l'outil **Correcteur localisé**. Du coup cet outil devient intelligent et encore plus simple à utiliser. Il suffit de peindre avec cet outil l'élément à supprimer dans une image et il comblera l'élément effacé de manière logique. Dans cet exemple, les baigneurs son remplacés par de la mer recréée selon son environnement proche.

Figure 13.35 : Correcteur localisé avec contenu pris en compte

Fonction Remplir du menu Edition

Pour utiliser cette fonction, il faut d'abord sélectionner grossièrement l'élément à supprimer.

1. Dans cet exemple le cochon noir a été sélectionné rapidement à l'aide du lasso.
2. Dans le menu **Edition**, cliquez sur **Remplir**.
3. Dans la boîte de dialogue **Remplir**, sélectionnez *Contenu pris en compte* dans la liste déroulante *Avec* du groupe d'options *Contenu*.
4. Cliquez sur OK et laissez l'ordinateur calculer...

   Photoshop générera automatiquement le décor sans le cochon noir.

Figure 13.36 : Remplir avec contenu pris en compte

13.8. Fonction Déformation de la marionnette (Puppet Wrapper)

La fonction **Déformation de la marionnette** est aussi l'une des grosses nouveautés de Photoshop. Elle permet de déplacer le bras ou la jambe d'une personne comme si vous le faisiez d'une marionnette articulée.

1. Sur une personne isolée sur un calque, utilisez la fonction **Edition/Déformation de la marionnette.**

Figure 13.37 : Quadrillage de la marionnette

Le personnage sera alors "quadrillé" automatiquement.

2 Cliquez sur les points d'articulation du corps afin de créer le squelette de la marionnette.

Figure 13.38 : Création des points d'articulation

3 Vous pouvez maintenant déplacer les points correspondants aux extrémités du corps (mains/coudes, pieds/genoux). Le profil du personnage suivra.

Figure 13.39 : Déformations de la marionnette

4 Pour faire une rotation d'une articulation (genoux ou coudes) appuyez sur la touche Alt du clavier et placez votre curseur à la périphérie du point sur lequel vous voulez appliquer la rotation. Vous verrez alors apparaître le cercle de l'outil d'aide à la rotation.

13.9. Retoucher le visage d'une personne

Les mannequins des magazines ont toujours des visages qui ne présentent aucune imperfection. Quel est le nom de leur meilleur produit de beauté ? Adobe Photoshop ! Celui-ci est d'ailleurs beaucoup plus sûr et efficace que la chirurgie esthétique. Vous allez ici gommer les petites imperfections d'un visage sur une image.

Corriger les yeux rouges

Lorsque vous prenez des photos avec un flash, souvent les yeux des personnes photographiées sont rouges. Vous allez supprimer ce défaut et en profiter pour changer la couleur des yeux de la personne sur la photo.

1 Dans la palette *Calques*, sélectionnez le calque sur lequel vous voulez corriger les yeux rouges.

2 Dans la fenêtre de travail, repérez les yeux. Utilisez l'outil **Zoom** (Z) pour les cadrer sur la zone de travail.

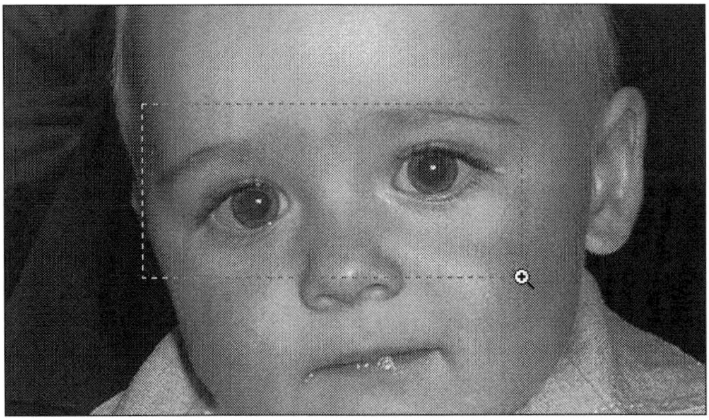

Figure 13.40 : Zoomez sur la zone à traiter

3 Dans la palette *Outils*, cliquez pendant deux secondes sur l'outil **Correcteur**, puis choisissez l'outil **Œil rouge** dans le menu contextuel qui apparaît.

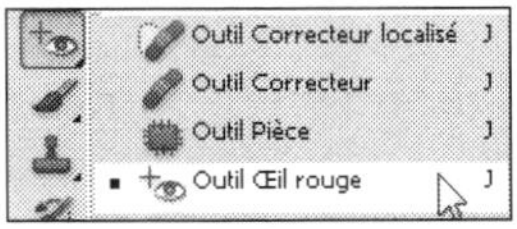

Figure 13.41 : Outil Œil rouge

4 Dans la palette *Options*, définissez une taille de pupille suffisante par rapport à la zone de sélection à établir (*50 %* dans ce cas).

5 Définissez le *Taux d'obscurcissement* à appliquer à la partie rouge de l'œil (*50 %* dans ce cas).

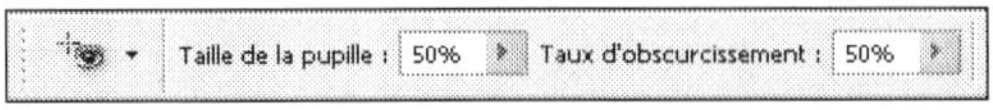

Figure 13.42 : Paramètres de l'outil Œil rouge

6 Pointez le curseur sur le milieu de la pupille de l'œil rouge et cliquez.

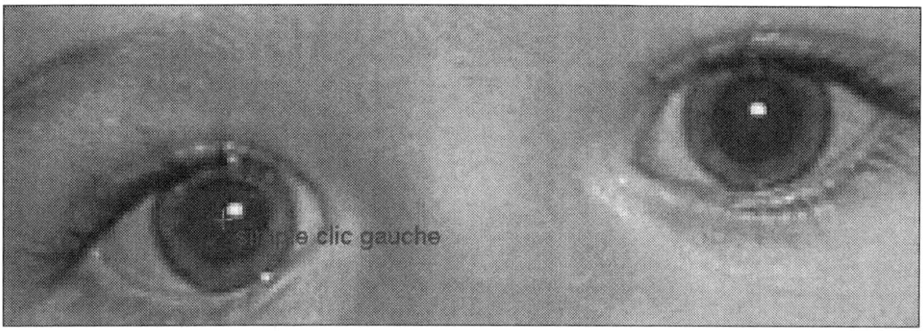

Figure 13.43 : Corrigez l'œil

7 Faites de même sur l'autre œil. Si le résultat ne convient pas, annulez les commandes **Œil rouge** dans la palette *Historique* et changez les paramètres *Taille de la pupille* et *Taux d'obscurcissement* avant de recommencer l'opération.

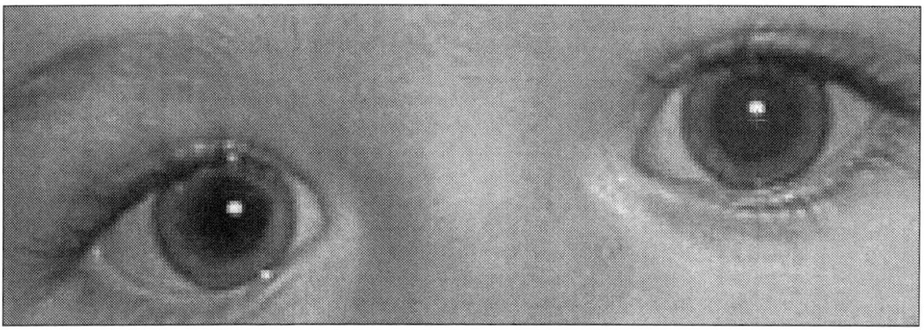

Figure 13.44 : Œil gauche corrigé

Vous pouvez vous arrêter là si votre but est de corriger les yeux rouges. Pour intensifier ou changer la couleur des yeux, suivez ces étapes :

1 Dans la palette *Outils*, sélectionnez l'outil **Remplacement de couleur**.

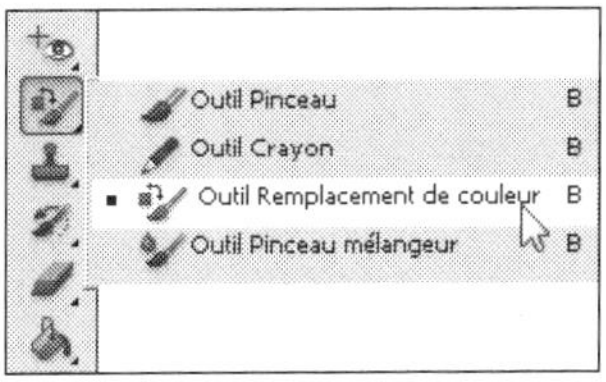

Figure 13.45 : Outil Remplacement de couleur

2 Passez en mode *Teinte* ou *Couleur*.

Figure 13.46 : Paramètres du remplacement de couleur

3 Dans la palette *Outils*, définissez pour la couleur de premier plan une couleur proche de celle des yeux de la personne, mais en beaucoup plus sombre. Vous pouvez en profiter pour changer la couleur des yeux (passer des yeux marron à des yeux bleus, par exemple).

4 Peignez l'iris afin de modifier sa couleur.

Voici le résultat : avant, des yeux marron rouge, et après, des yeux bleus.

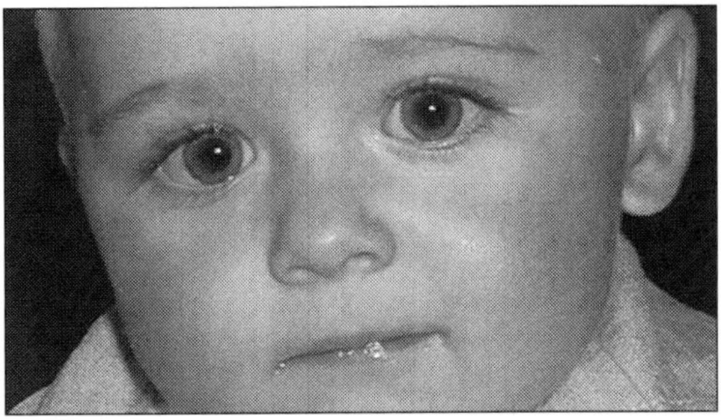

Figure 13.47 : Couleur des yeux changée

REMARQUE

Paramètres

Selon les images, les paramètres changent fortement. N'hésitez pas à faire plusieurs essais au niveau de la tolérance et des couleurs d'iris.

Supprimer des imperfections du visage

La retouche des imperfections du visage est rapide grâce aux outils **Correcteur de tons directs** et **Correcteur**. Ceux-ci se révèlent beaucoup plus efficaces que l'outil **Tampon**.

Outil Correcteur de tons directs

L'outil **Correcteur de tons directs** est une version automatisée de l'outil **Correcteur**. Il permet de faire des retouches très rapides : en un clic (si l'on ne compte pas l'activation de l'outil).

1 Sélectionnez le calque sur lequel vous voulez agir.

2  Activez l'outil **Correcteur de tons directs**.

3 Dans la palette *Options*, déroulez la liste *Forme* et définissez la taille de la forme en fonction de celle des défauts à effacer.

4 Cliquez sur le défaut à corriger.

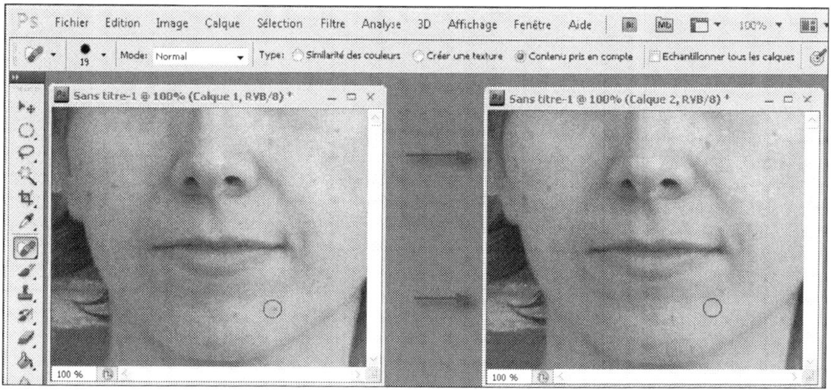

Figure 13.48 : Correction en un clic

L'outil **Correcteur de tons directs** étant entièrement automatisé, il peut se révéler inefficace dans certains cas. C'est là que l'outil **Correcteur** peut faire la différence.

Outil Correcteur

1 Ouvrez l'image et cadrez le visage ou la partie du visage à "nettoyer".

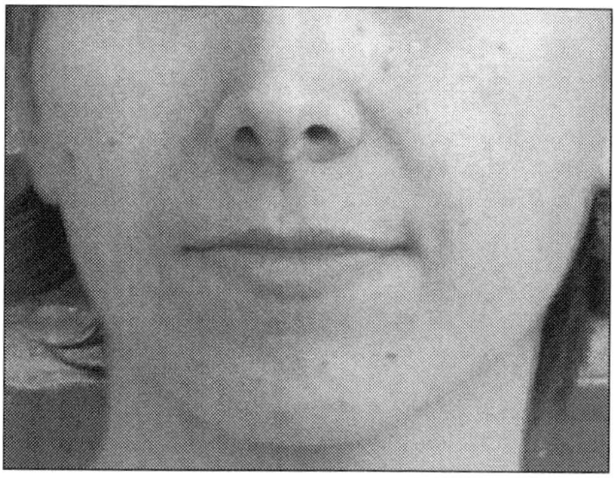

Figure 13.49 : Partie du visage à corriger

2 Dans la palette *Outils*, cliquez sur **Correcteur**, éventuellement masqué par l'outil **Pièce** ou l'outil **Remplacement de couleur**.

3 Dans la palette *Options*, déroulez la liste *Forme* et définissez la taille de la forme en fonction de celle des taches à effacer.

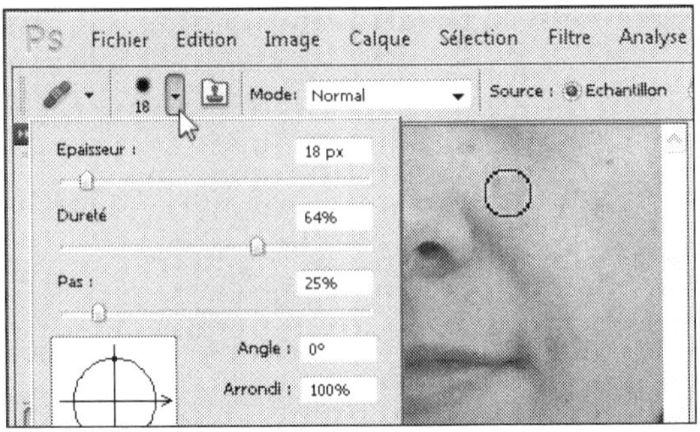

Figure 13.50 : Choisissez la taille de la pointe de la forme

4 Appliquez une *Dureté* inférieure à *50 %* et désactivez l'option *Épaisseur*.

5 Dans la zone de travail, cliquez, tout en appuyant sur la touche Alt, sur un point proche de l'imperfection qui servira de modèle pour la correction.

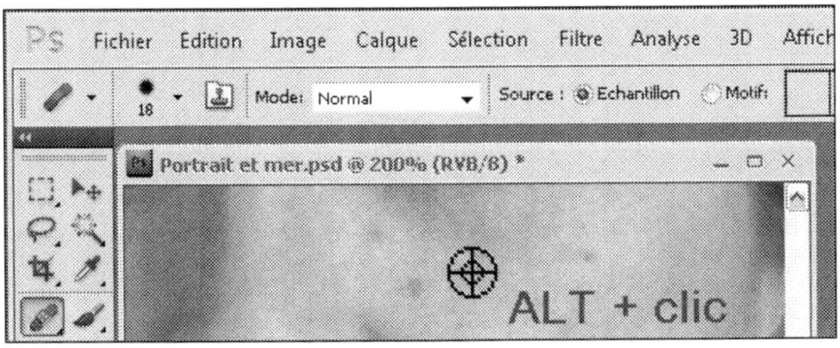

Figure 13.51 : Choisissez la partie de référence pour la retouche

6 Survolez l'élément à corriger et cliquez dessus.

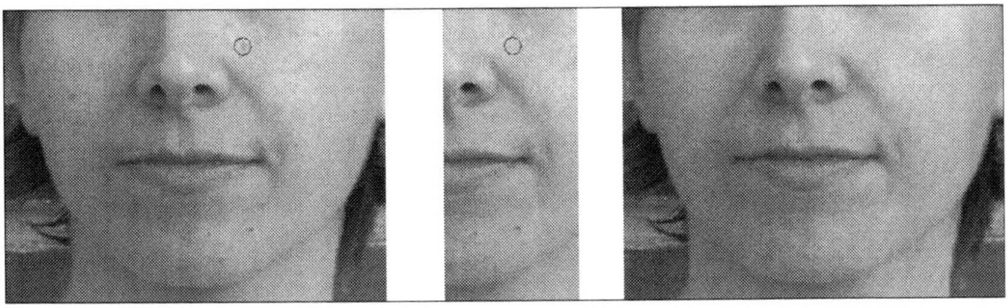

Figure 13.52 : Correction

Avec cette technique, vous pouvez enlever des grains de beauté, des boutons, etc., et même des rides en les peignant plutôt qu'en cliquant ponctuellement.

Améliorer l'aspect du visage

Une bonne mine est toujours associée à une peau légèrement bronzée. Cela se voit particulièrement sur les photos d'identité. Vous allez donner bonne mine à un visage.

1 Ouvrez l'image à retoucher.

Figure 13.53 : Visage à hâler

2 Dans la palette *Outils*, activez l'outil **Lasso magnétique**.

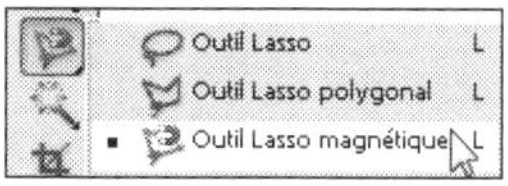

Figure 13.54 : Outil Lasso magnétique

3 Définissez les contours du visage.

Figure 13.55 : Contours du visage au lasso magnétique

4 Dans la palette *Outils*, cliquez sur **Mode Masque**.

Figure 13.56 : Mode Masque

5 Cliquez sur l'outil **Pinceau**.

6 Définissez la couleur de premier plan en *Noir*.

7 Dans la palette *Options*, cliquez sur *Forme* et choisissez une forme ronde d'une taille équivalente à un œil de la personne, avec une *Dureté* à *100 %*.

8 Sur la surface de travail, peignez le visage à sélectionner en noir et peignez en blanc ce qui ne doit pas l'être. Ne sélectionnez surtout pas les dents et le blanc des yeux.

Figure 13.57 : Désélectionnez le visage

9 Dans la palette *Outils*, cliquez sur le bouton **Mode standard**.

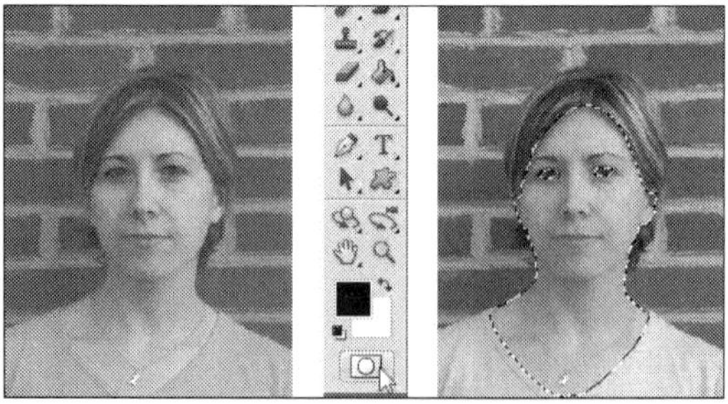

Figure 13.58 : Revenez en mode Standard

10 Dans le menu **Calque/Nouveau calque de réglage**, cliquez sur **Filtre photo**.

11 Dans la boîte de dialogue **Nouveau calque**, saisissez `Bronzage` dans la zone de texte *Nom*, puis cliquez sur OK.

12 Dans le groupe d'options *Utiliser* de la boîte de dialogue **Filtre photo**, activez le bouton d'option *Couleur*.

Un nouveau calque apparaît.

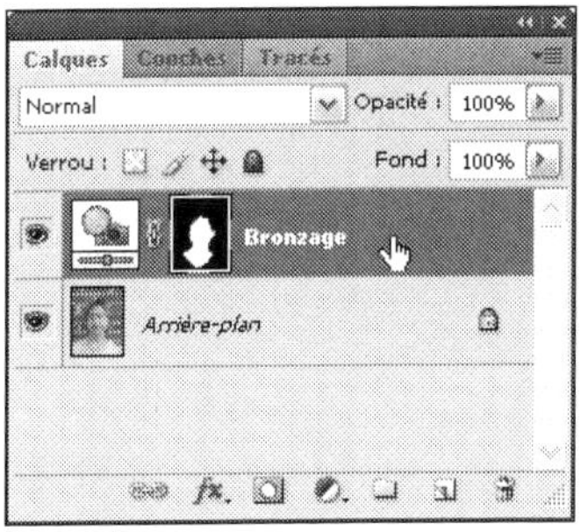

Figure 13.59 : Nouveau calque de réglage

13 Désactivez la case d'option *Conserver la luminosité* et augmentez la *Densité* à au moins *60 %* pour faciliter le choix de la couleur de la teinte à donner au visage.

14 Cliquez sur la couleur pour ouvrir la boîte de dialogue **Sélecteur de couleurs** et choisissez une couleur correspondant au bronzage désiré, ou sur l'image cliquez sur une couleur correspondant au bronzage (le curseur a la forme d'une pipette). Puis cliquez sur OK.

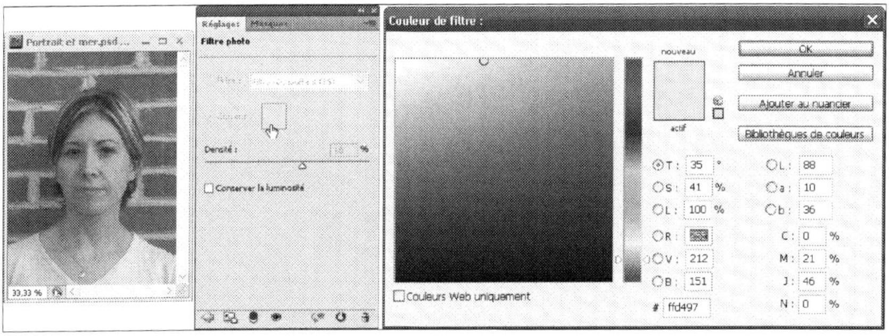

Figure 13.60 : Choisissez la teinte à donner au visage

Pour changer les réglages du masque de réglage, double-cliquez sur celui-ci.

15 Réglez la *Densité* jusqu'à atteindre le niveau de teinte désiré.

16 Cliquez sur OK.

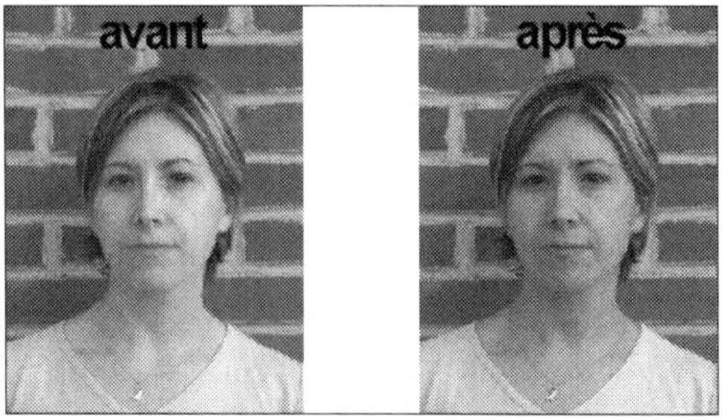

Figure 13.61 : Résultat final

Remplacer un fond par un autre

1 Dupliquez le calque de l'image dont il faut remplacer le fond.

Figure 13.62 : Calque de fond dupliqué

2 Masquez les autres calques en ne laissant apparaître que le calque dupliqué.

3 Détourez l'objet ou la personne afin d'enlever le fond, par exemple à l'aide du masque de fusion.

Figure 13.63 : Détourage

Le fond est transparent.

4 Créez un nouveau calque en dessous du calque détouré et remplissez-le de blanc (pour en faire une photo d'identité).

Vous pouvez aussi insérer une autre image comme fond.

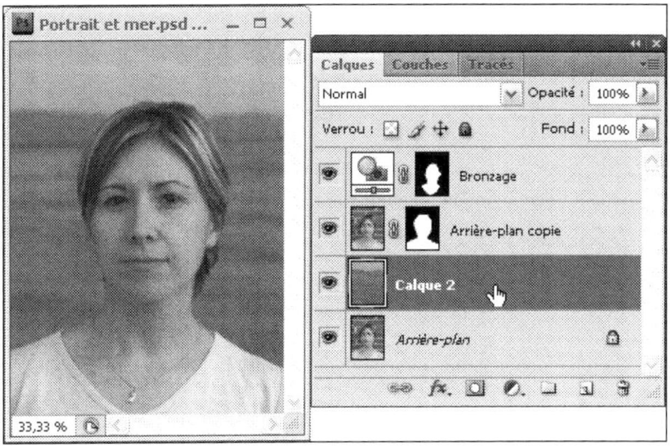

Figure 13.64 : Détourage avec image de fond

Simuler la profondeur de champ

La simulation de la profondeur de champ vous permet de mettre en avant le point que vous jugez le plus important de l'image.

Pour simuler la profondeur de champ, rendez floue la partie de l'image la moins importante, l'arrière-plan dans la plupart des cas.

La solution consiste à détourer le point important, à inverser la sélection et à appliquer un filtre de flou gaussien à l'arrière-plan.

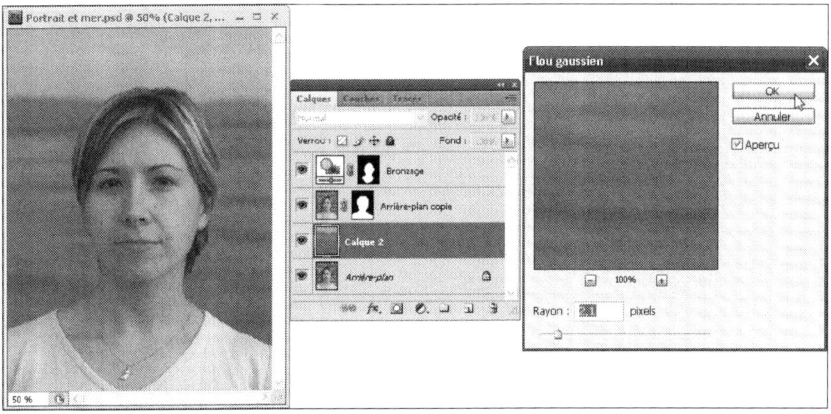

Figure 13.65 : Arrière-plan flou

Mise à l'échelle adaptée au contenu

La fonction **Échelle basée sur le contenu** est une fonction qui a fait sensation en 2007 lorsqu'elle a été présentée par deux chercheurs en imagerie numérique. Adobe a été très réactif en intégrant à peine un an plus tard cette technologie, qui permet de redimensionner une image sans affecter certains sujets ou objets de la scène (Seam Carving).

Cette fonction est d'une simplicité et d'une efficacité déconcertante. Elle est accessible par le menu **Edition** et s'applique sur un calque (mais pas sur le calque d'arrière-plan).

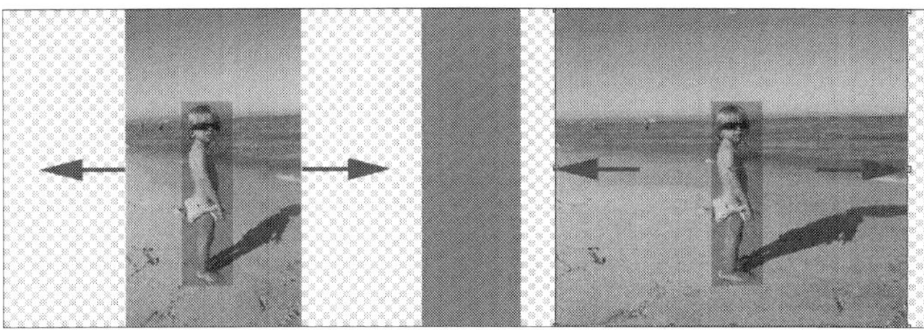

Figure 13.66 : Fonction Échelle basée sur le contenu

Elle permet donc la mise à l'échelle intelligente d'une image pour la recomposer automatiquement à mesure que vous la redimensionnez, en préservant les parties essentielles (ici la petite fille dont les proportions – rectangle rouge – restent intactes alors que l'arrière-plan, moins important, est quant à lui étiré).

IMPRIMER

Fonction Imprimer 421
Fonction Imprimer avec aperçu 425
Préparer des fichiers pour un imprimeur 426

La qualité de l'impression dépend de plusieurs paramètres. L'imprimante y est pour beaucoup, mais le papier sur lequel vous imprimez aussi, voire davantage, surtout si vous possédez une imprimante à jet d'encre. Ces paramètres ne dépendent aucunement de Photoshop. Les autres paramètres importants sont la résolution de l'image à imprimer et sa taille d'impression. Si la résolution est suffisante pour la taille d'impression que vous allez définir, l'impression est très nette. Dans le cas contraire, l'impression est plus ou moins floue, voire pixellisée. Vous allez dans ce chapitre paramétrer au plus juste l'impression en fonction de l'image source.

14.1. Fonction Imprimer

Comme avec les logiciels de bureautique, pour accéder à l'interface d'impression, vous devez passer par le menu **Fichier/Imprimer** (Ctrl+P).

Cette interface permet à Photoshop de diriger les pilotes d'impression de votre ordinateur selon les imprimantes installées.

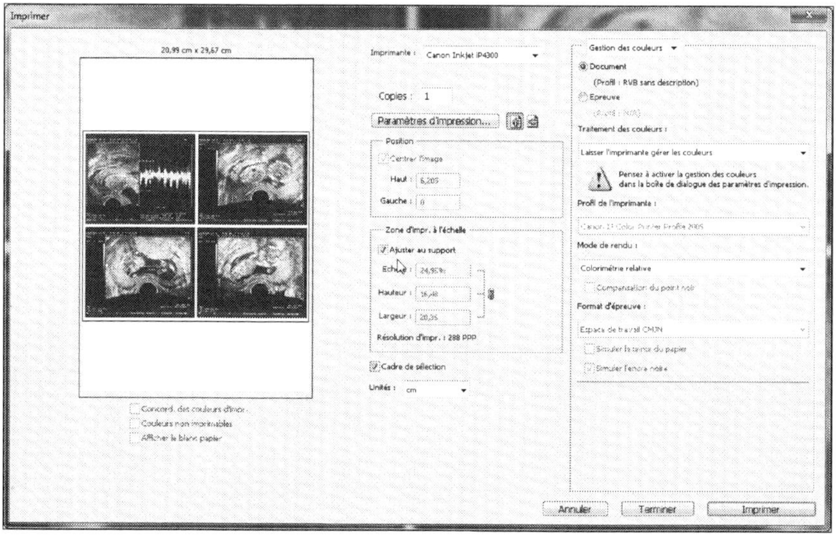

Figure 14.1 : Interface d'impression

Cette interface fait donc appel aux pilotes de l'imprimante. Ce sont eux qui définissent les possibilités de l'imprimante mais aussi ses limites. En effet, certains pilotes offrent moins de possibilités que d'autres. Il convient donc de vérifier régulièrement sur le site Internet officiel du constructeur de l'imprimante s'il n'existe pas des pilotes (drivers) plus récents.

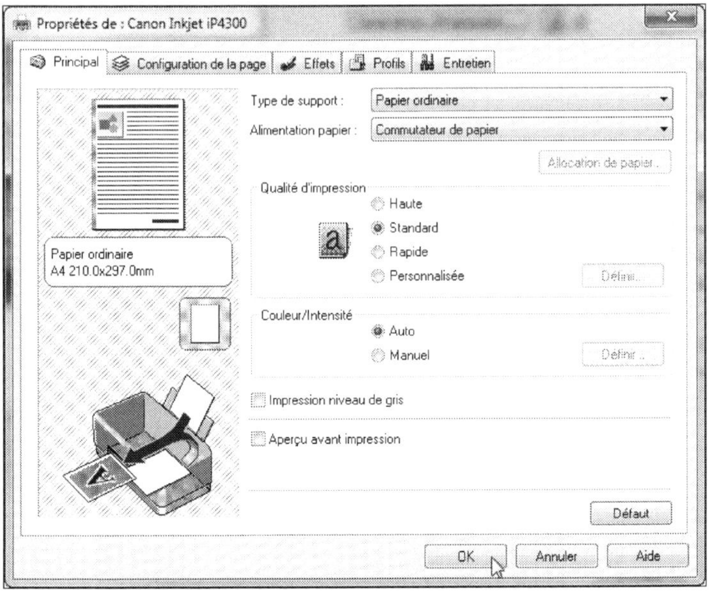

Figure 14.2 : Boîte de dialogue des pilotes propres à l'imprimante

L'impression se déroule en trois étapes :

1 Ouvrez la boîte de dialogue **Imprimer**.

2 Paramétrez les propriétés du pilote d'impression. Vous allez notamment définir le type de papier, la qualité d'impression. Selon les pilotes, vous avez la possibilité ou non d'avoir un aperçu avant impression et d'accéder à d'autres options telles que la gestion des couleurs, l'impression recto verso, etc.

3 Une fois ces propriétés validées, lancez l'impression en cliquant sur OK.

Pour imprimer votre document à l'aide de la fonction **Imprimer**, vous devez donc tout d'abord vérifier que ses dimensions correspondent à un format d'impression géré par votre imprimante.

Si ce n'est pas le cas, il faut changer la résolution de l'image.

Changer la résolution d'une image (dpi)

Changer la résolution en dpi d'une image revient à changer ses dimensions (hauteur et largeur) en pixels.

Une fois que l'image est créée, il est toujours possible de modifier sa taille. Pour cela, vous avez deux solutions : les fonctions **Taille de l'image** et **Taille de la zone de travail**.

Taille de l'image

La fonction **Taille de l'image**, accessible via le menu **Image**, permet de redéfinir la taille de l'image entière en spécifiant de nouveau son nombre de pixels et en la déformant si vous changez son rapport hauteur/largeur. Vous allez ici redimensionner une image 1 600 × 1 200 afin qu'elle s'imprime de manière idéale sur une feuille papier photo standard de 4 × 6 pouces, soit 101,6 × 152,4 mm.

1 Allez dans le menu **Image** et choisissez la commande **Taille de l'image**.

  Notez qu'une photo numérique capturée en 2 mégapixels, soit 1 600 × 1 200, possède par défaut une résolution de 72 pixels par pouce. Cela donne une taille de document de 56,44 × 42,33 cm, donc largement supérieure aux capacités des imprimantes A4.

2 Décochez la case *Rééchantillonnage* pour que la fonction **Taille de l'image** n'altère pas l'image.

3 Dans le groupe d'options *Taille du document*, saisissez `300` comme *Résolution*. Les valeurs *Largeur* et *Hauteur* changent automatiquement afin de donner les dimensions de l'image en 300 dpi.

4 Cliquez sur le bouton OK pour valider le changement de taille de l'image.

La nouvelle taille de l'image permet une impression par le menu **Fichier/Imprimer** sans problème, en 4 × 6 pouces et plus. Au pire des cas, votre imprimante rogne la photo de quelques millimètres en haut et en bas en mode Paysage. Pour éviter cela, vous pouvez toujours diminuer de quelques millimètres la hauteur du document.

Le format 4 × 6 pouces n'est pas un format 4/3, des bandes blanches figurent sur les côtés de l'image. L'idéal est d'insérer la photo numérique dans une image vierge déjà au format 4 × 6 pouces.

REMARQUE

Qualité de l'image

Il est impossible d'accroître les détails d'une image numérique lors de l'augmentation de sa résolution. Tout ce que va faire Photoshop, c'est interpréter les pixels existants en les rééchantillonnant (en les lissant) afin d'avoir une image non pixellisée comme résultat.

Taille de la zone de travail

Le changement de taille de la zone de travail ne déforme pas l'image en cours de traitement, mais modifie uniquement la taille de la surface de travail. Plus exactement, la commande **Taille de la zone de travail** permet d'ajouter ou de supprimer de l'espace autour d'une image. Dans cet exemple, vous allez redimensionner l'image 4/3 de l'exercice précédent afin de la faire correspondre au format d'impression 4 × 6 pouces.

1 Allez dans le menu **Image** et choisissez la commande **Taille de la zone de travail.**

2 Passez en mode d'unité *cm* ou *mm* si ce n'est pas déjà le cas.

3 En *Largeur*, entrez comme nouvelle taille `15,24 cm`.

4 En *Hauteur*, saisissez comme nouvelle taille `10,16 cm` si ce n'est pas celle que vous avez.

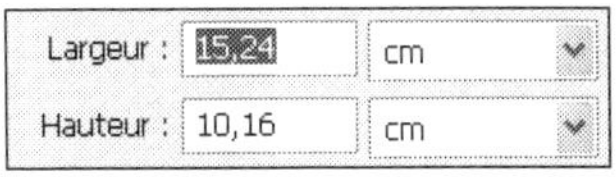

Figure 14.3 : Définissez les dimensions

5 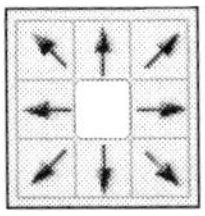 À l'aide du damier *Position*, précisez dans quelle direction faire l'ajout d'espace par rapport à l'image, dans ce cas au centre.

6 Précisez la couleur de remplissage de l'espace ajouté. Pour mieux distinguer cet espace, vous pouvez lui donner une couleur particulière, ici le blanc.

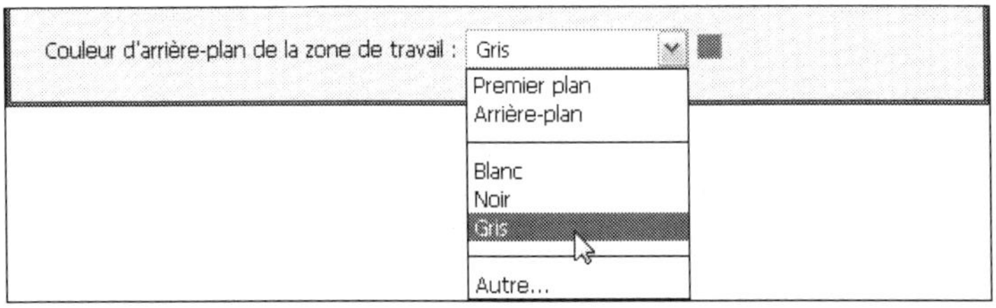

Figure 14.4 : Choisissez la couleur de remplissage

7 Cliquez sur le bouton OK pour appliquer la nouvelle taille de la zone de travail.

Vient en blanc l'espace supplémentaire ajouté à l'image originale, à gauche et à droite. La qualité de l'image n'a pas du tout été altérée lors du changement de taille de la zone de travail.

14.2. Fonction Imprimer avec aperçu

La fonction **Imprimer avec aperçu** permet d'imprimer une image de façon optimale. Elle est beaucoup plus souple et offre plus de possibilités que la fonction **Imprimer** standard qui en devient obsolète. Elle permet notamment de s'affranchir de la taille et de la résolution de départ du fichier à imprimer, ce que ne fait pas la fonction standard, qui se contente d'afficher une fenêtre d'avertissement sur le fait que l'impression sera tronquée.

Impression simple

1 Dans le menu **Fichier**, cliquez sur **Imprimer**.

2 Dans la boîte de dialogue **Imprimer**, cliquez sur le bouton **Paramètres d'impression**.

3 Dans la boîte de dialogue spécifique à votre imprimante, précisez les informations sur l'image, notamment son *Format de page* (*A4* dans la plupart des cas), son *Orientation*, ici *Portrait*. Puis cliquez sur OK.

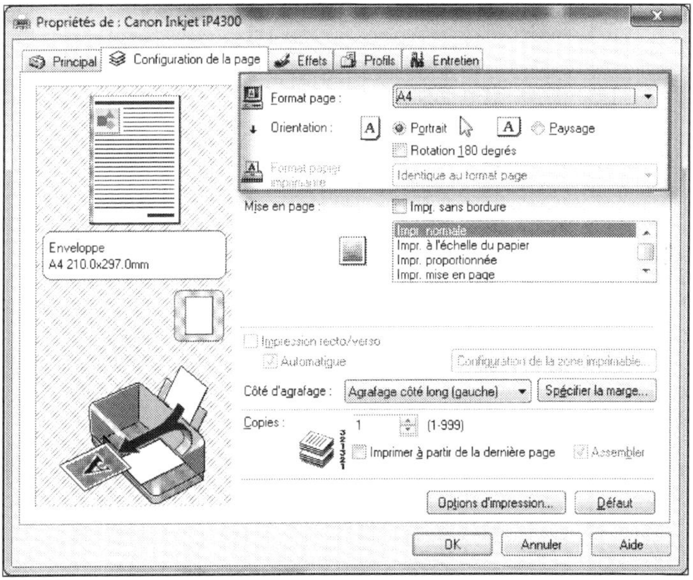

Figure 14.5 : Boîte de dialogue Mise en page

4 Dans le groupe d'options *Zone d'impression mise à l'échelle*, définissez la taille de l'image une fois imprimée. Vous pouvez définir une impression en taille maximale automatiquement en cliquant sur la case *Ajuster au support*.

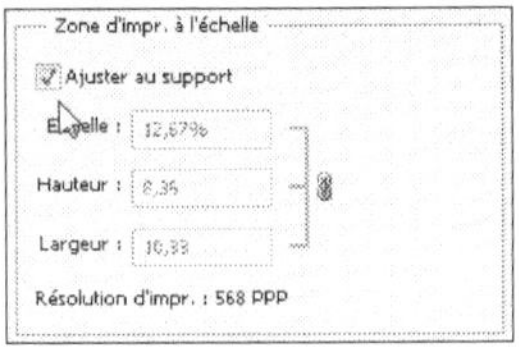

Figure 14.6 : Option Ajuster au support

5 Pour éviter les bandes blanches à gauche et à droite, qui sont dues à la différence de proportions entre le papier (3/2) et la photo (4/3), vous pouvez décocher la case *Ajuster au support* et entrer `15,24 cm` comme *Largeur*. La photo sera légèrement rognée en haut et en bas, mais vous utiliserez toute la surface du papier.

Vous pouvez cliquer sur le bouton **Imprimer** pour lancer la procédure d'impression, en fonction des pilotes de l'imprimante. Vous accédez alors à la boîte de dialogue correspondant aux options spécifiques de votre imprimante.

Impression professionnelle

La boîte de dialogue **Imprimer avec aperçu** cache des fonctions évoluées destinées aux professionnels. Pour les afficher, cliquez sur le bouton **Plus d'options**.

Vous avez alors accès à deux groupes de paramètres : *Sortie* et *Gestion des couleurs*.

Sortie

Les options de sortie permettent d'activer ou non l'impression de repères et des informations complémentaires sur l'image.

Vous y trouverez le moyen d'imprimer les différents traits de coupe pour vous aider à découper le papier, ainsi que toutes les options pratiques pour la création d'épreuves.

Gestion des couleurs

Les options de gestion des couleurs permettent d'optimiser les couleurs d'impression selon le matériel.

14.3. Préparer des fichiers pour un imprimeur

Les imprimeurs savent gérer les fichiers au format PSD de Photoshop. Par contre, ils ne savent pas forcément gérer les polices de caractères que vous utilisez dans ces fichiers.

1 Ouvrez le fichier que vous avez créé pour une impression chez un imprimeur.

2 Dans le menu **Image/Mode**, cliquez sur **Couleurs CMJN** de façon à convertir les couleurs en quadrichromie. Les couleurs risquent de changer légèrement.

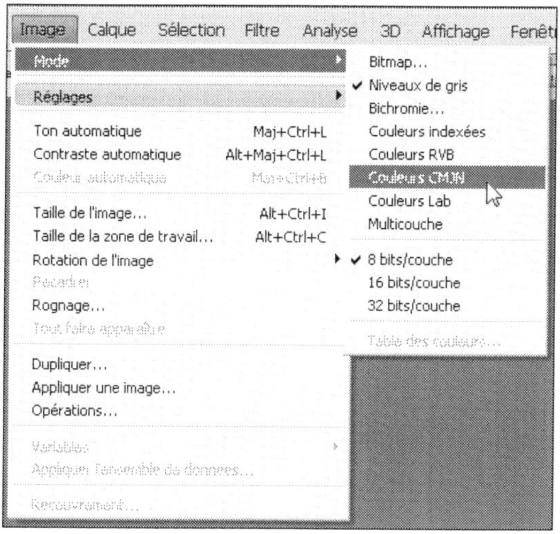

Figure 14.7 : Passage au mode CMJN

DEFINITION

Quadrichromie (CMJN)

Processus d'impression d'après les quatre couleurs primaires, le cyan, le magenta et le jaune, auxquelles on ajoute le noir. Toutes les autres couleurs sont obtenues à partir du mélange de ces quatre couleurs primaires selon le principe des couleurs soustractives. Cela veut dire que, pour obtenir une couleur donnée, il faut mélanger un pourcentage variable de chacune des quatre couleurs. Pour les imprimeurs, un noir parfait nécessite un mélange CMJN de 0 % de cyan, 0 % de magenta, 0 % de jaune, 100 % de noir.

3 Dans la boîte de dialogue vous proposant de fusionner les calques, cliquez sur **Non.**

4 Si les couleurs changent trop et vous déplaisent, utilisez les outils du menu **Image/Réglages** pour régler celles-ci à votre convenance.

5 Sélectionnez un calque de texte dont les caractères sont noirs.

6 Dans la palette *Caractère*, cliquez sur la couleur et changez les paramètres CMJN à *0 %* pour *C*, *M* et *J*, et *100 %* pour *N*. Puis cliquez sur OK (voir fig. 14.8).

7 Répétez les étapes 5 et 6 pour tous les calques de texte noir.

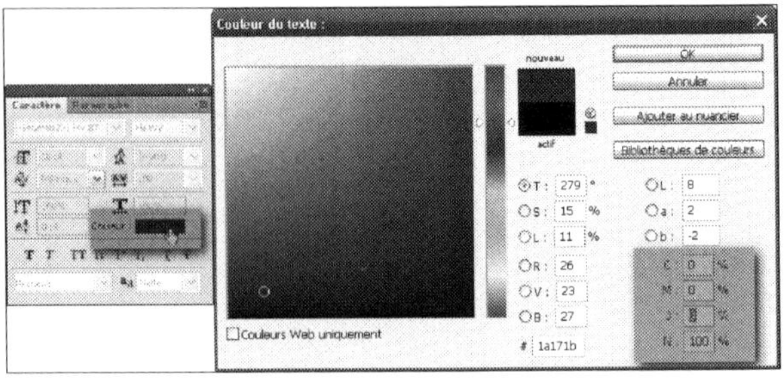

Figure 14.8 : Passez au noir d'imprimeur pour les textes en noir

8 Pour les logos et fonds que vous voulez d'un noir profond, utilisez l'outil **Pot de peinture** pour les colorier en définissant la couleur CMJN *0-0-0-100* comme pour les calques de texte.

9 Dans le menu **Calque**, cliquez sur **Aplatir l'image** de façon à regrouper tous les calques en un seul.

10 Faites un ultime test d'impression sur votre imprimante jet d'encre pour vérifier les couleurs.

11 Enregistrez votre fichier sous un format non destructeur et largement diffusé chez les imprimeurs, comme le format PSD, PDF, TIF, voire EPS. Le format PDF est le format le plus pratique car diffusable et lisible facilement sur Internet et pleinement géré par les imprimeurs. Paramétrez-le de manière qu'il n'utilise pas de compression JPEG afin d'éviter d'altérer la qualité de l'image.

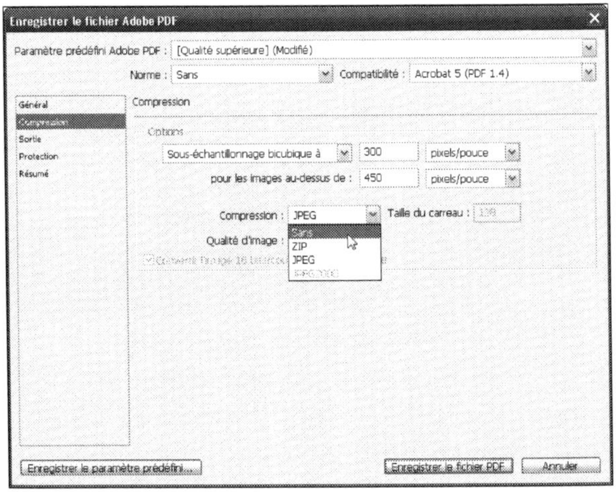

Figure 14.9 : Enregistrez au format PDF

!

.... 136
3D 21, 375

A

Acrobat Reader 90
AI 90
Améliorer le contour 243
Aplatir l'image 428
Arrière-plan 97, 135, 283
ATI 46
Atténuation 270

B

Balance des couleurs 403
Barré 341
Base de données Internet 119
Bicubique 38
Bilinéaire 38
Bitmap 73
BMP 85, 128
Boîte de dialogue Nouveau calque 283
Bouton
Fond du tracé avec couleur du premier plan 365
Nouveau calque d'effet 262
Bridge 29

C

Calque 24, 283
  d'effet 262
Capture d'écran 117-118
Caricatures 263
Cheveux 241, 243
CMJN 79, 427
Color Lava 56, 63
Combinaison de sélections 244
Copier/Coller 286
Commande Ouvrir sous 108
Composition de calques 312
Contenu de l'arrière-plan 110
Contenu pris en compte 405
Contraste 162
Correcteur localisé 404
Couche 24
Couleur
  CMJN 8 bits 112
  de premier et arrière-plan 135
  RVB 8 bits 110, 112
Courbe vectorielle 357

D

Déformer 398
Dégrouper les palettes 32
Désactivation du mode Tracé 364
Désaturation 403
Détourer 395
Device Central 69
Diamètre principal 172
Dpi 74, 422
Dupliquer un calque 292
Dureté 172

E

Eazel 56, 65
Échantillonnage 75
Échelle basée sur le contenu 418
Effacer l'historique 179
Effet de texte 344
Enregistrer 126
Enregistrer l'espace de travail 36
Enregistrer sous 125, 127
EPS 91
Espace de travail 36
Explorateur
  de fichiers 28-29
  Windows 106
Exporter 127
Exposant 341

F

Favori 107
Filtre 259, 270
  Flou gaussien 269-270

Halo 272
Nuages 273
Point de fuite 264
Flux 173, 179, 185, 193, 197
Fond 288
Format 99-105
PSD 125
Tabloïd 99
Forme 172

G

Galerie de filtres 260
GIF 89
Google 119
GPU 46
Grille 52, 383
Groupe de calques 296
Grouper les palettes 33

H-I

Hexadécimal 136
Illustrator CS 90
Image
numérique 73
sur Internet 118
Imprimer 421, 425, 426
Indice 341
Interface 14, 32
Internet Explorer 119
Interpolation de l'image 38
Intervertir les couleurs 135
Inversion auto 177
IPad 56

J-L

JPEG 89, 127, 130
Lab 136
Lens flare 272
Lier des calques 293
Lissage de la sélection 230
Luminosité 162
LZW 86

M

Macro 379
Magnétisme 385
Majuscule 341
Marionnette 405
Masque 413
d'écrêtage 284
de texte 339
Masquer un calque 289
Mégapixel 77, 110
Métadonnée 30
Mini Bridge 95
Mode 284
Mode
Bitmap 81
colorimétrique 96, 110, 112
Couleurs indexées 83
Couleurs Lab 84
Masque 250, 413
Multicouche 85
Niveaux de gris 82
Module 259

N

Nav 56, 60
Norme de couleur 142
Nouveau fichier 108
Nvidia 46

O

Objet dynamique 315, 370
Ombre portée 344
Onglet Formes 181
Opacité 284, 288
Open source 88
OpenGL 46
Outil
Baguette magique 241, 395
Conversion de point 359, 363
Correcteur 184, 410
Correcteur de tons directs 410
Crayon 175
Densité – et + 194
Doigt 194
Échantillonnage de couleur 200

Éponge 194
Gomme 178
Goutte d'eau 194
Lasso 235
Lasso magnétique 235, 239
Lasso polygonal 235, 237
Main 169
Netteté 194
Œil rouge 192, 408
Pièce 190
Pinceau 175
Pipette 197-198
Plume 357, 362
Pot de peinture 205
Recadrage 389
Tampon de duplication 184
Tampon de motif 193
Texte 335
Texte vertical 336
Ouvrir sous 114
Ouvrir un fichier 113

P

PAL 110
Palette 15
Animation 28
Calques 24
Caractère 27
Compositions de calques 27
Couches 24
Couleur 23, 142
Formes 26
Histogramme 22
Historique 24, 377
Infos 22
Journal des mesures 28
Navigateur 22
Nuancier 23, 143
Options 21
Outils 16
Outils prédéfinis 25
Paragraphe 27
Scripts 25
Source de duplication 26
Styles 23, 361
Tracés 24, 362
Pantone 23
Paragraphe 337
Partition 45
Pas 52
Pavé de texte 341
PCD 86
PCX 87
PDF 90
Petite majuscule 341
Photo CD 86
PICT 86
Pixel 75
format 98
PNG 86, 89
PostScript 91
Premier plan 135
Profil colorimétrique 97
PS 91
PSD 92

Q

Quadrichromie 427

R

RAW 88
Récupérer le tracé comme sélection 364
Réglage
Balance des couleurs 144
Contrastes automatiques 144
Couleur automatique 144
Courbes 144
de couleur 143
Luminosité/Contraste 144, 161-162
Niveaux 144, 160
Niveaux automatiques 144
Règle 348, 383
Remplir 405
Repère 52, 348, 383
Résolution 76, 96
Rotation 390
RVB 78

S

Safe frame 109
Scanner 117
Script 379
Sélecteur de couleurs 135
Sélection par plage de couleurs 248

Souligné 341
Sphérisation 400
Style 390
calque 344
sélection 230
Style de sélection
Normal 231
Proportions fixes 231
Taille fixe 231
Subdivision 52
Supprimer un calque 290

T

Taille
de l'image 423
de la zone de travail 424
Texte 329
TIFF 86, 129
Tolérance 395
Tracé 24, 357
Tranche 52
Transformation
homothétique 399
manuelle 398
True type font 347
TSL 136
TTF 347
TWAIN 117

V-W

Vectoriel 74, 90
Verrouillage
complet du calque 280
de la position du calque 280
des pixels de l'image 280
des pixels transparents 279
Verrouiller un calque 289
WIA 117
WMF 91

Y-Z

Yeux rouges 408
Zone admissible 109
Zoom 168, 170
arrière 168
View 127

Composé en France par Jouve
11, bd de Sébastopol - 75001 Paris

Imprimé en France
FROC01n0632101115
15110FR00016B/154/P